앞서가는 조합원 · 임직원의 필독서

농협법 ①
500

김 상 배 지음

농민신문사

　농협의 임원과 대의원은 조합원의 선택을 받은 이 시대 우리 조합의 지도자입니다. 그래서 농협 임원과 대의원은 자부심이 무척 크고, 조합원에 대한 봉사 의지와 농협에 대한 열정 또한 누구보다 높으며, 그 긍지와 보람은 경험하지 않은 사람은 이해하지 못합니다.

　그런데 임원이나 대의원으로서 사업을 추진하는 과정에서 농협이 직면하고 있는 법률문제가 나타나면 대단히 당혹스럽게 됩니다. 법률문제는 우리 모두에게 대단히 생소한 분야이고, 자칫하면 큰 문제와 책임이 뒤따르는 것임을 잘 알기 때문입니다.

　또 조합 내부에서도 대의원, 이사, 감사 등이 농협법과 규정의 해석을 놓고 의견이 제각각이라 곤란할 때가 있습니다. 특히 과거에 없던 새로운 사업이나 복잡한 계약, 판단과 결정을 해야 할 경우의 걱정과 고민은 겪어본 사람만이 아는 큰 스트레스입니다.

　이러한 문제에 대해 김상배 교수가 「농협법 211가지」에 이어 이번에 「농협법 500」을 책으로 엮어 새로 발간했습니다.

　김상배 동지는 농협중앙회 재직 시 회원농협과 조합원의 법률문제에 각별한 관심을 갖고 연구해 왔으며, '농업인법률구조사업', '농업인소비자보호사업'을 제도화하였고, '농업인을 위한 계약서'의 제정, '직무보고제도'의 창안 등 많은 일을 해 왔습니다.

　농협을 퇴직한 후에도 추천인과 같은 법무법인에 함께 근무하면서 '농협법 제46조의 위헌결정'을 이끌어 냈고, '토지구획정리사업지구에 농협의 업무용토지 수의계약제도'를 만들었으며, CD대출로 수많은 조합이 곤란에 처했을 때 '경위서와 진술서'를 만들어 많은 임직원을 형사 처벌의 위기에서 구출해 주는 등 숱한 공로와 업적을 남겼습니다.

이 책은 회원농협에서 실제로 질의한 사항과 해답을 엮은 것이므로 일선에서 그대로 인용하고 즉시 활용할 수 있는 소중한 지침이 될 것입니다. 또 이 책의 내용은 농협법 해설서에서 한걸음 더 나아가 농협 이념의 해설서이자 농협 사업의 안내책자라고 해도 손색이 없습니다.

독자 여러분이 일선 조합에서 이 책을 활용한다면 소모적인 법률논쟁이 사라지고, 안전한 업무 추진이 이루어져 농업인 조합원에 대한 봉사가 질적으로 향상되고 양적으로 늘어나 조합원의 참여와 호응으로 조합의 성장 발전이 가속화될 것입니다.

이제부터 조합의 법률문제와 경영의 장애사항은 이 책자를 참고하거나 김상배 교수의 자문을 활용하시고, 여러분은 맡은 바 책무에 더욱 정진하여 건승하시기를 기원합니다.

2019년 11월

원철희

전 농협중앙회 회장
전 국제농업협동조합기구(ICAO) 회장
전 대통령비서실 (농림수산)경제비서관
현 법무법인 화평 상임고문
현 농식품유통연구원 이사장

세상에는 수많은 단체와 기업이 있으며, 이들 단체나 기업은 모두 자신의 목적을 달성하기 위하여 노력합니다.

그런데 농협은 세상의 어떤 단체나 기업과도 같지 않은 독특한 협동조합 원리, 원칙과 강령, 지배구조, 경영원리, 사업방식을 갖고 있습니다. 그래서 농협에 처음 가입한 사람은 이러한 점을 이해하는 데 상당한 시간과 노력이 필요합니다. 이뿐만 아니라 오랫동안 농협의 조합원인 사람도 농협 이념과 농협법, 농협사업의 특이한 점에 대해 질문하면 "잘 알지 못한다"고 하고, 심지어 농협 임원도 농협 이념이나 농협법의 세부사항에 대하여 다 알지 못합니다.

이에 지난 2016년 봄 농협법을 가장 쉽고 부드럽게 문답식으로 구성하여 「농협법 211가지」를 발간하였고, 그로부터 4년 동안 현장에서 농협법에 대한 질문, 논쟁과 토론을 수없이 겪었습니다. 그 질문과 토론 내용 1000여 개를 다시 간추리고 기존의 211개 문항을 보완하여 「농협법 500」으로 새롭게 엮었습니다.

이 책에 실린 내용은 모두 실제로 일선의 농협 현장에서 발생한 수많은 의문에 대한 답변입니다. 그러다 보니 질문이 치우치기도 하고, 답변 사항 중에는 같은 내용의 설명이 반복되는 부분도 있을 것입니다.

제가 현장에서 겪은 질문과 토론 중에는 농협에 대한 맹목적인 공격과 비난이 있었고, 농협의 업적과 공로에 대한 훼예포폄(毁譽褒貶)이 극심한 경우도 있었으며, 특정 단체의 농협 장악 의도가 노골적인 경우도 있었기에 그런 부분에 대하여는 더욱 상세한 답변을 달았으며, 이 과정에서 일부 공격적인 표현도 있습니다.

또 책을 엮으면서 농협 이념과 농협법, 농협사업은 서로 다른 것이 아니라 협동조합원칙과 이상을 각각 다른 측면에서 해설해 놓은 것으로서, 이 세 가지는 결국 하나임을 새삼 깨달았습니다.

즉, 협동조합의 이상을 철학으로 해석한 것이 농협 이념이고, 규범화한 것이 농협법이며, 현실세계에서 구현하는 방안이 농협사업인 것입니다.

협동조합에 대한 이러한 이해를 바탕으로 이 책을 활용한다면 일선의 현장에서 일어나는 의문점이나 논쟁에 대해 명확한 해답을 얻을 수 있을 것이고, 농협에 대한 공격도 모두 간단히 제압·방어할 수 있을 것이며, 아직 나타나지 않은 질문이나 새로운 형태의 공격이 있다면 언제든 저에게 연락하여 해답을 구하면 됩니다.

그리하여 농협법에 대한 의문과 농협에 대한 비판과 공격을 이 책으로 모두 극복하시고, 농협 조합원과 임직원은 사업 성공을 통해 농협의 이상을 이 땅에 구현하는 데 매진하도록 하십시오.

'이용자가 소유하고 이용자가 지배하며 이용자가 수익을 향유하는' 농협의 구조는 시장경제 체제의 가혹함과 인간성 상실이라는 모순을 완화하고 해결하는 가장 합리적인 대안이자 유일한 방안입니다.

또 경제적으로나 사회적으로 약자인 계층이 자신들의 권익 향상을 위해 폭력과 투쟁이 아니라 약자의 단결된 힘으로 사업을 운영하고, 이 같은 자조와 사랑으로 미래를 개척해 나가는 협동조합 모델은 인류애와 인도주의 실현이라는 인류 역사의 궁극적인 방향과도 합치되는 길일 것입니다.

만약 신(神)이 있다면, 그의 뜻은 인간이 인도주의를 실천하여 지상에 낙원을 건설해 나가는 것이고 그 방법은 바로 협동조합 방식일 것입니다.

　즉, 협동조합운동은 바로 신의 뜻과 의지에 부합하는 숭고하고 성스러운 길이기에, 협동조합주의라는 대의에 몸담은 일은 인생에서 가장 보람된 일이자 행운일 것입니다. 한 점의 의혹도 한 순간의 망설임도 없이 신앙적 확신으로 이 길에 참여하여 보람과 행운을 함께합시다.

　아울러 특별한 배려와 성원으로 이 책이 햇빛을 볼 수 있도록 해 주신 농민신문사 이상욱 사장님과 노고를 아끼지 않고 애써주신 출판국 직원 여러분께 진심으로 감사드립니다.

2019년 11월

저자 김상배

앞서가는 조합원·임직원의 필독서

농협법 ① 500

일 러 두 기

* 이 책은 농업협동조합법(법률 제15337호, 2017. 12. 30 공포 및 시행, 일부 개정)을 기준으로 회원 농협과 관련된 법률 쟁점을 풀이하였습니다. 책에서는 '농협법' 또는 '법'으로 표기하였습니다.

* 이 책은 2권 1세트로 구성되어 있습니다. 1권에서는 조합원, 총회·대의원회·대의원, 조합장, 이사·이사회에 대한 내용을 실었으며, 2권에서는 감사, 직원, 사업, 회계, 관리, 감독에 대한 내용을 다루고 있습니다.

* 농협법 해설, 협동조합 이론, 각종 법률 상식과 관련해서는 아래의 책을 참고하였습니다.

  1. 홍행남, 농업협동조합법 해설, 농민신문사 2012
  2. 농협중앙회, 농협법, 농협중앙회 경영지원부 2012
  3. 임명선, 협동조합의 이론과 현실, 한국협동조합연구소 2014
  4. 김기태·김형미 외3, 협동조합키워드 작은사전, 알마 2014
  5. 유정오, 협동조합 회계&재무, 길벗 2014
  6. 농협중앙회, 농협회계, 농협중앙회 경영지원부 2012
  7. 농협중앙회, 협동조합론, 농협중앙회 경영지원부 2012
  8. 농협중앙회, 한국농협론, 농협중앙회 조사부 2001
  9. 법무부, 한국인의 법과 생활, 박영사 2014
  10. 최종고, 법학통론, 박영사 2012
  11. 조미현, 법률용어사전, 현암사 2014
  12. 이병태, 법률용어사전, 법문북스 2014
  13. 김상배, 농업인이 알아야 할 생활법률, 농민신문사 1999
  14. 김상배, 농협법 211가지, 농민신문사 2016

차 례

✳ 제1부 총설

✳ 제2부 조합원

✳ 제3부 총회, 대의원회, 대의원

✳ 제4부 조합장

✳ 제5부 이사, 이사회

✳ 농협법 500 ② 주요 내용

제6부 **감사**	옛날과 달라진 감사의 역할과 임무, 알아야 한다. 감사징구자료와 감사록 작성, 엄격한 제한이 있다. 감사의 의견진술권, 누구나 반드시 알아야 한다?
제7부 **직원**	직원에게도 권리와 의무가 있다. 간부직원, 특별한 자격과 권한, 책임이 있다. 조합사업의 성공은 직원복지와 직원보호로써 달성된다.
제8부 **사업**	농협은 무엇을 위해 사업을 하며, 어떻게, 어디까지 사업을 확장하는가? 농협의 금융사업, 역할과 기능, 안전성은 어떠한가? 농협보험이 우수한 이유는 무엇인가? 농산물 유통의 문제와 농협의 역할 및 업적은 무엇인가?
제9부 **회계**	농협의 자기자본과 조합원 지분이 무엇이며 출자가 왜 중요한가? 농협의 적립금과 이월금은 어디에 쓰이는 것인가? 농협회계의 특징과 농협배당의 특징은 무엇인가?
제10부 **관리**	농협을 공격하는 허위주장, 가짜뉴스에 대한 대책은 무엇인가? 조합원의 알 권리와 정보공개 요구, 그 기준과 한계는 어디인가? 임원 대의원의 발언과 행동, 그 한계와 책임은?
제11부 **감독**	농협에 대한 국가의 지원 의무와 감독의 내용은 무엇인가? 언론의 허위보도, 과장보도에 대한 대응방법은? 수사를 받을 경우 주의사항은?

제1부

총 설

001 농협의 목적은?

Q 대의원총회 뒤풀이 자리에서 농협의 목적에 대한 논쟁이 있었습니다. 높은 배당, 더 많은 환원사업, 충실한 농업 지원 등의 주장을 두고 열띤 토론 끝에 감정 대립까지 갔습니다. 농협의 정확한 목적은 무엇이라고 해야 합니까?

A 대의원들이 단편적으로 주장하는 사항이 모두 다 농협의 목적입니다. 다만 농협의 목적의 한 부분을 장님이 코끼리 만지듯 파악하고 주장하고 있을 뿐입니다. 농협의 목적은 농협법 제1조에 명확히 표현되어 있습니다.

> **농업협동조합법 제1조(목적)** 이 법은 농업인의 자주적인 협동조직을 바탕으로 농업인의 경제적·사회적·문화적 지위를 향상시키고, 농업의 경쟁력 강화를 통하여 농업인의 삶의 질을 높이며, 국민경제의 균형 있는 발전에 이바지함을 목적으로 한다.

즉 농업인의 자주적인 협동조직인 농협을 바탕으로 하여 ① 농업인의 경제적, 사회적, 문화적 지위 향상을 도모하고 ② 농업의 경쟁력 강화를 통하여 농업인의 삶의 질을 높이며 ③ 국민경제의 균형 있는 발전에 이바지하는 것입니다.

즉 더 높은 배당, 더 많은 환원사업, 충실한 농업 지원은 모두 이러한 농협의 목적 중에서 한 부분을 설명한 것이고 농협은 그러한 농업인의 모든 희망과 기대를 현실에서 실현시켜 주기 위해 다양한 사업활동과 농정활동을 전개하고 있는 것입니다.

따라서 앞으로 농협의 사업방향 결정이나 임원 선출, 각종 의사결정, 토론과 협의 등을 할 때 이러한 법률에 명시된 목적을 기준으로 생각하고 판단한다면 어떤 어려움이나 논쟁도 쉽게 해결될 것입니다.

그리고 지역농협과 지역축협, 품목별·업종별 협동조합(품목농협), 조합공동사업법인, 농협중앙회의 세분화된 목적은 각각 다음과 같습니다.

지역농업협동조합은 조합원의 농업생산성을 높이고 조합원이 생산한 농산물의 판로 확대 및 유통 원활화를 도모하며, 조합원이 필요로 하는 기술, 자금 및 정보 등을 제공하여 조합원의 경제적·사회적·문화적 지위 향상을 증대시키는 것을 목적으로 한다. (농협법 제13조)

지역축산업협동조합은 조합원의 축산업 생산성을 높이고 조합원이 생산한 축산물의 판로 확대 및 유통 원활화를 도모하며, 조합원이 필요로 하는 기술, 자금 및 정보 등을 제공함으로써 조합원의 경제적·사회적·문화적 지위 향상을 증대하는 것을 목적으로 한다. (농협법 제103조)

품목조합은 정관으로 정하는 품목이나 업종의 농업 또는 정관으로 정하는 한우사육업, 낙농업, 양돈업, 양계업, 그 밖에 대통령령으로 정하는 가축사육업의 축산업을 경영하는 조합원에게 필요한 기술·자금 및 정보 등을 제공하고, 조합원이 생산한 농축산물의 판로 확대 및 유통 원활화를 도모하여 조합원의 경제적·사회적·문화적 지위 향상을 증대시키는 것을 목적으로 한다. (농협법 제108조)

조합공동사업법인은 사업의 공동수행을 통하여 농산물이나 축산물의 판매·유통 등과 관련된 사업을 활성화함으로써 농업의 경쟁력 강화와 농업인의 이익 증진에 기여하는 것을 목적으로 한다. (농협법 제112조의 2)

중앙회는 회원의 공동이익의 증진과 그 건전한 발전을 도모하는 것을 목적으로 한다. (농협법 제113조)

Q 농업인단체 행사 현장이나 각종 세미나에서 언제나 농협이 표적이 되고 있습니다. 그때마다 농협이 제 역할을 하지 못한다거나 기능을 잃었다는 등의 주장이 나타납니다. 그런데 매번 농협의 역할과 기능에 대한 주장이 다릅니다. 농협의 정확한 역할과 기능은 무엇입니까?

A 농협의 역할과 기능은 농협법 제1조에 나타난 농협의 목적을 달성하는 과정에서 농협이 하여야 할 임무와 구실을 가리키는 것입니다. 그리고 그 임무와 구실이 너무나 다양하고 종류가 많으며 농업인 측면에서의 역할, 사업체로서의 역할, 소비자 측면에서의 역할, 국민경제 측면에서의 역할, 국가정책 수행 측면에서의 역할을 모두 포함하고 있으므로 농협의 역할과 기능을 주장하고 평가하는 시기와 장소와 주체에 따라 각각 달라지게 됩니다.

그 때문에 농업인단체나 학자들이 농협을 평가하고 비판하거나 자신의 주장을 내세울 때마다 농협의 역할과 기능을 그 당시의 단편적인 주제에 집중하여 평가하므로 단편적인 평가 결과가 되고 다른 부문의 평가는 모두 생략하고 특정 부문의 미흡함만 강조하게 되므로 비판과 비난이 더욱 높아지게 되는 것입니다. 즉 농협을 평가하거나 비평, 비판하는 사람은 농협의 목적이 여러 가지이고 그에 따라 역할과 기능도 각각 달라지게 되는 점을 간과하고 있는 것입니다.

예컨대 지역농협이 농업생산성 제고를 위해 영농자재의 원활한 공급에 힘쓰는 점, 농산물의 판로 확대와 제값 받기 노력, 농산물 유통경로의 단축과 다원화·현대화, 농업자금의 조성과 지원 등의 부문별 과제에 대해 이러한 역할과 업적을 종합적으로 파악한다면 농협의 역할과 기능에 관하여 함부로 비판과 공격을 할 수 없을 것입니다.

이뿐 아니라 농업인의 생활안정을 위한 하나로마트사업, 보험사업, 장제사업 등과 교육지원사업에 대한 평가를 한다면 농협이 아니고는 상상할 수 없는 발전이자 혜택이고 역대 어느 단체나 정부도 이루지 못한 큰 업적이라 할 것입니다. 그리고 지금까지 농협이 사업을 통해 농업인의 영농편의와 생활편익 향상에 기여한 결과, 이만큼의 경제적 향상을 이루게 되었고, 농업인의 사회적 권익 향상도 괄목할 만한 성장을 이루었습니다.

농업인의 사회적 권익 부문에 있어서는 구체적으로 '농업인법률구조사업'을 개발하고 정착시켜 전체 농업인의 무료법률구조 체제를 완성한 점, '농업인소비자보호'를 법제화하고 현실에 정착시킨 점, '농촌의료지원사업'으로 수많은 농업인을 진료한 점, '농업인자녀장학사업' 등이 역사 이래 가장 두드러진 쾌거라 할 것입니다.

이 밖에도 수많은 사업을 전개하여 농협의 목적을 달성하고 농업인의 권익을 보호하는 역할을 창의적으로 수행하고 있는데, 특히 〈농민신문〉을 창간하고 육성하여 국내 5위급 언론으로 자리매김한 점과 NBS한국농업방송까지 개국하여 농업인의 의견과 여론을 펼칠 수 있는 체제까지 갖춘 점은 농협의 역할과 기능을 더욱 넓히고 강화하고 있는 것으로서 반드시 재평가되어야 할 것입니다.

농협 관련 법규의 종류와 그 순위는?

Q 농협법에는 법률, 정관, 규약, 시행령, 규칙, 규정 등 다양한 종류의 규범이 있다고 합니다. 그런데 가끔 그 규범의 서열이나 순위를 두고 논쟁이 생깁니다. 농협 관련 법규의 종류와 그 순위는 어떻게 됩니까?

A 우리가 조합의 사업이나 업무와 관련하여 '농협법'이라고 할 때, 그 농협법의 의미는 두 가지가 있습니다.

좁은 의미로는 법률 제12950호로 공포된 「농업협동조합법」을 가리키며, 이 법은 농협의 조직, 조합원, 기관, 사업, 계통조직, 감독과 벌칙을 모두 규정하고 있습니다.

넓은 의미의 농협법은 농업협동조합법을 포함하여 민법, 상법, 형법, 농업기본법, 축산법, 인삼사업법, 농지법, 농안법, 신용협동조합법 등 농협의 사업이나 업무와 직간접적으로 관련되는 모든 법률과 함께 정부기관의 명령과 처분, 지도 등의 행정조치가 포함되고, 농협 내부의 자치법규인 정관, 규약, 규정, 준칙 등 내부 규정까지도 포함하게 됩니다.

공포된 여러 가지 법률은 서로 상위와 하위의 서열이 있는 것이 아니고 일반법과 특별법, 공포된 순서만 있을 뿐입니다. 그리고 농업협동조합법은 민법과 상법에 대해 '특별법'입니다. 그러므로 '특별법 우선의 원칙'에 따라 민법이나 상법의 내용에 앞서서 농협법에 명시된 내용을 먼저 적용하고, 농협법에서 민법이나 상법을 준용하기로 한 부분은 해당 법률의 해당 조항을 적용하며, 농협법에 정함이 없는 내용인 경우에는 민법, 상법에 규정된 내용을 적용하게 되는 것입니다.

가끔 어떤 사업에 대해 2가지 이상의 법률에서 서로 다르게 규정되어 있는 관계로 혼란이 발생할 경우에는 '신법 우선의 원칙'에 따라 나중에 공포된 법률을 우선하며, 법률의 내용을 두고 해석이나 적용에서 다툼이 생길 경우에는 관계부처에 '유권해석'을 요청하여 그 의견에 따르도록 하면 됩니다. 사업은 급박한데, 유권해석을 받는 데 있어서 절차나 시간이 소요되어 곤란할 경우에는 권위 있는 법률 전문가나 농협 계통의 법률고문에게 자문의견을 서면으로 받아서 그것을 기준으로 판단하면 될 것입니다.

법률에 규정된 내용과 정관의 내용을 두고 혼선이나 다툼이 있을 경우에는 '상위법 우선의 원칙'에 따라 법률을 우선으로 하여야 합니다. 정관, 규약, 업무규정, 준칙, 업무 방법 등은 농협 내부의 자치법규에 해당하므로 원칙적으로 농협 내부의 조직과 사업, 업무에 대하여만 효력이 미치고 외부의 고객이나 일반인에게는 효력이 미치지 않습니다. 고객이나 일반인은 농협의 자치법규에 따를 의무가 없고 농협과의 '계약'이나 '약정' '약관' 등 양측이 합의한 사항에 대해서만 기속됩니다.

또 자치법규는 '외규(外規)'에 대하여 하위규범이므로 농협 내에서도 '상위법 우선의 원칙'에 따라 외규가 내규에 우선합니다. 외규란 법령, 법령에 의한 행정처분, 행정명령, 행정지도, 금융위원회에서 정한 규정과 지시, 법률에 따른 요구 등이 있는데, 이러한 외규에 대해 농협 내규(內規)를 들어 저항할 수 없다는 것입니다.

외규의 내용이 서로 상충될 경우에는 법률, 시행령, 시행규칙 등의 순서로 '상위법 우선의 원칙'에 따라 서열을 판단하며, 같은 서열의 외규인 경우에는 '신법 우선의 원칙'을, 서열 판단이 모호할 경우에는 발령

부처나 감독 주무부처인 농림축산식품부에 서면으로 질의하여 회답을 받아 조치를 취하면 됩니다.

조합 내규의 제정 과정을 보면, '정관'은 총회에서 특별결의로 제정·변경하고(법 제35조, 제42조) 장관의 인가를 필요로 하며, '규약'은 총회의 보통결의로 제정·변경하고(법 제35조), '규정'은 이사회의 의결로 제정·변경하며(법 제43조), '준칙'과 '업무 방법'은 회장이 제정하여 시달한 것을 사용합니다. 그에 따라 내규의 효력 순위는 1. 정관 2. 규약 3. 규정 4. 준칙 5. 업무 방법의 순서로 되고, 서열상 하위의 내규 내용이 상위의 내규에 저촉될 경우 하위의 내규는 효력이 없습니다. 즉 농협 내규에 있어서도 '상위법 우선의 원칙'이 적용되며, 같은 서열의 내규가 상충할 경우 일단 '신법 우선의 원칙'이 적용되는데, 애매모호할 경우 중앙회에 업무질의를 하여 적절한 지도를 받는 것이 현명합니다.

조합의 내규라고 하더라도 조합 자체에서 임의로 제정이나 개정·폐기를 할 수 있는 것이 아니고, 중앙회장이 정하는 바에 따라야 하며 회장이 시달한 내용과 다른 내규를 제정 또는 변경하려면 회장의 승인을 얻어야 합니다. (조합 정관 제142조)

004 농협법상 민법, 상법의 준용조항과 내용

Q 농협법에는 민법이나 상법을 준용한다는 조항이 있습니다. 그럴 때에는 다시 민법과 상법을 찾아보아야 하는 불편함이 있습니다. 그 구체적인 내용을 알려 주십시오.

A 농협법에서 준용하는 법규는 농협법 제55조에 준용하도록 명시된 법규를 말합니다.

농업협동조합법 제55조(「**민법**」・「**상법**」**의 준용**) 지역농협의 임원에 관하여는 「민법」 제35조, 제63조와 「상법」 제382조 제2항, 제385조 제2항・제3항, 제386조 제1항, 제402조부터 제408조까지의 규정을 준용한다. 이 경우 「상법」 제385조 제2항 중 '발행주식의 총수의 100분의 3 이상에 해당하는 주식을 가진 주주'는 '조합원 100인 또는 100분의 3 이상의 동의를 받은 조합원'으로 보고, 같은 법 제402조 및 제403조 제1항 중 '발행주식의 총수의 100분의 1 이상에 해당하는 주식을 가진 주주'는 각각 '조합원 100인 또는 100분의 1 이상의 동의를 받은 조합원'으로 본다. 〈전문개정 2009. 6. 9〉

민법 제35조(법인의 불법행위능력) ① 법인은 이사 기타 대표자가 그 직무에 관하여 타인에게 가한 손해를 배상할 책임이 있다. 이사 기타 대표자는 이로 인하여 자기의 손해배상책임을 면하지 못한다.
② 법인의 목적 범위 외의 행위로 인하여 타인에게 손해를 가한 때에는 그 사항의 의결에 찬성하거나 그 의결을 집행한 사원, 이사 및 기타 대표자가 연대하여 배상하여야 한다.

제63조(임시이사의 선임) 이사가 없거나 결원이 있는 경우에 이로 인하여 손해가 생길 염려 있는 때에는 법원은 이해관계인이나 검사의 청구에 의하여 임시이사를 선임하여야 한다.

상법 제382조(이사의 선임, 회사와의 관계 및 사외이사) ② 회사와 이사의 관계는 「민법」의 위임에 관한 규정을 준용한다.

제385조(해임) ② 이사가 그 직무에 관하여 부정행위 또는 법령이나 정관에 위반한 중대한 사실이 있음에도 불구하고 주주총회에서 그 해임을 부결한 때에는 발행주식의 총수의 100분의 3 이상에 해당하는 주식을 가진 주주는 총회의 결의가 있은 날부터 1월 내에 그 이사의 해임을 법원에 청구할 수 있다. 〈개정 1998. 12. 28〉
③ 제186조의 규정은 전항의 경우에 준용한다.

제386조(결원의 경우) ① 법률 또는 정관에 정한 이사의 원수를 결한 경우에는 임기의 만료 또는 사임으로 인하여 퇴임한 이사는 새로 선임된 이사가 취임할 때까지 이사의 권리의무가 있다.

제402조(유지청구권) 이사가 법령 또는 정관에 위반한 행위를 하여 이로 인하여 회사에 회복할 수 없는 손해가 생길 염려가 있는 경우에는 감사 또는 발행주식의 총수의 100분의 1 이상에 해당하는 주식을 가진 주주는 회사를 위하여 이사에 대하여 그 행위를 유지할 것을 청구할 수 있다. 〈개정 1984. 4. 10, 1998. 12. 28〉

제403조(주주의 대표소송) ① 발행주식의 총수의 100분의 1 이상에 해당하는 주식을 가진 주주는 회사에 대하여 이사의 책임을 추궁할 소의 제기를 청구할 수 있다. 〈개정 1998. 12. 28〉

② 제1항의 청구는 그 이유를 기재한 서면으로 하여야 한다. 〈개정 1998. 12. 28〉

③ 회사가 전항의 청구를 받은 날로부터 30일 내에 소를 제기하지 아니한 때에는 제1항의 주주는 즉시 회사를 위하여 소를 제기할 수 있다.

④ 제3항의 기간의 경과로 인하여 회사에 회복할 수 없는 손해가 생길 염려가 있는 경우에는 전항의 규정에 불구하고 제1항의 주주는 즉시 소를 제기할 수 있다. 〈개정 1998. 12. 28〉

⑤ 제3항과 제4항의 소를 제기한 주주의 보유주식이 제소 후 발행주식총수의 100분의 1 미만으로 감소한 경우(발행주식을 보유하지 아니하게 된 경우를 제외한다)에도 제소의 효력에는 영향이 없다. 〈신설 1998. 12. 28〉

⑥ 회사가 제1항의 청구에 따라 소를 제기하거나 주주가 제3항과 제4항의 소를 제기한 경우 당사자는 법원의 허가를 얻지 아니하고는 소의 취하, 청구의 포기·인락·화해를 할 수 없다. 〈신설 1998. 12. 28, 2011. 4. 14〉

⑦ 제176조 제3항, 제4항과 제186조의 규정은 본조의 소에 준용한다.

제404조(대표소송과 소송참가, 소송고지) ① 회사는 전조 제3항과 제4항의 소송에 참가할 수 있다.

② 전조 제3항과 제4항의 소를 제기한 주주는 소를 제기한 후 지체 없이 회사에 대하여 그 소송의 고지를 하여야 한다.

제405조(제소주주의 권리의무) ① 제403조 제3항과 제4항의 규정에 의하여 소를 제기한 주주가 승소한 때에는 그 주주는 회사에 대하여 소송비용 및 그 밖에 소송으로 인하여 지출한 비용 중 상당한 금액의 지급을 청구할 수 있다. 이 경우 소송비용을 지급한 회사는 이사 또는 감사에 대하여 구상권이 있다. 〈개정 1962. 12. 12, 2001. 7. 24〉

② 제403조 제3항과 제4항의 규정에 의하여 소를 제기한 주주가 패소한 때에는 악의인 경우 외에는 회사에 대하여 손해를 배상할 책임이 없다.

제406조(대표소송과 재심의 소) ① 제403조의 소가 제기된 경우에 원고와 피고의 공모로 인하여 소송의 목적인 회사의 권리를 사해할 목적으로써 판결을 하게 한 때에는 회사 또는 주주는 확정한 종국판결에 대하여 재심의 소를 제기할 수 있다.
② 전조의 규정은 전항의 소에 준용한다.

제407조(직무집행정지, 직무대행자선임) ① 이사선임결의의 무효나 취소 또는 이사해임의 소가 제기된 경우에는 법원은 당사자의 신청에 의하여 가처분으로써 이사의 직무집행을 정지할 수 있고 또는 직무대행자를 선임할 수 있다. 급박한 사정이 있는 때에는 본안 소송의 제기 전에도 그 처분을 할 수 있다.
② 법원은 당사자의 신청에 의하여 전항의 가처분을 변경 또는 취소할 수 있다.
③ 전2항의 처분이 있는 때에는 본점과 지점의 소재지에서 그 등기를 하여야 한다.

제408조(직무대행자의 권한) ① 전조의 직무대행자는 가처분명령에 다른 정함이 있는 경우 외에는 회사의 상무에 속하지 아니한 행위를 하지 못한다. 그러나 법원의 허가를 얻은 경우에는 그러하지 아니하다.
② 직무대행자가 전항의 규정에 위반한 행위를 한 경우에도 회사는 선의의 제삼자에 대하여 책임을 진다.

005 준용규정이 없어도 준용하여야 하는 법률

Q 농협법에 다른 법률을 준용하도록 명시된 경우에는 해당 법률을 찾아 준용하면 되는데, 농협법에 내용이 없고 준용조항마저 없는 경우에는 어떻게 하여야 합니까?

A 농협은 사업과 업무를 수행하는 과정에서 농협법 및 업무에 관련된 다른 법률을 잘 지키면 됩니다. 그러나 농협법에 농협사업이나 업무 관련 사항을 모두 다 반영할 수 없고, 미처 예상하지 못했던 문제가 나타

날 수도 있으며, 세상의 모든 일을 농협법으로 해결할 수도 없습니다. 따라서 농협법에 규정된 사항이 없는 일을 만났을 때는 그에 해당하는 법률을 찾아 적용하여 문제를 해결해 나가야 합니다.

가장 기본적으로 민법을 준용하여야 합니다. 민법은 모든 국민의 사적 관계를 규율하는 기본적인 법률이고, 농협법은 민법에 대해 특별법인 관계이므로 농협법에 규정되지 않은 사항은 기본적으로 민법을 준용합니다. 실무적으로는 민법의 중요한 개념인 신의성실의 원칙, 권리남용금지의 원칙과 함께 법률행위, 효력, 시효, 물권, 채권, 기간 등의 문제는 모두 민법의 규정을 준용하여야 합니다.

그리고 상법도 적용하여야 합니다. 조합과 조합원의 거래는 민법을 적용하지만, 조합원이 아닌 상인과의 상거래에서는 거래 쌍방이 모두 상법을 적용받도록 하기 때문에(상법 제3조) 농협은 상인이 아니더라도 상법을 적용받게 됩니다. 이 밖에도 금융위원회의 설치 등에 관한 법률, 신용협동조합법 등이 적용되므로 농협법에 준용한다는 명문 규정이 없어도 준용하여야 합니다.

006 법률의 적용에 어떤 원칙이 있습니까?

Q 우리나라에는 수많은 법률이 있고, 모든 국민은 이를 준수해야 합니다. 법률 및 규정의 적용 원칙과 그 서열이 궁금합니다.

A 현대사회에는 수많은 법규들이 존재합니다. 그리고 사회가 변화·발

전함에 따라 사람들의 생활관계가 복잡해지고, 이에 따라 분쟁들도 다양하고 빈번하게 발생합니다.

이러한 상황에서 사회질서를 유지하고 이해관계를 규율하는 법규 또한 증가하는 것은 당연한 일인데, 이렇게 수많은 법규 가운데 어떤 법을 우선적으로 적용하여야 하는지, 법의 내용들이 상호 충돌하는 때에는 어떤 법규를 우선해야 하는지 문제가 됩니다. 이 문제를 해결하기 위해 법에는 적용 과정에 일정한 순서와 법칙이 존재합니다.

첫째로 '상위법 우선의 원칙'이 있습니다. 상위법 우선의 원칙은 법에도 일정한 단계가 존재한다는 인식 아래 하위법은 상위법에 위배될 수 없다는 것을 그 내용으로 합니다.

한 나라의 법체계는 근본법으로서 최상위에 「헌법」이 존재하고, 헌법의 규정 또는 위임으로부터 의회가 제정하는 「법률」이 있습니다.

법률 다음으로 법률을 집행하기 위해 행정부의 대통령이나 행정 각 부장이 제정하는 「명령」이 있습니다.

그 다음으로 지방의회에서 지방민의 고유한 사무에 대하여 「조례」를 제정할 수 있고, 조례는 그 지역의 사무에 한정됩니다. 법률과 명령은 전국적인 효력을 가지는 반면에 조례는 지역적 효력을 가질 뿐이므로, 명령의 하위 규범이 됩니다.

「규칙」은 조례를 집행하기 위해서 지방자치단체장이 제정하는 것이므로 조례의 하위법입니다.

이렇게 법도 단계를 이루며 하위법의 내용은 상위법의 내용에 위반될 수 없다는 원칙이 '상위법 우선의 원칙'입니다.

둘째로 '특별법 우선의 원칙'이 있습니다. 특별법은 특수한 사항이나 특정한 사람에게 적용되는 법을 말하는 것인데, 이에 대비되는 개념이 일반법입니다. 일반법은 그 법의 적용 영역에 있어서 모든 사항과 사람에게 적용되어 영향을 미치는 반면, 특별법은 일반법에 비하여 적용 영역이 한정되어 있는 법입니다.

사회가 복잡·전문화됨에 따라 특수한 사정을 규율할 필요성이 날로 증가하고, 이에 따라 제정된 특별법이 특수한 사항을 규율하는 데 있으므로, 특수한 사정이 발생하였을 때에는 특별법이 우선으로 적용되어야 하는 것입니다.

특별법은 수없이 많이 존재하는데, 대표적으로 농업협동조합법은 민법에 대하여 특별법이므로 농협의 사업과 업무에 있어서 농업협동조합법이 우선됩니다.

셋째, '신법 우선의 원칙'이 있습니다. 신법 우선(新法優先)의 원칙은 특정한 법률이 개정되거나 하여 그 내용이 바뀔 경우에 이전에 적용되던 구법(舊法)이 적용되지 않고 새로 개정된 신법이 우선 적용된다는 원칙입니다. 이는 신법이 구법보다 현실에 좀 더 부합하고 법을 개정하는 과정에서 새로운 사항들에 대해 입법자가 발전적으로 법을 변경했다는 것에 그 의미가 있습니다. 신법과 구법은 법의 효력 발생 순서를 기준으로 판단되며, 법의 효력 발생의 우선순위는 공포시를 기준으로 합니다.

넷째, '법률불소급의 원칙'이 있는데, 기본적으로 법률의 적용은 행위 당시의 법률에 의하여야 한다는 원칙입니다. 즉 행위 시에 존재하지 않던 법률을 사후에 제정하거나 개정하여 법 제정 이전의 행위에 적용해서는 안 된다는 원칙입니다.

이는 국민에 대하여 법적 안정성과 예측 가능성을 부여하고 법치국가를 실현하기 위한 원칙으로서, 행위 시에 존재하지 않던 법률을 제정하여 불이익한 효과를 국민에게 부여한다면 일반 국민의 법적 신뢰와 행동의 자유를 보장할 수 없기 때문입니다.

법률불소급의 원칙은 특히 형법에서 강조되며, 이로써 국민의 자유와 권리를 보장하는 기능을 수행합니다. 형법 제1조 제1항도 '범죄의 성립과 처벌은 행위 시 법률에 의한다'고 규정하여 법률불소급의 원칙을 명확히 하고 있습니다.

다만 행위 시와 재판 시에 법률이 국민에게 유리하게 변경된 경우에는 신법 우선의 원칙에 따라 재판 시 법률이 적용되고 불소급원칙은 배제됩니다.

007 농협법상 평등의 원리는?

Q 농협은 어떤 경우에도 사람을 차별하거나 소외시키지 않는 평등한 조직이라는 말을 들었습니다. 그런데 막상 농협의 사업이나 운영에서는 평등이라는 말을 느낄 수 없습니다. 농협법의 평등의 원리란 무엇입니까?

A 농협은 기본적으로 구성원 모두에게 평등한 권리와 의무를 갖게 합니다.

첫째, 조합원 자격에 있어서 농업인이거나 법률에 정한 가입 대상자일 것만을 요구하고 그 이상 다른 조건을 붙이지 않습니다. 즉 조합원의 자격에 인종, 종교, 성별, 연령, 국적, 학력, 출신 등 일체의 개인정보나 사적인 차이를 묻지 않는 것입니다.

둘째, 1인 1표의 의결권, 출자 규모가 아무리 많거나 또 출자가 적어도 모든 조합원은 1인당 1표의 평등한 의결권을 갖습니다. 이는 농협이라는 사업체를 운영함에 있어 자본의 힘이 중요하지만, 자본보다 사람을 더 중요하게 여기며 사람 중심으로 운영한다는 것입니다.

셋째, 1인당 출자최고액의 제한, 조합원은 누구나 최저 1좌 이상을 출자하여야 하지만 최대 1만좌, 5000만 원 이상을 출자할 수 없게 출자상한선을 두고 있습니다. 이는 재정적으로 능력 있는 사람이나 자본가가 농협에 가입하여 거액을 출자함으로써 조합 경영에 큰 영향력을 발휘하는 것을 원천적으로 금지하기 위한 것입니다.

이러한 평등의 원리가 지배하는 조직은 다른 기업이나 단체에서는 볼 수 없고 오직 협동조합만의 고유한 특징이고 원칙입니다. 모든 기업은 보유주식의 숫자가 곧 의결권의 숫자이고 영향력이며, 단체의 경우에는 단체의 설립과 운영에 공헌한 실적에 따라 발언권과 지도력이 결정되는 것이 당연시되는 것과 확실히 대비되는 점입니다.

이런 점이 바로 협동조합의 인간중심주의, 인도주의, 인본주의, 휴머니즘적 철학과 원리를 잘 표현해주는 것입니다. 즉 모든 조직과 단체가 힘의 논리에 지배되는 것에 반하여 협동조합은 사람이 지배하는 사람의 단체인 것입니다.

008 농협법상 민주주의의 원리는?

Q 농협법에 농협은 민주적 원리가 지배한다고 합니다. 그러나 우리 조합

원은 그런 내용을 잘 알 수 없습니다. 특히 새로 가입한 조합원이 이런 것을 물을 때 설명을 잘할 수 없습니다.

Ａ 농협의 운영은 모두 민주적 원칙에 따라 이루어집니다.

첫째, 모든 조직원은 평등하게 1인 1표의 의결권을 갖고 모든 의사는 구성원인 조합원의 총의에 의해 다수결 원칙에 따라 결정됩니다.

둘째, 농협의 경영진은 모두 조합원의 선거에 의해 선출되며, 임기를 정하여 임기마다 조합원의 심판을 받도록 하고 있습니다.

셋째, 농협 경영의 권한을 총회, 조합장과 이사회, 감사의 3권분립으로 명확히 하고 상호 견제와 균형을 이루도록 하여 독재나 월권, 전횡을 근본적으로 방지하도록 하였습니다.

넷째, 조합과 조합원의 운명과 관련되는 중요한 사항의 변경은 반드시 조합원총회를 거치도록 하여 전체 구성원의 의사가 반영되도록 하였습니다.

다섯째, 임원과 대의원에 대한 임기 중 해임제도를 두어 언제든 조합원이 임원과 대의원을 소환, 해임할 수 있도록 하였습니다.

여섯째, 조합원 모두에게 선거권과 피선거권을 평등하게 부여하여 누구든지 조합 대표자나 임원 선거에 참여하게 하고, 임원·대의원에 입후보할 수 있게 하였습니다.

일곱째, 소수조합원권을 통해 총회소집청구, 총회안건제안, 총회의 결취소청구, 감사청구 및 검사인청구, 임원유지청구 등을 행사할 수 있습니다.

여덟째, 조합 경영에 대해 알 권리가 보장되어 있고, 별도로 정보공개청구를 할 수 있습니다.

아홉째, 단독조합원권으로 법원을 통해 임원직무정지 및 직무대행자 선임 청구, 의결의 취소 또는 의결무효확인청구 등을 할 수 있습니다.

이 밖에도 농협의 운영에 문제가 있다고 판단되면 조합원은 누구나 언제든 감독기관인 농협중앙회와 농림축산식품부장관에게 그 문제에 대한 조사와 시정을 요청할 수 있습니다.

009 농협법에 나타난 협동조합원칙은?

Q 농업인단체 회의에서 협동조합원칙을 소리 높여 주장하는 사람이 있었습니다. 그는 우리 농협이 협동조합원칙과 멀어지고 있다고 하는데, 그 말이 맞습니까?

A 최근 정리된 협동조합의 7대 원칙은 다음과 같습니다.

1. 자발적이고 개방적인 조합원 제도
협동조합은 자립적인 조직으로서, 협동조합의 서비스를 이용할 수 있고 조합원으로서 책임을 다할 의지가 있는 모든 사람들에게, 성(性)적·사회적·인종적·정치적·종교적 차별 없이 열려 있다.

2. 조합원에 의한 민주적 관리
협동조합은 조합원에 의해 관리되는 민주적인 조직으로서, 조합원들은 정책수립과 의사결정에 활발하게 참여한다. 선출된 임원들은 조합원에게 책임을 갖고 봉사해야 한다. 개별 협동조합에서는 조합원마다 동등한 투표권(1인 1표)을 가지며, 협동조합연합회에서도 민주적인 방식으로 조직하고 운영된다.

3. 조합원의 경제적 참여

조합원은 협동조합에 필요한 자본을 조성하는 데 공정하게 참여하며, 조성된 자본을 민주적으로 통제한다. 일반적으로 자본금의 일부분은 조합원의 공동자산이다. 출자배당이 있는 경우에 조합원은 출자액에 따라 제한된 배당금을 받는다.

조합원은 다음과 같은 목적에 따라 잉여금을 배분한다.

(1) 협동조합의 발전을 위해 잉여금의 일부는 배당하지 않고 유보금으로 적립
(2) 조합원의 사업이용 실적에 비례한 편익 제공
(3) 조합원의 동의를 얻은 여타의 활동을 위한 지원

4. 자율과 독립

협동조합은 조합원들에 의해 관리되는 자율적인 자조 조직이다. 협동조합이 정부 등 다른 조직과 약정을 맺거나 외부에서 자본을 조달하고자 할 때는 조합원에 의한 민주적 관리가 보장되고 협동조합의 자율성이 유지되어야 한다.

5. 교육 훈련 및 정보 제공

협동조합은 조합원, 선출된 임원, 경영자, 직원들이 협동조합의 발전에 효과적으로 기여하도록 교육과 훈련을 제공한다. 협동조합은 일반 대중 특히 젊은 세대와 여론 지도층에게 협동의 본질과 장점에 대한 정보를 제공한다.

6. 협동조합 간의 협동

협동조합은 지방, 전국, 국제적으로 함께 협력사업을 전개함으로써 협동조합운동의 힘을 강화시키고 조합원에게 가장 효과적으로 봉사한다. 즉 협동조합 경쟁력=봉사, 봉사=협동조합 경쟁력이라는 등식이 성립하는 것이다.

7. 지역사회에 대한 기여

협동조합은 조합원의 동의를 얻은 정책을 통해 조합이 속한 지역사회의 지속가능한 발전을 위해 노력한다. 국제협동조합연맹은 지역사회에 대한 기여로 "협동조합은 특정한 지역공간에서 조합원과의 강한 결합력을 갖기 때문에 지역사회와 밀접한 관계를 갖고 있다. 따라서 협동조합은 지역사회에 대한 특별한 책임을 가지게 되는 것이다"라며 협동조합의 본원적인 기능을 설명하고 있다.

이러한 협동조합 7대 원칙은 모두 농협법에 그대로 반영되어 법제화되어 있고, 농협의 사업에서도 모두 잘 실천되고 있습니다.

농협이 협동조합원칙을 지키지 않는다고 주장하는 사람은 아마도 현재의 협동조합 상황을 모르는 상태에서 1960~1970년대 군사독재나 유신시대에 독재자가 농협을 짓밟고 마음대로 주무르던 시대의 교재를 보고 한 말일 것입니다. 그 사람에게 농협에 가입하여 조합원의 권리와 농협사업의 혜택을 누려보라고 권유하면 백 마디 설명보다 한 번의 체험으로 확실하게 해결될 것입니다.

010 농협의 법치주의란?

Q 대의원총회 진행 중에 혼란이 야기되자 '법치주의'라는 말이 튀어나왔습니다. 그러자 "농협법에 법치주의라는 말이 어디 있느냐"는 반론이 나왔고, 결국 논쟁은 엉뚱하게 흘러갔습니다. '농협의 법치주의'라는 말은 무엇입니까?

A 농협법에 법치주의라는 직접적인 표현이 없습니다. 그래서 "농협법에 법치주의라는 말이 있느냐?"는 반박이 있었을 것입니다. 그러나 농협법에 그런 말이 없어도 농협은 철저히 법치주의 원칙에 지배되고 있습니다.

농협은 설립, 조직, 운영, 사업의 종류, 조합원의 자격과 가입 및 탈퇴, 총회의 구성과 운영, 이사회의 구성과 역할, 감사의 직무, 선거, 직원, 등기사항, 관리와 감독, 처벌에 이르기까지 모든 것을 다 법률로 규정해두고 있으며, 그러한 법률을 위반하거나 무시하고는 한 걸음도 움직일 수 없게 되어 있습니다.

총회를 진행하는 과정에 대하여도 모두 법률에 총회 소집 절차, 안건의 상정, 심의와 의결, 잘못된 의결의 취소 등을 명확히 규정해 두고 있습니다. 그리고 총회를 비롯한 모든 사업이나 업무의 절차·방법이 법률에 정한 사항과 어긋나거나 위반될 경우에는 그 사업 혹은 업무 자체가 무효가 되고, 만약 법률의 위반이 중대한 사항일 경우에는 농협법에 정한 벌칙에 따라 처벌까지 받게 됩니다.

이렇듯 농협은 법치주의 원칙이 지배하고 있을 뿐 아니라 중요한 사업이나 업무는 물론 사소한 절차까지도 모두 법률에 정한 사항을 준수하여야 하고, 법률을 위반하거나 이에 저촉되면 사업 자체가 무효가 되며 관련 임직원은 처벌을 피할 수 없게 됩니다.

"농협법에 법치주의라는 말이 어디 있느냐"고 한 사람은 '대한민국 헌법에 법치국가라는 말이 들어 있지 않으므로 대한민국은 법치국가가 아니다'라고 하는 것과 같은 심각한 오류 또는 사악한 궤변을 주장하는 사람임을 스스로 밝힌 것이나 마찬가지입니다.

011 절차적 민주주의, 실질적 민주주의란?

Q 농협은 민주적 원리에 따라 지배되고 있다고 합니다. 그런데 '민주적 지배'라고 하면 될 것을 굳이 '절차적 민주주의'라는 말을 하니 더 혼란스럽습니다. 절차적 민주주의란 무엇이며, 농협의 운영에서는 구체적으로 무엇을 가리키는 것입니까?

🅐 절차적 민주주의란 민주주의가 규정하는 개념을 절차적인 부분에서 그대로 소화하고 있다면 어느 정도 민주주의가 실현되었다고 보는 관점입니다.

즉 민주주의를 실현하기 위해서는 이를 실행할 수 있는 과정과 연관된 절차적인 원리가 중요하며, 그러한 절차의 규범으로는 토론 절차, 관용 정신, 다수결 원리, 비판 및 타협 등을 존중하여야 하는 것입니다. 그리고 이러한 절차들이 민주적으로 이루어지고 있다면 민주주의를 잘 실천하고 있는 것으로 간주하게 되는 것입니다.

이와 함께 강조되는 것이 실질적 민주주의인데, 이는 모든 계층의 정치적·사회적·경제적 평등이 확보되는 동시에 정치 참여가 일상적인 삶의 영역으로 확산되어야 한다는 관점입니다. 즉 정부는 국민의 의견을 끊임없이 정책에 반영하고, 국민은 양보와 타협을 통해 서로의 의견을 조율하며, 시민사회와 국가의 힘이 평형을 이루거나 또는 시민사회가 더 우월한 관계를 유지하는 체제가 실질적 민주주의라고 할 수 있습니다. 만약 국민의 반대여론을 무시한 채 합법적인 절차를 거쳐 종신대통령이 되었다고 한다면 절차적 민주주의는 이루어졌지만, 실질적 민주주의는 이루어졌다고 볼 수 없는 것입니다.

비유컨대, 오래전 국민 다수의 반대를 무시하고 4대강 개발을 밀어붙인 일이라든가, 세월호 참사에 대한 국민적 애도를 무시한 정부의 태도 등이 국회 다수당의 의결을 받기는 하여 절차적으로는 완성되었지만, 실질적 민주주의는 이루어진 것이 아니라고 하는 것입니다.

농협의 운영에서 절차적 민주주의란, 조합 운영에 있어서 어떤 결정을 할 때 이사회와 총회에서 충분한 심의·토론이 이루어지고 상호 존중의 분위기에서 비판과 타협, 대안 제시 등을 거치는 것입니다. 다수

결의 원리에 따라 원만하게 결론을 얻었다면 이는 절차적 민주주의가 실현되었다고 봅니다.

또 특정한 안건에 대해 극단적으로 반대하는 구성원이 있을 경우 다수결 방식으로 조속히 결정을 하는 것이 아니라 충분히 설명하고, 반론을 듣고, 대안을 모색하고, 새로운 방안을 찾아서 구성원 대부분이 인정하고 수용할 수 있는 결론에 이르렀을 경우 실질적 민주주의가 충분히 발휘되었다고 할 수 있습니다.

012 농협의 정체성이란?

Q 농협의 특색이나 특징에 대한 말은 많이 들었습니다. 얼마 전부터 농협의 정체성이라는 말을 자주 듣는데, 구체적으로 무엇을 뜻하는 말입니까?

A 정체성(正體性, identity)이란, 존재의 본질을 규명하는 성질을 가리키는 말입니다. 정체성은 자기 내부에서 일관된 동일성을 유지하는 것과 다른 존재와의 관계에서 어떤 본질적인 특성을 지속적으로 공유하는 것 모두를 의미하며, 인간의 정체성, 기업의 정체성, 군대의 정체성, 국가의 정체성 등 다양한 형태로 쓰이는 말입니다.

농협의 정체성이라는 것은 농협이 다른 기업이나 단체와 구별되는 농협만의 특징을 가리키는 말입니다. 농협의 정체성은 1. 농업이라는 산업을 기반으로 하는 농업인의 조합이고 2. 협동조합의 정체성인 이용자가 소유하고 이용자가 통제하며 이용자가 수익을 분배받는 조직이며 3. 협동조합원칙이 지배하는 것을 가리키는 것입니다.

즉 이것은 각 지역농협과 품목농협 등 일선 농협들이 바로 농업인 조합원에 의해 구성되어 농업인이 이용하고, 농업인에게 지배되며 사업의 결과 얻게 된 수익을 농업인 조합원이 분배받는 것, 이것이 바로 농협이 다른 기업이나 단체와 다른 정체성인 것입니다.

기업의 경우에는 소유자와 이용자가 확연히 구별되는 점, 농업인단체나 협회의 경우에는 의사나 의지의 통합과 행동이 주요 목적이지만 사업을 통한 시장 참여와 수익금의 배분에 있어서 농협과 차이를 보이고 있습니다. 흔히 공기업과 농협을 혼동하는 경우도 있는데, 공기업이 주로 전력 공급, 철도, 토지 개발 등 국책과제를 중심으로 독점적인 시장활동을 하는 데 반해 농협은 일반 사기업이 지배하는 시장에 뛰어들어 사기업과 시장 내에서 시장원리에 따라 치열하게 경쟁하여 조합원에 대한 봉사와 조합원을 위한 수익을 창출하고 있는 점에서 근본적인 차이가 있습니다.

013 협동조합. 영리법인인가, 비영리법인인가?

Q 지난번 총회에서 대의원 한 사람이 "농협은 영리법인이므로 수익성이 가장 중요하다"라고 했는데, 다른 대의원이 "농협은 영리법인이 아니다. 수익성은 고려할 대상이 아니다"라고 발언하여 서로 다투었습니다. 그런데 이 문제에 대해 명쾌하게 설명하는 사람이 없었습니다. 농협은 영리법인입니까, 비영리법인입니까?

A 질문에 답하기 위해서는 먼저 '영리성'이라는 개념에 대한 판단 기준을 정리할 필요가 있습니다. '영리(營利)'라는 용어는 일반적으로 많이 사용되고 있으나, 이는 본래 상법에서 온 개념입니다. 따라서 영리성, 영리법인이라는 개념에 관한 검토가 필요합니다.

우리 상법은 회사를 '상행위나 그 밖의 영리를 목적으로 하여 설립한 법인'이라고 규정하고 있으며, 이에 따라 상법상의 회사는 영리성, 사단성, 법인성을 본질적 속성으로 갖는다고 이해되고 있습니다. 이러한 회사의 본질적 속성 중 하나인 '영리성'의 의미에 대해서는, 대외적으로 영리사업을 경영하여 이익귀속의 주체가 되는 것으로 생각하면 됩니다. 따라서 영리법인이란, 사업이윤을 목적으로 조직되고 활동하여 취득한 이윤을 투자자에게 귀속시키는 법인을 가리킨다고 하겠습니다.

그러나 협동조합은 조합원들의 수요 충족을 일차적인 목적으로 하는 조직으로서 태생적으로 원가경영을 목적으로 하고, 출자배당이 제한되는 등의 특성이 있어 영리법인과 차이가 많습니다. 특히 농협은 농협법에 영리나 투기를 목적으로 하는 사업을 할 수 없다(법 제5조 제3항)고 명시하고 있으며, 모든 사업의 수행에서 영리를 목적으로 하는 것이 아니라 사업 자체의 확대를 통한 조합원의 사업 지원과 지역사회의 경제성장 지원을 목표로 하고 있습니다.

그리고 사업수익이나 수수료는 지속가능한 사업, 확대재생산을 통한 서비스의 향상, 내부유보와 적립을 통한 사업경쟁력 향상을 위해 필수불가결한 부분일 뿐이고 사업수익은 처음부터 농협의 목표가 아닙니다.

따라서 "농협은 영리법인"이라고 말한 대의원의 주장은 그 발상과 현실 인식에서 모두 틀린 것이므로 앞으로 협동조합교육에 참여시켜 조합원으로서 기본소양을 함양하도록 해 주어야 할 것입니다.

Q 세상에는 수많은 법률이 있고 그 규제와 감독은 치밀하여 물샐 틈도 없다고 합니다. 그런데 농협은 수많은 사업을 하면서 법률의 규제나 감독에 별 신경을 쓰지 않는 것 같습니다. 법률을 적용받지 않는 비법이 있습니까?

A 농협이 사업을 추진하는 과정에서 수많은 법률의 적용을 받게 됩니다. 그런데 농협의 사업을 지원·육성하고 발전을 위해 농협에 불이익이 되거나 과도한 규제로 작용하는 일부 법령은 농협에 적용하지 않도록 특별히 농협법에 적용배제 조항을 명문화하였습니다. (법 제12조)

그에 따라 적용배제가 규정된 법령은 농협사업에 적용되지 않고, 적용배제 규정이 없는 사업은 적용되는데, 적용배제 되는 법률의 내용은 다음과 같습니다.

1. 농협과 공동사업법인, 품목조합연합회, 중앙회가 양곡가공업을 할 경우에는 신고 없이 사업을 할 수 있습니다. (양곡관리법 제19조)

2. 농협은 여객자동차 운수사업을 함에 있어서 면허와 등록이 없이 사업을 할 수 있으며, 운임과 요금을 신고할 필요가 없고 농협 소유차량의 유상운송도 가능합니다. (여객자동차 운수사업법 제4조·제8조 및 제81조)

3. 농협은 화물자동차의 유상운송이 가능합니다. (화물자동차 운수사업법 제56조)

4. 지역농협은 등록 없이 부동산중개업을 할 수 있습니다. (공인중개사법 제9조)

5. 중앙회가 면세 또는 세액감면 되는 농업용 석유류를 조합에 공급하는 사업에 대하여는 석유판매업 등록이 없이 판매할 수 있습니다. (석유 및 석유대체연료 사업법 제10조)

015 농협 생산제품이 중소기업제품으로 대우받는다는데…

Q 농협이 농협 생산제품을 국가기관에 납품할 때 중소기업 생산제품으로 인정받아 특별히 우대를 받을 수 있다는 말이 있는데, 사실입니까?

A 농협이 직접 생산한 물품을 국가기관이나 공공기관에 공급하거나 납품하는 경우에는 해당 농협을 「중소기업제품 구매촉진 및 판로지원에 관한 법률」에 따른 국가와 수의계약의 방법으로 납품계약을 체결할 수 있는 자로 보도록 하고 있으므로(법 제12조의 3), 이러한 내용을 잘 이해하고 활용하여 우리 농산물, 농협 가공제품의 판매 촉진에 적극 활용하여야 할 것입니다. 그리고 해당 법률은 다음과 같습니다.

> **「중소기업제품 구매촉진 및 판로지원에 관한 법률」 제33조(특별법인 등의 중소기업 간주)** ① 「국가를 당사자로 하는 계약에 관한 법률」 제7조 단서 또는 다른 법률에 따라 국가와 수의계약의 방법으로 납품계약을 체결할 수 있는 자로서 다음 각 호의 법인이나 단체는 제4조부터 제12조까지, 제22조, 제23조 및 제25조를 적용하는 경우 중소기업자로 본다. 〈개정 2011. 3. 30, 2016. 1. 27〉
> 1. 농업협동조합 등 특별법에 따라 설립된 법인
> 2. 「국가유공자 등 단체설립에 관한 법률」에 따라 설립된 단체 중 상이(傷痍)를 입은 자들로 구성된 단체
> 3. 「고엽제후유의증 등 환자지원 및 단체설립에 관한 법률」에 따라 설립된 단체
> 4. 「민법」 제32조에 따라 설립된 사단법인 중 「장애인복지법」 제63조에 따른 장애인복지단체 또는 장애인을 위한 단체
> 5. 그 밖에 대통령령으로 정하는 법인이나 단체
> ② 「중소기업진흥에 관한 법률」 제69조에 따라 설립된 중소기업제품 판매회사는 공공기관의 장이 제5조에 따라 구매 계획 및 구매 실적을 작성함에 있어 중소기업자로 본다. 〈신설 2011. 3. 30, 시행일 2011. 7. 1〉

Q 조합에서 업무를 처리하는 과정에서 법률을 조회해 가면서 일을 하더라도 법률의 해석을 두고 판단하기 어려운 경우도 있고, 또 관계자들의 의견이 서로 달라 혼란스러울 때가 있습니다. 이때 법률을 해석하는 요령을 알려 주십시오.

A 농협업무를 수행하는 데 농협법만 펼쳐보면 모든 것이 다 해결되는 것이 아닙니다. 농협법이 아닌 다른 법률을 참고해야 하는 경우가 있고, 때로는 법률의 내용이 서로 상충되고 혼란하여 해석하기가 어렵기도 합니다. 이때 법률의 해석에 대하여 확실한 지식이 있어야 합니다.

농협과 관련된 여러 가지 법률은 서로 상위와 하위의 서열이 있는 것이 아니고 일반법과 특별법, 공포된 순서가 중요합니다. 그리고 농업협동조합법은 민법과 상법에 대해 '특별법'입니다. 그러므로 '특별법 우선의 원칙'에 따라 민법이나 상법의 내용에 앞서서 농협법에 명시된 내용을 먼저 적용하고, 농협법에서 민법이나 상법을 준용하기로 한 부분은 해당 법률의 해당 조항을 적용하며, 농협법에 정함이 없는 내용인 경우에는 민법·상법에 규정된 내용을 적용하게 되는 것입니다.

가끔 어떤 사업에 대해 2가지 이상의 법률에서 서로 다르게 규정되어 있는 관계로 혼란이 발생할 경우에는 '신법 우선의 원칙'에 따라 나중에 공포된 법률을 우선하며, 법률의 내용을 두고 해석이나 적용에서 다툼이 생길 경우에는 관계부처에 '유권해석'을 요청하여 그 의견에 따르도록 하면 됩니다. 사업은 급박한데, 유권해석을 받는 데 있어서 절차나 시간이 소요되어 곤란할 경우에는 권위 있는 법률 전문가나 농협 계통의 법률고문에게 자문의견을 서면으로 받아서 그것을 기준으로 판단하고 적용하면 될 것입니다.

법률에 규정된 내용과 정관의 내용을 두고 혼선이나 다툼이 있을 경우에는 '상위법 우선의 원칙'에 따라 법률을 우선으로 하여야 합니다. 정관, 규약, 업무규정, 준칙, 업무 방법 등은 농협 내부의 자치법규에 해당하므로 원칙적으로 농협 내부의 조직과 사업, 업무에 대하여만 효력이 미치고 외부의 고객이나 일반인에게는 효력이 미치지 않습니다. 고객이나 일반인은 농협의 자치법규에 따를 의무가 없고 농협과의 '계약'이나 '약정' '약관' 등 양측이 합의한 사항에 대해서만 기속됩니다.

또 자치법규는 '외규(外規)'에 대하여 하위 규범이므로 농협 내에서도 '상위법 우선의 원칙'에 따라 외규가 내규에 우선합니다. 외규란 법령, 법령에 의한 행정처분, 행정명령, 행정지도, 금융위원회에서 정한 규정과 지시, 법률에 따른 요구 등이 있는데, 이러한 외규에 대해 농협 내규(內規)를 들어 저항할 수 없다는 것입니다.

외규의 내용이 서로 상충될 경우에는 법률, 시행령, 시행규칙 등의 순서로 '상위법 우선의 원칙'에 따라 서열을 판단하며, 같은 서열의 외규인 경우에는 '신법 우선의 원칙'을, 서열 판단이 모호할 경우에는 발령 부처나 감독 주무부처인 농림축산식품부에 서면으로 질의하여 회답을 받아 조치를 취하면 됩니다.

내규의 효력 순위는 1. 정관 2. 규약 3. 규정 4. 준칙 5. 업무 방법의 순서로 되고, 서열상 하위의 내규 내용이 상위의 내규에 저촉될 경우에는 하위의 내규는 효력이 없습니다. 즉 농협 내규에 있어서도 '상위법 우선의 원칙'이 적용되며, 같은 서열의 내규가 상충할 경우 일단 '신법 우선의 원칙'이 적용되는데, 애매모호할 경우 중앙회에 업무 질의를 하여 적절한 지도를 받는 것이 현명합니다.

조합의 내규라고 하더라도 조합 자체에서 임의로 제정이나 개정, 폐기를 할 수 있는 것이 아니고, 중앙회장이 정하는 바에 따라야 하며 회장이 시달한 내용과 다른 내규를 제정 또는 변경하려면 회장의 승인을 얻어야 합니다. (조합 정관 제142조)

017 법률해석, 자유로워야 하는데

Q 농협법을 두고 유권해석이니, 전문가의 설명이니 하면서 획일적인 해석을 강요하고 임원, 대의원을 억압하는 것은 잘못입니다. 법률의 해석은 개인의 자유이고 임원, 대의원의 재량이기도 한 것으로 봅니다.

A 모든 농협 임직원이나 대의원, 조합원은 농협법을 읽고 그 뜻을 잘 이해하여 사업의 현장이나 농협 경영 과정에 법률에서 의도한 목표가 잘 달성되도록 하여야 합니다. 그런데 임직원이나 조합원이 법률전문가가 아니므로 같은 법률을 한자리에서 함께 읽고도 그 뜻풀이가 달라지는 경우가 자주 발생합니다.

이러한 사태의 원인은 첫째, 법률 비전문가의 자의적 해석이고 둘째, 각자 개인의 사회적·경제적 배경과 입지가 다르며 셋째, 법률을 바라보는 시각과 자세가 다르고 넷째, 법률 내용과 관련하여 개인의 이해관계에도 차이가 있기 때문입니다. 그리고 이러한 현실적인 문제를 모두 용납한다면 법률의 의미가 매번 달라지고 사람에 따라 또 달라지게 되어 사회규범으로서의 역할을 할 수 없게 되므로 결국 무법천지가 되고 말 것입니다.

따라서 법률의 해석은 개인이 자의적으로 필요에 따라 왜곡하거나 신축적으로 하여서는 안 되는 것이며 반드시 합리적이라야 하는데, 이때 확실한 기준이 되는 것이 유권해석 또는 전문가의 의견입니다.

또한 법 해석은 어디까지나 법적 안정성을 저해하지 않는 범위 내에서 현실에서의 구체적 타당성을 찾는 데 두어야 합니다. 그리고 그 과정에서 가능한 한 법률에 사용된 문장과 언어의 통상적인 의미에 충실하게 해석하는 것을 원칙으로 하고, 나아가 법률의 입법 취지와 목적, 제정 및 개정 과정과 역사, 법질서 전체와의 조화, 다른 법령과의 관계 등을 고려하는 체계적이고 논리적인 해석 방법을 추가로 동원함으로써 타당한 해석이 되도록 하여야 합니다.

법률의 해석을 자기 마음대로 할 경우 후일 심각한 사태를 맞기도 하는데, 실제로 감사보고서를 대의원과 조합원에게 유인하여 배포했던 감사와 이사회 회의 내용을 대의원에게 자세히 알려 준 이사가 선거법 위반으로 당선무효에 해당하는 형벌을 받은 일이 있습니다.

결국 법률해석의 자유란, 파멸할 자유라고 할 것입니다.

018 법률상담에도 요령이 있습니까?

Q 조합에서 업무처리 중 복잡한 문제에 휘말려 긴급하게 법률상담을 해

야 할 일이 있었습니다. 평소 알고 지내던 변호사와 법률사무소에 전화했더니 너무나 단순하고 단편적인 답변이 오는 바람에 전혀 참고하지 못하였습니다. 법률상담에도 어떤 요령이나 노하우가 있습니까?

A 법률상담을 할 때 대부분 전화로 간단한 설명과 함께 판단을 요구하게 됩니다. 이때 사건의 전체적인 윤곽이나 발단, 원인, 진행 경과, 당면한 문제 등을 소상히 설명해 주어야 상대방이 그 내용을 토대로 사건의 핵심과 쟁점을 파악한 뒤 관련 법률의 내용과 비교하여 법률적인 의견을 제시하게 됩니다.

그런데 전화로 전달하는 정보의 양은 대단히 적어서 길고도 복잡한 사건을 단 몇 마디 짧은 말로써 다 뭉뚱그리고는 답변을 요구하게 되는 것입니다. 또 길게 설명을 한다고 하더라도 어떤 부분이 핵심이고, 무엇이 쟁점이며 원인과 책임 소재가 어떤 것인지를 묻는 사람이 스스로 경중을 판단하여 설명하게 되므로 상대방은 묻는 사람의 의중에 맞추어 대답을 하게 됩니다.

이러한 상담은 매우 단편적인 사실에 대한 단편적인 답변에 그치게 되므로 사건 전체를 검토하고 내려주는 결론과는 큰 차이가 있게 되는 것입니다. 그리고 이러한 단편적인 답변을 토대로 중요한 결정을 할 경우 후일 꼭 문제가 생기거나 손해를 입게 됩니다.

그렇다면 급박한 실무문제에 대해 어떻게 확실하고 정확한 상담을 할 수 있을까요?

첫째, 전문가를 찾도록 합니다. 변호사라고 하더라도 농협법이나 농협사업에 대하여는 대부분이 문외한이고 농협이 공기업인지 사기업인지도 구분하지 못하는 경우가 태반입니다. 농협사업과 관련된 일이라면 농협법이나 농협사업에 대해 충분한 경험과 지식이 있는 법률가를 찾도록 하고, 형사사건이나 가사사건이라면 그 분야의 전문가를 찾는 것이 순서입니다.

둘째, 사건 내용의 모든 사항을 전화로 다 전달할 수 있을 정도의 간단한 일이 아닐 경우 내용증명 우편이나 편지, 언론보도, 경위서, 사고조서 등이 있다면 그 내용을 설명한 해설문과 함께 모든 자료를 팩스나 이메일로 상대방에게 보내주어 사건의 전모를 파악할 수 있도록 합니다. 요즘은 휴대전화를 이용하여 바로 촬영해 보낼 수 있어 대단히 신속하고 정확·편리합니다.

셋째, 법률상담 의견을 가능한 한 문서 형식으로 받도록 합니다. 전화로 전달받은 의견은 후일 책임 소재를 따질 수 없게 되므로 꼭 서면으로 의견을 받아두도록 하고, 되도록 문서 형태로 받아두는 것이 내용이 분명할 뿐 아니라 후일의 문제나 책임관계에서 유리합니다.

019 조합이나 조합원의 법률문제 발생 시 상담이나 조언은 어디에서?

Q 조합을 상대로 하는 소송, 또는 임직원 개인이나 조합원, 고객이 법률문제나 분쟁에 휩싸일 수 있습니다. 그때 기민하고 상세한 상담을 받아서 가장 합리적이고 유리한 방향을 찾아야 하는데, 법률상담과 조언을 받을 곳이 마땅치 않습니다.

▲ 조합에서 발생하는 법률문제는 그 대상과 유형이 대단히 다양하고 또 돌발적으로 발생하므로 임직원을 당황스럽게 합니다. 그리고 법률문제는 필연적으로 업무상의 허점이나 조합의 문제와 결부되어 있으면 사고처리의 우려 때문에 계통기관에 문의하기도 어렵게 됩니다.

그런데 이러한 문제를 법률가에게 문의할 경우 일반 법률가들은 농협법이나 농협실무, 농업이나 농촌의 사정을 잘 모르기 때문에 신속하고 정확한 해답을 주지 못하고 법학개론 수준의 원론적인 답변에 그칠 뿐입니다. 요즈음 활발히 활동하는 동네 변호사, 마을 법률고문은 친절하지만 농협실무나 농촌·농업 문제에 문외한이기는 마찬가지이고 사건수임에만 관심을 갖고 공을 들일 뿐, 법률상담은 건성이거나 원론적인 수준에 그치는 경우가 대부분입니다.

이때 가장 요긴하고 절실한 것이 '농협 내부의 인사가 아니면서 농협의 사업과 실무에 정통하고 법률지식과 사건처리 경험이 풍부한 법률가'입니다. 그리고 사건을 상담한 조합의 비밀을 지켜주고 임직원을 보호해주면서 사건에 대한 적확한 해결책을 제시해 주어야 최상의 경우라 할 것입니다. 나아가 아주 미묘하고 어려운 분쟁이 있을 경우 중간에 서서 양측을 중재하고 정확한 판단과 꾸준한 설득으로 문제를 해결해 주는 데까지 노력할 수 있다면 아마도 꿈같은 일이라 할 것입니다.

그런데 현실세계에서 이러한 일을 맡아서 수행해 주는 사람이 있습니다. 농협중앙회가 공식으로 지정한 농협 계통사무소의 법률고문 소속이면서 농협의 각종 실무 문제와 농협법 문제에 정통하고 일선의 민원과 분쟁에 많은 경험을 갖춘 인사, 언제든 회원조합의 애로와 고충을 해결해 주는 시스템, 잘 찾으면 언제든 연결되고 활용할 수 있습니다. 실제로 필자는 지난 20여 년간 전국 회원조합의 각종 문제, 사고, 분쟁의 현장에 뛰어 들어가 많은 사건을 해결하여 주었습니다.

그리고 교통사고나 개인적인 간단한 사건은 인터넷 법률상담 사이트에서 동일한 사례를 찾아보면 매우 간편하고도 내용이 충실한 경우가 많습니다. 참고로 일반 사건의 무료법률상담 사이트를 소개합니다.

대 한 법 률 구 조 공 단	http://www.klac.or.kr
한 국 가 정 법 률 상 담 소	http://www.lawhome.or.kr
대한가정법률복지상담원	http://lawqa.jinbo.net
한 국 소 비 자 원	http://www.kca.go.kr
법 률 소 비 자 연 맹	http://www.goodlaw.org

020 농협의 법률문제 발생 시 법률자문은?

Q 농협은 사업체인 관계로 사업 추진 과정에서 법률문제가 빈번하게 발생합니다. 또 조합운영을 두고 의견대립 때문에 법률자문이 긴급히 필요할 경우가 자주 있습니다. 심지어 임원들이 한글로 된 농협법을 함께 읽고도 그 뜻에 대한 해석이 정반대인 경우도 있습니다. 이러한 법률문제 발생 시 법률자문을 어디에서, 어떻게 받아야 합니까?

A 농협에서 법률문제나 법률상담이 필요할 경우, 또는 법률해석의 문제가 발생하는 경우가 자주 있습니다. 간단한 문제라면 관련 법률을 찾아 잘 읽어보고 해석하면 생각보다 쉽게 방법을 찾을 수 있지만, 비전문가의 해석과 판단에 의지하여 중요한 결정을 할 조합장이나 임직원은 없을 것입니다. 또 한글로 된 농협법을 함께 읽고도 임원들이 각

자 입장과 이해관계에 따라 그 뜻에 대한 해석이 정반대인 경우도 있을 것입니다.

농협법의 해석이나 적용을 두고 의견이 엇갈리거나 정확한 판단을 할 수 없을 경우 원칙적으로 농협법에 대한 유권해석을 담당하고 있는 농림축산식품부에 질의하거나 장관으로부터 회원농협에 대한 감독권을 위임받은 농협중앙회에 질의하여 해답을 얻는 것이 가장 확실한데, 가능하면 질의와 회답을 모두 문서 형식으로 받아두는 것이 좋습니다.

그런데 농림축산식품부나 농협중앙회에 법률자문 요청문서를 보내서 다시 회신문을 받아도 될 정도로 한가한 일이 아니거나 즉시 해답이 필요한 경우가 있을 것입니다. 이렇게 긴급한 상담 결과가 필요할 경우에는 농림축산식품부나 농협중앙회의 의견을 구할 여유가 없으므로 농협법에 정통하고 농협의 조직과 사업에 깊은 이해가 있는 법률가를 찾아 자문해야 할 것입니다. 그러므로 각 농협은 평소에 이러한 긴급한 법률자문을 얻을 수 있는 전문가를 미리 확보해 두거나 법률고문으로 위촉해 두어 급할 때 활용할 수 있도록 해 두어야 할 것입니다.

그리고 아직 법률고문을 확보하지 못한 경우에는 '한국농업법연구소'에 법률자문이나 상담을 요청하면 가장 빠른 시간에 충실한 해답을 얻을 수 있습니다. 한국농업법연구소는 20여 년의 역사를 가진 농업 관련 법률 전문 연구소로서 농협에 근무했던 농협법 전문가와 농업 관련 법률을 전문적으로 연구하는 변호사 등이 참여하여 농협법에 대한 자문과 농협법 해석, 농협사업 관련 법률자문, 농협의 소송 수행을 맡아주고 있습니다. 한국농업법연구소의 법률상담 전화는 010-2747-0017번입니다.

021 고객과 거래선의 법률문제에 대한 상담은?

Q 사업을 추진하는 과정에서 법률문제로 고민하는 고객을 자주 보게 됩니다. 농협사업이 성장하려면 고객이나 거래처에 대한 법률서비스까지 할 수 있다면 무척 좋을 텐데, 법률구조사업은 농업인 조합원에게만 한정됩니다. 고객과 거래선에 대한 법률자문을 해 주려면 어떤 방안이 있겠습니까?

A 농협 조합원의 법률문제에 대하여는 대한법률구조공단이 무료로 상담과 소송까지 도맡아 서비스하고 있으므로 그곳에 맡기면 될 것입니다.

그런데 조합원이 아닌 고객의 법률문제가 있을 경우, 대한법률구조공단의 상담과 소송 수행 대상이 아니므로 대한법률구조공단에 상담이나 자문을 부탁하거나 요청할 수 없습니다. 이때 농협 고문변호사나 지역의 마을변호사 등에게 질의하여 회답을 얻으면 쉽게 해답을 얻을 수 있을 것이지만, 농협마다 고문변호사가 있는 것이 아니고, 있다고 하더라도 즉시 연결이 되어 시원스러운 답을 얻을 수 있는 것이 아닙니다. 또 마을변호사는 수임료가 웬만큼 되는 사건에만 관심이 있을 뿐이고 단순히 상담과 자문에 그치는 사건에는 별 관심이나 흥미를 보이지 않습니다.

그렇지만 우리 농협으로서는 비조합원 고객이나 고액 거래선의 당면한 법률문제에 무엇이든 도움을 드림으로써 다른 기관과 차별되는 서비스를 제공하고 싶을 것입니다. 또한 조합원이 법률구조공단까지 가는 것을 원하지 않거나 전화상담 결과가 불만족한 경우 다시 유능하고 친절한 법률가의 상담을 해 드려야 할 것이고, 고객과 거래선의 법률문제에 대해 긴급하게 즉답을 해 드려야 할 경우도 있을 것입니다.

특히 조합원과 고객의 법률문제에 대하여 법률지식과 친절은 물론, 농업·농촌에 대한 이해가 깊고 경험이 풍부한 법률가에게 자문하여 이른 시간 내에 만족할 만한 결과를 드리고 싶을 것입니다.

이런 경우에도 역시 '한국농업법연구소'를 안내해 드리거나 직접 연결해 주면 됩니다. 그리고 우리 농협과 한국농업법연구소 또는 농협 전문 법무법인과 법률고문 약정을 해 두는 것도 좋은 방법입니다. 한국농업법연구소는 각 농협을 대상으로 법률지원협약을 체결하여 법률문제를 지원하고 있으며 연락처는 010-2747-0017번입니다.

022 '계약자문센터'가 있었으면…

Q 농협에서 업무 중에 새로운 형태의 계약을 체결하여야 할 때가 있습니다. 그런데 새로운 형태의 계약은 언제나 그에 대한 지식과 경험이 부족하여 항상 위태롭고 불안합니다. 농업인 조합원이나 고객이 사업상 새로운 계약을 하여야 할 때에도 마땅히 자문하거나 상담할 곳이 없습니다. 만약 '계약자문센터'라는 것이 있다면 농협과 임직원은 물론, 조합원과 고객에게도 좋을 것입니다.

A 사업 추진이라는 것이 결국은 새로운 계약이나 약정의 체결입니다.

그리고 예수금약정이나 대출금약정, 구매약정, 판매약정 등은 수십 년간 사업을 진행하여 오는 과정에서 보완되고 다듬어진 관계로 약정서의 내용이 무척 공정하면서 충실하여 후일 시빗거리가 별로 없습니다.

그런데 종전에 없던 계약이나 약정을 체결하게 될 경우에는 계약서나 약정서의 문구나 내용을 두고 심각한 고민과 연구 검토가 불가피합니다. 계약서나 약정서는 훗날 모든 분쟁의 해결 기준이 되면서 손익을 판별하는 기준이기 때문인데, 농협의 임직원은 대부분 정형화되고 다듬어진 계약과 약정을 해 보았을 뿐이어서 새로운 형태의 계약에는 경험이나 지식이 없습니다.

그리고 내용을 알지 못하는 상태에서 상대방의 말만 믿고 약정서나 계약서에 서명할 경우 후일 농협이 큰 손해를 입거나 관련 임직원에게 막중한 책임이 돌아올 수 있습니다. 그렇다고 약정이나 계약을 포기하면 사업 추진을 할 수 없게 됩니다. 실제로 과거에 농협에서 계약했던 계약서에 '이 계약은 민사소송의 대상이 되지 아니한다'라든가, '계약해지 후 보증금의 반환을 독촉할 수 없다'는 문구가 발견되어 새로운 법적 문제가 되었던 일이 있었습니다.

그러므로 새로운 형태의 약정서나 계약서는 반드시 사전에 그 내용을 전문가에게 의뢰하여 충분히 조사·검토한 뒤 수정과 보완을 하도록 하여야 합니다. 이때 시간적 여유가 있으면 당연히 중앙회의 관련 부서나 법률지원실에 검토와 수정·보완을 요청하면 되지만, 여유가 없을 경우에는 한국농업법연구소 계약자문센터에 계약서의 자문을 요청하면 비교적 빠른 시간에 충실한 검토 결과를 얻을 수 있습니다.

한국농업법연구소 계약자문센터는 농협의 사업뿐 아니라 조합원과 고객, 거래선의 사업과 관련한 계약서 검토의 경우에도 활용할 수 있습니다. 한국농업법연구소 계약자문센터의 이메일 주소와 팩스번호, 상담번호는 다음과 같습니다.

한국농업법연구소
이메일 : sangbae0017@daum.net
팩　스 : 02-595-6632
전　화 : 010-2747-0017

023　농협중앙회가 회원조합을 억압하고 규제한다는데…

Q 농협중앙회가 회원조합을 억압하고 간섭한다고 하여 비판이 많습니다. 구체적으로 어떤 억압과 규제가 있는 것이며, 어떤 점을 개혁해야 합니까?

A 농협중앙회가 회원농협을 규제하고 억압한다는 말이 있었습니다. 또 일선 농협의 지엽말단적인 사항까지 간여하고 간섭하기 때문에 농협의 자주성과 독립경영이 저해된다는 말도 있습니다.

그러나 이러한 주장은 사실이 아닐 뿐 아니라 사실과 전혀 다릅니다. 이러한 주장은 1970~1980년대 군사정부, 독재정부가 농협을 통제하면서 일선 조직까지도 간섭하고 규제하던 시절에 나왔던 비판이 시대가 바뀌고 법률과 행동 양식, 습관이 바뀐 현재에도 이를 벗어나지 못한 몇몇 사람의 주장일 뿐입니다. 실제로 그런 주장을 하는 사람과 만나서 그러한 주장의 근거나 증거를 끝까지 파고 들어가 본 결과 모두가 현장의 증거는 없고 책자나 유인물에 표현된 것을 인용한 것이었는데, 그 책과 유인물이 모두 1970~1980년대에 쓰인 것이었습니다.

과거 군사독재정부 시절, 우리나라는 농협뿐 아니라 모든 영역이 독재정부의 통제와 간섭 아래 있었습니다. 그 시절에는 농협을 포함한 시중은행까지도 모두 정부에서 은행장을 임명하는 등 주요 경영자의 인사에 정부가 간여했으며, 농협은 중앙회장은 물론 각 조합장까지도 정부에서 임명권을 행사했었습니다. 금융기관뿐 아니라 개인기업의 운명도 정부의 방침에 따라, 정확히는 통치자의 입김에 따라 생사가 결정되고 운명이 달라졌습니다.

그런데 민주농협을 이룬 지금, 농협중앙회는 일선 농협의 자주적인 결정사항이나 창의적 경영에 어떠한 규제나 간섭도 하지 않습니다. 또 일선 농협의 사업 추진과 업무 수행의 세부적인 부분에 대하여 어떤 간여와 간섭을 하지 않습니다. 오히려 일선 농협의 사업 추진이나 경영전략에 대해 자금과 경험, 기술을 제공하고 판로를 모색해주는 등 다양한 지원을 하고 있으며 어떤 농협도 중앙회의 간섭이나 규제를 의식하거나 체감하지 못하고 있습니다.

간혹 중앙회의 지도에 깜짝 놀라는 경우가 있는데, 사고의 미연방지를 위한 상시감시 제도나 사고우려 거래에 대한 통보와 주의로 대형 사고를 예방하거나 사고 초기에 적발, 수습하게 된 경우에 중앙회의 치밀하고 섬세한 손길과 다중의 감시 시스템에 놀라고 또 안심하게 되는 경우가 있을 뿐입니다. 즉 농협중앙회의 규제나 간섭을 말하는 사람은 40년 전 군사독재 시절의 유인물에서 벗어나지 못한 옛날 사람인 것입니다.

Q 농협중앙회나 연합조직은 경우에 따라서는 필요하기도 하겠지만, 지금의 농협 수준에서는 불필요한 조직이 되었다는 주장이 있습니다. 지금처럼 고도로 성장한 농협에서 굳이 중앙회가 필요합니까?

A 각 농협은 경제적으로 힘이 미약한 농업인들이 서로 단결하고, 단결된 힘을 바탕으로 사업을 전개하여 사업과 생활의 어려움을 해결해 나가고자 결성된 조직입니다.

그런데 각 조합이 1000여 명의 농업인이 자금과 지혜를 모아 공동의 사업을 한다고 하더라도 거대한 시장에서 대자본과 경쟁하거나 맞서기에는 역시 미약합니다. 그리고 각 농협이 개별적으로 사업을 하다 보면 전체 농협을 유기적으로 통합하여 하나의 거대한 힘으로 모아야 할 때가 있고, 또 개별 농협으로서는 해결하기 어려운 전문성의 문제 등도 있습니다.

중앙조직은 각 지역이나 품목 단위로 결성된 개별 농협이 갖는 지역적 한계, 자본 규모의 한계, 지혜와 경험의 한계, 법률과 제도의 문제 등을 극복하고 회원조합 공통의 이익을 보호해 주고 개별 농협의 사업을 지원해 주는 역할을 담당하는 것입니다.

즉 개별 농협이 아무리 잘 성장·발전한다고 하더라도 개별 농협 단독으로 해결할 수 없는 수많은 과제가 있습니다. 예컨대 사업자금이 부족할 경우 자금을 차입할 곳, 여유자금을 예치하고 운용할 곳, 더 많은 조합을 규합하여 시장교섭력을 높여야 하는 일, 임직원에 대한 교육과 연수 훈련, 조합원에 대한 전문적인 교육, 사업 규정의 제정과 관리체제 마련, 감사업무의 지원, 입법활동, 농정활동, 국제무역, 전국 단위의 농산물유통개선사업, 전국 규모의 온라인 금융업무, 사무전산화, 조사연구와 〈농민신문〉 발행 등의 업무를 맡아서 성공적으로 수행할 별도의 조직이 필요합니다.

또 농협 간의 마찰이나 분쟁의 조정, 국제협력, 보험사업, 금융 지원 업무 등은 개별 농협이 감당할 수 없고 역시 연합조직, 또는 중앙조직이 반드시 필요합니다.

그리고 우리나라 농협의 중앙조직은 농협중앙회이고, 농협중앙회는 농업협동조합들의 연합체입니다. 농협중앙회는 1961년 7월 29일 제정된 「농업협동조합법」에 따라 같은 해 8월 15일에 세워졌으며, 2000년 7월에는 축산업협동조합중앙회와 인삼협동조합중앙회를 통합하였습니다.

농협중앙회는 각 농협에 대한 경영 지원과 조합원에 대한 다양한 교육 훈련 및 권익 증진사업 수행은 물론 농축산 관련 신기술과 신품종을 연구·개발하고 이를 농협과 조합원들에게 제공합니다.

또 경제사업은 농업인이 안정적으로 영농활동을 할 수 있도록 농축산물의 생산, 유통, 가공, 소비와 관련된 다양한 사업을 지원하고 농축산물 판매 경로를 확대해 농가소득 증대와 생산비 절감을 지원합니다.

신용사업으로 농업 자금을 조달하고 공급하는 금융기관 역할과 농업활동에 필요한 자금과 수익을 확보하기 위한 사업으로 시중은행과 같은 기능을 하며 카드, 보험, 상호금융, 외국환, 증권 등 다양한 금융서비스를 제공하고 있습니다.

또한 농업인의 법률적 어려움을 해소하기 위한 무료법률구조사업 등

권익 증진활동을 할 뿐 아니라 농업인자녀장학사업, 대학병원과 연계한 의료서비스 등도 제공합니다.

한국 농협의 중앙조직은 이렇게 세계적인 수범사례가 될 정도로 다양한 사업을 성공적으로 수행하고 있습니다. 그리고 중앙조직이 빈약한 협동조합은 대부분 성장·발전을 이루지 못하고 정체 상태에 있거나 소멸한 것이 현실입니다.

025 중앙조직의 역할과 기능은?

Q 지금 한국의 모든 농협은 자립경영 단계를 넘어 봉사경영 단계에 이르고 있습니다. 그리고 경험과 실력도 높아져 이제는 스스로 더욱 큰 발전을 할 수 있을 정도입니다. 이런 시점에서 농협중앙회의 역할과 기능이 무엇입니까?

A 중앙조직은 연합조직이라고도 합니다. 농협은 농협중앙회가 전체 회원농협의 연합조직 겸 중앙조직인데, 이는 법률로써 보장되어 있을 뿐 아니라 농협의 사업에 있어서도 현실적으로 큰 역할을 하고 있으며, 회원농협의 모든 사업과 업무와도 분리할 수 없는 밀접한 관계에 있습니다.

농협뿐 아니라 모든 사업체와 단체들이 연합조직이나 중앙조직을 두고 있는데, 그 역할과 기능은 다음과 같습니다.

첫째, 회원농협 혼자서 할 수 없는 사업과 업무를 수행하여 회원농협의 사업과 조합원을 지원하는 역할입니다.

회원농협이 수행하는 모든 사업은 조합 단위로 수행하여 최고의 능률과 효율을 발휘할 수 있는 경우는 거의 없습니다. 신용사업의 경우 개별 농협의 사업이 크게 성장할 경우에 잉여자금을 예치하고 운용하는 문제, 갑자기 필요한 자금을 차입하는 문제, 신상품의 개발과 판촉 활동, 임직원의 업무능력 향상 등은 모두 중앙회가 담당하지 않으면 안 되는 일입니다.

또 영농자재나 생활필수품의 구매사업에 있어서도 개별 농협의 수요와 주문을 통합하여 대규모로 함으로써 시장교섭력을 높여 더욱 유리한 가격과 구매 조건, 자금결제 조건을 달성할 수 있는 것이고, 판매사업의 경우에도 마찬가지입니다.

둘째, 회원농협 전체의 단결된 힘을 활용하여 농업과 농업인의 권익을 보호하고 증진하는 일입니다.

개별 농업인의 힘은 미약하기 때문에 조합을 결성하여 그 단결된 힘으로 시장에서 경쟁하고 정부와 정치권에 농업인 조합원의 주장과 요구를 제안하지만, 하나의 농협이 가진 힘도 전국 단위로 볼 때 미약하기는 마찬가지입니다. 이러한 농업인 조합원의 소망과 주장을 전국 규모로 통합할 때 그 힘이 반향이 있게 되고 국가를 흔들 수 있게 되는 것입니다.

셋째, 전문적인 지식과 기구가 필요한 부문의 사업을 수행하는 일입니다.

우리나라의 산업구조가 농업국가에서 산업화로, 이제는 정보화를 거쳐 4차 산업혁명 시대에 접어들었습니다. 이 시대에는 농협의 경영에 있어서도 외부 경영환경의 변화를 정확히 파악하고 그에 대응하여야 하고, 농업경영에 있어서도 마찬가지입니다.

그러나 개별 농협에서 당면한 영농 지원과 조합원에 대한 봉사를 미룬 채 이러한 일에 몰두할 수는 없는 일입니다. 이때 중앙회가 이러한 전문적인 영역에 대한 지식과 문제를 연구하여 각 회원농협이 쉽게 소화하고 활용할 수 있는 상태로 제공하여 주는 것이 긴요합니다. 이러한 전문적인 지식이나 전문적인 기구가 필요한 일은 중앙회가 아니면 할 수 없습니다.

넷째, 대규모의 투자나 장기적인 사업 추진이 필요한 영역에 대한 도전과 추진입니다.

농업 부문을 연구하는 학자와 농업인단체마다 힘주어 주장하는 말이 있는데, 바로 농산물유통개선, 농촌가공사업 활성화, 농촌에 대한 투자의 확대 등입니다. 이러한 일은 무척 중요하고 시급하며 누구든 이에 대하여 전심전력을 다해 매진하여야 하는데, 개별 농협이 이러한 사업에 집중하더라도 단기간에 그 성과를 거두기는 어렵고 오히려 농협 경영이 악화되거나 경영위기에 봉착하게 될 것입니다. 이러한 과제는 자본의 투자 규모가 엄청나고 성과를 얻는 데 소요되는 기간도 매우 길며 수익률이 대단히 낮기 때문입니다.

따라서 이러한 일은 개별 농협이 아무리 역량이 뛰어나고 열정과 사명감이 높더라도 이룰 수 없는 일이고 오직 중앙회만이 감당할 수 있는 일이며, 중앙회로서도 장기간 투자와 노력을 기울인 결과 최근에야 그 성과가 가시적으로 나타나고 있습니다.

다섯째, 회원조합 전체의 사업경쟁력과 대외신인도를 높이는 일입니다.

각 농협은 자기 농협의 사업을 위해 열심히 노력하고 뛰어난 홍보전략을 추진할 수도 있지만, 다른 농협까지를 모두 포괄하는 범농협적 홍보전략이나 전체적인 농협사업 경쟁력 향상을 위한 전략 혹은 농협 전체의 신인도를 높이는 활동을 추진할 수는 없는데, 이러한 부문의 일을 중앙회가 맡아서 수행하고 있습니다.

여섯째, 개별 회원농협의 사업과 업무의 방향에 대한 지원과 건전화 유도입니다.

사업에는 위험(risk)이 수반되는 것이 필연이고, 특히 다른 기업체와의 치열한 경쟁이 불가피한 시장체제에서 사고나 문제는 피할 수 없는 요소입니다. 또 각 개별 농협이 사업 추진에 몰입하여 전체적인 사업 부문 간의 균형이나 조직의 안정을 잃게 되었을 때, 누군가가 그것을 지적하고 위험과 사고를 미연에 방지하며, 문제를 조기에 수습하도록 지원하고 또 사업의 속도와 방향에 대한 균형을 잡아준다면 그 조합은 시행착오나 위험의 피해를 최소화하여 성장과 발전을 잘 이룰 수 있을 것인데, 그러한 역할을 수행할 수 있는 조직은 중앙회가 유일합니다.

일곱째, 회원농협 간 분쟁과 갈등의 조정입니다.

회원농협이 모두 농협법과 협동조합원칙을 잘 지키고 건실하게 사업을 추진하여도 지금의 여건에서는 시장과 고객이 서로 겹치므로 농협 간에 경쟁과 마찰이 불가피합니다.

이러한 마찰과 분쟁을 매번 법원을 통한 소송으로 해결한다면 그 절차의 번거로움과 비용 발생, 감정 대립 등의 폐해는 실로 막대할 것인데, 이러한 문제를 중앙회가 합리적인 기준과 상호 협력의 원칙 아래 조정해 주어 문제를 쉽게 해결해 가고 있습니다.

여덟째, 국제기구와 교섭하고 국가를 벗어난 범위의 시장에 대한 진출로 회원농협을 지원하는 것입니다.

국제협동조합연맹이나 다른 국가의 협동조합과의 협력, 또 우리 농산물의 해외시장 개척과 수출 등은 중앙회의 중요한 역할입니다. 이러한 역할을 통해 낮은 이자의 해외 차관자금을 도입하여 농업개발과 농협사업의 발전에 큰 역할을 하였습니다. 세계은행(IBRD, 국제부흥개발은행) 차관자금으로 농업 개발을 획기적으로 이룩한 일, AID자금으로 지역농협의 창고와 연쇄점 건물을 건축한 일 등이 눈에 띄는 사례라 할 것입니다.

　아홉째, 협동조합의 당면과제와 미래의 문제에 대한 연구와 대응입니다.

　협동조합을 둘러싼 외부의 정치, 경제, 사회, 문화의 여건이 계속하여 변화하고 있고, 조합원과 고객의 협동조합에 대한 기대와 역할에 대한 요구도 점점 다양해지고 있습니다. 이러한 당면과제와 미래의 문제에 대한 체계적인 연구와 대응방안의 마련은 시급하고도 중요한 문제이며 이러한 사항을 무시한 조직은 미래가 없는 것이나 마찬가지입니다.

　열째, 협동조합에 대한 외부의 공격과 침탈에 대한 방어입니다.

　협동조합 체제는 탄생할 때부터 지금까지 외부로부터 많은 의혹과 경계를 받아 왔으며, 지금도 농협의 사업과 경쟁관계인 사업자는 누구나 무조건 이유 없이 맹렬하게 농협을 비판, 비난, 모욕하고 해체를 주장합니다. 또 농협 체제에 들어서지 못한 농업인이나 농업인단체 인사, 임원 선거 낙선자, 임원 예비후보자 등도 농협 비판에 가세하고 있으며, 또 정치적인 이유로 농협을 사회주의 체제로 매도하는 정치세력도 있고, 자신의 사업을 위해 농협을 모함하는 경제인이 무척 많습니다.

　이러한 외부의 공격과 침탈에 대하여 학술적인 무장과 논리적인 반론을 할 수 있는 역량이 긴요한데 농협중앙회가 그 역할을 맡고 있습니다.

열한째, 농협 임직원과 조합원에 대한 교육과 훈련입니다.

농협은 임원을 선거로 선출하고 직원은 다양한 경로로 선발하는데, 농협의 사업 종류는 그 어떤 기업보다 방대하고 사업 내용도 섬세하며 다른 기업의 시스템이나 모델을 그대로 적용할 수 없는 특징이 있습니다. 그래서 임직원에 대한 체계적인 교육과 훈련이 무척 중요한데, 개별 농협이 그러한 역할을 감당할 수 없는 것은 당연하므로 중앙회가 이러한 역할을 수행하여야 하는 것입니다.

이 밖에도 정부와 정치권에 대한 농정활동, 농업인단체와의 전국 규모 교류와 협력, 상공인단체 및 경제단체 등과의 교류 협력, 학술활동과 학계와의 교류 증대, 국제기구와의 협력과 교류, 농협사업 관련 전문지식의 지원, 비료공장 운영, 종묘회사 운영 등 중앙조직만이 할 수 있는 다양한 역할과 기능이 있습니다.

026 농협계열사의 역할과 기능은?

Q 농협중앙회에는 수십 개의 계열사가 있다고 합니다. 그 많은 계열사가 모두 꼭 필요한 것인지, 문어발식 확장은 아닌지, 회원조합이나 농업인의 권익과 어떤 연관이 있는지 궁금합니다.

A 농협중앙회는 2019년 3월 현재 28개의 계열사를 보유하고 있습니다. 이런 규모이면 계열사가 많다고 하는 사람도 있지만, 기업경영 전문가들은 농협의 사업 규모와 사업 영역에 비해 너무 적다고도 합니다.

그런데 계열사의 숫자가 많거나 적다고 하는 것, 그것이 문제라고 하는 것은 무의미한 일입니다. 계열사의 역할과 기능이 잘 수행되어 농협의 사업 지원이 잘 이루어지는지, 궁극적으로 조합원의 영농과 생활에 도움이 되는지를 판단하는 것이 중요한 것입니다.

　농협중앙회의 계열사는 전체 농협조직의 업무전산화를 지원하는 농협정보시스템, 부실채권을 인수하여 개별 농협의 자산건전성을 높여 주는 농협자산관리, 농협에 인력을 공급해 주는 농협네트웍스 등 3개가 있습니다.

　농협경제지주 산하에는 농산물유통 부문에 농협하나로유통, 농협유통, 농협충북유통, 농협대전유통, 농협부산경남유통 등이 있고, 제조 부문에는 농우바이오, 남해화학, 농협사료, 농협케미컬, 농협아그로, 농협흙사랑 등이, 식품 부문에는 농협목우촌, 농협홍삼, 농협양곡, 농협식품 등이, 기타 부문에 농협물류, NH농협무역이 있습니다.

　농협금융지주 산하에는 NH농협은행, NH농협생명, NH농협손해보험, NH투자증권, NH선물, NH-Amundi자산운용, NH농협캐피탈, NH저축은행, NH농협리츠운용 등이 있습니다. 이 밖에도 해외의 총 14개국에 34개의 해외법인이나 지사무소를 운영하고 있습니다.

　이러한 계열사는 모두 중앙회의 한 부서로 보유하는 것보다 중앙회에서 분리하여 의사결정을 신속히 하게 함으로써 경영의 기동성과 융통성을 높여 경영효율을 높이고 책임경영을 이룩하도록 하며, 방대한 조직이 빠지기 쉬운 관료화와 무사안일을 방지하기 위한 것입니다.

　NH농협생명과 NH농협손해보험을 분리한 것은 보험업법에 생명보험과 손해보험 겸영을 금지하고 있기 때문이며, 농협금융지주와 경제지주를 분리한 것 역시 정부의 법률 개정에 따른 것입니다. 지역농협에서도 미곡종합처리장(RPC)을 분리하고 조합 간 통합하여 양곡가공법인으로 분리하거나 가공공장을 자회사로 운영하여 경영합리화를 이룬 경우와 같은 것입니다.

중앙회의 계열사들은 모두 다 문어발식 확장과는 전혀 관련이 없고, 농업과 농협사업을 위해 필수 불가결한 부문에 조직되어 농업과 농협을 지원하고 있으며, 각 회사가 모두 잘 경영되어 충실한 서비스를 하고 있습니다.

027 계열사를 활용하는 요령은?

Q 중앙회 계열사가 많고 각각 중요한 역할을 하고 있다고 하지만, 회원 농협에서 볼 때는 아무런 연관이 없는 것 같습니다. 회원농협에서 중앙회의 계열사를 활용할 수 있는 방안이나, 활용하여 경영성과를 높일 방안이 있는지 궁금합니다.

A 중앙회와 멀리 떨어져 있는 농협으로서는 중앙회나 계열사의 존재·역할이 직접적으로 느껴지지 않을 것은 당연합니다. 그러나 이미 모든 농협의 사업과 업무에 중앙회와 계열사의 역할과 기능이 아주 밀접하고 깊게 연관되어 있습니다.

농협의 업무는 모든 부문이 다 전산화되어 전산으로 처리되고 있고, 신용사업의 경우에는 온라인으로 전국이 동시에 움직이며 불편 없이 고객에게 최상의 서비스를 하고 있는 것이 바로 중앙회 계열사의 전산

지원 덕분입니다. 또 농산물판매사업에 있어서도 중앙회 공판장과 대형 하나로마트를 통한 판매, 해외 수출, 축산물의 가공과 출하 및 도소매, 식품 가공, 인삼제품 생산 등을 하고 있습니다.

영농자재 분야에는 종자, 비료, 사료, 농약, 유기질비료 등을 직접 생산하여 각 회원농협에 공급하고 있습니다.

또한 NH농협은행과 전산 시스템을 공유하고 서로 업무를 도와주어 신용사업의 경쟁력이 한층 더 높아졌고, 보험의 모집과 계약 등 중앙회 계열사들은 다른 금융기관이 도저히 따라올 수 없을 정도의 경쟁력으로 회원농협의 사업을 뒷받침하고 있습니다.

앞으로 계열사별로 사업 대상과 영역을 점차 확대하여 나가는 추세이므로 각 농협에서도 이러한 시스템을 활용한다면 업무의 능률 향상과 함께 업무처리상의 번잡함과 위험을 모두 계열사에 전가해 버리고 조합원과 고객에 대한 봉사에 더욱 많은 힘을 쏟을 수 있게 될 것입니다.

계열사를 활용하는 방법은 계열사나 중앙회에서 시달되는 안내나 협조 요청을 적극 수용하고, 나아가 각 회원농협이 농협의 당면 업무에 대해 적극적으로 문의나 상담을 하여 계열사의 협력과 활용을 선도적으로 이끌어내는 자세가 중요합니다.

028 "협동조합은 이윤이 없다"는 말은?

Q "협동조합은 이윤이 없다"는 말을 들었습니다. 그런데 지금 농협은 사업마다 사업수익 과목이 있고, 결산서에는 당기순이익도 있습니다. 이런

현실과 이윤이 없다는 이론은 서로 배치된다고 봅니다.

A '협동조합에는 이윤이 없다'는 말은 협동조합은 그 조직원리와 사업 구조에서 이윤을 목적으로 하지 않는다는 뜻입니다.

즉 협동조합은 이윤을 목적으로 결성된 것이 아니라 구성원의 협동과 단결로 더 나은 미래를 개척하기 위한 자조단체이므로 이윤이 목적이 아니라 조합의 사업활동을 통한 권익보호가 목적인 것입니다. 그리고 사업의 대상이 바로 그 구성원이자 소유자인 조합원이므로 사업이윤을 남길 이유나 당위성이 없는 것입니다. 아울러 협동조합은 모든 사업에서 원가주의, 수수료주의를 원칙으로 하며 실제 거래한 원가와 조합사업에 꼭 필요한 수준의 수수료를 징수할 뿐이므로 이윤이 발생할 여지가 전혀 없는 것입니다.

그런데 조합에는 사업 항목별로 사업수익과 사업비용 항목이 있고, 결산을 하면 당기순이익이라는 것이 있습니다. 이것은 신용사업, 경제사업 등을 수행하는 과정에서 사업에 꼭 필요한 비용이 발생하는 것은 피할 수 없는 일이므로 그에 맞추어 사업비용을 계산하지 않을 수 없기 때문입니다.

또 사업 분야별로 수익과 비용을 평가하고 판단하여 다음의 사업 추진에 참고하여야 하므로 사업 부문별로 사업수익계정과 사업비용계정을 두어 사업 부문별로 수지와 경영 결과를 명확히 하려는 것입니다.

또 당기순이익은 원래 협동조합이 목표로 하는 것은 아니지만, 한 회계연도의 사업 결과를 분석하고 평가할 때 조직의 전체적인 사업 결과를 나타내는 지표로서 당기순이익이라는 개념이 불가피한 것뿐이고, 특히 이 과정에서 정부 세무당국에서는 협동조합에 대하여도 기업회계와 같은 복식부기 방식의 회계처리와 기업회계의 경우와 같은 계정과목을 사용하라고 하는 것 때문에 그와 같은 용어의 사용이 불가피한 것입니다.

그래서 농협회계에서는 당기순이익이라는 표현이 적절하지 않고, '연도 중 유보발생'이라거나 '봉사여력' 등으로 표기하는 것이 적절하다고 할 것입니다.

즉 협동조합은 이용자가 소유하고, 이용자가 고객이며, 이용자가 통제하는 이용자 소유 조직이므로 이론적으로 이윤이 발생하면 이용자 겸 소유자인 조합원 자신을 착취했다는 논리가 되므로 이윤이 없다고 하는 것입니다.

또 한편으로는 협동조합의 당기순이익이란 각각의 사업을 수행하는 과정에서 수익을 발생시키지 않거나 원가매매 혹은 할인매매로 구성원인 조합원에게 이윤해당액을 그때그때 배당해 버릴 수도 있지만, 다음의 사업을 원활히 하여 지속가능한 발전을 위해 배당을 유보해 둔 의미가 있으므로 실제 당기순이익이라고 하더라도 그것이 이윤이 아니라 조합원이 자신의 이득을 유보·적립해 둔 것이라 할 것이므로 이윤이라 할 수 없다는 뜻입니다.

029 협동조합은 비과세가 원칙이라고?

Q 교육 중에 협동조합은 원래 비과세라는 말을 들었습니다. 이 말의 진위와 이유를 알고 싶은데, 이런 사항을 설명해 주는 사람이 없습니다.

A 앞의 협동조합에는 이윤이 없다는 내용과 상통하는 내용입니다.

조세(租稅)라고 하는 것은 세금으로서 영리적 활동을 하거나 다른 이유로 이윤이나 이익이 발생하였을 때, 그 이익의 일부를 국가에서 세금의 명목으로 징수하는 것입니다. 협동조합에는 이윤이 없으므로 조세를 부과할 대상소득이나 이익이 없는 것이 현실이므로 협동조합에는 과세를 할 수 없는 것이 당연한 논리입니다.

그리고 협동조합의 당기순이익이라는 것도 결국 조합원이 미리 분배하여 가져가도 좋았을 사업의 과실을 유보하여 다음의 사업을 위한 기본자산으로 미루어 둔 것이므로 역시 조세의 대상이 되지 않는다고 보아야 합니다.

비유컨대 향우회나 동창회에서 매달 모임 때마다 회비를 거두지만, 그날 모은 회비를 모조리 사용하지 않고 연말 송년회나 다른 뜻 있는 일에 사용하려고 일부를 남겨두게 되는데, 그 남겨서 유보하거나 이월시킨 부분을 수익이라며 과세 대상으로 하지 않는 것과 똑같은 것입니다. 이러한 원리 때문에 서구 선진국 대부분이 협동조합에 대하여는 과세를 하지 않습니다. 다만 우리나라도 당초 협동조합이 창립되었을 때에는 비과세로 하고 또 정부에서 적극적인 지원과 육성을 하였으나, 경제성장과 함께 국가의 재정 수요가 급증하고 또 농협의 경영도 상당한 수준에 오르게 되자 농협에 대하여도 일반 기업보다는 낮은 수준이지만 과세를 하게 되었습니다.

그리고 정부의 과세 논리에는 농협의 모든 사업이 조합원을 대상으로 이루어지는 것이 아니라 비조합원의 이용이 상당한 부분을 차지하며, 그 부분에 대하여는 협동조합의 원리가 적용된다고 볼 수 없으므로 현재 정도의 과세는 불가피하다는 것입니다.

030 대도시의 농협 간판은 부자연스럽다고?

Q 서울, 부산, 대구 등 대도시 도심 한복판에 농협 점포가 있어서 실소를 금할 수 없었다는 얘기를 들었습니다. 실제로 대도시의 농협은 이제 해산하고 신협으로 재조직해야 하지 않을까요?

A 농업생산이 전혀 이루어지지 않는 대도시 도심지에도 농협이 있습니다. 사실 그 농협 점포에는 농업인 조합원이 거래를 할 것 같지 않고, 분위기도 농촌의 농협과는 다른 점이 있을 것이기 때문에 대도시의 농협 점포에 대해 의문을 갖거나 폐쇄하자는 의견이 나오기도 합니다.

그러나 대도시 도심지 농협 점포는 폐쇄할 수 없습니다.

첫째, 우리나라는 전체 인구의 80%가 도시에 몰려 있으며, 인구의 50%는 수도권에 집중되어 있고, 경제력의 95%, 여유자금의 대부분이 대도시에 몰려 있습니다. 이러한 시장을 외면하고 자금과 인구가 없는 농촌과 산골에서 금융, 보험 등의 사업을 한다면 그것이 손익분기점을 넘어서 운영이 될 수 없을 것임은 자명한 일입니다.

즉 대도시에 편중된 시장과 자금 때문에, 그 자금을 유치하고 시장을 공략하기 위해 대도시에 농협 점포가 절대로 필요합니다. 그리고 자금의 수요와 공급 간 괴리현상을 해소하기 위해서도 도시 점포가 필수적입니다.

즉, 농촌에서는 농사의 주기에 따라 자금의 수요와 여유가 한꺼번에 발생하므로 그 수급을 조정할 수 없지만, 도시의 경우는 자금 수급 시기와 패턴이 농촌과 다르므로 농촌의 자금 성수기에 도시자금을 조달하고 농촌의 자금 여유 시기에는 도시에서 자금을 운용하여 자금운용의 효율을 높이고 수입도 올릴 수 있는 것입니다.

둘째, 농산물의 판매와 소비는 모두 대도시에서 이루어집니다. 도시민들은 품질과 가격에서 유리하기 때문에 우리 농산물을 구매해 주는 것이 아닙니다. 사실은 외국산 농산물, 축산물이 더 싸고 품질도 우수한 것이 많습니다.

그럼에도 굳이 우리 농산물을 선택하여 주는 것은 대도시의 농협 점포를 통한 다양한 서비스 및 생활편의 혜택과 관련되어 있기 때문입니다. 또 농협을 통해 고향과 농촌에 대한 향수와 애정을 환기시키는 점도 빠질 수 없습니다.

셋째, 대도시의 농협 점포는 농촌 지역 농협의 경쟁력입니다. 지금은 정보화 시대이고 네트워크 시대이므로 누구든 어떤 업종이든 혼자서, 혼자의 능력으로 살 수 있는 시대가 아닙니다. 농촌이나 산골의 농협이 대도시의 농협 점포와 긴밀하게 연결되지 않고 혼자서 존재한다면 누가 금융거래를 해 주고 누가 일부러 찾아와서 자금을 맡기고 융자를 신청하겠습니까? 대도시에 거미줄처럼 펼쳐져 있는 국내 최대의 점포망, 정부의 공권력이 미치는 곳이라면 청와대 구내에서부터 울릉도와 백령도까지, 대관령에서 남해 창선도·흑산도까지 빈틈없이 펼쳐진 농협 조직이 곧 경쟁력인 곳입니다.

더불어 도시민들은 농협 창구를 통해 농촌과 농산물 정보를 얻고 농촌 사랑, 우리 농업에 대한 생각을 다시 한 번 더 하게 되고, 농협 간판에서 새삼 농촌과 고향 생각을 하게 되는 것입니다. 또, 농촌의 농협 조합원과 농협 고객이 모처럼 대도시에서 일을 볼 때 농협 점포가 있기에 아주 편리하고 안전하게 일을 볼 수 있는 것입니다.

도시에서는 농협이 필요하지 않다는 주장은 도시농협의 역할과 기능을 이해하지 못하는 데서 온 것일 뿐 아니라 사람이 걸어 다니는 길도 발자국만 필요한 것이므로 다른 부분은 필요가 없고, '고속도로도 자동차 타이어가 닿는 부분만 필요할 뿐이고 다른 부분은 필요하지 않다'라는 주장과도 같은 것입니다. 도시의 농협 점포를 문제 삼는 주장은 농협 조합원이나 농업 관련 단체에서가 아니라 농협과 경쟁관계에 있는 금융업체에서 나온 말입니다.

031 농민운동, 농촌운동과 협동조합의 관계는?

Q 농민단체의 교육이나 행사에 참가할 경우, 또 농촌운동가와 대화하거나 강연을 들을 경우 꼭 농협을 비판하고 공격합니다. 농민운동, 농촌운동과 농협의 관계에 대한 설명이 필요합니다.

A 농민운동, 농촌운동, 농협운동이 따로 있는 것이 아니라 농협운동이 바로 농민운동·농촌운동의 한 형태이고 방식입니다.

모든 사람은 각자 자신의 생각과 철학, 이념과 방식이 있으므로 모든 사람을 한 가지 생각과 이념으로 묶어서 한 방향으로 가게 하는 일은 불가능한 일이고, 또 그렇게 획일적으로 하나가 되는 것이 바람직한 일도 아닙니다.

농민운동이나 농촌운동은 과거 군사독재정부나 권위주의정부 시절에 반독재 투쟁을 병행했던 관계로 권위주의정부로부터 탄압과 소외,

박해를 받았습니다. 그 당시 농협은 협동조합운동을 하면서도 정부의 중화학공업 위주 정책과 수출전략 중심의 경제 운용의 와중에서 농정시책에 협력하며 농업인의 이익을 최대한 보호하여 왔습니다. 그 당시에 박해받던 농민운동가들이 농협에 대하여 현실을 박차고 나와 반정부 투쟁의 대열에 함께할 것을 희망하였지만, 농협은 특별법인 농협법에 의해 규제를 당하므로 그 대열에 함께할 수 없었습니다.

그 때문에 관제농협이라고 이름 붙여 농협을 공격하던 타성이 습관으로 굳어져 지금까지 이어져 오고 있는 것이고, 또 한편으로는 새로운 시대에 맞는 새로운 구호나 어젠다를 개발하지 못해서 흘러간 옛 노래만 되뇌고 있는 것입니다.

그러나 농협은 체제 내에서 꾸준히 농협 민주화운동과 농업 보호, 농가 지원을 위해 다양한 투쟁과 활동을 하였고, 그 결과 지금은 완전하다고 할 정도의 농협 민주화를 이루었으며, 농업 부문에 대한 정부의 지원과 관심도 결코 적다고 할 수 없는 수준이 되었습니다. 그리고 지금은 과거의 투쟁 중심, 선동정치의 영향에서 벗어나 합리적이면서도 미래지향적이고 선도적인 운동을 전개하여야 할 때입니다.

그런 점에서 아직도 농협 비판이나 공격에 열 올리는 지도자는 아마도 농민운동 경력이 짧거나 이념 정립이 덜된 사람, 즉 자신의 역량이 미흡함에도 빨리 성장하고자 서두르다 보니 옛날의 교재에서 한 구절들은 말로 좌충우돌 아무나 공격해보는 초보자일 것입니다. 그런 사람에게는 한국 농협의 현재 실상과 해외 농협의 현주소를 알아보고 주장하도록 점잖게 충고해 주시면 됩니다.

한국 농협은 그 엄혹한 독재 시대를 거치면서도 다양한 노력으로 농협 민주화를 이루었을 뿐 아니라 농정소외의 시대에도 정부가 농업과 농촌을 포기하지 않도록 하여 지금의 농촌을 이루었으며, 그 과정에서 농업인무료법률구조사업, 소비자보호사업, 의료지원사업 등을 제도화하였기에 한국 농협의 사례는 세계적인 성공사례로 주목받고 있습니다.

032 공유지의 비극과 협동조합

Q '공유지의 비극'이란 무엇이며, 협동조합과 무슨 관계가 있습니까?

A 한 마을에 풀이 가득한 공유지가 있었는데, 어느 약삭빠른 농부가 이득을 더 보기 위해 남들보다 더 많은 양을 풀어놓았고 다른 농부들도 손해를 보지 않기 위해 양들을 모두 공유지에 풀어놓았더니, 공유지는 양들로 가득 찼고 얼마 되지 않아 풀이 하나도 남아 있지 않게 되었다는 것이 '공유지의 비극'입니다. 다시 말해, 개인주의적 사리사욕이 결국 공동체 전체를 파국으로 몰고 간다는 것입니다.

이처럼 소유권 구분 없이 자원을 공유하는 경우 나타나는 사회적 비효율의 결과를 '공유지의 비극'이라고 합니다. 현대사회에서도 이러한 공유지의 비극은 도처에서 발견되는데, 수질오염이나 지구온난화와 같은 환경문제의 심각성은 인류가 공유하고 있는 생태계의 약탈 때문에 발생한 것으로 공유지 비극의 대표적인 사례입니다. 사회간접시설, 산림자원, 수자원, 갯벌 등과 같은 공공자원 역시 이러한 비극에서 자유로울 수 없습니다.

이러한 공유지의 비극을 피하는 방법에 대해 전통적으로 전문가들은

두 가지 대안 사이에서 고민했습니다.

첫째는 정부가 직접 나서서 공유자원을 통제하고, 그 효과를 하향적으로 배분하는 방식입니다. 두 번째는 공유자원을 사유화하는 방식으로서, 이용자에게 개별적으로 소유권을 부여하면 시장의 기능에 의해 비용과 수익의 주체가 분명해져 자원의 약탈을 막을 수 있기 때문입니다. 그런데 정부에 의한 하향적 관리는 자원 이용자에 대한 정보 부족과 행정비용의 증가를 가져오고, 자원의 사유화는 자원의 공동 이용을 통해 얻는 부가가치를 상쇄하는 역효과가 발생하는 문제가 있습니다.

따라서 정부의 일방적인 개입이나 시장 기능에 의존하지 않으면서도 자원 이용자들의 자율적인 노력과 공동체적인 합의에 의해 공유지의 비극을 효과적으로 억제하는 방안으로서 협동조합과 같은 구성원 간의 지속적인 신뢰 관계에 기초한 자율적 관리 제도를 들 수 있습니다. 다양한 경제 주체들이 이러한 제도에 참여할 때 공유자원의 관리와 이용의 극대화를 도모할 수 있습니다.

오늘날 현대사회가 안고 있는 수많은 사회·경제적 현안들을 고려할 때, 정부나 공공 부문의 역할보다는 시장 기능을 유난히 강조하는 현 시장경제주의 체제에서 사회 발전과 국민의 삶의 질 향상에 기여하는 보완적 제도로서 협동조합 방식은 가장 현실적인 대안이라고 할 것입니다.

이 점에서 우리나라 농업·농촌의 지속가능한 발전과 환경문제의 해결은 협동조합적 가치를 재발견하고 실천하려는 농협 구성원들의 각성과 자율적인 노력에 달려 있다고 하겠습니다.

Q 수많은 농협 중에 괄목할 만한 성장과 발전을 이루는 농협이 있는가 하면 몇 십 년 전과 별다름 없이 제자리걸음을 하는 농협도 있습니다. 농협 간 성장 격차가 발생하는 가장 큰 이유는 무엇이라고 봅니까?

A 모든 조직체는 탄생하여 성장, 번영, 정체, 퇴보, 소멸의 과정을 겪으며, 어떤 조직이라도 예외가 없습니다. 다만 그 과정에서 성장과 번영의 과정을 길고 찬란하게 유지하는 경우가 있는가 하면 그렇지 못하고 잠깐 빛을 발하다가 소멸하기도 합니다. 그래서 화려하고 빛나는 자본주의 역사에서도 10년 정도 수명을 유지하는 10년 기업이 대부분이고 30년 기업은 드물기에 성공사례라고 하고, 100년 기업은 매우 희귀합니다.

농협도 마찬가지로 성장과 번영을 구가하고 그 기간을 길게 유지하며 성장의 폭도 높은 농협이 있는가 하면 언젠가 반짝하고 나타났다가 합병이나 해산으로 사라진 농협도 많습니다.

발전하는 농협과 퇴보하는 농협, 사라진 농협의 차이는 누구나 잘 아는 일입니다. 가장 중요한 것이 조합원의 참여의식입니다. 조합원은 조합의 주인이므로 조합의 모든 사업을 예외 없이 철저히 전이용하여야 합니다. 모든 영농자재와 생활필수품을 농협에서 전량 구입함은 물론, 생산한 농산물 역시 농협이 취급하지 않는 경우를 제외하고는 전량 농협을 통해 공동판매하고, 예금과 대출, 보험, 신용카드 등도 전부 농협을 이용하며, 농협의 교육과 행사에도 적극 참여하여야 합니다. 이런 조합원이 많은 조합은 당연히 번영하고 발전하게 됩니다.

그런데 퇴보나 소멸하는 농협은 당연히 그와 반대로 참여나 이용이 부진하고, 그에 더하여 조합에 대한 불평불만이 많고 갈등과 대립, 분쟁과 다툼을 일삼는 조합원이 많은 조합입니다. 이런 농협의 특징은, 조합원은 언제나 조합의 환원과 봉사를 먼저 요구하고 농협은 조합원에게 참여와 협력을 요구하며 서로 먼저 행동하라고 주장만 할 뿐입니다.

이러한 문제에 있어서 그 책임 소재와 해결 방안을 두고 다시 논란이 분분하게 되는데, 그에 대한 해답은 아주 자명하고 간단합니다.

농협은 먼저 교육사업과 환원사업을 확충하고, 조합원은 농협의 행동을 기다리거나 그 성과를 지켜보지 말고 먼저 농협에 대한 참여와 사업 전이용을 실천하는 것입니다. 이때 농협에서 새로운 비용을 덜 발생시키면서 효과를 거두는 방안은 유능한 강사를 초빙하여 조합원 교육을 쇄신하고 법률구조나 법률지원사업 등을 추진하여 조합원의 권익사업을 늘리는 것입니다.

034 농협 기구도의 올바른 모습은?

Q 농협의 기구도를 볼 때마다 더 나은 방법이 없는지 고민하게 됩니다. 현재의 농협 기구도는 무척 오래전 형식이고 권위주의 시절의 잔재 같습니다.

A 농협의 기구도를 보면 예외 없이 맨 위에 조합장, 양옆으로 총회와

감사가 있고, 그 아래 상임이사와 이사회, 본점과 지점, 사업소 그리고 맨 아래에 조합원과 고객이 배치되어 있습니다. 이러한 농협 조직도의 문제점을 지적하신 것으로서 대단히 정확하고 중요한 지적입니다.

이 조직도는 조합장이 가장 높고 조합원과 고객은 가장 낮은 단계에 위치하여 지시나 지도, 통제를 받는 형태, 즉 군사 지휘체계와 똑같습니다. 그리고 이러한 조직도는 결국 상명하복, 통솔과 복종 등 봉건시대적 사고와 용어를 탄생시켰으며, 역설적으로 상향식 구조, 하의상달 같은 부자연스럽고 실현하기 어려운 구호만 요란하였습니다.

농협 조직도가 이런 형태가 된 것은 과거 권위주의 정부 시절, 정부의 지시에 따라 작성된 것을 아직도 바로잡지 못한 것 때문입니다. 이제 민주화된 농협에서는 조직도를 다시 그려야 합니다. 맨 위에 고객과 조합원, 그 아래에 대의원, 그리고 각 지사무소와 사업소, 그 다음에 임원, 맨 아래에 조합장, 감사, 총회가 위치해야 합니다. 그리하여 고객과 조합원의 요구와 희망이 농협의 기구로 전달되고 농협은 그 뜻을 받들어 열심히 일하며, 각 지사무소에서 어려운 일은 그 아래인 임원과 조합장, 이사회에 전달하여 해결 방안을 강구하도록 하는 것입니다.

이러한 기구도를 그려서 붙여 놓았을 때 이를 본 조합원은 주인의식을 새롭게 되새기고, 직원은 누구를 위해 어떻게 일해야 하는지를, 임원은 그 책임의 무거움을 새삼 인식하게 될 것입니다.

제2부

조합원

035 조합원 가입 거절, 가능합니까?

Q 조합원 가입 신청이 갑자기 늘었는데, 그 자격 확인이 어렵습니다. 또한 가정에서 여러 사람이 조합원 가입 신청을 하기도 합니다. 자격이 된다고 하더라도 가입을 거절해야 맞지 않습니까?

A 평소에는 농협에 관심이 별로 없던 사람들이 갑자기 가입 신청을 하는 것은 평소와 달라진 어떤 이유가 있을 것입니다. 예컨대 조합의 임원 선거가 있다든가, 조합의 이용고배당이나 환원사업이 대폭 확대되었기 때문이라든가 하는 것인데, 이때에는 한 가정에서 부부가 각각, 자녀들까지도 각각 조합원 자격을 갖추어 가입을 희망하기도 합니다.

그렇지만 조합원의 자격은 농협법과 정관에 정해져 있고, 자격 요건이 충족되면 가입을 받아주는 것이 원칙입니다. 그리고 한 가구에서 여러 사람이 가입을 신청하더라도 개별 신청자가 각각 자격 기준을 갖추었으면 가입을 거절할 수 없습니다. (법 제19조)

농협은 재산이나 영농 규모, 성별, 나이, 학력 등의 조건으로 조합원을 차별하지 않도록 하고 있으며, 가입과 탈퇴는 언제나 누구에게나 자유로운 권리로 보장하고 있기 때문입니다.

또한 농협은 가능한 한 많은 사람을 조합원으로 확보하고, 고객과 농협운동 동조자를 늘림으로써 사업물량과 규모를 키우고 사업수익의 적정 수준 확보와 안정화를 이룰 때 조합의 기능과 역할을 충분히 발휘할 수 있습니다.

또 조합원 숫자가 많고 단결이 잘되면 지역사회에서나 정부에 대하여 영향력이 그만큼 높아지므로 사업에서도 긍정적인 효과를 기대할 수 있게 되기도 합니다.

따라서 조합 가입 희망자를 배척하거나 홀대하는 일은 조합 스스로 조합의 외연을 축소시키고 사업을 정체시키며 조합에 적대적인 세력을 양성하는 결과가 되는 것이므로 법률적 기준으로 조합원 자격이 충족되면 가입을 환영하는 것이 올바른 자세입니다.

다만 과거에 조합에서 제명되고 아직 2년이 경과하지 않은 경우, 농협에 피해를 입혔거나 전체 조합원에게 해악을 끼친 사실이 명백한 경우, 가입 동기가 농협에 해악을 끼치려 하는 것이 분명한 경우 등에는 가입을 거절할 수 있습니다.

036 조합 가입 조건을 '자체규약'으로 강화할 수 있습니까?

Q 우리 지역에 새로 이주해 온 사람들이 대거 조합원으로 가입을 신청하여 기존 조합원의 우려가 높습니다. 그래서 신규 조합원 가입자는 출자금을 높게 하거나 가입금을 받도록 하거나, 혹은 조합사업 이용 의무금액을 높여서 그것을 규약으로 정하려고 합니다. 가입 거절은 아니고 다만 기득권 보호의 뜻일 뿐인데, 문제가 있을까요?

A 사회생활 과정에서 동업자 모임이나 친목회, 동호인회 등의 조직에서는 흔히 신입 회원에 대해 그동안 기존 회원들이 희생하고 노력한 부

분에 대한 인정과 합당한 인사로서 가입비, 헌금 등을 요구하는 일이 있습니다.

그러나 농협은 새로 가입하려는 조합원에게 기존의 조합원에 비하여 불리한 조건을 붙일 수 없습니다. (법 제28조)

만약 이사회나 총회에서 조합원의 가입을 제한하거나 특별한 조건을 붙이는 결의를 하였다고 하더라도 그 결의는 위법이므로 무효입니다.

이때 조합원 정수를 조합 정관에 정해두어 신입 조합원 가입 신청 시 정관변경 절차 등을 이유로 사절하거나 대기하도록 하는 경우도 생각할 수 있는데, 농협은 조합원의 총 숫자를 정관에 정해둔다든가 하는 방법을 통해 신규 가입을 간접적으로 제한할 수 없습니다. 따라서 조합원 가입과 관련하여 새로 가입하려는 사람에게 불리한 조건을 만들거나 강요하는 일은 규약이나 정관으로 정하여도 법률에 어긋나서 무효가 되므로 어떠한 규약이나 조건도 붙일 수 없고 만약 붙인다고 하더라도 농협법에 위반되므로 무효입니다.

새로 가입하는 조합원의 숫자가 많거나, 기존 조합원과의 융화가 우려될 정도로 이질적인 경우라고 하더라도 조합원 가입을 제한하는 일은 법률적으로 불가능합니다. 따라서 신규 조합원에 대한 교육을 강화하고 기존 조합원과의 접촉과 소통의 기회를 늘려주며, 상호 이해와 협력을 증진할 수 있는 행사나 이벤트를 자주 열어주어 소통과 이해, 동화와 협력 분위기를 높이는 것이 가입과 관련하여 우려되는 문제를 해소해 나가는 올바른 방법입니다.

037 자격이 미달하는 조합원을 이사회에서 가입 승낙했다면?

Q 조합원 자격에 못 미치는 유력 인사에 대해 이사회에서 조합원 가입을 승인하였습니다. 이와 관련하여 어떤 문제가 있습니까?

A 조합원 자격에 문제가 있는 가입 신청자에 대하여 어떤 이유로 조합원 가입을 승인하는 경우가 있습니다.

그런데 조합원 자격은 법률로 정해져 있으므로 법률에 정한 기준을 충족하지 못하였다면 조합원이 될 수 없습니다. 자격이 없음에도 가입 신청을 하여 이사회에서 가입을 승낙하였다고 하더라도 '이사회의 승낙으로 조합원 자격이 충족되는 것이 아니므로' 조합원 가입은 무효임에는 변화가 없다고 할 것입니다. (법 제19조)

특히 이사회가 조합원 자격이 없음을 알면서도 가입 승낙을 하였다면 '가입 승낙행위도 위법'이 되므로, 가입도 무효인 것이 당연한 것입니다. 나아가 이러한 무자격자의 가입으로 인하여 후일 조합에 손해를 끼치는 일이 생겼을 경우에는 가입을 승낙한 이사회 구성원들이 손해배상책임까지도 져야 합니다.

그런데 조합원 가입 당시에는 자격에 문제가 있던 조합원이 가입 승낙 후에 조합원 자격 요건을 충족하였다면 조합원 자격 문제는 치유가 된 것이므로 조합원 자격이 회복된 것인 만큼 새삼스럽게 문제 삼을 수는 없을 것입니다.

비슷한 사례로 조합원 자격에 문제가 있어서 정리 대상 조합원으로 분류되었는데, 농지를 구입한다든가, 임차하여 조합원 자격을 다시 갖추게 되면 정리 대상 조합원의 지위는 즉시 해소되고 자격을 문제 삼을 수 없게 됩니다.

038 조합원의 권리제한, 차별이 가능합니까?

Q 우리 지역에 새로 이주해서 조합에 가입한 신규 조합원들은 기존의 조합원들과 정서나 풍습이 달라 서로 융화되지 못하고 조합사업 이용도 매우 낮습니다. 그런데도 조합의 사업이나 행사에서는 말이 무척 많아서 일부 대의원들이 의결권이나 사업이용권, 환원사업이나 이용고배당을 당분간 제한하자고 합니다. 이러한 제한이 가능합니까?

A 요즘 귀농·귀촌 바람이 불면서 농촌으로 새롭게 유입하는 인구가 많고 그들 중 상당수가 농협에 가입을 신청합니다.

그 때문에 조합마다 신입 조합원이 늘어나면서 그들로 인한 새로운 화젯거리와 크고 작은 문제나 마찰이 생기고 있습니다. 그래서 신입 조합원에 대한 어떤 규제나 적절한 조치가 필요하다는 여론이 있을 수 있지만, 일단 조합원으로 가입한 이상 신입 조합원을 기존 조합원이나 원로 조합원과 차별대우하는 일은 법률적으로 금지되어 있으므로 해서는 안 되는 일입니다.

협동조합은 조합원에 대해 성별, 나이, 인종, 재산, 학력, 가입 시기 등 어떠한 조건으로도 차별대우할 수 없는 것이 원칙이고 농협법에서

도 '차별 없는 최대봉사'를 명시하고 있습니다. (법 제5조)

그리고 도시에서만 살던 사람들이 귀농할 경우에는 조합 경영뿐만 아니라 생활과 영농 각 부문에서 다양한 문제가 생기게 됩니다.

현실적으로 그들을 배척하여 몰아낼 수 없는 일이고 또 농업과 농촌의 미래를 볼 때 귀농·귀촌인 한 사람 한 사람이 매우 소중하며, 처음부터 우리의 마음에 맞는 사람만을 골라서 받아들일 수는 없는 일이므로 우리 고장에 들어온 사람을 기존의 우리 조합원들과 잘 융합하도록 하여야 합니다. 그래서 그들에게 체계적인 협동조합 교육과 이웃과의 화합 기회를 마련해 주는 프로그램, 이벤트 등이 절실합니다.

귀농·귀촌자의 유치와 정착을 위해 행정기관 및 지자체에서 다각적인 노력을 하고는 있지만, 아무래도 손길이 섬세하지 못하므로 농협에서 별도의 교육 기회를 마련하고 또 행정기관과 역할분담을 해가며 공동으로 노력을 하는 지혜와 협력이 필요할 것입니다.

039 단독조합원권은?

Q 조합원의 권리 중 단독조합원권은 어떤 내용이며 어떻게 행사할 수 있습니까?

A 조합원은 조합의 경영과 관련하여 다양한 권리를 갖습니다. 그중에서 조합원 개인이 단독으로 행사할 수 있는 권리를 '단독조합원권', 조합원 개인이 단독으로 행사할 수 없고 반드시 다른 조합원과 공동으로

행사할 수 있는 권리를 '소수조합원권'이라고 합니다.

단독조합원권은 가장 기본적이고 자유로운 권리로서 총회에 참석하여 의결을 할 수 있는 의결권, 임원과 대의원 선거를 할 수 있는 선거권, 임원·대의원에 입후보할 수 있는 피선거권이 있고, 법원에 신청하는 권리인 임시임원선임청구권, 총회의결취소청구권, 총회의결무효확인청구권 등이 있으며, 소속 농협에 대한 알 권리로서 서류열람 및 사본교부 청구권 등이 있습니다.

이러한 단독조합원권은 조합원 개인이 자유롭게 조합을 상대로 행사하거나 법원을 통해 행사할 수 있는 권리로서 조합원 모두에게 공평하고 차별 없이 부여되는 기본적인 권리입니다.

040 조합원의 의무는 무엇입니까?

Q 조합에 가입 신청을 하는 조합원 후보들이 권리만 생각할 뿐 의무를 전혀 생각하지 않습니다. 조합원의 의무는 무엇이고, 그 의무를 부과하는 이유는 무엇인지 설명해 주십시오.

A 조합원의 의무란 조합원이 되면 반드시 부담해야만 하는 고유한 의무를 가리킵니다. 기업체의 주주가 될 경우에는 이러한 의무가 없는데, 협동조합은 조합원에게 의무를 부과합니다.

구체적으로 1. 출자의 의무 2. 경비부담의 의무 3. 과태금 납부의 의무 4. 손실액 부담의무 5. 통제에 복종할 의무 6. 운영 참여 및 사업이용 의무 등입니다. 이러한 의무는 조합원이 선택할 수 있는 것이 아니라 법률적인 구속으로서 반드시 이행하여야 하는 것입니다. 그리고 의무는 조합원의 권리와 서로 반대되는 듯하지만, 사실은 동전의 양면처럼 둘이 다 있어야 하는 것입니다.

기업체의 주주가 되는 것과 달리 의무가 부과되는 이유는 기업은 주주가 투자만 하는 것인 데 비하여 협동조합은 조합원 가입자가 조합에 참여하고 이용하여야 한다는 협동조합의 가장 기본적인 특질 때문입니다.

협동조합은 조합원이 소유하고 조합원이 통제하며 조합원이 수익을 모두 향유하는 독특한 방식의 경영체이고, 조합원의 협동조합 시스템에 대한 이해와 적극적인 참여가 성공의 관건이기 때문입니다.

041 내부질서유지의무란?

Q 조합원의 내부질서유지의무란 무엇이며, 왜 그런 의무가 있는 것입니까?

A '내부질서유지의무'는 다른 말로 '통제에 복종할 의무'라고도 하는데, 농협의 조합원은 법령, 정관, 총회의 의결사항과 이에 부수되는 제 규정 등을 준수해야 한다는 뜻입니다. 이 의무를 강조하는 이유는 농협도 하나의 단체이므로 단체의 목적을 달성하기 위해 필요한 내부의 질서와 규율이 있어야 하고, 이를 유지하는 것이 당연하기 때문입니다.

이 의무에 따라 조합원은 누구나 조합의 사업을 방해하거나, 조합의 명예나 신용을 실추하는 행위를 하거나, 조합을 함부로 비판·폄훼하는 일을 하면 안 되는 것입니다. 또 자신의 주소지나 직업 변동, 농업인의 지위 상실 등이 발생하면 즉시 조합에 신고하여야 합니다. 그리고 조합과 임직원에 대해 알게 된 지식과 정보를 조합의 경영 건전화, 부조리 방지 등 정당한 목적을 위해서만 사용해야 하고, 만약 임원 선거를 위한 상대방 비방이나 경영기밀 누설, 조합과 경업 관계에 있는 사업의 수행 등 부당한 목적에 사용해서는 안 됩니다.

이러한 의무를 소홀히 하거나 숨김으로써 조합의 사업 혹은 업무에 지장을 주거나 조합의 명예나 신용에 나쁜 결과를 가져오면 '조합원 제명 사유'가 되는 것이고, 실제로 그러한 사태가 발생하면 당연히 제명 처분해야 합니다.

042 조합원의 의무 위반 시 어떤 제재를 할 수 있습니까?

Q 조합이 조합원의 의무를 강조한다고 해도 별 설득력이나 힘이 실리지 않습니다. 조합원의 의무를 이행하지 않으면 어떤 제재나 불이익이 있습니까?

A 조합원이 자신에게 부여된 의무를 이행하지 않을 경우 제재하도록 법률로써 명문화되어 있습니다. 그리고 그 제재에는 조합원 제명이 있

습니다. (법 제30조)

출자 의무와 경비부담 의무의 경우에는 제명 조치를 하기 전에 과태금을 부과할 수 있습니다. (법 제25조)

조합원에서 제명이 되면 조합의 사업을 이용할 수 없게 되고, 조합에서 시행하는 각종 혜택을 받을 수 없게 됩니다. 또 조합을 통해서만 실현할 수 있는 여러 가지 농업인으로서의 이익이나 권리도 누릴 수 없습니다.

제명 처리 후 지분을 반환할 때 본인이 출자한 출자금만 수령할 수 있을 뿐이고 각종 적립금이나 특히 개인별로 지분 계산을 해 놓은 사업준비금도 환급받을 수 없습니다. 그리고 제명된 사람은 2년이 경과해야만 조합 가입 신청을 할 수 있습니다.

조합원 제명은 농협법이나 정관에서 금지하는 행위를 하거나 농협에 손해를 입히거나 농협의 대외신인도나 명성에 심각한 해악을 끼치는 경우에 대의원회의 의결로 결정합니다.

043 조합원의 책임이란 무엇이며, 어디까지입니까?

Q 조합원이 조합의 일로 책임을 져야 하는 일이 있습니까? 그리고 그 책임의 범위나 한계는 어떤 것입니까?

A 법률에서 「책임」이란 채무 이행을 담보하기 위하여 제공된 일정한 재산을 뜻하는 것이거나, 혹은 어떤 행위의 결과에 대한 제재나 불이익

을 가리키기도 합니다.

그리고 농협에서 조합원의 책임이라는 것은 채무 이행을 담보하기 위해 제공된 재산을 뜻하게 됩니다. 쉽게 말하면 조합원의 책임이란 조합이 어떤 사정으로 조합의 채권자에게 부담하여야 할 책임을 이행하지 못하였을 때, 조합원이 조합 채권자에 대하여 어느 정도까지 재산적 부담을 하여야 하는가의 문제입니다.

조합이 사업의 결과 조합 자체 재산으로 채무를 완전히 변제할 수 없을 때는 조합원이 그 채무를 부담하게 되는데, 그 책임 한도는 '출자액'을 한도로 책임을 지는 것입니다. (법 제24조)

따라서 조합원은 자신의 출자금 한도 내에서, 즉 조합의 채무가 아무리 많더라도, 또 조합 채권자들의 피해가 아무리 크다고 하더라도 조합원은 자신의 출자금을 포기하는 것으로 그 책임을 다한다고 할 수 있는 것입니다. 이런 내용은 주식회사의 경우 주주의 책임 역시 출자액에 그치는 것과 같습니다.

044 가입 후 2년이 지나야 임원 자격을 주는 일은 부당한 차별인데…

Q 조합원에 가입한 후 2년이 경과해야 임원 입후보 자격을 주도록 하고 있습니다. 이는 신규 가입자에 대한 텃세나 차별이 분명합니다. 농협법은 조합원에 대한 차별을 금지한다고 하는데 이런 차별은 위법이라고 생각합니다.

A 협동조합은 기본적으로 자본가들이 모여서 이익을 얻고자 구성된 주식회사와는 근본적으로 다른 점이 있습니다.

주식회사는 서로 동질적일 필요가 없는 출자자들이 자본을 모으고 역량을 결집하여 사업을 함으로써 최대의 이익을 얻으면 되는 것입니다. 그러나 협동조합은 사람의 결합체이므로 구성원 간의 이해와 단결이 가장 중요한데, 구성원끼리의 이해와 단결은 상대방의 성격과 인품, 사업 내용 등을 잘 알고 깊은 대화와 교류를 통해 이상과 이념, 성격을 파악하는 것이 선행되어야 합니다.

그래서 세계 대부분의 협동조합은 구성원 간의 친목과 소통을 중시하며 누구든 신입자는 2~3년 정도의 관찰과 적응시간을 두어 신입자가 충분히 조직과 구성원 사회에 적응 또는 동화된 후에 조직의 중요한 보직이나 역할을 맡도록 하고 있습니다. 농협의 경우에도 이러한 원칙과 관행에 따라 신입자에 대하여 2년의 유예기간을 두어 적응과 동화, 리더십 발휘에 충분한 시간을 주도록 하고 있습니다.

그리고 임원 피선거권을 2년간 부여하지 않은 것은 사실상 참정권의 제한이 틀림없지만, 그 취지가 협동조합 공동체의 원만한 유지와 발전을 위한 것이고, 또 법률로써 명시한 것이므로 위법이 아니라 합법입니다. 그리고 이 문제에 대하여 어떤 사람이 위헌으로 판단된다며 헌법소원을 냈지만 합헌으로 결정된 바 있습니다.

해당 법률은 다음과 같습니다.

> **농협법 제49조(임원의 결격 사유)** ① 다음 각 호의 어느 하나에 해당하는 사람은 지역농협의 임원이 될 수 없다.
> 10. 선거일 공고일 현재 해당 지역농협의 정관으로 정하는 출자좌수(出資座數) 이상의 납입출자분을 2년 이상 계속 보유하고 있지 아니한 사람.

Q 일부 조합원 및 대의원이 무분별한 발언과 주장으로 조합의 분위기를 크게 해치고 있습니다. 이제는 조합원이 명심해야 할 사항을 정리하거나, 혹은 조합원 수칙을 제정하여 교육하여야 할 때입니다.

A 어느 조직에서나 일부 구성원들이 도에 지나친 발언이나 행동을 하는 경우가 있습니다.

이러한 언행 대부분은 심각한 문제가 되지 않고 회의의 통과의례나 양념, 우스개 정도로 치부되어 별다른 관심이나 문제없이 지나가게 되는데, 정도가 지나쳐서 회의를 방해하거나 전체 구성원의 이익을 해치거나 농협의 시설, 인력, 사업에 해를 끼치게 되면 대단히 곤란한 문제가 됩니다.

특히 집행부를 심하게 공격하거나 회의 진행을 방해하거나 사업 추진에 장해가 되거나 임직원의 사기를 저해하는 발언은 조합에 손해를 가져오게 되므로 그 자체만으로 조합원 제명 사유를 충족하게 되는 것입니다.

대체로 이러한 극단적인 발언을 습관적으로 하는 사람은 농협의 구성원리와 사업구조에 대한 이해가 전혀 없이, 개인적인 열등감을 해소하기 위해, 다른 조합원의 뜻에 반하여 무분별한 발언을 하는 경우가 많습니다. 특히 농협에 대한 비판적 발언을 자주 하면서 정작 자신은 출자금도 적고 농협사업 이용량도 적다면 조합 집행부나 조합원들이 그러한 사실을 분명하게 지적하여야 할 것입니다.

수많은 협동조합이 그 고매한 이상과 훌륭한 이념, 그리고 헌신적인 운동가들이 있었음에도 초창기에 다수 실패한 이유가 자신은 참여하지 않으면서 이론만 분분한 조합원, 자기는 희생하지 않으면서 과실만 얻으려고 한 구성원, 이론 대립과 노선 투쟁으로 내부 역량을 소진시킨 이론가들의 발호(跋扈) 때문이었음을 명심해야 할 것입니다.

이러한 경우 대의원이나 조합원들은 이러한 발언에 대해 공식적으로 문제를 제기하고 사적으로도 충고와 압력을 가하여 전체의 이익에 어긋나는 언행을 삼가도록 하여야 합니다.

그리고 일부 농협에서 조합원 모두가 명심하여야 하는 '조합원 수칙'을 제정하였는데, 각 농협은 이것을 약간 수정·보완하여 활용하여도 될 것입니다.

> **조합원 수칙**
> 1. 농협은 조합원의 소유로서 내 재산이다.
> 1. 농협은 나의 참여와 솔선수범으로 발전한다.
> 1. 농협의 성장발전은 곧 나의 역량과 재산이 늘어나는 것이다.
> 1. 농협에 대한 공격은 곧 나에 대한 공격이다. 농협은 내가 지킬 것이다.
> 1. 농협의 시설, 상품, 인력을 공격하는 행위는 농협 파괴행위. 용서할 수 없다.
> 1. 농협을 전이용하지 않는 자는 발언도 하지 말아야 한다.

046 조합원 자격 유지 방법은?

Q 매년 조합원 실태조사를 하고 나면 꼭 탈퇴 처리되는 조합원들이 발생합니다. 그런데 그중에는 농지가 수용되었거나, 매각하고 아직 대토를 구

하지 못한 경우도 있습니다. 이런 경우에 조합원 자격을 계속 유지할 방법이 없습니까?

A 갑자기 정부의 지역개발 정책이나 신도시 개발 등으로 대량의 농지가 수용되는 경우가 있습니다.

이때 농지를 수용당하면 곧바로 대토를 마련하여 농사를 계속하여야 조합원 자격을 유지할 수 있습니다. 그렇지만 조합원 일제 실태조사 시기에 농지를 모두 수용당하고 아직 대체농지나 대토를 구하지 못하여 일시적으로 농업인 자격을 상실하는 경우가 있습니다.

이러한 경우에는 원칙적으로 조합원 자격상실로 탈퇴 처리하여야 하지만, 당사자 본인은 계속 농업을 경영할 계획이나 현실적인 여건 때문에 농지의 구입이 늦어져 일시적으로 농업인 자격을 상실한 경우에는 탈퇴 처리를 유보하고 농지를 구입할 때까지 조합원 탈퇴를 유예하도록 하고 있습니다.

그렇지만 행정 처리는 항상 엄정하여야 하고 객관성을 유지하여야 하므로 언젠가 농지를 구입할 예정이라고만 하면서 조합원 자격 유지를 고집하면 곤란합니다.

조합원 자격을 계속 유지하고자 한다면, 구체적으로 언제까지 어느 지역에 어떤 형상의 농지를 구입하여 농업인 자격을 회복할 예정이니 그때까지만 조합원 탈퇴 조치를 유예하여 달라는 취지의 각서나 확인서를 제출하도록 하는 것이 확실할 것입니다.

조합원이 농협의 주인이라고 하더라도 이러한 행정처리 절차에 있어서까지 주인일 수 없으며, 농협의 주인인 조합원인 만큼 조합원으로서 최소한의 의무와 협조를 하는 것이 당연한 의무이기 때문입니다.

047 조합원 거소의 문제

Q 조합원 자격에 거소라는 것이 있습니다. 그런데 거소라는 개념을 확실히 이해하지 못하여 언제나 논란의 여지가 있습니다. 거소란 무엇입니까?

A 거소(居所)란 임시로 얼마 동안 계속 사람이 살고 있는 장소를 가리킵니다. 법적으로는 민법에 의해서 생활의 근거가 되는 '주소'가 불분명하거나 없는 경우에 '주소'로 간주하는 곳을 뜻합니다. 즉 거소란 사람이 얼마 동안 살고 있는 곳을 의미하는 민법의 용어입니다.

법률은 '주소'를 알 수 없는 경우에 '거소'를 주소로 본다(민법 제19조)고 명시하고 있습니다. 이에 대하여 생활의 근거가 되는 곳을 '주소'라고 하는데(민법 제18조 1항), 주소는 동시에 두 곳 이상에 둘 수 있습니다. (민법 제18조 2항)

주소를 알 수 없는 경우에는 거소를 주소로 보기 때문에 주소에 관하여 발생하는 법률효과가 거소에서도 발생하게 되며, 외국인이나 재외동포와 같이 국내에 주소가 없는 사람에 대해서는 국내에 있는 거소를 주소로 봅니다. (민법 제20조)

다시 풀이하면 거소란 다소의 기간 동안 거주하는 곳으로서 장소와 사람의 밀접도가 주소에 비해 훨씬 희박한 곳을 가리키는 용어입니다. 그리고 거소는 외국인에게는 '거소등록제도'가 있지만, 내국인에게는 거소등록제도가 없으므로 행정기관을 통한 거소확인이나 제도를 통한 확인은 사실상 불가능합니다. 따라서 거소를 특정하거나 확인하고자 하는 경우 공식적인 자료가 없고, 또 거소를 주장하는 사람을 반박할 근거나 자료가 없는 것이 현실입니다.

그러므로 거소를 신고하고 주장할 경우 그 장소를 거소로 인정하지 않을 방법이 없는 것이 현실입니다. 결국 거소의 문제를 이유로 하여 어떤 행정처분이나 결정을 하기는 대단히 어렵다고 하겠습니다.

실무적으로 우리 조합 구역에 거소가 있다고 주장하며 조합원 가입을 요청할 경우 거소를 확인하기 어렵거나 인정하기 어렵다는 이유로 조합원 가입을 거절할 수 없다고 하겠습니다.

따라서 조합원 가입을 거절하고자 할 경우, 조합원 자격 요건인 농업인인지의 여부를 잘 살펴보는 것이 중요할 것이며, 조합구역 내 거소를 신고한 것을 이유로 조합원 가입을 거절하기는 매우 어렵다고 할 것입니다.

048 조건부로 조합에 가입한 경우

Q 우리 조합에는 조합 구역 밖에 농지를 가진 조합원이 있는데, 그 조합원이 생산한 농산물은 조합에서 수매하지 않습니다. 조합에 가입할 때 관외에서 생산한 농산물은 수매하지 않아도 좋다는 각서를 썼기 때문이라고 합니다. 이 일에 문제는 없습니까?

A 조합 구역 밖에 거주하거나 조합구역 밖에 농지가 있는 사람은 조합에 가입할 때 무척 조심스럽기 마련입니다. 관외라는 이유로 조합 가입을 거절당할 수 있기 때문입니다.

그런데 이미 가입한 후 현재 조합원 신분인데, 관외의 농지라는 이유로, 또는 가입 당시에 농산물 수매에 응하지 않기로 했다든가 혹은 수매 거절을 양해하기로 약정하였다고 하여 농산물 수매를 거절하는 것은 대단히 잘못된 일입니다.

농협은 조합원 자격을 갖춘 사람의 가입에 대하여 거절하거나 다른 조합원보다 불리한 조건을 달 수 없습니다. 즉 농지나 사업장이 관외에 있다는 이유로 가입을 거절할 수 없음은 물론 불리한 조건을 부과할 수도 없는 것입니다. 그런데 이 사례에서처럼 해당 조합원의 관외 생산 농산물을 수매하지 않는 조건으로 조합에 가입하도록 한 것은 바로 농협법의 해당 조항을 위반한 것입니다. (법 제28조 제1항)

또 조합은 일부 조합원의 이익에 편중되는 사업을 하여서는 안 되는데 해당 조합원에게 다른 조합원과 달리 불이익을 감수하도록 한 일 역시 법률을 위반한 것입니다. (법 제5조)

그리고 조합 가입을 간절히 원하는 가입 희망자에게 자신에게 불리한 약정을 전제로 가입을 허가한 일은 그 자체로 심각한 인권침해이고 불공정한 행위이자 갑질에 해당하는 일이며 법률적으로 궁박한 처지를 이용한 불공정 약정이므로 약정서나 각서 자체가 무효입니다. (민법 제104조)

따라서 해당 조합은 지금 즉시 해당 조합원에게 사과하고 해당 조합원의 농산물을 수매하는 것은 물론 다른 모든 업무에서도 불이익이나 차별이 없도록 적극적인 조치를 하여야 합니다.

만약 이러한 시정조치를 소홀히 하여 해당 조합원이 조합을 상대로 부당한 처우나 불이익에 대한 배상청구 소송을 한다면 조합은 대단히 어려운 처지가 될 것이기 때문입니다.

주소나 거소를 기준으로 하는 조합원 정리

Q 매년 조합원 실태조사를 하여 조합원 자격을 검증한 후 조합원 정리, 즉 법정탈퇴조치를 하게 됩니다. 그런데 그때 조합원의 자격 기준 중에서 주소나 거소를 기준으로 하게 되니 반발이 심하고 업무 처리의 기준을 확실히 세우기도 어렵습니다. 주소와 거소의 정확한 의미와 그것을 기준으로 하는 조합원 정리가 합당한 것입니까?

A 조합의 이사회는 조합원의 일부 또는 전부를 대상으로 당연탈퇴의 사유(정관 제11조 제2항)에 해당하는지의 여부를 확인하여야 하며(정관 제11조 제4항) 조합원 전부를 대상으로 하는 확인은 매년 1회 이상 하여야 합니다. (정관 제11조 제4항 후단)

조합원이 될 수 있는 자격 요건을 상실하면 조합으로부터 자연탈퇴되는데(법 제29조 제2항 1호), 조합원 자격 요건의 상실 여부는 이사회의 의결에 의한 확인에 따르는 것이므로(법 제29조 제3항) 자격이 일시 상실되었다고 하더라도 이사회 의결에 의한 확인이 있기까지는 탈퇴되는 것이 아닙니다.

그러나 자격 상실을 객관적으로 입증할 수 있는 경우에는 이사회의 의결이 없더라도 당연탈퇴 된다고 할 것입니다. 통상 각 조합은 매년 1차례 전체 조합원에 대한 자격관계를 확인하여 당연탈퇴 사유가 확인된 조합원, 즉 무자격 조합원에 대하여 탈퇴조치를 취하는 조합원 정리를 하고 있습니다.

조합원의 자격심사와 무자격 조합원의 정리를 하는 과정에서 다수의 조합원이 탈퇴보다는 조합원 잔류를 희망하는 경우가 많습니다.

조합원 정리 대상이 되는 이유는 토지수용이나 개발 등의 원인 때문에 농업을 할 수 없게 된 경우, 건강이나 가정 사정으로 장기간 휴농한 경우, 주소지를 옮기는 바람에 자격에 문제가 생기는 경우 등 다양한 원인이 있습니다.

또 조합원은 농협이용으로 사업과 생활에서 많은 편익을 얻을 수 있고, 이용고배당 등 혜택이 크기 때문에 그 이익을 포기하지 않으려 하는 것입니다. 그리고 조합원 정리는 조합에도 경영상의 문제를 남기게 되기도 하는 것입니다.

법률적으로 농협의 조합원이 되려는 자는 '조합 구역 내에 주소나 거소 또는 사업장이 있을 것'을 조건으로 하고 있습니다. (정관 제9조 제1항) 주소(住所)는 생활의 근거지가 되는 곳을 가리킵니다. (민법 제18조 제1항) 거소(居所)란 다소의 기간 동안 계속하여 거주하는 곳으로 장소와 사람의 밀접도가 주소보다는 더 희박한 곳을 가리킵니다.

주소나 거소, 사업장 중의 하나라도 조합 구역 안에 있으면 조합원으로 가입할 수 있도록 한 이유는 주소나 거소 사업장이 각각 다른 조합의 구역에 위치할 경우 해당 농업인이 겪어야 하는 불편과 장해를 모두 해소시켜 농업인에게 영농활동의 편의와 생활상의 이익을 최대한 보장해주기 위한 것입니다.

거소의 등록이나 신고는 외국인에 대하여만 제도가 있을 뿐이고 내국인에 대하여는 제도가 없으므로 농협이 조합원의 거소를 등록받거나 신고받는다고 하더라도 그 신고 내용을 검증할 방법이 없으므로 거소가 확실하지 않다는 이유로 조합원 탈퇴나 정리를 추진하는 일은 앞으로 계속 분쟁을 일으키는 원인이 될 것입니다.

결국 조합원의 자격 요건으로 주소, 거소, 사업장 주소 3가지 중 1가지가 반드시 조합 구역 안에 있어야 하지만, 주소와 거소의 경우에는 그 기준이 명확하지 않으며, 주소가 없지만 거소를 주장할 경우에는 거소를 인정하지 않을 수 없습니다.

따라서 조합원의 자격 심사나 조합원 정리를 할 경우 주소나 거소를 기준으로 하기보다는 실제 영농 여부, 혹은 영농자재의 구입관계나 농산물 출하관계 등 더 현실적인 기준을 적용하는 방안을 마련하는 것이 합리적일 것입니다.

050 고객 확대와 조합원의 의무

Q 조합은 조합원이 아닌 비조합원 고객이 늘어나고 고객의 거래 규모가 많아져야 발전하는 것이라 생각합니다. 고객 확대를 위한 조합원의 의무나 역할을 정리해 주어야 할 때입니다.

A 조합원으로서 농협 발전을 위한 고민과 깨우침이 무척 돋보이는 질문입니다.

지적하신대로 농협의 발전을 위해서는 조합원의 농협 전이용과 함께 비조합원 고객의 유치와 거래 규모 확대가 매우 중요합니다. 사실 비조합원의 사업 이용이 곧 농협의 수익 확대로 직결되는 것이라고 해도 과언이 아닐 것입니다.

그러므로 농협의 비조합원 고객이 더 늘어나고 또 거래 규모도 확대되어야 하는데, 비조합원의 증가와 존중은 곧 조합원의 농협 이용과 마찰을 일으키게 됩니다. 즉 조합원의 농협 이용과 비조합원의 농협 이용에서 서로 우선순위와 대우 문제에 대한 사항을 명확히 해두고 그 원칙을 실천하여야 하는 것입니다.

흔히 조합원은 조합원이 농협의 주인이라며 조합을 방문하여 주인에 대한 대접, 주인으로서 상응하는 예우와 의전을 기대하게 되지만, 그때 혹은 그 과정에서 비조합원의 농협 이용과 엇갈리거나 중복되었을 때 대우 및 의전의 수준과 우선순위를 미리 생각해 두어야 하는 것입니다.

이러한 문제의 판단은 농협이 성장·발전하여 조합원에게 더 많은 혜택과 서비스를 제공하는 데 둘 것인지, 아니면 농협의 성장·발전을 포기하고 눈앞의 조합원 대우에만 집중하여 미래를 버릴 것인지의 선택과도 같은 것입니다.

그러나 눈앞의 주인 대접, 형식적인 예우와 의전에 집중하여 미래를 잃어버리는 것은 더할 수 없이 우매하고 못난 방법이 분명한 일이므로 모든 농협과 조합원은 농협의 성장·발전과 미래의 혜택 증대에 초점을 맞추는 것이 당연한 일입니다.

그리고 그러한 희망을 이루고자 한다면 현재 조합을 방문한 비조합원 고객을 잘 접대하고 예우하여 그들의 입소문과 인도로 더 많은 고객이 몰려오게 하고 더 많은 거래가 이루어지게 하여야 하는 것 역시 당연합니다.

따라서 조합원은 혹시 농협을 방문하여 업무를 처리하는 과정에서 비조합원 고객과 순서를 다투지 말아야 하고 만약 순서나 업무가 겹치면 얼른 양보하여 고객에게 감동과 만족을 주도록 적극적인 행동을 하여야 합니다. 나 한 사람의 태도와 자세, 행동이 바로 수십 명의 신규 고객을 창출하는가, 아니면 기존 고객을 쫓아내는가의 갈림길이라는 분명한 인식을 갖고 행동해야 하는 것입니다.

그리고 모든 조합원이 친구나 친지, 관련 단체에 가서 적극적으로 농협 이용을 권유하고 농협사업을 통해 사업성공을 이루도록 추천하며, 또 그들을 통해 다시 2단계, 3단계 고객 확산의 동심원을 넓히도록 하여야 합니다. 이러한 사항이 고객 확대를 위한 조합원의 의무라 하겠습니다.

051 옛날의 법률에 근거한 조합원 자격은?

Q 조합원 한 분이 2006년 개 3마리 사육으로 조합원이 된 후, 조합원 자격을 계속 유지하던 중 얼마 전에는 조합원 실태조사에서 메추리 사육으로 변경하여 조합원 자격을 유지했고, 금년 대의원 선거 등록 시 조합원 자격으로 개 3마리 사육으로 조합원 자격에 표시하였습니다. 2009년 12월 시행령 개정으로 개 20마리가 사육 기준인데 개 사육에서 메추리 사육, 다시 개 사육으로 조합원 자격을 변경할 때 가축사육 기준은 현재의 시행을 적용해야 한다는 의견과 가입 당시의 기준에 맞추면 된다는 의견으로 양분되어 있습니다. 이 경우 개 사육과 관련한 기준은 과거와 현재 어느 기준에 맞춰야 합니까?

A 이 문제는 크게 3가지의 측면에서 검토하여야 할 사항입니다.

첫째, 과거의 법률과 현재의 법률이 언제까지나 같을 수 없으며, 법률에는 '신법 우선의 원칙'이 있습니다.

세월이 흐르면서 사회생활과 경제 여건 등이 달라지므로 세상이 변했는데 법률은 수백 년 전의 것을 고집한다면 현재의 생활 방식, 행동 기준과 맞지 않게 되므로 그 법률은 효력을 가질 수 없게 되는 것입니다. 그래서 세상의 변화에 맞추어 법률을 계속 개정해 나가고, 아예 오래된 법률은 통째로 폐지하고 새로운 법률을 제정하기도 하는 것입니다.

또한 과거의 법률조항과 새로운 법률조항이 서로 다를 경우 반드시 새로운 법률을 적용하는 '신법 우선의 원칙'이 있습니다. 따라서 과거의 법률에 연연하거나 과거의 법률을 기준으로 할 수 없는 일이며, 새로운 법률을 기준으로 하여 적용하여야 하는데, 이 경우에 과거 개 3마리 기준은 이미 효력이 없는 것입니다.

둘째, 법률 개정의 '경과 규정' 시한이 경과하였습니다. 모든 법률은 그 법률을 개정할 때 그 전의 법률에 맞추어 활동하는 사람의 기득권을 보호하고 그들이 새로운 법률에 적응할 시간적 여유를 주기 위하여 법률 부칙에 시행일자를 명시하여 공포하는데, 경과 기간은 통상 3개월 또는 6개월입니다. 그 기간이 경과한 후에는 종전의 법률에 맞추어 있던 사람은 그 권리를 주장할 수 없습니다. 농협법시행령이 2009년 12월에 개정되었다면 개정 후 만 6년 이상이 경과한 지금은 종전의 기준을 주장할 수 없으므로 해당 인사는 이미 2010년 3월부터 조합원 자격이 없었던 것으로 해석되는 것입니다.

셋째, 이사회의 의결이 있더라도 조합원 자격은 주어지지 않습니다.

간혹 조합원 자격이 애매모호하거나 약간 미달인 인사에 대하여 앞으로 충족될 것이 분명하다고 하고 또 그 인사의 가입으로 조합의 발전과 사업 확대가 기대된다고 하여 이사회에서 조합원 가입을 승낙하는 경우가 있으나, 이사회의 의결이나 승낙으로 조합원 자격이 충족되는 것이 아니므로 이사회에서 조합원 가입을 허용받았다고 하더라도 법률에 정한 기준을 충족하지 못한 경우에는 조합원이 될 수 없습니다. (법 제19조)

따라서 해당 인사는 법률에 정한 조합원 기준을 충족하지 못하였다고 판단되며, 조합원이 아니므로 대의원 후보 등록을 할 수 없고, 당선될 수도 없으며, 이사회가 조합원 자격이 없음을 알면서도 가입 승낙을 하였다면 가입 승낙행위도 위법이 되므로, 가입도 무효인 것이 당연한 것입니다. 나아가 이러한 무자격자의 가입으로 인하여 후일 조합에 손해를 끼치는 일이 생겼을 경우에는 가입을 승낙한 이사회 구성원들이 손해배상책임까지도 져야 합니다.

052 조합원 가입 신청 때 예금, 카드의 가입 권유가 부당하다고?

Q 조합에 관련 서류를 갖추어 조합원으로 가입 신청하였더니 예금계좌 개설과 신용카드 가입을 권유하여 기분이 좋지 않았습니다. 농협의 조합원 가입에는 어떠한 조건을 붙이거나 불이익을 주지 못하도록 되어 있다는데, 이러한 일은 부당한 일이라 생각합니다.

A 농협에 조합원으로 가입한 것을 축하하고 환영합니다.

농협은 조합원이 영농과 생활에서 필요로 하는 모든 일을 사업으로 하여 서비스합니다. 예컨대 농사에 필요한 자금 지원, 영농자재 지원, 농산물의 판매, 운송과 가공, 생활 물자의 공급, 생활 안정을 위한 보험제도, 농업기술교육, 경영교육, 생활 개선과 문화 향상 교육, 법률구조사업 등 조합원의 사업과 생활의 모든 영역에 걸쳐 서비스하는 것입니다.

그리고 조합원은 조합의 사업에 대한 적극적인 참여와 이용을 하여야 하고, 그 참여와 이용을 바탕으로 농협의 조직과 사업을 유지·확장하여 조합원에게 더 큰 편익을 제공하는 구조이므로 조합원은 농협사업을 이용함으로써 사업과 생활에 편익을 얻어 사업 번영과 생활 편익을 높일 수 있는 것입니다.

따라서 '조합원의 조합사업 이용'은 조합원의 기본적인 권리인 동시에 중요한 의무이며 조합원 가입 신청자에 대하여 우리 농협의 통장, 카드, 보험 등에 가입하도록 한 것은 농협사업과 이용의 편익을 체감하게 하려는 것으로서 농협법을 위반한 것이 아닙니다. (법 제5조, 제24조, 제30조, 제58조) 그리고 조합사업을 이용하려면, 또 조합의 각종 사업혜택을 누리고자 한다면 당연히 조합 예금계좌와 신용카드, 보험가입 등은 필수적인 기초사항이고 조합원의 기본 의무입니다.

농협의 주인인 조합원이 자신의 사업장인 농협에 예금계좌와 신용카드를 개설하여야 농협에서 지원하는 각종 자금이나 혜택, 배당 등을 수령할 수 있게 되는 것이고, 농협보험 역시 조합원의 권리이자 의무이며 혜택이므로 문제 삼을 이유가 없음은 물론, 앞으로 조합의 각종 사업과 업무에 관하여 조합이 판매하는 모든 상품에 적극 가입하고 사업활동에 참여하는 일은 조합원의 당연한 의무입니다.

Q 교육지원사업비 중 영농자재지원비와 의료비 지원은 매년 관행적으로 전년도 말 기준 농협에 가입한 조합원에 한해서 지원하는 것으로 사업계획 예산편성을 해왔습니다. 그런데 내년 사업계획 수립단계에서 금년에 신규로 가입한 조합원에 대하여 가입 시점을 차별하여 지원하지 말고 사업계획 수립 시점을 기준으로 가입된 모든 조합원이 혜택받을 수 있도록 해 달라는 의견이 있습니다.

이에 대하여 농협에서 조합원에게 영농 지원이나 의료비 지원을 할 때 가입 시점에 따라 지원 대상을 결정하는 일이 합리적인지, 혹은 이러한 지원 방식이 '조합원 차별'에 해당하는지 법률적 판단을 구합니다.

A 협동조합을 처음 이용하는 사람이나 협동조합에 처음으로 가입한 사람들이 공통적으로 겪는 혼란과 무지가 있습니다.

즉 협동조합을 국가기관의 하나로 본다든가, 공공단체로 인식한다든가, 기업의 특수한 형태로 파악한다든가, 정부가 지원하는 봉사단체 혹은 국책기관, 공기업, 금융기관, 사기업(私企業) 등 다양한 형태나 구조로 각각 파악하고 개념정리를 하여 그에 기초한 요구나 기대를 하는 것입니다. 그러나 이러한 개별적이고 다양한 인식은 모두 다 분명히 틀린 것입니다.

농협은 협동조합주의(協同組合主義)라는 독특한 이념과 철학체계를 기반으로 협동조합원칙(協同組合原則)이라는 강령의 지배 아래 특별법(特別法)인 '농업협동조합법'에 의해 조직되고 사업을 전개하는 특수법인(特殊法人)이며, 조합원의 민간자본에 의한 사단법인(社團法人)이고, 사법인(私法人)이면서 공법인(公法人)의 성격을 갖고 있는, 비영리법인(非營利法人)이고, 비공익법인(非公益法人)입니다.

또한 농협은 조합원이 곧 사업의 이용자로서, '이용자가 소유'하고 '이용자가 통제 및 지배'하며, '이용자가 수익을 향유'하는 대단히 독특한 구조를 가진 기업 형태의 하나입니다.

협동조합은 국가기관이 아니고 행정관청이나 봉사단체, 자선단체가 아니며, 가입자에게 혜택을 주기만 하는 것이 아니라 가입자에게 특정한 부담과 의무, 책임을 요구하고 조직과 사업, 경영의 모든 사항을 법률에 따라 수행하는 법치주의원칙(法治主義原則)이 지배하는 단체입니다. 따라서 조합원은 누구든 농업협동조합법과 정관, 조합원의 결정사항, 조합원에 의해 선임된 경영진의 방침에 복종하여야 하는 것입니다.

협동조합이 사업을 하는 이유나 목적은 협동조합의 사업을 통하여 조합원 개개인이 사업과 생활을 향상시켜서 행복한 생활을 영위하고 사회 전체가 평화와 번영과 안녕을 누리게 하는 협동조합의 이상과 꿈, 목표를 달성하는 방법이기 때문입니다.

그래서 협동조합은 협동조합 자신의 경제적 이익(經濟的 利益)이나 상업적 이윤(商業的 利潤)을 추구하지 않고 오직 구성원인 조합원의 사업과 생활 향상을 위해 다양한 사업을 전개하여 '사업으로서 조합원을 지원'하는 것입니다.

그리고 다양한 사업 중에서 교육지원사업(과거에는 지도사업[指導事業]으로 표현)은 협동조합의 창시와 함께 있어 온 본원적이고 근본적이며 원리적 사업으로서 모든 농협은 반드시 수행하여야 하는 철칙이고 법률로써 강제된 법정사업이며, 궁극적으로 농협이라는 조직의 존립 의미이자 모든 사업의 수행 이유이기도 한 중요한 사업입니다.

교육지원사업은 농협 경영에 직접적으로 수익을 가져다주지 않으므로 비경제사업(非經濟事業)이라고도 하는데, 조합원이 사업(농업경영)과 생활에 있어서 그들에게 필요한 사항을 지도·교육·계몽하고 개선시켜 사업과 생활을 향상시키도록 교육하고 지원하는 사업이며, 농협의 다양한 사업 중에서 '가장 기본적인 사업이자 궁극적인 사업'이라고 하는 것입니다.

교육지원사업을 수행할 때 비용이 필요한 것은 필연인데, 농협은 교육지원사업에 충당할 경비를 조합원에게 부과하여 징수할 수 있도록 법률에 명문화하고 있으며(법 제25조), 또 교육지원사업의 혜택을 받는 조합원은 이 경비를 납부할 의무가 있고, 납부를 태만히 하거나 회피할 경우에는 과태금을 부과하여 징수할 수 있도록 하고 있습니다. 나아가 이러한 경비의 부담이나 과태금의 납부를 거부하거나 이행하지 않는 조합원은 제명처분 할 수 있습니다. (법 제30조)

그런데 교육지원사업의 중요성을 감안할 때 매회 조합원에게 경비를 부과하면 조합원의 참여도 저하나 무관심, 이탈 등의 부작용이 발생하여 교육지원사업 자체가 소홀해지거나 쇠락할 위험이 있습니다. 그래서 농협은 중요하면서도 본원적 사업인 교육지원사업을 안정적으로 수행하기 위하여 매년 회계연도 마감과 결산을 할 때마다 '잉여금의 20/100(20%) 이상'을 다음 회계연도에 이월하여(법정이월금, 法定移越金) 교육지원사업의 재원으로 삼도록 법제화하고 있습니다. (법 제67조)

그런데 농협의 회계구조상 법정이월금을 따로 현금으로 인출하여 금고에 넣어두고 조금씩 나누어 사용할 수 있는 것이 아니므로 법정이월금에 상당하는 규모의 교육지원사업비 예산을 편성하여 다음연도 사업계획과 수지예산에 반영하여 집행하는 방식으로 운용하고 있습니다.

따라서 엄격히 따져보면 교육지원사업비는 전년도에 조합원들이 농협사업을 이용하여 얻게 된 조합의 사업상 잉여금, 곧 사업수익 또는 당기순이익을 모두 조합원에게 배당하여 소진시키지 않고 그중에서 20%를 유보하여 다음연도에 바로 그 조합원들의 교육지원사업에 사용하도록 한 것입니다.

즉 모든 교육지원사업비는 그 전 회계연도, 즉 전년도에 기존의 조합원들이 조합사업을 이용함으로써 조합이 얻은 잉여금의 일부를 다음 회계연도에 사용하는 것이므로 사용할 대상은 바로 전 회계연도에 잉여금을 마련해 준 조합원인 것이 분명하고 당연한 것으로 판명되는 것입니다.

신규 조합원의 경우에는 아직 사업 이용에 따른 잉여나 이월이 발생하지 않았으므로 혜택을 입을 이월금이 없다고 할 것입니다. 따라서 신규 가입 조합원의 경우에는 가입 당년도부터 바로 교육지원사업 혜택 대상자라는 주장을 할 수 없고, 조합운동 참여와 조합사업 이용을 통해 교육지원사업 재원을 창출한 경우에 주장을 할 수 있을 것입니다. 그러므로 아직 재원 창출에 기여하지 못한 신규 조합원은 오직 조합 집행부의 호의와 배려로 일부 교육지원사업 혜택이 주어질 경우 그에 감사하고 그 결과를 수용할 수 있을 뿐입니다.

054 조합원 명부의 공개 범위

Q 조합원 한 분이 비치된 조합원 명부를 복사하여 교부해 달라고 합니다. 그런데 조합원 명부를 그대로 교부하게 되면 그 조합원이 그 명단으로 개인적인 사업에 활용하거나 다른 사업자에게 넘길 위험이 있고, 또 선거 때 활용하여 문제를 일으킬 것으로 보입니다. 그렇지만 농협법에는 조합원 명부를 교부할 수 있다고 하며 전체 명부를 요구하여 곤란합니다.

A 농협법에 따르면, 농협은 조합원과 채권자의 열람 요구에 응하기 위하여 정관, 총회의사록, 조합원 명부 등을 주된 사무소 및 신용사업 점포에 비치하여 두고 열람과 사본발급 요구에 응하여야 합니다. (법 제65조, 정관 제139조) 따라서 조합원이 조합원 명부의 열람과 사본교부를 요청하는 경우에는 그에 응하여야 하며, 그것을 거절할 수 없습니다.

그런데 「개인정보 보호법」은 누구든 수집, 정리, 보유한 정보 중에서 개인의 신상과 관련되는 정보나 안전 관련 정보, 즉 주소, 주민등록번호, 전화번호 등은 당사자인 조합원이 공개에 동의하는 경우에만 제3자에게 공개, 열람, 사본교부가 가능하도록 엄격히 규제하고 있습니다. (개인정보 보호법 제17조, 제18조)

그러므로 조합원의 공개 요구나 사본교부 요청이 있더라도, 또 농협법에 조합원 명부를 교부하도록 하더라도 조합원 명단에서 주소, 전화번호, 주민등록번호 등 개인을 특정하거나 식별할 수 있는 내용은 공개대상자인 조합원 당사자 개개인의 '공개에 동의한다'는 내용의 서면동의가 있는 경우에만 공개가 가능하다고 하겠습니다.

그리고 이 법률을 위반할 경우 관련자는 중형(5년 이하 징역, 5000만 원 이하 벌금)에 처하도록 명문화되어 있습니다. (개인정보 보호법 제71조) 따라서 조합원의 조합원 명부 열람과 사본교부에 응하여야 할 경우 조합원 명부에서 주소, 주민등록번호, 전화번호를 삭제한 명단을 열람하게 하거나 삭제한 명부 사본을 교부할 수 있을 것입니다.

또 조합원 명부를 열람하면서 주소, 주민등록번호, 전화번호가 적힌 내용을 복사, 메모, 사진 촬영하는 일도 법률에 위반되므로 금지하여야 합니다. 만약 조합원 명부 서식이 그러한 관련 자료의 삭제나 수정이 불가능하다면 따로 개인정보를 완전히 삭제한 '마을별 조합원 명단'을 따로 만들어서 교부하는 것이 실무적으로 안전한 방법이 될 것입니다.

055 조합원의 승계

Q 조합원이 사망할 경우, 조합원의 자격을 그 상속인이 승계받게 하는 제도가 긴요합니다. 특히 상속인의 조합원 자격과 관계없이 승계되어야 한다고 생각합니다.

A 조합의 구성원을 '조합원'이라고 합니다. 농협의 조합원은 농협 구성의 기본요소인 동시에 조합의 기초가 되는 것이며, 농협의 최고 의결기관인 총회의 구성원이 되는데, 이는 협동조합이라는 기구가 조합원의 인격적 결합을 전제로 하는 인적단체라는 특성에서 비롯되는 것입니다.

지역농협의 조합원이 될 수 있는 자는 자연인인 농업인, 영농조합법인, 농업회사법인, 품목조합 등입니다. 따라서 농협의 구성원은 모든 농업인이 아니라, 조합원으로 가입한 농업인, 조합원으로 가입한 영농조합법인, 조합원으로 가입한 농업회사법인과 품목조합이 되는 것입니다. 법률로써 조합원이 될 수 있는 자격을 엄격히 제한하는 이유는 농협이 농업인이라는 동질적 집단을 대상으로 그들의 이익을 위하여 조직되고 활동하는 것인 만큼 비농민적 이해(利害)나 비농업적 요소가 조합에 침투하는 것을 방지하기 위한 것입니다.

그리고 협동조합과 주식회사는 설립하게 된 근본취지와 목적, 사업 방식 등이 모두 다르며, 그에 따라 '협동조합 조합원'과 '주식회사 주주(株主)'와는 근본적인 차이가 있습니다. 법률에 따라 농협의 조합원이 될 수 있는 자격 요건은 '농업에 종사하는 사람'으로서 대통령령에 정한 기준에 해당하여야 합니다.

조합원의 사망으로 그 재산과 사업을 상속받는 사람은 특별한 사유가 없는 한 조합원 신분까지도 승계할 수 있는데, 이를 특별가입이라 하며, 출자지분의 양수양도나 지분상속에 의해 조합원의 권리와 의무를 승계하여 조합원이 되는 경우를 말합니다.

조합원이 사망한 경우 조합에서 자연탈퇴가 되며 조합원의 지위가 자동으로 승계되는 것이 아니고 상속인은 통상적인 가입의 경우와 같이 가입 절차를 밟은 다음, 조합의 상속 가입 승낙을 받아 피상속인(사망자)의 지분을 승계하면 조합원이 될 수 있습니다. (법 제28조 제4항)

이때 상속가입자가 법률에 정한 조합원의 자격을 갖추지 않은 경우에는 조합원이 될 수 없습니다. (법 제19조 제1항, 제28조 제4항)

이는 법정사항이므로 조합 자체에서 규약이나 규정으로 정할 수 없고, 설혹 정한다고 하더라도 효력을 갖지 못합니다. 따라서 조합원 신분의 승계는 상속인이 조합원 자격을 갖추었을 경우에는 문제가 없으나, 법률에서 정한 조합원 자격을 갖추지 못한 경우에는 어떠한 방법도 없습니다. 조합원의 자격은 '지역농협의 구역에 주소나 거소를 둔 농업인으로서 행위 능력이 있고 다른 조합에 가입하지 않은 자'이어야 하며, 어떤 예외나 특례 규정이 없습니다.

만약 조합에서 자체 규약이나 총회 결의를 통해 '사망 조합원이나 유공 조합원의 자제나 상속인에 대한 무자격자 특별가입'을 결의한다고 하더라도 그 결의나 규약 자체가 위법이므로 무효입니다. 결국 법률적으로 불가능한 조합원 신분의 승계나 상속을 강구하기보다는 상속인이 농협법에 정한 조합원 자격을 갖추어 승계하는 편이 더 간단하고 용이합니다.

056 특별이해관계인의 뜻과 범위

Q 감사의 해임을 안건으로 하는 총회 개최 시 감사의 친형이 대의원일 경우, 친형을 특별이해관계인으로 보아야 하는지요? 특별이해관계인에 해당할 경우 조합의 조치는 무엇입니까?

A '이해관계인'이란 일정한 범위의 혈연, 지연, 학연 관계를 가리키는 것이 아니라, '특정 사실에 대하여 법률상의 이해를 가진 자'를 가리킵니다.

그 사실관계가 이미 가진 자기의 권리의무에 직접 영향을 미칠 위기에 있는 자, 즉 어떤 안건이 해당 인사의 개인적인 이해와 관련되는 경우를 말하는 것입니다. (민법 제22조, 제44조, 제63조, 제469조 2항, 제1053조 등)

이때 '이해관계(利害關係)'란 반드시 경제적인 이해득실만을 가리키는 것이 아니라 사회적인 영향력, 권위, 배경 등 복합적인 이해관계도 포함합니다. 상법에서 특별이해관계인(特別利害關係人)이란 법률이 규정한 '총회의 결의에 대해 개인적인 이해관계가 있는 자'를 말하는 것입니다.

농협법은 조합과 조합원의 이해(利害)가 상반되는 안건의 처리에 있어서 해당 조합원은 그 의결에 참여할 수 없다(법 제39조 제2항)고 의결권의 제한을 명문화하고 있습니다.

이때 의결사항인 안건과 이해가 상반되는 조합원, 대의원을 '특별이해관계인'이라 하며, 의결권을 제한하는 이유는 '의결에 공정(公正)을 기하기 위한 것'입니다. 즉 만약 조합과 개인의 이해관계가 상반되는 안건의 의결에 해당 조합원을 참여하게 한다면 개인의 이해관계(利害關係) 때문에 조합의 의사결정이 왜곡되거나 전체 조합원의 이익을 해치게 되기 때문입니다.

이해관계는 꼭 경제적인 이익을 얻거나 잃게 되는 경우에만 한정되는 것이 아니라 경제적인 이익 이외의 사항, 즉 사회적인 이익이나 지역사회 안에서의 영향력의 변동, 개인의 위상과 사회적 평가, 가문의 융성 등 다양한 요소의 경우에도 조합과 당해 조합원의 이익이 상호 충돌하거나 일정한 영향을 주게 된다면 모두 당연히 특별이해관계인이 되는 것입니다.

부모와 자식의 관계는 특별이해관계인으로 보는 것이 당연할 것이고, 친형제는 소위 '피를 나눈 피붙이' 중에서 부모자식의 관계 다음 으로 가깝고 친밀하며 밀접한 사이로서 한 형제의 성장이나 영광은 다른 형제에게도 즉시 똑같이 긍정적 영향을 미치게 되고, 몰락이나 패망 등 부정적인 사태에서도 바로 영향을 받게 되므로 특별이해관계인이라 할 것입니다.

특히 핏줄과 인연을 소중히 생각하는 한국사회에서, 그것도 보수적인 농촌에서는 그 정도가 아주 높아서 당연히 '특별이해관계인'이 되는 것입니다. 또한 같은 맥락에서 해임 대상 임원의 4촌 형제, 근친, 사돈 등의 경우에 획일적으로 판단하기보다는 실질적인 친소관계(親疎關係)나 평소의 언행, 안건과의 이해관계 등을 기준으로 판단하여야 할 것입니다.

057 특별이해관계인의 총회 참석을 허용하여야 하는지?

Q 특별이해관계인에게 총회소집통지서를 발송하지 않거나, 의결에 참석하지 말라는 안내문을 보내라는 규정이나 지침이 없습니다. 특별이해관계인에 대한 총회 소집 과정의 실무 처리는 어떻게 합니까?

A 특별이해관계인은 조합원 자격이 제한되는 것이 아니라 특정한 안건에 대해 이해관계를 가진 사람을 가리키는 것이므로 총회 참석이나 다른 안건의 참여에는 제한을 할 수 없습니다.

그리고 조합원총회든, 대의원총회든 총회를 개최하면 회의 구성원에게는 일단 총회소집통지서를 발송하여야 하므로 총회 구성원이라면 특별이해관계인에게도 총회소집통지서를 발송하여야 합니다. 그렇지만 법률에 특별이해관계인에 대하여 의사(議事)의 의결에 참여할 수 없다고 되어 있으므로 의결, 즉 표결에 참여할 수 없습니다.

특별이해관계인이 총회에 참석할 경우 그 사람은 의사정족수(議事定足數)에는 포함하지만, 의결을 할 경우에는 의결정족수(議決定足數)에는 산입하지 않는 것이 원칙입니다. 즉 특별이해관계인은 의사정족수 계산에는 포함되지만, 의결정족수 계산에서는 제외하여 특별이해관계인을 뺀 대의원 숫자만을 기준으로 안건의 가결 여부를 계산하게 됩니다.

예컨대 대의원 정원이 50명일 때 의사정족수는 대의원 25명 참석이면, 조합장 1명을 포함해 26명이 되어 과반수 출석으로 의사정족수가 되는 것인데, 이때에 특별이해관계인도 출석대의원 숫자에 포함되는 것입니다.

그런데 안건의 표결 결과, 2/3인 34명의 찬성이 아니라 33명의 찬성일 경우에도 50명의 2/3는 33명이므로 가결된 것으로 계산합니다.

(대법원 2009. 4. 9 2008다1521호 판례)

법원의 판례는 특별이해관계인을 의사정족수에 포함하여 성원 미달이면 의사무효(議事無效), 성원이 되었으면 의사는 유효한 것으로 보며, 의결에 참석하지 않은 특별이해관계인은 전원이 찬성으로 가정하고 환산하여 의결정족수에 영향이 없다면 가결된 것으로 보아야 한다고 합니다. 이렇게 하는 이유는 법적 안정성 확보와 총회운영의 원활화, 다수 구성원 의사의 존중 등의 이유 때문이며, 주식회사의 경우에도 같습니다. (대법원 90다카22698호 판례)

058 조합원 가족의 복수 조합원 가입 문제

Q 조합원 가족이 농협법에 정한 조합원 자격을 갖추어 조합원 가입 신청을 하는 사례가 많습니다. 한 가구에서 남편, 부인, 아들, 며느리 등이 모두 조합원으로 가입한다면 여러 가지 문제가 있을 것으로 전망됩니다. 그래서 조합 이사회에서 중복 가입을 금지하는 결의를 하였는데, 이에 대하여 심하게 반발하는 사례가 있어서 문제가 되고 있습니다. 중복 가입을 허용하지 않는 것이 위법입니까?

A 농협의 조합원은 개개인으로 볼 때는 단순한 농업인이고 조합원이 조합의 기관은 아니나 농협이라는 조직의 측면에서 볼 때는 농협 구성의 기본요소이며 농협 존립의 목표입니다. 또 농협의 최고기관인 총회 구성원이고 농협이 사업을 하는 의미이기도 합니다.

농협의 조합원이 될 수 있는 사람은 자연인인 농업인과 영농조합법인, 농업회사법인 및 품목조합으로 법제화되어 있으며, 조합원의 자격을 법률로써 제한하는 이유는 비농민적 이해(利害)가 조합에 침투하거나 조합 경영을 왜곡시키는 것을 방지하기 위한 것입니다.

조합가입자유원칙은 국제협동조합연맹이 정한 협동조합원칙의 첫째로서, '조합원 가입 자격을 갖춘 사람에 대하여 가입을 제한할 수 없다'는 것으로, '문호개방의 원칙'이라고도 하며, 법률적으로는 '가입방해의 금지'로 해석되는 것입니다.

조합원으로 가입하려는 농업인, 축산인, 농업법인, 품목조합이 자격요건을 갖춘 경우에는 정당한 사유가 없으면 조합원 가입을 거절할 수

없습니다. (법 제28조 제1항, 정관 제10조 제4항)

농협법과 정관에 가입을 거절할 수 있는 정당한 사유를 예시하고 있으며, 이러한 사유에 해당하거나 같은 것으로 해석되지 않는 한 가입을 거절할 수 없습니다. 또 조합은 가입 허용 시에도 신규 가입 조합원에게 다른 조합원에 대한 것보다 불리한 조건을 붙일 수 없습니다. (법 제28조 제1항, 정관 제10조 제4항)

조합은 조합원의 수를 제한할 수 없으므로(법 제28조 제3항), 조합원 수의 상한선은 있을 수 없으며, 조합원 숫자가 과다하다는 이유로 조합원 가입을 거절할 수 없습니다.

조합원이 될 수 있는 자격 요건을 정함에 있어서 성별, 연령, 국적, 인종 등에 제한을 두지 않으며 자격 요건이나 가입에 있어서 정치적, 종교적 이유에 의한 차별이 금지되고 종교적 교의나 정치적 선언에 찬성이나 반대를 강제할 수도 없습니다. 또 조합원의 가족, 친인척이라는 것을 이유로 가입을 제한하거나 회피할 수 없습니다.

이러한 가입 자유의 원칙에 관한 규정들은 효력 규정이므로 이에 위반되는 것은 모두 무효가 됩니다. 아울러 총회나 대의원회, 또는 이사회에서 조합원의 가입을 제한하는 결의를 하였다고 하더라도 그 결의 자체가 법률에 반하는 것이므로 효력이 없습니다.

결국 누구든 농협법에서 정한 조합원 자격을 갖추고 있다면 조합은 그 사람의 조합원 가입 신청을 제한하거나 거부할 수 없습니다. 또, 한 가구에서 다수의 조합원 가입으로 어떤 문제가 예상된다고 하더라도 그 예상되는 문제점은 따로 대책을 세워서 보완 또는 해결해가야 할 것이고 그 문제를 이유로 조합원 가입을 거절하거나 제한할 수 없습니다.

Q 조합장 선거를 앞두고 어떤 대의원이 "농협 총자산이 5000억 원이 넘는데 순이익이 몇 억 원에 불과한 것은 경영 능력에 문제가 있는 것이다. 내가 조합장이 되면 농협의 사업 구조를 수익사업 중심으로 개편하고 새로운 수익사업을 개발하여 최소한 수백억 원의 당기순이익을 시현시켜 지금보다 10배 이상의 출자배당을 할 자신이 있다"고 하고 일부 조합원들이 이에 동조하는 바람에 조합장 선거가 혼란에 빠졌습니다. 이런 상황에서 헛바람을 효과적으로 제압할 논리를 알려 주십시오.

A 이 문제는 각 조합마다 한 번씩은 있었던 문제이고 나름대로 해결을 해 왔지만, 앞으로도 일부 선동가에 의해 계속 반복하여 더욱 세련되고 강렬하게 제기될 문제이므로 조합에서 대응 논리를 충실하게 준비해 두어야 합니다.

농협이 주어진 책임과 역할을 충실히 수행하면서 수익도 획기적으로 높이고 출자배당도 훨씬 더 높일 수 있다면 나쁜 일은 아닐 것입니다. 그러나 농협은 영리나 투기를 목적으로 하지 않으며, 농협의 모든 사업활동은 조합원의 영농과 생활편익 증진을 위해서만 할 수 있고(법 제5조), 사업의 종목과 내용도 모두 법률에 정해져 있어서(법 제57조) 법률에서 허용하지 않는 사업을 할 수 없으며 만약 법률을 어기면 처벌받습니다. (법 제171조)

즉 농협은 수익을 목적으로 하는 기업이 아니고, 조합원의 영농과 생활의 편익, 경제적·사회적·문화적 권익 향상을 목적으로 조직되어 그 목적 달성을 위한 사업을 전개하는 특별법에 의해 만들어진 특별한 조직이므로 사업의 종류와 사업 방식까지 모두 법으로 정해져 있으며 법률의 규정을 벗어난 사업 종목이나 사업 방식으로 사업을 할 수 없습니다.

그리고 고수익사업은 높은 위험이 필연적이므로 자칫하면 경영적자나 경영파탄으로 귀결되는데, 미국의 메릴린치 은행, 영국의 베어링스 은행, 국내의 제일은행, 동화은행, 상업은행, 한일은행, 조흥은행이 도산한 일이 있었고, 최근의 저축은행 줄도산, 세계적인 보험회사 AIG의 도산이 바로 그 생생한 증거인데, 고수익을 좇아 경영을 하다가 도산한 사례입니다.

또 농협의 출자배당은 당기순이익에 비례하는 것이 아니라 협동조합 원칙과 법률에 의해 엄격히 제한되고 있으므로 조합장이나 임원 한두 사람의 힘이나 총회의 의결로도 좌우할 수 있는 것이 아닙니다. (법 제68조) 결산 결과 당기순이익이 발생하면 그 규모가 크든 작든 먼저 법정적립금을 적립하고(법 제67조), 조합원의 사업 이용실적에 따른 이용고배당을 한 다음 출자배당을 할 수 있습니다. (법 제68조)

따라서 조합장이 되어 농협의 사업구조를 수익사업 중심으로 개편하고 새로운 수익사업을 개발하여 최소한 수백억 원의 당기순이익을 시현시켜 지금보다 10배 이상의 출자배당을 하겠다는 주장이나 공약은 농협법에 위반되므로 실현될 수 없고, 만약 추진할 경우 바로 형사처벌을 피할 수 없습니다.

그런데 이러한 설명을 농협 내부의 임직원이 하면 효과나 설득력이 반감되므로 전문가의 문서로 된 자문의견서를 제시하거나, 또는 조합 외부의 전문가를 초빙하여 체계적인 조합원 교육을 실시하는 것이 더욱 효과적일 것입니다.

060 농협의 출자배당이 정말 낮은 수준입니까?

Q 어떤 대의원이 "아무리 농협이라지만, 조합원의 절대적 지지와 참여를 받고 있고 사업에서도 독점적인 위치에 있는 농협이 삼성전자 수준의 출자배당은 해야 하지 않느냐"며 집행부를 성토하는 바람에 대의원회 회의가 난장판이 된 일이 있었습니다. 앞으로도 그러한 말이 또 있을 텐데 대응할 방법이 없나요?

A 어떤 면에서는 일리가 있는 것처럼 들리는 주장이지만, 출자배당에 관한 부분은 자세히 살펴보고 분석하여 비교 평가해야 합니다.

평면적으로 볼 때 농협의 출자배당이 대체로 4% 선, 혹은 그 미만인데 비해 삼성전자의 배당률은 130%(2017년)나 되어 농협 배당률의 33배 수준이었습니다. 이렇게 배당률만을 비교하면 삼성전자의 배당률이 월등히 높기 때문에 농협도 그러한 국민기업 수준의 배당을 해 보자는 의욕은 매우 좋습니다.

그런데 그 배당금액과 수익률을 비교해보면 내용이 완전히 달라집니다. 삼성전자의 배당률 130%의 배당금은 1주당 6500원, 농협은 1좌당 400원으로 나타납니다. 이것을 투자금액 대비 수익금액으로 비교해 봅시다.

우리 조합원이 농협과 삼성전자에 각각 1000만 원씩 투자하였을 때의 배당금으로 계산하여 보면 비교가 쉽습니다. 농협은 출자금 전액인 1000만 원을 기준으로 배당을 하므로 출자배당이 약 40만 원이지만, 삼성전자는 1주당 시가가 약 200만 원이므로 1000만 원을 투자하였을 때 약 5주를 살 수 있습니다.

따라서 액면가 1주당 5000원, 5주의 총액면금액인 배당기준금액 2만 5000원을 기준하여 배당금을 계산하여야 합니다. 농협은 실제 투자한 금액 1000만 원이 전액 출자금이므로 배당기준금액이 1000만 원이고 출자배당 4% 시 배당금이 40만원인데, 삼성전자는 1000만 원 투자 시 주식은 5주, 액면은 2만 5000원 배당금은 3만 2500원이므로 농협이 10배 정도 더 높습니다.

이런 배당률을 전문가들은 '실투자금 대비 배당률' 또는 '시가배당률'이라 하는데, 삼성전자는 0.32%, 농협은 4%입니다.

따라서 배당금액을 기준으로 할 때 농협의 출자배당이 삼성전자보다 훨씬 더 높으며, 삼성전자에는 전혀 없는 이용고배당과 사업준비금 적립이나 각종 환원사업, 복지사업, 교육문화사업, 의료지원사업 등을 감안하면 농협의 조합원에 대한 혜택과 배당이 삼성전자는 물론 국내 어떤 기업보다도 높다고 할 수 있습니다.

이러한 사항을 그동안 농협에서 적극적으로 홍보하지 않은 것은 국민기업이라는 삼성전자보다도 훨씬 높은 배당을 하는 기업이 있다는 사실이 널리 알려지면 먼저 법인세를 높게 과세하려 할 것이고, 농협에 대한 각종 지원과 정책적 배려를 축소하여 결국 농업인 조합원의 손해로 귀결되기 때문입니다.

이러한 내용을 미리 도표로 작성해 두었다가 조합원의 질문 시에 바로 파워포인트로 보여주면서 설명하고, 다른 조합원에게는 미리 준비한 유인물을 나누어 준다면 좋을 것입니다.

그렇지만 세무당국의 법인세 과세 및 배당소득세 과세 움직임이 있기 때문에 이러한 내용을 이곳저곳에 마구 홍보하고 자랑할 일은 아닙니다.

061 잉여금배당청구권의 내용은?

Q 조합원의 잉여금배당청구권이라는 것이 구체적으로 어떤 것인지, 이를 행사하지 않으면 불이익이 있는지 궁금합니다.

A 조합은 다양한 사업을 하고 그 사업에 대해 매년 연말을 기준으로 결산을 합니다.

결산 결과 조합에 이익금(잉여금, 剩餘金)이 발생하면 이 이익금을 전년도에서 이월된 손실금이 있을 때 먼저 손실을 메꾸고(손실보전, 損失補塡), 그 다음에는 법으로 정한 법정적립금, 임의적립금 등을 따로 적립하고 법정이월금을 처리한 다음에 그 나머지를 조합원에게 나누어주는 배당을 하게 됩니다.

이것을 잉여금배당이라고 하고 조합원이 '배당을 청구할 수 있는 권리' 혹은 '배당을 받을 수 있는 권리'가 잉여금배당청구권입니다. 배당을 청구할 수 있는 잉여금은 이익잉여금에 한정되고, 자본잉여금은 배당 대상이 아닙니다.

이익잉여금은 조합이 사업을 한 결과 영업에서 남은 이익을 가리키는 것이고 자본잉여금은 자산재평가차익, 감자차익(減資差益), 보험차익, 합병차익 등 영업활동이 아니라 자본거래에서 비롯된 이익을 가리키는 것이기 때문입니다.

배당을 받을 수 있는 시기는 결산총회에서 결산 승인을 받은 후이고, 배당을 받을 수 있는 조합원은 결산일의 조합원입니다.

조합이 주식회사와 다른 점은 배당에서도 뚜렷한데, 조합은 이용고배당을 먼저 하고 출자배당은 그 다음이며, 출자배당률을 제한하게 됩니다.

그리고 조합원이 잉여금배당청구권을 행사해야 배당금을 주는 것이 아니고 매년 결산을 마치면 총회를 거쳐 배당률과 방법을 정하여 조합원 개개인별로 배당금이 지급되며, 따로 청구하는 절차가 있는 것이 아닙니다.

062 조합원 탈퇴 시 지분계산은?

Q 조합원 탈퇴 시 탈퇴 사유에 따라 지분계산이 달라집니까?

A 조합원 자격을 벗어났거나, 농업에서 이농하는 사람은 조합을 탈퇴하게 됩니다. 그리고 탈퇴하는 조합원은 조합이 이만큼 성장하고 발전한 데 자신이 기여한 부분이 있다고 생각하므로 조합이 성장한 만큼 그에 비례하여 지분을 환급받기를 희망할 것입니다.

조합 탈퇴는 스스로 탈퇴 신청을 하는 '임의탈퇴', 자격이 상실되어 탈퇴 처리하는 '법정탈퇴'가 있는데, 탈퇴의 이유에 관계없이 탈퇴자에게는 출자금, 회전출자금, 사업준비금을 환급하고 다른 적립금은 환급하지 않습니다. 그러나 조합원에서 제명된 경우에는 사업준비금도 환급하지 않고 출자금만 환급합니다. (정관 제13조)

조합에서 제명된 조합원은 조합과 조합원에게 심각한 피해를 입혔기 때문에 제명하는 것이므로 출자금만을 환급하는 것인데, 경우에 따라서는 조합에서 제명된 사람에게 손해배상을 청구해야 하는 경우도 있습니다.

그리고 조합의 자산이 채무에 미달하여 큰 손실을 입고 있는 경우 조합원은 그 지분에 비례하여 비용을 부담하고 차액을 환급받아야 하며(정관 제14조), 탈퇴자가 조합에 채무가 있을 때는 채무와 출자 환급금의 상계도 가능합니다.

그렇지만 농협의 경우 조합의 자산이 채무에 미달할 정도의 사태가 발생한 적이 없으며, 만약 그와 유사한 사태가 발생하거나 예견되면 해당 조합에 대한 경영컨설팅과 특별지원으로 경영을 정상화하거나, 인근 조합과 합병토록 하여 조합원이나 채권자에게 어떠한 피해도 발생하지 않도록 해 왔으므로 그러한 사태를 우려할 필요는 없습니다.

063 고마운 원로 조합원, 탈퇴의 선물을 주자는데…

Q 원로 조합원들은 과거 가장 어려웠던 조합 초창기에 크게 기여하였는데, 지금은 농업을 청산하여 조합원 정리 대상이 되고 있습니다. 이분들의 공로에 대해 조합 재산을 재평가하여 그 재산 몫을 선물로 드려야 한다는 여론이 있습니다.

A 아마 선거에 입후보한 사람의 주장이거나 선동일 것입니다. 이러한 선동은 일단 겉보기에 그럴듯하여 많은 조합원이 그에 관심을 갖게 되지만, 회계원리나 회계원칙을 아는 사람이라면 곧 터무니없다는 것을

알 수 있습니다.

조합 재산을 재평가할 경우 법률에 따라 그 차액은 자본적립금으로 적립해야 하므로 자산재평가 이익으로 배당을 하는 일은 어떤 경우에나 어떤 논리로나 불가능합니다. (법 제69조)

또 자산재평가를 하면 재평가 수익에 대한 세금을 따로 내야 합니다. 즉 자산재평가를 통해 조합 총자산의 평가금액을 높일 수는 있지만, 그 평가액이 곧 조합의 경영수입은 아니므로 배당 대상이 되지 않는 것입니다.

또 먼 훗날 자산의 가액이 떨어질 수 있으므로 후일의 조합원 지분을 지금 빼앗는 결과가 되는 것이기에 이론적으로 매우 곤란한 일이기도 합니다.

자산재평가차익으로 배당을 하는 일은 선동에서는 솔깃한 것이라 하겠지만, 법률적으로나 제도적으로나 현실적으로나 실현이 전혀 불가능한 주장입니다.

064 출자증대를 위해 최대출자한도를 넘어 출자할 수 있다는데…

Q 정관에 '조합원 1인의 출자는 1만좌를 초과하지 못한다. 다만, 조합 총출자좌수의 100분의 10 이내에서는 그러하지 아니하다'라고 규정하고 있으므로 이 규정에 근거하여 출자를 최대한 높이고자 합니다. 그런데 이 내용에 대해 의견이 분분하여 정확한 해석이 필요합니다.

Ⓐ 지역농협 정관 제18조(출자) 제3항에 '조합원 1인의 출자는 1만좌를 초과하지 못한다. 다만, 조합 총출자좌수의 100분의 10 이내에서는 그러하지 아니하다'라는 조항이 있습니다. 이 조항을 활용하면 조합원이 총출자좌수를 초과하여 출자를 할 수 있는데 그 내용의 해석이 엇갈리고 있을 것입니다.

첫 번째 의견은 '조합원 개인이 개별적으로 조합 총출자좌수의 10/100까지 출자할 수 있으며, 출자한도를 초과하여 출자하려고 하는 조합원 수의 제한은 없다'는 것으로, 이 경우 개인이 수십억 원의 출자를 할 수 있고 이런 고액출자자가 수십 명 있을 수 있다는 것입니다.

두 번째 의견은 '출자상한선 1만좌를 초과하여 출자하고자 하는 조합원이 여러 명 있을 때, 그들의 초과출자금액 한도가 조합 총출자좌수의 10/100 이내이어야 하므로 현재 조합출자금의 10%가 개인당 출자한도를 초과하여 출자하는 전체 출자금 해당액이 된다'는 해석입니다.

이 문제를 판단하기 위해서는 정관의 문장에 집중할 것이 아니라 출자금과 출자한도 제한의 의미를 잘 살펴보고 농협법과 협동조합원칙의 내용을 잘 해석하여야 합니다.

첫째, 협동조합이라고 하더라도 출자는 절실하며, 출자증대는 곧 조합의 역량 확대와 직결되고, 농협에서 출자금은 농협조직의 기본재산으로서 사업운영에 필요한 기초자산이자 신용의 원천이고 출자금의 규모는 바로 그 조합의 역량과 능력의 척도이자 조합원의 신뢰와 단결의 구체적인 모습이기도 합니다.

둘째, 협동조합과 주식회사의 가장 큰 차이는 의결권에 있는데, 협동조합은 출자좌수에 비례하여 의결권을 주는 것이 아니라 '1인 1표주의'입니다.

주식회사는 1주 1표로 출자 규모에 비례하여 의결권을 가지는 '자본의 지배원칙'이 있지만, 협동조합은 출자 규모에 관계없이 1인 1표로 '인간의 지배원칙'이 지배하는데, 협동조합은 기본적으로 자본주의 체제에서 노동자나 농민이 생산수단으로 전락하여 극도로 비참한 생활을 하게 된 현실을 개선하기 위해 모색한 여러 가지 방안 중에서 폭력혁명이나 독재이론을 배제하고 경제적·사회적 약자들이 서로 단결하여 합리적인 활동으로 온건하며 점진적으로 사회를 개선하고 스스로를 향상시켜 나가고자 하는 조직입니다.

셋째, 협동조합은 1인당 출자한도를 스스로 규제하고 있는데, 농협이 조합원에게 일률적으로 출자한도를 제한하는 이유는 농협이 특정한 개인이나 집단에 의해 영향을 받는 것을 방지하고자 하기 때문입니다.

출자한도를 두어 출자를 제한하지 않으면 일부 자본이 넉넉한 인사나 집단이 농협에 대규모 출자를 하여 농협의 운영과 사업이 그들에게 독점당하거나 지배될 수 있고, 그들의 영향력 때문에 일부 조합원에게만 편중되는 봉사를 하게 될 위험이 있습니다.

넷째, 조합의 경영 안정과 함께 특정인이나 특정 세력이 출자금을 이용한 경영 간섭이나 위협이 가능하지 않아야 합니다.

조합은 경제활동을 하는 경영체이므로 자기자본, 자금력 등이 대단히 중요한 경영요소인데, 고액출자자나 고액출자집단이 있을 경우 그들의 발언권이나 영향력이 높아지게 되는 것은 필연이고, 또 고액출자자나 고액출자집단이 갑자기 조합을 탈퇴하여 조합 자본금의 상당 부분을 인출한다면 조합의 경영이 심각한 위기에 봉착하거나 사실상 도산하게 되는바, 이러한 사태를 막는 길은 출자 규모를 제한하는 것이 유일합니다.

결론적으로 농협법은 개인당 출자한도를 1만좌로 엄격히 제한하고 있으며, 그러한 제한을 하는 이유는 협동조합에 자본의 지배나 우월한 영향을 배제하여 인간 중심, 인도주의의 실천이라는 협동조합 정신을 수호하고자 하는 것입니다.

그런데 고도로 산업화되고 자본이 모든 것을 지배하는 현실에서 영세한 자본으로는 협동조합의 숭고한 이념이나 이상을 실현하기가 어려운 것이 현실이므로 정관에 단서조항을 신설, 첨부하여 '다만, 조합 총출자좌수의 100분의 10 이내에서는 그러하지 아니하다'라는 구절을 삽입, 출자증대에 융통성을 부여하였습니다. 그리고 이 조항은 농협법의 다른 조항을 살펴보고, 협동조합원칙과 역사를 참작하여 판단한다면 '개인당 출자한도를 넘어서는 총출자 규모가 조합 전체 출자좌수의 10/100을 넘지 말도록 하여야 한다'는 해석이 타당한 것으로 판단됩니다.

만약 총출자좌수의 10/100까지 개인이 출자할 수 있고, 그러한 규모의 출자가 다수에게 허용된다면 농협은 금방 대규모 자본가나 국제투기자본의 놀이터가 되고 모든 적립금과 유형무형의 자산이 그들의 농간에 탕진되게 될 것이기 때문입니다.

그리고 총출자금의 10%까지를 개인당 출자한도 초과분으로 활용한다고 하더라도 한 개인이나 수십 명이 그 10%를 모두 점용하게 하여서는 곤란할 것이고, 반드시 제한이 있어야 할 것인바, 법률자문인은 법정 출자상한선 1만좌를 초과하여 추가로 개인이 출자할 수 있는 범위를 '새로운 출자 1만좌 이내'로 한다면 적정할 것으로 판단합니다.

한 개인이 출자금을 상한선 1만좌를 다 채우고 나서 새롭게 또 1만좌를 출자하는 일은 쉽지 않은 일이고, 실현될 경우 출자증대 효과도 무척 클 것이지만, 만약 그 출자자가 어떤 이유로 갑자기 탈퇴한다고 하더라도 최대 2만좌 1억 원의 자본금 인출이므로 농협 경영에 심각한 위험은 되지 않는 수준일 것이기 때문입니다.

065 탈퇴할 때 출자금을 전액 환급받지 못하는 경우도 있나요?

Q 조합원이 조합을 탈퇴할 때 자신이 납입한 출자금을 전액 받지 못하는 경우도 있습니까? 이런 가능성을 들먹이며 조합원을 선동하는 사람이 있습니다.

A 조합을 탈퇴할 경우 출자금과 사업준비금을 모두 환급받습니다.

그런데 이론적으로는 조합이 거액의 경영적자를 시현하고 있거나 적자가 누적되어 왔다면 탈퇴를 하더라도 자신의 출자 지분에서 조합의 손실부담액을 차감하여야 하므로 출자금 전액을 환급받지 못하는 경우도 발생할 수 있습니다. 만약에 조합이 누적되는 경영적자를 감당하지 못하여 정리, 또는 청산이 된다면 일반 기업이 경영 결과가 부진하여 도산하는 경우와 같이 출자금을 전혀 지급하지 못하고 청산할 수도 있는 것입니다.

그러나 농협은 경영이 어려워지더라도 조합원의 출자금 환급을 걱정한 사례는 없습니다. 만약 어떤 조합이 조합원 감소, 거액의 사고, 경영 실패 등으로 어려워지면 곧 중앙회가 특별 지원을 하여 경영을 정상화하고, 특별경영진단과 경영컨설팅을 수행한 다음 경영 정상화를 위한 자금과 자재, 사업 지원을 하고, 경영 규모나 시장 여건이 적정 규모에 미달하는 구조적인 문제가 생기면 인근의 다른 조합과 합병을 하도록 하여 경영기반을 충실하게 해 줍니다. 또 합병하여 새로 탄생하는 조합에는 다양하고 충분한 합병특별 지원을 해 줌으로써 합병에 이르게 된 경영상의 문제나 적자, 상처를 모두 치유하도록 도와줍니다.

그렇지만 조합의 경영 지원이나 합병, 합병 지원이 중요한 것이 아니라, 조합원은 조합이 곧 자신의 재산이므로 모두 다 조합의 사업을 전 이용하고 조합원이 아닌 일반 고객의 유치와 사업 신장에 힘을 보태주는 것이 가장 중요합니다. 농협은 조합원이 주인이며 동시에 고객인 조직이므로 조합 경영의 성패 책임은 모두 조합원에게 달려 있습니다.

조합원이 자신의 사업체인 조합을 적극 활용하고 이용하고 키운다면 방금의 선동가가 걱정하는 출자금 환불문제는 염려할 필요가 없고 오히려 출자배당과 이용고배당을 푸짐하게 받을 수 있을 것입니다.

즉 조합의 미래나 출자금의 문제는 선동가가 걱정하듯 그리 쉽게 일어나는 일이 아니며, 우리 조합의 미래는 우리 조합원의 참여와 단결에 달려 있다고 하겠습니다.

그리고 이러한 기본적인 원리와 구조를 왜곡하여 출자금을 전액 환급받지 못할 수 있다고 하거나 법정적립금은 환급받을 수 없다고 주장하는 사람은 농협의 사업을 방해하는 사람이므로 그러한 주장을 이유로 조합원 제명과 업무방해죄 고소, 손해배상청구를 하여야 할 것입니다.

066 조합의 교육에 참여하기 싫은 조합원은?

Q 조합원 교육이 다양한 형태로 자주 이루어지고 있지만 본인은 조합원 교육에 관심이 없습니다. 조합원 교육을 줄이거나 교육 불참자에게는 교육비를 현금으로 지급해주면 좋겠습니다.

A 조합원 교육은 어떤 이유나 핑계로도 중단하거나 줄일 수 없습니다. 조합원 교육은 협동조합의 원칙이자 정체성이므로 포기할 수 없고, 만약 교육을 포기한다면 그때는 이미 협동조합이 아닌 것이 되기 때문입니다.

농협이 다양한 사업을 하는 목적은 조합원의 사업과 생활의 향상을 통한 행복하고 보람 있는 인생을 이룩해 주기 위한 것이며, 그 사업 중에 교육사업이 포함되는 것은 당연하고 합리적인 것입니다. 그리고 농협은 교육사업을 위해 매년 당기순이익의 20%를 그 다음해의 교육지원사업비로 사용하도록 법제화, 의무화되어 있으므로 이 사업은 반드시 수행하여야 하는 것입니다.

또 교육지원사업비는 복리후생비나 조합원에 대한 배당이 아니므로 교육비를 현금으로 나누어 줄 수는 없습니다. 교육 과목, 교육 내용이나 강사가 마음에 들지 않는다면 과목과 내용, 강사에 대한 개선이나 교체를 건의한다든가 더 유익한 과목이나 강사를 추천하는 것이 온당한 일입니다.

그리고 농협으로서도 교육에 참여나 호응이 부진할 경우 교육 과목, 교육 방법, 교육 내용, 강사진 등을 재검토하여 시의적절하고 유익한 과목으로 재편성하고 농협대학교나 중앙회 교육원, 다른 농협 등에 조회하고 추천받아 참신한 과목과 우수한 강사를 확보하는 노력을 하여야 할 것입니다.

067 조합원 간의 분쟁과 소송에 농협의 처신은?

Q 조합원 사이에 분쟁이 발생하여 소송 사태에 이르게 되었을 때 농협의 처신은 무엇입니까?

A 농협은 조합원이 외부의 상인과 분쟁이 있을 경우에 조합원에게 법률상담을 비롯하여 각종 지원을 하여 조합원의 이익을 옹호해 주게 됩니다.

그런데 조합원 사이에 분쟁이 발생하여 소송 사태에 이르게 될 경우 개입할 수도, 개입하지 않을 수도 없는 곤란한 처지가 됩니다. 또, 개인 간의 사적인 분쟁이므로 조합이 나설 이유가 없고, 나서지 않는 것이 농협의 이미지나 입장을 잘 보전하는 것으로 생각하기 쉽습니다.

그러나 조합원끼리 분쟁이나 소송이 붙을 경우 농협이 적극적인 중재에 나서야 합니다. 아무리 훌륭한 판결도 화해와 조정보다는 못하다는 말이 있는 점에서 소송이란 결국 당사자 간의 심각한 감정 다툼과 재산상의 손해를 일으키며, 승리와 패배라는 결과는 문제의 해결이 아니라 새로운 문제와 갈등의 시작이 되는 것이기 때문입니다.

또 우리 조합원이라고 하더라도 모든 조합원이 다 선량하고 합리적인 것이 아니며, 일부 조합원은 소송을 통해 다른 조합원을 제압하거나 갈취 또는 부당한 이득을 꾀하는 일이 자주 있기도 합니다.

따라서 이러한 불공정한 게임의 경우, 우리 조합원이 부당하게 착취나 침탈을 당하는 일이므로 농협은 조직의 역량과 경험, 지혜를 동원하여 억울한 조합원을 도와주어야 하는 것입니다.

이때 어느 편이 부당하고 어느 편이 억울한지 잘 알 수 없어서 조합이 개입하기 힘들 때는 법률 전문가나 고문변호사를 초청하여 양측 당사자의 주장을 다 듣고 관련 서류를 검토한 후 원만한 해결 방안을 제시해 주어 판결에 이르지 않고 해결되도록 도와준다면 대단히 좋은 결과가 될 것입니다.

그런데 이때 중재한 전문가나 고문변호사의 의견에 양측이 다 따르지 않는다면 농협은 최선을 다한 것이므로 손을 떼도 될 것이고, 만약 한쪽은 조정안을 수용·승낙하는데 다른 쪽이 거부할 경우 농협은 승낙한 조합원에게 법률 지원 혜택이나 법률구조 추천을 해 주면 될 것입니다. 이리하여 농협은 조합원의 분쟁에 대해 수습에 최선을 다하였다는 명분을 얻음과 함께 진실로 억울하고 합리적인 조합원에게 힘을 보태 주어 정의를 실현할 수도 있을 것입니다.

068 조합원은 주인인가, 고객인가?

Q 조합원은 분명히 농협의 주인이라고 합니다. 그런데 농협과 거래를 할 때는 고객이 됩니다. 주인과 고객은 정반대 개념인데 주인이면서 동시

에 고객이 되는 모순되고 불합리한 신분입니다. 도대체 조합원은 무엇입니까?

A 조합원이 농협의 주인이라는 것은 당연한 말입니다. 그리고 농협의 사업을 이용할 때나 농협과 거래를 할 때는 농협의 고객이 되는 것도 당연합니다. 그리고 소유자와 고객은 분명히 정반대의 개념이고 소유자와 고객은 혼동될 수 없는 것 또한 당연한 일이기도 합니다.

이렇듯 조합원은 농협의 주인이면서 동시에 고객이 되는 것인데, 이러한 현상은 일반 주식회사에서는 거의 문제 되지 않지만, 농협의 경우에는 이론상 모든 조합원이 농협사업을 전이용하는 열혈고객인 것이므로 협동조합에서만 발생하는 특이한 현상입니다.

그런데 이러한 고객의 개념이 최근에 새롭게 정립되었습니다.

먼저 농협의 고객은 조합원과 임직원을 포함하여 농협사업을 이용하는 모든 사람과 법인, 기관, 단체를 가리킵니다. 그리고 그 고객은 농협조직 및 사업과의 밀접도에 따라 다시 1차 고객, 2차 고객, 3차 고객으로 구분할 수 있습니다. 그래서 농협의 고객 중 농협 및 농협사업과 가장 밀접한 계층인 농협 임직원을 1차 고객이라고 합니다. 1차 고객은 그 개인의 운명이 바로 농협의 운명과 직결되어 있으며, 농협이념과 상품, 사업에 가장 큰 긍지와 열정과 애정을 가진 집단입니다. 그들은 농협의 사업을 추진하고 업무를 수행하는 과정에서 행복을 느끼며, 그 행복을 고객에게 전달하고 전파하여 농협의 목적을 달성하는 직접적인 일꾼입니다.

2차 고객은 1차 고객 다음으로 농협과 밀접하며 농협의 성장·발전이 곧 자신의 개인적 이익으로 돌아오게 되는 계층, 바로 조합원입니다. 2

차 고객은 농협의 실질적인 소유자로서 누구보다도 농협에 대한 깊은 애정과 사업성공에 대한 열망을 갖고 농협사업의 장점과 이익을 다른 모든 사람들에게 전파하고 모든 사람을 농협으로 안내합니다.

3차 고객은 1차 고객과 2차 고객의 서비스를 향유하며 농협의 사업을 이용하여 자신의 사업 번영과 인생의 행복을 찾게 되는 사람입니다. 따라서 3차 고객은 1차 고객과 2차 고객에 대한 평가자이자 1차·2차 고객의 희망을 이루어주는 사람입니다.

그러므로 농협의 임직원과 조합원은 농협의 주인이자 1차 고객 및 2차 고객으로서 3차 고객을 만족시켜 더 많은 고객, 더 많은 사업량을 실현해 농협의 사업을 성장과 번영의 궤도로 진입시켜야 하는 책임과 의무가 있는 것입니다.

069 조합원 제명 시 주의할 점은?

Q 조합에 심각한 분란을 일으킨 조합원에 대해 제명 처리를 하려 합니다. 후일 문제가 생기지 않게 하려면 어떤 점을 주의해야 할까요?

A 제명은 당사자의 의사에 반하여 강제로 조합원의 자격을 박탈하는 일입니다.

제명 대상인 조합원은 그동안의 행위와 언동이 조합에 심각한 해악을 끼쳤기 때문일 것인데, 그러한 성향과 행적을 가진 조합원이 조합에서 강제로 제명될 경우 반드시 반발하고 제명 처분을 한 집행부를 공격하거나 조합을 상대로 제명처분 무효확인 소송을 하는 등 갖은 수단을 다해 저항할 것이 자명합니다. 따라서 제명에 따르는 제반 조치를 확실히 하지 않으면 후일 '제명처분 무효확인 소송'이나 '총회 결의취소청구' 등을 통해 다시 조합에 복귀할 수 있고, 그로 인한 손해배상청구 등의 문제가 끝없이 일어날 수 있습니다.

그러므로 제명은 반드시 1. 제명 사유가 합당해야 하고, 2. 제명 절차가 합법적이어야 합니다. 제명 사유는 법 제30조, 정관 제12조에 명시된 사유에 부합해야 하고, 절차 역시 법과 정관에 정한 사항을 확실히 지켜야 합니다.

특히 제명을 의결하는 총회의 '개최일 10일 이전에 제명사유통지서가 해당자에게 도달'해야 하고 '소명의 기회가 부여되어야' 하며, 소명 기회를 준 증거와 당사자가 소명을 포기한 사실을 객관적으로 입증할 수 있어야 합니다.

통지서의 발송만으로 그치지 말고 직원이 방문하여 통지서의 내용과 소명을 하여야 한다는 뜻을 전달하고 그것을 수령하는 장면을 동영상으로 촬영하거나 총회 때 소명 기회를 준다는 사실, 그날 총회 출석이나 소명할 뜻이 없다는 발언 등을 녹취해두면 좋을 것입니다.

070 조합원 제명 시 통지관계

Q 조합원 제명 시 주의할 점에서 보면 제명 대상자에게 제명사유통지서를 총회 개최 10일 전에 도달하도록 하였는데, 혹시 발송 기준이 아닌가

요? 그리고 총회에서 소명 기회를 줄 때 시간 부여를 어느 정도 해야 하는지요?

A 조합원 제명 사유에 해당하는 경우 제명을 하여 조합의 기강을 바로하고 조합에 손해나 조합원의 단결을 저해하는 일을 막아야 합니다.

제명은 반드시 총회(대의원회) 의결을 하여야 하는데, 제명 의결을 다루게 될 총회(대의원회) 개최일을 기준으로 그 10일 전까지 당사자에게 제명 사유를 통지하여야 합니다. (법 제30조) 이때 제명 사유는 대략적인 내용을 알 수 있을 정도로, 즉 제명을 의결하는 사유나 제목 등을 기재하면 됩니다.

간혹 '농협법 제33조 제1항 저촉'이라고 통지하는 경우도 있는데, 이런 정도로는 충분하지 않다고 하겠습니다. 제명 사유의 통지는 '발송주의원칙'을 따를 것인지, '도달주의원칙'을 따를 것인지에 대하여 농협법에서 명확하게 정한 사항이 없습니다.

농협의 총회안건 통지는 발송주의를 채택하여 총회 개최 7일 전까지 발송하도록 하고 있지만, 제명 의결은 해당자 개인의 신분에 직접적인 영향을 주는 일이고 그 여파와 효과가 매우 큰 것이므로 민법에서 기준으로 하는 '도달주의원칙'을 채택하여 총회 개최 10일 전까지 도달하도록 발송하여야 할 것입니다. (민법 제111조)

이는 후일 해당자가 '제명처분 무효확인 청구소송'을 할 경우에 법원은 절차상의 흠결로 보고 제명 사유의 충족 여부와 관계없이 절차상의 문제를 이유로 '제명처분 무효판결'을 할 수 있기 때문이며, 실제로 그러한 판례도 있습니다.

또 제명 의결 대상인 조합원에게 총회(대의원회)에서 제명 의결을 하기 전에 소명 기회, 즉 변명할 기회를 주어야 하며(법 제30조 제2항), 이는 법정사항이므로 소명 기회를 주지 않으면 제명 의결 자체가 무효가 되는데, 변명 기회를 부여하기만 하면 되고, 당사자가 변명하든 하지 않든 변명의 실행 여부는 불문입니다.

그런데 소명 기회의 시간을 무제한으로 하면 회의 진행이 되지 않고 온갖 부작용이 나타나게 되므로 소명 시간과 방법은 제명 사유를 설명한 시간 및 방법과 같은 정도로 하거나 5분, 10분 등으로 명확히 정해 주는 것이 좋을 것입니다.

071 조합원 제명 시 소명 기회의 시간과 방법은 어떻게?

Q 조합원 제명을 위한 대의원회를 개최하게 되었는데, 제명 대상자에게 소명 기회를 줄 때 발언 시간을 얼마나 주어야 하는지, 또 소명 방법을 어떻게 부여하여야 하는지 궁금합니다.

A 제명 의결 대상인 조합원에게 총회(대의원회)에서 제명 의결을 하기 전에 기회, 즉 변명할 기회를 주어야 합니다. (법 제30조 제2항)

이는 법정사항이므로 소명 기회를 주지 않으면 제명 의결 자체가 무효가 되는데, 변명 기회를 부여하기만 하면 되고, 당사자가 변명을 하든 하지 않든 변명의 실행 여부는 불문입니다. 즉 변명 기회를 주었는데 당사자가 변명을 하지 않았을 경우 제명 의결은 합법이고 유효한 것입니다.

그런데 변명의 방식과 시간의 부여를 어느 정도로 할 것인지에 대하여는 법률에 규정된 사항이 없습니다. 그러나 변명의 기회를 이용하여 장시간 연설을 하여 의사진행을 방해하는 소위 '필리버스터'나 가족이나 친지를 동원한 읍소(泣訴, 울음바다 전략), 같은 내용을 반복적으로 되뇌는 호소, 유인물의 배포, 영상물의 상영 등은 회의의 원활한 진행을 위해 허용되지 않는다고 보아야 할 것입니다.

따라서 변명 기회와 방법은 1. 당사자가 직접 하고 다른 사람은 참여할 수 없으며 2. 연단에서 방송시설을 활용한 직접 발언 형식으로 변명을 하며 3. 발언 시간은 집행부에서 제명안건을 설명한 시간을 초과하지 않도록 하며 4. 길어지더라도 집행부에서 안건을 설명한 시간과 비슷한 시간으로 명확히 정해주는 것이 합리적일 것입니다.

실무적으로는 다음과 같은 내용을 서면 및 구두로 설명해 주는 것이 좋을 것입니다.

"농협법에 따라 제명 의결 전에 소명 기회를 부여합니다. 소명은 당사자 이외에는 참여나 동원할 수 없고, 본인이 직접 연단에서 설명하되, 변명시간은 ○분이고, 시간이 되면 진행자가 신호를 하고 신호 후 2분이 지나면 마이크를 회수합니다. 통제에 따르지 않거나 회의 진행을 방해하면 의장이 퇴장을 명령할 수 있고, 따르지 않으면 강제 퇴장 조치도 할 수 있습니다."

그리고 실제로 충분한 시간을 사용하고도 의장의 통제에 따르지 않으면 의장이 '발언중지명령'을 할 수 있고, 해당자는 그에 따라야 하는데, '발언중지명령'을 듣지 않으면 '퇴장명령'을, 퇴장하지 않으면 회의 보조원인 직원들을 시켜 '강제 퇴장조치' 할 수 있습니다.

또 제명 대상자의 편에 서서 회의 진행을 방해하는 사람 역시 퇴장

명령과 강제퇴장의 대상이 되고 그 정도가 심하여 회의 진행이 불가능하게 되는 경우에는 업무방해 현행범으로 경찰에 고발하여 연행토록하며, 회의가 무산되었을 경우 다음에 다시 개최하는 회의비용을 해당 조합원들에게 배상하도록 하여야 하고, 또 그 조합원들은 제명 사유가 됩니다.

그리고 후일 해당 인사의 반발이나 소송 등에 대비하여 이러한 전 과정을 녹음, 또는 녹화해두는 것이 좋을 것입니다.

072 조합원의 권리 중에서 자익권이란 구체적으로 무슨 권리입니까?

Q 조합원의 권리 중에서 자익권에 대한 설명이 충분하지 않습니다. 자익권이란 구체적으로 어떤 권리입니까?

A 자익권이란 조합원이 소속된 농협으로부터 개인적으로 경제적 이익을 얻는 것을 주요 내용으로 하는 권리입니다. 자익권은 일종의 재산권이므로 일부는 양도나 상속이 될 수 있고, 일부 권리는 정관으로 제한을 두기도 합니다.

자익권은 크게 4가지로 구분되는데 1. 조합 시설 및 사업이용권 2. 잉여금배당청구권 3. 지분환급청구권 4. 조합 해산 때 잔여재산분배청구권 등이 있습니다.

사업이용권은 조합원이 농협의 사업과 시설, 상품을 잘 활용하여 개인적으로 경제적 이익을 얻고 사회적 권익도 누리는 등 농협의 서비스를 최대한 받는 것입니다. 그리고 이 권리는 조합원의 의무이기도 하며, 조합원이 1년 이상 조합의 사업을 이용하지 않을 경우에는 조합원 제명 사유가 됩니다. (법 제30조)

잉여금배당청구권은 조합이 결산 결과 잉여금이 발생할 경우 배당을 받을 수 있는 권리이며 배당은 이용고배당과 출자배당으로 나뉩니다. (법 제68조)

지분환급청구권은 조합을 탈퇴할 경우에 자기의 지분을 되찾아갈 수 있는 권리입니다. (법 제31조)

잔여재산분배청구권은 조합이 청산할 경우에 채무를 모두 정리하고 남은 잔여 재산에 대해 분배받을 수 있는 권리입니다. (법 제86조)

073　소수조합원권의 취지는?

Q 소수조합원권이라는 것은 용어가 어려울 뿐 아니라 그 권리를 모두 단독조합원권으로 하지 않은 점이 이해하기 어렵습니다. 소수조합원권을 둔 이유는 무엇입니까?

A 조합원의 권리는 크게 나누어 단독조합원권과 소수조합원권으로 나뉘는데, 단독조합원권이란 조합원 개인이 혼자서, 즉 단독으로 행사할 수 있는 권리이고, 소수조합원권이란 조합원 개인이 단독으로는 행사할 수 없고 일정한 숫자 이상의 조합원이 공동으로만 행사할 수 있

는 권리를 가리킵니다.

그리고 소수조합원권에는 총회소집청구권, 총회안건제안권, 농림축산식품부장관에게 하는 총회의결취소 또는 무효확인청구권, 검사청구권과 검사인선임청구권, 임원에 대한 유지(留止)청구권과 대표소송제기권, 소속 농협에 대한 임원해임요구권과 법원에 대한 임원해임청구권 등입니다.

청구권의 명칭과 내용에서 보듯 소수조합원권은 조합의 경영이나 의사결정, 임원의 지위 등에 직접 연관되는 대단히 중요하고 파급효과도 매우 큰 항목들입니다. 이러한 권리가 단독조합원권으로 보장되면 언제나 쉽게 발동되어 무분별하게 남용됨으로써 농협은 연중 쉴 없이 분쟁과 다툼으로 지새게 될 위험이 있습니다. 즉 경영권에 대한 지나친 도전과 견제가 반복되어 농협이 경영권 싸움의 수렁에 빠지게 될 수 있으므로 이 권리는 가능한 한 신중하게 사용될 수 있도록 하여야 하기 때문에 소수조합원권으로 하여 권리행사의 요건을 강화한 것입니다.

따라서 소수조합원권을 행사하고자 하는 조합원들도 이러한 법률의 취지와 농협 경영의 득실을 잘 판단하여 '반드시 이 방법을 사용하지 않으면 안 된다'는 확실한 판단이 설 때만 제한적으로 이 권리를 행사하여야 하는 것입니다.

074 소수조합원권은 교묘한 규제이다. 철폐하자.

Q 조합원의 권리 중 단독조합원권이면 모든 것이 충분합니다. 그런데 소

수조합원권이라는 제도를 만들어서 다수 조합원의 참여를 요구하고 있는데 이는 조합원의 권리에 대한 심각한 침해 또는 규제라고 생각합니다.

A 소수조합원권은 총회소집청구권, 총회안건제안권, 농림축산식품부 장관에게 하는 총회의결취소 또는 무효확인청구권, 검사청구권과 검사인선임청구권, 임원에 대한 유지(留止)청구권과 대표소송제기권, 소속 농협에 대한 임원해임요구권과 법원에 대한 임원해임청구권 등이 있습니다.

이러한 소수조합원권을 별도로 법제화한 이유는 농협의 모든 의사결정이 다수결의 원칙에 따라 이루어지는 결과 다수의 횡포와 자의적 결정에 대하여 소수의 의사와 권익을 보호해주는 장치를 마련하고 다수의 권리남용이나 전횡을 방지할 수 있는 장치를 두기 위한 것입니다.

그렇기 때문에 소수조합원권은 언제나 존중되어야 하고 만약 소수조합원권이 보장되지 않거나 관련되는 규정을 위반하면 그 위반행위가 효력을 가지지 못하고 총회의 의결로도 소수조합원권을 부정(否定)하거나 제한하거나 방해할 수 없습니다. 즉 소수조합원권은 조합원의 기본권이므로 농협법을 비롯한 법률에 의해서만 제한될 수 있을 뿐 총회결의나 규약, 심지어 정관으로도 제한할 수 없습니다.

그런데 이러한 소수조합원권을 단독조합원권의 경우와 똑같이 권리행사 요건을 완화하여 누구나 단독으로 행사할 수 있게 한다면 농협에 불만이 있거나 임원 개인과 감정이 있는 사람이 혼자서도 매일 모든 권리를 번갈아가며 행사하여 농협 경영을 마비시킬 수 있습니다. 특히 농협과 경합되는 사업을 하는 상공인이나 금융업체의 인사가 조합원으로 가입하여 소수조합원권을 이용, 농협의 경영활동이나 사업활동을 중단시킬 수도 있는 큰 위험이 있습니다.

따라서 소수조합원권은 조합원의 권리를 제한하는 것이 아니라 외부의 농협 반대세력, 적대적 사업자로부터 농협과 조합원의 이익을 지키기 위한 최소한의 장치라고 하여야 할 것입니다.

우리 조합원들도 이러한 배경과 위험을 잘 인식하여 소수조합원권을 행사하고자 할 경우 심사숙고하고 신중하여야 하는 것입니다.

075 소수조합원권 행사를 위한 동의 인원 계산법은?

Q 소수조합원권을 행사하기 위한 동의를 받는데 그 인원 계산이 어렵습니다. 정확한 인원 계산 기준은 무엇입니까?

A 소수조합원권이란 조합원 1인이 단독으로 행사할 수 있는 권리와 달리 반드시 조합원 여러 사람의 동의를 얻어야 행사할 수 있는 권리로서 총회소집청구권, 총회안건제안권, 총회의결취소청구권, 검사청구권, 임원유지청구권, 임원해임청구권 등이 있습니다.

소수조합원권을 행사하려면 조합원 300인 이상, 또는 10/100 이상의 동의를 얻어서 행사할 수 있으며 각각의 청구권마다 그 인원 기준이 따로 정해져 있습니다. 이 인원을 일률적으로 x/n로 하지 않고 각각 다르게 한 것은 그 권리마다 성격과 중요도가 다르므로 그에 맞춘 것이고, 5/100의 비율로만 하지 않고, 100인 또는 300인 이상으로 한 것은 광역합병조합인 경우 조합원이 1만 명 가까이 될 수도 있어서 그러한 경우는 5/100 인원의 동의를 받기가 어렵게 되기 때문입니다.

그리고 비율을 기준으로 할 경우 총조합원 수를 어느 시점을 기준하여야 하는 문제에 대한 명문 규정은 없으나, 최근 공개한 조합원 명부에 있는 총조합원의 숫자를 기준으로 동의한 조합원 수를 계산하여 비율을 산정하는 것이 가장 무난할 것입니다.

이는 조합원의 가입과 탈퇴가 매일 일어나고 있으나 조합이 조합원 명부를 매일 그에 맞추어 수정 공고할 수 없는 일이고, 조합원의 매일 증감 내용을 파악할 수 없는 조합원으로서는 조합원 총원을 파악하는데 최근의 조합원 명부 이상의 정보가 없으며, 조합의 사업계획이나 공식적인 대외 발표 자료도 모두 최근의 조합원 명부를 기준으로 하기 때문입니다.

076 소수조합원권 청구서면 접수 시 주의사항은?

Q 소수조합원권의 청구서를 접수하려고 할 때 조합원이나 조합에서 주의할 점은 무엇입니까?

A 조합에서 가장 자주 일어나는 문제가 조합원 숫자와 대의원 숫자의 혼동입니다.

모든 조합이 총회를 갈음하는 대의원회를 두고 있으므로 총회 구성원인 조합원의 숫자 비율을 대의원회 숫자 비율로 직역하여 환산하는 일이 자주 발생합니다. 즉 총조합원의 10/100을 총대의원의 10/100으로 하여 대의원의 10% 동의를 받아 청구하는 경우가 있다는 것입니다.

조합원과 대의원은 모두 조합원으로서 소수조합원권을 행사할 수 있지만, 동의자를 산정하는 기준 수에 있어서는 법률에 조합원이 행사하는 권리, 대의원이 행사하는 권리, 조합원 또는 대의원이 행사하는 권리가 각각 따로 명문화되어 있습니다.

따라서 대의원만이 행사하는 권리에 대하여는 대의원 총원을 기준으로 한 신청 대의원의 숫자를, 조합원만이 행사하는 권리의 경우에는 조합원 총원의 숫자를 기준하여 신청 조합원 수를, 대의원과 조합원이 각각 신청할 수 있는 권리는 대의원 총원 대비 신청 대의원 또는 조합원 총원 대비 신청 조합원으로 계산해야 합니다.

두 번째 문제는 청구서면의 내용을 분명히 하여 후일 논란의 불씨를 남기지 않도록 하여야 합니다. 청구 취지를 명확히 하고 청구 사유를 조목조목 차례로 열거하여야 주장사항이 설득력을 갖게 되고, 전체 조합원들의 이해와 호응을 불러일으킬 수 있습니다.

세 번째, 서류를 성실하고 공정하게 작성해야 합니다. 청구 내용의 문안에 특정인이나 조합 집행부를 비난하거나 모욕하는 내용이 들어가는 일은 청구서의 진정성을 의심케 할 뿐 아니라 농협법 위반이며, 형사처벌의 요건이 될 수도 있습니다.

청구에 동의한 조합원의 명단을 작성하는 방식에 대하여 명문 규정이 없지만, 여러 명의 서명 필적이 한 사람의 것임이 분명하여 대필로 추정된다든가, 청구서면은 원본인데 동의인 서명지가 복사본으로 되어 있다든가, 청구서면과 동의인 명단 사이에 간인이 없는 등의 문제는 청구서면의 진정성을 의심받기에 충분합니다.

이러한 경우에 대한 명문 규정이 없으므로 조합이 청구에 응하지 않는 경우도 있으나, 조합원의 청구를 가볍게 여기거나 법적인 절차를 임의로 재단해서는 안 되는 것이므로 조합은 의심이 가는 부분에 대해 시한을 정하여 보충을 요구하며 보충이 이루어지거나 해명이 되면 그때 접수하여 처리하는 것이 올바른 업무 처리가 될 것입니다.

077 소수조합원권 행사를 위한 서명지에 의문이 있다면?

Q 일부 대의원들이 소수조합원권을 행사한다면서 신청서에 조합원 서명지를 첨부해 왔는데, 그 서명은 다른 목적으로 받았던 것을 재활용한 것으로 보입니다. 이때 조합에서 서명인에게 안건 내용과 서명 사실을 확인할 수 있습니까?

A 이러한 내용은 농협법에 명문화된 내용이 없습니다. 그러나 명문화된 내용에 없다고 하여 조작이나 부정으로 작성된 문서를 인정하여야 한다는 뜻은 아닙니다.

소수조합원권 행사를 위한 서명지가 다른 목적으로 서명받은 서명지를 도용하였거나 복사하여 첨부하였거나, 서명이 위조된 혐의가 있을 경우에는 당연히 서명지의 진위나 서명한 조합원의 진정한 의사를 확인하여야 합니다. 간단한 방법으로는 복사한 서명지의 경우에는 원본의 제출을 요구하거나 원본대조를 거치도록 하는 방법이 있습니다.

참여한 조합원의 진정한 의사를 확인하는 방법 역시 법률에 명문화된 사항이 없으므로 상식과 사회통념에 따를 수밖에 없는데, 서명지에 서명한 조합원 중에 무작위로 전화나 면담을 통해 소수조합원권 행사에 동의하였는지, 그리고 서명은 언제 어디서 어떻게 하였는지, 또는 소수조합원권 행사 취지나 내용을 충분히 알고 있는지를 확인하는 방법이 있습니다.

그리고 일부라도 의혹이 확인되거나 문제가 있을 경우에는 그 사실을 제출자나 청구인 대표에게 통보하고 보완이나 확인을 요청하여 하자를 확실히 치유하도록 한 다음에 접수 처리하여야 할 것입니다.

조합원의 신성한 주권행사에 협잡이나 음모, 농간이 끼어드는 일은 용납할 수 없는 비리이자 부정이며 이러한 부정한 방법으로 조합원의 의사를 왜곡하더라도 왜곡된 의사는 법적으로 무효가 되는 것이므로 엄격하게 검증하여야 하는 것입니다.

078 소수조합원권 청구 시 동의한 조합원이 동의를 철회하면?

Q 소수조합원권의 행사를 위해 동의했던 조합원이 그 동의를 철회하여 동의 인원이 법률에 정한 인원 이하로 낮아져도 권리행사를 할 수 있습니까?

A 이런 일도 조합에서 자주 일어나는 일입니다.

어떤 선동가의 선동에 휘말려 조합원들이 연명부에 서명을 했는데, 훗날 그 내용을 알아보고는 연명부의 서명을 취소하려는 경우가 있습니다. 환경문제에 대한 주민 서명이라고 하여 서명을 하였더니 엉뚱하게도 조합임원해임청구서에 그 서명지를 붙여서 사용하더라는 경우도 있었는데, 이러한 경우는 원칙적으로 서명 자체가 무효가 된다고 하겠습니다.

그렇지만 정당하게 진행된 소수조합원권의 행사와 그 행위에 참여했던 조합원이 참여행위를 취소하고자 하는 경우에 문제가 됩니다. 이러한 서명참여 행위에 대해 법률적으로는 참여자의 의사합치에 의한 '합동행위'로 보며, 합동행위에 참여한 구성원의 청구에 대한 취소나 철회에 관하여는 농협법에 명문화된 사항이 없습니다.

이때는 민법을 준용하는데, 민법에 '상대방이 있는 의사표시는 상대방에게 도달할 때 효력이 발생한다'고 하므로(민법 제111조), 청구서가 조합이나 관련 기관에 접수될 때까지는 동의자가 자유롭게 취소할 수 있지만, 일단 청구서가 접수되면 이를 철회할 수 없고 철회하더라도 효력에는 영향이 없으며, 청구서 접수 후 동의자가 사망, 탈퇴하더라도 효력에는 영향이 없습니다.

그러나 동의자는 청구서의 중요한 부분에 착오가 있을 때 동의를 취소할 수 있고(민법 제109조), 사기나 강박으로 청구서에 동의한 경우에도 취소할 수 있으며(민법 제110조), 접수기관이 사기나 강박이 있었음을 알고 있거나 알 수 있었을 때는 청구서의 접수를 취소할 수 있습니다. 따라서 환경문제에 대한 서명이라며 동의를 받은 후 그 동의서를 조합임원해임청구서에 사용했다면 그것은 동의의 취소 사유가 되고 그 사실을 토대로 청구서의 접수를 거절할 수 있을 것입니다.

그러나 그러한 문제가 아니라 자진하여 자유롭게 동의에 참여하였다가 마음이 변하였거나 다른 사람의 설명이나 설득으로 마음을 바꾸어 동의를 취소한 경우가 다수 발생하여 동의자가 법에 정한 숫자 이하로 줄어들었다고 하더라도 접수 당시의 동의인 숫자가 법정 기준에 맞았다면 계속 효력이 있다고 봅니다.

이는 '합동행위'는 '계약'의 경우와 다르다고 보기 때문입니다.

079 조합원의 알 권리, 그 내용과 한계는?

Q 한 조합원이 외부 단체와 기업의 사주를 받아 조합 경영 전반에 걸쳐 아주 상세한 부분까지 서류열람과 복사교부를 요청합니다. 조합 발전이나 경영개선과는 관계가 없고 영업비밀 유출과 조합 집행부에 대한 공격 자료로 쓰일 것이 분명한데, 농협법과 '조합원의 알 권리'를 들먹이며 요구할 때 대책을 알려 주십시오.

A 농협법에 '조합원의 알 권리'라는 명문 조항은 없지만, '운영의 공개' 조항과 조합원의 회계장부열람 및 사본교부 청구권이 있습니다. 또 「공공기관 정보공개에 관한 법률」에 따라 비공개 정보가 아닌 정보는 조합원을 포함한 모든 국민에게 '서류열람 및 사본교부 청구권'이 있습니다.

따라서 조합원은 영업시간 내에서는 언제든지 조합 정관, 총회의사록, 이사회의사록, 조합원 명부를 열람하고 사본교부를 청구할 수 있습니다. (법 제65조)

그리고 조합원 100인이나 3/100 이상의 동의를 얻어 회계장부 및 서류의 열람을 청구할 수 있고, 조합은 특별한 사유가 없으면 그에 응하여야 합니다.

그러나 열람 및 사본교부 청구에 의해 취득한 서류나 정보는 오직 조합 경영의 건전화, 부조리 방지 등 건전한 목적에만 사용하여야 하고, 임원 선거나 영업비밀 누설, 경영진 비판 등을 위해서는 사용할 수 없습니다. (정관 제139조)

그런데 다수 조합원의 요구라 하더라도 무한정 열람이나 복사교부를 허용하여서는 안 되는데, 특히 개인정보 관련 사항, 해당 고객의 동의를 필요로 하는 사항, 신청 조합원의 권리 행사와 관련이 없는 사항인 경우, 조합이나 다수 조합원의 이익을 해칠 위험이 있는 경우, 중요한 영업비밀인 경우, 중요한 경영전략 자료인 경우, 경쟁관계 기업이나 기관 단체에 알려져서는 안 되는 자료인 경우 등은 열람이나 복사교부를 거절할 수 있습니다.

그리고 조합원은 조합에서 열람 및 사본교부 청구에 의하여 취득한 사항은 조합 경영의 건전화, 부조리 방지 등 정당한 목적을 위해 사용하여야 하며, 임원 선거를 위한 상대방 비방이나 공격, 경영기밀 누설, 조합과 경합관계에 있는 사업을 수행하기 위한 목적 등 부당한 목적을 위하여 사용하여서는 안 됩니다. (정관 제139조)

그런데 이러한 사항은 단순하게 결정할 수 없고 획일적인 기준을 마련할 수도 없습니다. 따라서 열람이나 복사교부 청구가 있을 경우 그 사례마다 그 배경과 이유, 문제점, 과거 사례 등을 잘 파악하여 판단하여야 합니다. 농협의 기밀을 유출하려는 사람은 서류열람권이 제한되었다는 사실을 들어 조합을 공격하거나 법적인 절차를 밟으려 할 수 있기 때문입니다.

조합에서 자체적으로 판단, 결정하기 어려운 경우에는 그 내용을 중앙회나 법률고문에게 판단의뢰하고 열람신청 조합원에게는 그 사실을 알려주며 회신이 온 후 그 결과에 따르게 됨을 회신하도록 하여야 할 것입니다.

080 조합원과 준조합원은 어떤 차이가 있습니까?

Q 조합원과 준조합원의 기본적인 차이, 권리와 의무의 차이가 무엇입니까?

A 준조합원이란 조합원은 아니지만 조합에 가입하여 조합의 사업을 이용하는 데 있어서 조합원에 준하는 권리와 의무를 갖는 자입니다.
(법 제20조)

조합원은 조합 구역 내에 주소나 거소를 가진 농업인, 영농조합법인인데, 준조합원은 조합 구역 내에 주소나 거소를 가진 자연인, 농업단체, 농업법인, 기타 사업이용이 적당하다고 인정되는 자를 가리킵니다. 권리에 있어서 조합원은 자익권과 공익권을 다 갖는 데 반하여 준조합원은 자익권만 인정되고 공익권은 일절 인정되지 않습니다.

자익권이란 조합사업이용권, 잉여금배당청구권, 지분환급청구권, 잔여재산분배청구권 등 조합으로부터 경제적 이익을 얻는 것을 내용으로 하는 것이고, 공익권이란 의결권, 선거권, 피선거권, 총회소집청구권, 검사청구권 등 조합의 경영에 참여하는 권리입니다. 즉 조합원은 다양한 방법으로 조합의 경영에 자신의 의사를 반영할 수 있지만, 준조합원은 조합 경영에는 일체 참여할 수 없습니다. 오직 조합사업을 이용하여 경제적 이익과 사업상의 편익을 얻을 수 있고 이용고배당을 받을 수 있을 뿐입니다.

081 준조합원도 자격 요건이 있습니까?

Q 준조합원이 되는 데도 자격 기준이나 요건이 있습니까?

A 법률에는 준조합원 자격에 대해 '당해 농협의 구역 안에 주소나 거소를 둔 자로서 당해 농협의 사업을 이용하는 것이 적당하다고 인정되는 자'입니다.

준조합원은 자연인 이외에 농업단체 및 농업법인을 포함한 모든 단체나 기업이 대상이 됩니다. 농업 관련 단체 중에서 영농조합법인이나 농업회사법인은 조합원 자격이 있으므로 조합원으로 가입할 수도, 준조합원으로 가입할 수도 있습니다.

그리고 준조합원으로 가입하는 자연인이나 법인의 사업 목적이 영리적이든 비영리 공익사업이든 관계없이 농협의 사업을 이용하는 것이 적당하다고 인정되기만 하면 되는 것입니다. 따라서 조합을 거래할 수 있고, 농협사업과 농업, 농촌의 발전을 반대하는 성향을 공개적으로 드러내는 경우가 아니라면 준조합원이 될 수 있는 것입니다.

자연인으로는 공무원, 회사원, 자영업자, 학생, 기업인, 종교인, 예술인, 작가, 교육자 등 모든 직업의 개인을 들 수 있고, 기업의 경우 업종과 규모, 사업 영역을 가리지 않고 모두 대상이 되며 각종 단체 역시 대상이 되는 것입니다.

그런데 준조합원은 가입 요건을 살피는 것이 중요한 것이 아니라 대상이 될 수만 있으면 모두 준조합원으로 유치하는 것이 긴요하므로 기회나 여건이 주어지기만 하면 준조합원으로 유치하는 것이 좋습니다.

일단 준조합원으로 가입하면 농협에 대한 소속감과 책임의식이 생기고 단순한 사업 이용자에서 농협운동의 동조자, 농협사업의 참여자, 농협의 한 구성원으로 지위와 역할이 달라지는 것이므로 농협사업 이용도나 농협에 대한 충성도가 높아지게 되기 때문입니다.

농협은 이러한 조합원, 준조합원, 고객의 참여로 발전하는 조직임을 명심하여야 합니다.

082 준조합원 가입과 탈퇴 절차는?

Q 준조합원의 가입 절차와 가입 승낙, 탈퇴 절차는?

A 준조합원의 가입에는 조합원의 경우 반드시 실시하는 자격심사 절차가 없습니다.

준조합원 가입을 희망하는 사람, 준조합원 가입 권유에 동의하는 사람은 조합에 미리 마련되어 있는 가입신청서를 작성하여 가입금과 함께 제출하면 되고, 가입금이 수납되는 순간부터 준조합원 신분이 됩

니다. (정관 제16조)

가입금은 법률적으로 어떤 기준이나 상하한선이 있는 것이 아니어서 얼마를 내든 상관이 없습니다. 그러나 조합사업을 이용하면서 누리는 준조합원의 권리와 이익에 비해 내는 가입금이 너무 적을 때는 가입자의 조합조직 내 비중이나 평판이 가벼워질 수 있습니다.

또 지나치게 큰 금액을 가입금으로 납부하는 경우, 예컨대 기업의 여유자금이나 사옥신축기금 등의 자금 5억 원을 가입금으로 납부하려는 경우에는 가입금 납부를 사양하고 수천만 원만을 가입금으로 하여 나머지는 예탁금으로 수납하는 것이 옳습니다.

가입금은 출자금과 함께 조합 자기자본의 한 부분을 이루므로 특정한 인사나 기업, 단체가 대규모 자본을 납입하게 되면 비록 의결권이나 참정권이 없다고 하더라도 조합의 경영방향과 의결에 간접적이나마 막대한 영향력을 행사할 수 있게 됩니다. 또 만약 갑작스러운 사정으로 탈퇴하여 가입금을 모두 인출해 가게 된다면 조합 자기자본의 큰 감소가 일어나 조합경영이 불안정하게 됩니다.

그러한 일은 어떤 경우이든 협동조합의 원리와 이념에 맞지 않을 뿐 아니라 다수 조합원의 권익과 발언권을 위축시키고 조합의 단결을 해칠 위험이 있으므로 미연에 막아야 합니다.

준조합원의 탈퇴는 조합원의 조합 탈퇴의 경우와 같으며 가입금의 환급도 출자금의 환급 절차를 따르게 됩니다.

그러므로 준조합원의 탈퇴 사유도 조합원의 경우와 같이 신청에 의한 임의탈퇴(예고탈퇴라고도 합니다)와 사망·파산 등의 사유로 인한 법정탈퇴가 있고, 조합사업을 방해하거나 조합에 손실을 끼친 경우에는 제명을 할 수도 있습니다.

가입금은 탈퇴할 때 지급하며, 가입금의 반환을 2년간 청구하지 않으면 소멸시효가 완성됩니다. 그리고 농협은 기본적으로 준조합원 제도를 두는 이유를 다시 생각해 보아야 합니다. 조합이 조합원만으로 운영되고, 조합사업도 조합원만이 이용하는 폐쇄적인 구조로 된다면 조합원 간의 단결과 친목은 대단히 공고해지겠지만, 조합사업의 성장이나 조합 발전은 기대하기 어렵게 될 것입니다.

그런데 조합원 자격이 없는 사람, 즉 농업인이 아닌 사람과 기업, 기관, 단체를 농협의 고객으로 유치하고 나아가 조합의 구성원으로 대우한다면, 그들의 조합사업 이용이 높아지고 농협과 농업에 대한 애정과 친밀도가 높아질 것입니다. 이에 조합의 사업이 성장하면서 그에 비례하여 사업수익과 배당도 높아지고, 농업과 농업인에게 이해와 사랑을 갖는 국민이 늘어나는 것입니다. 그런 점에서 사실 조합의 임직원과 조합원은 조합원의 조합사업 이용 시 준조합원과 어떤 순서나 우선권에서 경합이 된다면 조합원을 우선으로 하기보다 준조합원에게 양보하는 자세가 필요하다고 하겠습니다.

조합원은 조합의 주인이지만 준조합원은 고객이며, 조합에 수익과 안정을 가져다주는 고마운 외부인이기 때문입니다. 그리고 이러한 생각은 조합원과 고객을 두고도 같을 것입니다.

083 준조합원의 권리, 의무는?

Q 준조합원의 권리와 의무에는 어떤 것들이 있습니까?

Ⓐ 준조합원도 조합 구성원이 분명하지만, 그 신분과 자격에서 조합원과 차별이 있으므로 권리 중에서 공익권은 인정되지 않고, 자익권은 모두 인정됩니다.

구체적인 내용은 다음과 같습니다.

1. 사업이용권 : 준조합원의 조합사업 이용은 조합원의 사업 이용으로 간주되므로 어떠한 차별도 받지 않고 사업을 이용할 수 있습니다.
2. 이용고배당청구권 : 준조합원은 그가 조합사업을 이용한 이용량에 따른 이용고배당청구권을 갖습니다. 이 경우에도 조합원과 차별을 하지 않습니다. 다만, 조합원이 아니므로 가입금에 대한 출자배당은 하지 않습니다.
3. 가입금환급청구권 : 준조합원이 조합을 탈퇴할 경우 가입금을 환급받을 수 있습니다.

준조합원은 조합의 정식 구성원이 아니므로 조합원이 갖는 의무 중에서 출자의무, 손실부담의무 등은 없고, 준조합원으로서 기본적인 의무만이 부과됩니다.

1. 가입금납부의무 : 준조합원은 가입금을 납부함으로써 준조합원이 되는 것입니다. (법 제20조)
2. 경비부담의무 : 준조합원은 조합의 모든 사업을 이용할 수 있으므로 교육지원사업이나 경제사업을 이용할 경우 사업 과정에서 사업 대상자나 수혜자에게 수익자부담의 원칙에 따라 부과하는 비용에 대해 부담할 의무가 있게 됩니다. 예컨대, 조합이 개설한 주부대학에 입학하여 수업을 듣는다면 그에 필요한 등록금이나 수업료를 납부해야 한다는 것입니다.
3. 과태금납부의무 : 가입금 납부 지연이나 경비부담의무 불이행이 있을 경우에 조합이 부과하는 과태금을 납부해야 하는 의무입니다.
4. 사업 수행과 관련한 결정에 따를 의무 : 이는 준조합원에게 부여되는 내부질서 유지의무, 사업이용의무를 가리키는 것입니다.

그리고 만약 조합이 경영적자나 다른 사유로 채권자에게 져야 하는 책임을 다하지 못하여 조합원들이 그 책임을 분담해야 하는 경우가 있더라도, 준조합원은 조합원과 달리 아무런 책임이 없습니다. 이는 조합원의 경우는 조합의 경영에 참여하여 의결권과 선거권을 행사할 수 있었던 데 대한 당연한 책임이지만, 준조합원은 조합의 경영에 참여하지 않았으므로 책임도 물을 수 없는 것입니다.

084 간주 조합원이란?

Q 조합원, 준조합원, 비조합원이란 말을 겨우 이해하고 구별할 만하게 되었는데, 갑자기 '간주 조합원'이란 말이 나와서 당황스럽습니다. 간주 조합원이란 무엇이며 왜 두는 것입니까?

A 농협은 원칙적으로 조합원을 위한, 조합원이 지배하는, 조합원의 조직이며, 조합원의 경제적 이익과 사회적 지위 향상을 위한 조직입니다. 농협의 사업활동도 모두 조합원이 필요로 하는 것, 조합원에게 유익한 것을 중심으로 구성되어 있고, 협동조합 방식에 의하여 운영됩니다.

그러므로 농협은 사업을 통해 조합원에게 최대봉사하고 조합원을 대상으로 사업을 전개하는데, 조합원의 사업에 지장이 없는 범위 내에서는 조합원이 아닌 사람에 대해서도 사업 이용을 허용하고 있습니다. (법 제58조) 이에 따라 농협의 사업을 이용하는 사람은 조합원, 준조합원, 비조합원이 있는데, 조합원은 아니지만 '조합원으로 간주(看做)하여 조합원의 경우와 똑같은 편의와 혜택을 제공받는 사람'을 간주 조합원(看做組合員)이라고 합니다.

간주 조합원, 즉 조합원으로 간주되는 사람은 (1) 조합원과 동일한 세대에 속하는 사람 (2) 다른 농협 (3) 다른 농협의 조합원 등입니다.

'조합원과 동일한 세대에 속하는 사람'이란 조합원과 생계를 같이하는 사람을 가리키며, 가족 중에서 1명이 조합원일 경우 그 가족 전체가 농협사업 이용에 있어서 조합원으로 간주된다는 뜻입니다.

'다른 농협'이란 지역농협과 품목농협이 서로 다른 사업을 영위함에 따라 어떤 농협이 다른 농협의 사업을 이용해야 할 경우가 있을 때, 사업을 하는 농협은 사업 이용을 신청하는 농협을 자기 농협의 조합원으로 간주하여 최대한의 편의를 제공하는 것입니다.

'다른 농협의 조합원' 역시 소속 농협이 아닌 다른 지방이나 다른 품목농협의 사업을 이용해야 할 경우 해당 농협은 자기 조합의 조합원으로 간주하여 최선의 편의와 혜택을 부여해야 하는 것입니다.

이러한 일은 불필요한 조항으로 보일 수 있으나, 농협의 조합원은 전국 어디에서나 조합원으로서의 권익을 누릴 수 있도록 하고, 농협은 어떤 경우이든 사업량을 늘림으로써 규모의 경제를 달성하고 경영 효율은 높이는 것이 경영상의 과제이므로, 이런 사항을 명문화하여 농협의 사업 기회를 잃지 않게 하려는 것이자 협동조합원칙에 충실히 하려는 것입니다.

085 조합원의 피선거권은?

Q 조합원의 피선거권과 자격 요건은 무엇입니까?

A 피선거권이란 선거권의 대상이 되는 지위나 직위에 선출될 수 있는 자격, 또는 당선 후 그 직책을 맡아 직무를 수행할 수 있는 자격을 말합니다.

조합원은 누구나 기본적으로 조합의 임원이나 대의원이 될 수 있는 자격이 있습니다. (법 제42조) 그렇지만 조합원이라고 하여 누구나 아무런 제한 없이 피선거권을 가지는 것은 아닙니다.

피선거권의 대상이 되는 직책은 조합경영과 조합원의 이익, 조합의 미래에 중대한 영향을 미치는 자리이므로 무능력하거나 불량한 사람은 곤란하고, 조합에 대해 무관심, 비협조, 혹은 지나치게 비판적이거나 비관적이어도 곤란할 것입니다. 그래서 법률과 정관에 임원이나 대의원의 결격 사유를 명시해 두고 있으므로 그 사유에 해당하지 않아야합니다.

조합원이라 하더라도 피선거권이 제한되는 '임원의 결격 사유'는 다음과 같습니다.

1. 대한민국 국민이 아닌 사람
2. 미성년자·금치산자 또는 한정치산자
3. 파산선고를 받고 복권되지 아니한 사람
4. 법원의 판결이나 다른 법률에 따라 자격이 상실되거나 정지된 사람
5. 금고 이상의 실형을 선고받고 그 집행이 끝나거나(집행이 끝난 것으로 보는 경우를 포함한다) 집행이 면제된 날부터 3년이 지나지 아니한 사람
6. 제164조 제1항이나 「신용협동조합법」 제84조에 규정된 개선(改選) 또는 징계면직의 처분을 받은 날부터 5년이 지나지 아니한 사람
7. 형의 집행유예 선고를 받고 그 유예기간 중에 있는 사람
8. 제172조 또는 「공공단체등 위탁선거에 관한 법률」 제58조(매수 및 이해유도죄)·제59조(기부행위의 금지·제한 등 위반죄)·제61조(허위사실공표죄)부터 제66조(각종 제한규정 위반죄)까지에 규정된 죄를 범하여 벌금 100만 원 이상의 형을 선고받고 4년이 지나지 아니한 사람

9. 이 법에 따른 임원 선거에서 당선되었으나 제173조 제1항 제1호 또는 「공공단체 등 위탁선거에 관한 법률」 제70조(위탁선거범죄로 인한 당선무효) 제1호에 따라 당선이 무효로 된 사람으로서 그 무효가 확정된 날부터 5년이 지나지 아니한 사람

10. 선거일 공고일 현재 해당 지역농협의 정관으로 정하는 출자좌수(出資座數) 이상의 납입 출자분을 2년 이상 계속 보유하고 있지 아니한 사람. 다만, 설립이나 합병 후 2년이 지나지 아니한 지역농협의 경우에는 그러하지 아니하다.

11. 선거일 공고일 현재 해당 지역농협, 중앙회 또는 다음 각 목의 어느 하나에 해당하는 금융기관에 대하여 정관으로 정하는 금액과 기간을 초과하여 채무 상환을 연체하고 있는 사람
    가. 「은행법」에 따라 설립된 은행
    나. 「한국산업은행법」에 따른 한국산업은행
    다. 「중소기업은행법」에 따른 중소기업은행
    라. 그 밖에 대통령령으로 정하는 금융기관

12. 선거일 공고일 현재 해당 지역농협의 정관으로 정하는 일정 규모 이상의 사업 이용 실적이 없는 사람 (법 제49조)

　　대의원의 경우도 이와 비슷하지만 세부적인 항목에서는 임원보다는 약간씩 낮추어 있으며 구체적인 사항은 각 조합의 정관을 확인하면 됩니다.

　　이러한 결격 사유나 자격 요건의 판단 기준 시점에 대해 언제나 이론이 분분합니다. 법률이나 정관에 그 시점에 대한 명문 규정이 있을 경우에는 그에 따르면 되고, 명문 규정이 없을 때는 '임기 개시일 전일'까지 자격 요건을 갖추거나 자격을 회복하면 된다고 보는 것이 통례이며 법률해석의 일반적인 원칙입니다.

086 농협 민주화와 민주적인 조합원

Q "농협 민주화가 달성되어 이제는 민주 농협이 되었는데, 조합원은 아직도 민주 농협에 적응을 하지 못한다"는 말이 있습니다. 농협 민주화와 민주적인 조합원이란 무엇을 말하는 것입니까?

A 과거 민주화되기 이전의 농협에는 권위주의적 풍조와 비민주적 현상이 있었습니다. 이 때문에 농민단체나 일부 조합원은 격렬히 항의하는데 정부는 그 요구를 외면하였고, 농협은 조합원의 요구와 정부의 방침 사이에서 엄청난 스트레스와 충격을 받아낸 경험이 있습니다. 하지만 이제는 농협 민주화가 달성되어 농협의 모든 의사결정이 조합원의 참여와 의지에 따라 이루어지므로 농협에 대한 항의와 시위가 성립할 수 없고, 정부도 정부 방침을 농협에 강요하지 않습니다.

그런데 우리 조합원 중에는 과거 권위주의 시대의 추억과 타성에서 벗어나지 못하고 조합과 임직원에 대하여 함부로 말하고, 잘 알지 못하는 일에까지 예단과 추측으로 비판을 하는 경우가 있습니다. 이러한 행태가 바로 '민주화된 농협에서 아직도 민주화되지 못한 조합원'의 전형적인 모습입니다. 민주화된 농협에서 조합원은 모든 일에 대해 당당하고 떳떳하게 자신의 의사와 주장을 표현하고, 잘못된 점을 정확히 지적하며 시정을 요구합니다. 또 자신이 잘 알지 못하는 부분은 설명을 요구하여 진실을 찾고, 잘못 알고 있는 부분은 즉시 고치며, 모든 언행은 조합의 발전과 전체 조합원의 이익에 맞춥니다.

특히 앞에서는 침묵하다가 뒷말을 하거나 뒤에서 비난이나 비판, 소문을 전파하는 일은 조합에 대한 음해이자 파괴행위이므로 이를 하지 않음은 물론, 다른 조합원이 그러한 언행을 할 때 적극 말리고 고쳐줍니다. 권위주의 시대에는 농협이 내 조합이 아니라 정부의 조합에 가까웠지만, 민주화된 시대의 농협은 내가 소유하고 내가 이용하며 내가 수익을 누리는 내 조합이기 때문입니다. 바로 이러한 내 조합이라는 분명한 의식과 그에 걸맞은 행동을 하는 것, 이것이 민주화된 농협의 민주화된 조합원, 참된 주인의 자세입니다.

제3부

총회, 대의원회, 대의원

Q 임원, 대의원이 되고 나서 안건마다 반대하고 직원들에게 의전과 예우를 강요하는 인사들이 있습니다. 이들에게 기관과 기구, 감투의 설정 목적과 책임을 설명해 주어야 하겠습니다.

A 임원은 농협의 경영을 책임지는 경영진이고, 대의원은 농협의 중요한 의사를 결정하는 의결기관 구성원입니다. 그래서 정부기구에 비유할 때 대의원회를 국회, 대의원을 국회의원, 조합장을 대통령, 이사회를 국무회의, 이사를 국무위원과 장관, 감사를 법원장에 해당한다고 합니다.

그 때문에 조합의 임직원들은 임원에 대하여 농협 전체를 대표하고 농협의 경영책임자를 영접하는 예우와 의전을, 대의원에게는 국회의원에 대한 예우와 의전을 감안하여 가능한 한 공손하고 품위 있는 예우가 되도록 노력합니다.

그러나 조합장, 이사, 감사, 대의원, 각종 위원회와 위원장은 농협 발전 공로에 대한 포상으로 주어진 것이 아니고, 농협법이나 정관에 어떠한 특권이나 신분상의 특혜가 주어지지 않도록 규정하고 있습니다. 즉 농협의 모든 기관과 직책, 직위, 직함은 사회적 신분의 징표가 아니고 계급이나 서열도 아니며 오직 농협의 사업 추진과 업무 수행을 원활하고 능률적으로 수행하기 위하여 업무를 분담하여 위임한 것입니다.

그러므로 농협의 모든 직책에는 그에 상응하는 예우나 의전이 있을 수 없고, 오직 직책 수행의 결과에 대한 평가와 평가 결과에 따른 상벌이 있을 뿐입니다.

그러나 우리 사회는 과거 권위주의 시대에 고위 공직자가 업무나 민생보다는 오직 의전과 예우, 특권을 중시하고 그것을 과시하는 장면을 자주 보아 왔기에 지위나 직책에 대하여 예우와 의전을 먼저 떠올리게 되는 것이 현실입니다.

과거에 그러한 특권과 예우, 의전에 집착하다가 스스로 파멸한 사례가 수없이 많고, 민주화된 현재에는 그것이 곧 파멸의 지름길임을 국민 모두가 알고 있습니다. 또한 우리나라는 어떤 직책이든 특권을 인정하지 않고 특권신분 역시 인정하지 않도록 헌법에 명문화하고 있습니다.

따라서 농협의 임원, 대의원은 조합원으로부터 중대한 책임과 의무를 부여받은 것을 자각하여 자신에게 부여된 책무를 성실하게 완수함은 물론, 그 결과가 농협의 성장·발전과 조합원의 큰 이익으로 나타나도록 최선의 노력을 다하여야 하며, 언제 어느 장소에서든 농협의 대표로서 농협의 품격과 신용을 높이고 공신력과 대외 경쟁력을 강화하는 데 기여한다는 의식과 자세를 명심하고 또 적극 실천하여야 하며, 자신에 대한 예우나 의전을 주장하는 일은 곧 파멸의 지름길임을 깊이 깨달아야 합니다.

088 '총회'는 무엇이나 다 의결할 수 있습니까?

Q 일부 대의원들이 총회는 '조합의 최고의결기관'이므로 이사회의 의결 사항이나 조합장의 경영방침, 감사의 직무까지도 총회의 의결로 바꾸거나 간여 또는 강제하려 합니다. 이를 제지할 방법이 없을까요?

A 이 문제는 거의 모든 조합에서 총회를 개최할 때마다 공식, 비공식적으로 한 번씩은 꼭 제기되는 문제입니다.

그리고 조합원이라면 누구나 '총회는 조합의 최고의결기관이다'라고 알고 있고, 최고의결기관이므로 '무엇이든 의결할 수 있고, 누구나 그 결정에 따라야 한다'고 생각하며 조금도 의심하지 않습니다.

그러나 '총회가 최고의결기관'이라는 것은 사회상식일 뿐이고 농협법에 총회가 최고의결기관이라는 명문화된 표현이 없으며, 조합의 총회가 조합의 일이라면 무엇이든 의결할 수 있고 누구나 그 의결에 따라야 하는 것도 아닙니다. 즉 조합의 총회가 조합의 모든 사항에 대해 결정권을 갖는 것이 아니라, 법률과 정관에서 정해 둔 의결사항에 한하여 의사결정권이 있습니다. (법 제35조) 그리고 조합장, 이사회, 감사는 법률과 정관에서 독립된 기관으로 정하였기 때문에 '3권분립의 정신'에 따라 서로 독립하여 주어진 권한을 행사하는 것이고 총회의 의결이라 하여 다른 기관의 권한을 침범할 수는 없습니다.

따라서 총회는 이사회 의결사항이나 조합장의 권한에 관한 간섭이나 변경, '판매사업 부진에 대한 특별감사 실시요구' 등 감사권을 침해하거나 감사업무에 간여하는 내용에 대하여는 의결할 수 없고, 만약 의결한다고 하더라도 효력이 없습니다. 즉 이사회에서 의결한 사항을 변경하거나, 조합장의 업무집행 방침이나 경영전략 등에 대해 가부(可否) 의사를 표명하거나 취소, 또는 제한하는 일은 의결하더라도 효력이 없으므로 조합장이나 이사회에서는 그 결의를 따를 필요가 없고 총회의 결의에 ※기속(羈束)되는 것도 아닙니다.

감사에게 '특별감사 실시'를 요구하는 의결도 감사가 따를 필요가 없으며, 특별감사의 실시 여부는 감사가 스스로 판단하여 결정할 일이고 총회의 의결에 기속되지 않습니다. 또 이사회의 권한에 속하는 사항으로서 이사회가 대외기관이나 거래처와 약정, 계약한 사항은 총회에서 무효라고 의결하더라도 그 효력이 상실되는 것이 아닙니다.

즉 총회는 조합의 최고의결기관이지만, 조합의 모든 업무나 사업에 대하여 무엇이나 다 의결할 권한이 있는 것은 아니고, 다른 기관의 권한에 대해서까지 의사결정을 할 수 있는 것은 아니며, 법률과 정관에 의해 정해진 사항으로 열거된 내용에 대하여만 의결할 수 있는 것입니다.

또 법률로 정해진 사항이라도 반드시 법률에 정한 절차와 방법을 지켜서 안건을 제안하고 의결할 경우에만 효력이 있습니다.

그렇지만 총회는 법률에 명문화된 표현이 없더라도 조합의 '최고의결기관'이고 전체 조합원의 의사를 대변하며 조합의 미래 운명을 결정하는 기관이므로 그에 걸맞게 품위 있는 운영과 의결로서 농협 안팎의 관심과 존경에 부응하여야 할 것입니다.

> *기속(羈束) – 1. 얽어매어 묶음. 2. 남을 강제로 얽어매어 자유를 빼앗음.

089 총회가 '최고의결기관'인데 무엇을 못 하느냐고?

Q 농협의 총회는 최고의결기관입니다. 또 조합원 총회를 갈음하는 대의원총회 역시 최고의결기관입니다. 그런데 최고의결기관인 대의원총회에서 의결한 사항이 무효라는 말을 들었습니다. 법적으로 이런 말이 성립합니까?

A 농협의 총회가 최고기관이고 중요한 사항을 결정하는 의결기관인 것은 틀림없습니다. 그러나 농협법에는 '최고의결기관'이라는 표현이 없으며, 농협 경영에 관한 모든 사항을 마음대로 결정하는 권한도 갖고 있지 않습니다. 총회는 구성원 전원의 의사를 결정하는 기관이므로 당연히 법률에 명문화된 내용이 없더라도 최고기관이라고 하여야 마땅합니다.

그렇지만 농협법은 각 기관의 권한과 책임, 의무와 직무 내용을 3권 분립 원칙에 따라 분산시켜 서로 견제와 균형을 이루도록 하였습니다. 그러므로 최고기관이라거나 다른 기관에 비하여 압도적인 힘과 권한을 갖는다고 할 기관은 없는 것입니다.

또 총회는 의결기관이므로 주어진 안건에 대하여 결정을 하지만, 총회에서 의결할 수 있는 사항은 농협법에 상세히 열거되어 있고, 열거되지 않은 사항이나 다른 기관의 소관사항, 예컨대 이사회 의결사항이나 감사의 직무 권한에 대하여는 심의나 의결을 할 수 없고, 만약 하더라도 법률에 위반되므로 무효입니다. 예컨대 이사회에서 결의한 사항에 대해 다수 대의원이 반대하여 똑같은 안건을 대의원회 안건으로 제안, 의결을 통해 취소, 변경하더라도 대의원회의 의결은 위법이기 때문에 무효가 되는 것입니다.

감사의 권한에 대한 간섭, 예컨대 대의원회 의결이나 몇 사람 대의원의 요청으로 특정 분야에 대한 감사 실시를 요구하거나 감사보고서의 교부를 요청하는 일은 모두 위법이므로 무효인 것입니다. 즉 총회는 최고기관이고 의결기관이지만 전능한 힘을 가진 최고의결기관은 아니고, 의결할 수 있는 사항도 법률에 총회의결사항으로 명시된 것뿐이며, 다른 기관의 업무 영역을 침범하거나 업무에 간여할 수 없습니다.

090 총회의결사항을 위임할 수 있습니까?

Q 총회를 진행하려면 시간과 비용이 많이 소요되고 어수선합니다. 그래서 총회에서 심의하여야 할 사항을 이사회와 조합장에게 위임하는 경우가 자주 있는데, 괜찮습니까?

A 총회를 개최하려면 많은 비용이 들고 의사진행이 매우 번거로우며, 갑자기 어떤 돌출변수가 발생하게 될지 모르는 일입니다.

그래서 총회의 회의 진행을 매끄럽게 하기 위해 가능한 한 토의나 발언을 줄이려는 경향이 있습니다. 또 일부 조합장들은 총회의 안건을 추상적으로 하여 의결토록 하고 구체적인 사항은 이사회나 조합장에게 위임하도록 하는 경우도 있습니다.

그러나 법률과 정관의 취지는 '총회의결사항은 총회의 고유 권한'으로서 그 내용은 모두 중요한 것이므로 전체 조합원의 뜻에 따르도록 하려는 것입니다. 따라서 총회가 법률과 정관에 명시된 총회의결사항을 스스로 심의 의결하지 않고 이사회나 조합장에게 위임하여 총회의 권한을 대신하게 하는 일은 위법한 일이 됩니다.

다만, 사업 추진의 대체적인 윤곽과 원칙을 총회에서 의결해 주고, 사업 추진 과정에서 나타나게 되는 세부적인 사항이나 지엽적인 문제는 조합장과 이사회에 위임하는 것이 바람직합니다. 또, 법률이나 정관에 위임할 수 있는 것이거나 총회의 의결사항을 실천하기 위한 세부적인 내용, 부수적인 사항은 위임이 가능합니다.

Q 어떤 조합에서 대의원회 회장이 대의원총회를 소집하여 조합의 예산 결산 관계와 사업계획 수지예산은 물론 간부직원의 인사문제까지 모두 다 따로 결정을 하였다고 합니다. 그런데 총회를 소집할 수 있는 사람은 조합장 한 사람만이 아니라고 합니다. 총회를 소집할 수 있는 사람과 그 요건, 절차와 효력은 어떻게 됩니까?

A 총회는 법률에 정한 소집권자가 소집한 것이 아니면 총회로 인정되지 않습니다. 따라서 대의원회 회장이 소집한 총회와 그 대의원회 회의에서 논의되고 심의 의결된 모든 내용이 무효입니다.

대의원회는 법률에 근거가 없으므로 대의원회 회장이 법률을 무시하고 소집한 총회는 그 시작부터 끝까지 모든 사항이 모두 다 무효인 것입니다.

조합의 총회를 소집할 권한이 있는 사람은 원칙적으로 조합장입니다. 조합장에게 총회 소집을 요구했는데 총회를 소집하지 않는 특별한 사유가 있을 때 감사가 소집할 수 있고, 조합장과 감사 이외의 사람은 총회를 소집할 수 없습니다.

아주 예외적으로 특별한 조건이 성립되는 경우에 한하여 조합원 대표가 총회를 소집할 수 있다는 명문 규정이 있지만 조합원 대표가 총회를 소집한 사례는 농협·역사상 한 번도 일어나지 않았습니다.

조합장의 유고로 직무대행이사가 조합장 직무를 대행 중일 때는 직무대행이사가 총회의 소집권자가 됩니다.

감사가 총회를 소집할 수 있는 경우는 4가지가 있습니다.

1. 조합장이나 이사 등이 일시에 퇴임하거나 사고 등으로 총회를 소집할 수 없지만 일정과 사업상 총회의 의결이 불가피할 때
2. 이사회의 총회 소집 요구에 조합장이 정당한 이유 없이 2주일 이상 소집통지서를 발송하지 않을 때
3. 조합원이 법률의 요건을 갖추어 요구한 총회 소집 요구에 정당한 이유 없이 2주일 이내에 소집통지서를 발송하지 않은 때
4. 감사가 조합의 부정사실을 보고하기 위하여 총회의 소집을 요구하였는데, 조합장이 7일 이내에 소집통지서를 발송하지 않았을 때입니다.

조합원 대표가 총회를 소집할 수 있는 경우는 조합원 300인 이상, 또는 조합원 10/100 이상의 동의를 얻어 조합장에게 총회 소집을 요구하였는데 조합장과 감사가 모두 법정기일 내에 정당한 이유 없이 소집통지서를 발송하지 않은 때에는 조합원 대표가 총회를 소집할 수 있습니다. 이 밖에 조합을 청산하는 경우에는 청산인이 총회 소집권을 갖습니다. 따라서 이 3가지 이외의 총회 소집은 모두 법률에 근거가 없는 위법한 총회이므로 무효인 것입니다.

092 총회의 소집 절차를 어기면?

Q 총회 소집 절차인 소집통지를 서면으로 하지 않고 구두나 전화통지로 하였거나 너무 늦게 배달되었다면 총회 의결 자체가 무효가 되는 것입니까?

A 총회의 소집통지는 법률에 정한 '필요적 절차'이므로 생략하면 안 되며, 소집통지 없이 총회가 열렸다면 그 총회는 무효라 할 것입니다.

또 서면이 아닌 구두(口頭) 통지나 문자메시지 통지, 전화 통지 등의 방법으로 시행한 통지는 법률에 정한 적법한 통지라 할 수 없으므로 통지의 효력이 없다고 해야 할 것입니다.

그래서 총회의 소집통지는 반드시 서면(書面)으로 해야 하고, 그 서면에는 총회의 소집 이유인 안건이 기재되어야 합니다.

총회 소집통지는 7일 전에 해야 하는데, 통지의 기준일은 통상 구성원이 송달받은 날을 기준으로 하지만, 농협법은 발송일을 기준으로 하고 있습니다. 따라서, 총회 소집통지는 총회일 7일 전에 발송하면 되는 것이므로 통지서의 배달 과정에서 지연된 일을 들어 총회의 무효를 주장할 수는 없습니다.

아울러 총회를 소집할 수 있는 권한 역시 법률에 정해져 있으므로 그에 따라야 하고, 소집권자가 아닌 사람의 소집은 역시 무효가 됩니다. 요즘 대의원회나 대의원친목회가 생겨서 회장을 뽑은 다음 대의원회 회장이 대의원들을 소집, 총회 개최 선언을 하고 총회의 의결을 표방하는 경우가 있는데, 이러한 일은 농협법을 위반한 것이므로 법률적으로 무효입니다.

093 총회의 회기 연장은?

Q 총회에서 안건 심의 중 토론이 길어지고 긴급동의 안건도 튀어나오는

바람에 당일에 안건을 다 처리할 수 없게 되었습니다. 그런데 이런 사태가 처음이라 총회 회기 연장에 대해 아는 사람이 없습니다.

A 회기(會期)란 총회가 활동할 수 있는 일정한 기간을 말합니다. 총회는 집행부나 감사와 달라서 상설기관이 아니므로 일정한 기간만 활동을 하게 되는데, 조합의 경우 의장의 개회 선언부터 폐회 선언까지의 시간이 회기가 됩니다.

그리고 총회는 회기마다 독립하여 활동하는 것이 원칙입니다.

회기 중에 의결되지 아니한 의안은 다음 회기에 계속하여 심의하지 않는 것을 '회기불계속(會期不繼續)의 원칙'이라 합니다. 총회의 회기는 총회 의결로 연장할 수 있으며 이런 사유로 속행되는 총회는 따로 소집통지를 하지 않아도 됩니다. (정관 제44조)

'속행(續行)'이란 회의를 진행하였으나 시간 부족, 토의 미진, 자료 부족 등으로 의사의 종결을 짓지 못한 경우 총회의 의결에 의하여 그 다음날까지 계속하여 의사를 진행하는 것을 가리킵니다. 속행되는 회의는 그 전의 총회 소집통지서에 기재된 안건을 계속하여 심의하는 것이므로 전차 회의와 동질성이 있기 때문에 새로운 소집통지를 하지 않아도 됩니다.

회의가 정상적으로 개회되었으나 도중에 휴회나 정회가 되고 퇴장인원이 많아서 정족수가 미달되어 속개가 되지 못하고 결국 산회(散會)된 경우에는 더 이상 회의를 진행할 수 없게 되지만, 폐회(閉會)를 의결할 의결정족수 인원마저도 부족한 경우에 처하게 되는데 이때는 회의가 종료된 것으로 봅니다.

094 총회에서 의장의 직무는?

Q 우리 조합장님은 마음이 너무 여리고 성품이 온화해서 총회 때마다 수라장, 난장판이 됩니다. 의장의 직무 권한과 발휘 방법을 알려 주십시오.

A 조합장님의 마음이 여리고 성품이 온화한 점을 꼭 나쁘다고 할 수는 없습니다. 그러나 총회 때 회의의 진행이 제대로 되지 않아 난장판이 되는 일은 결코 바람직하다고 할 수 없을 것입니다.

조합장은 총회의 의장으로서 총회 회의를 주재하는 '의사진행권'을 행사하고 '회의질서유지권'도 가진 사람입니다.

농협법이나 정관에는 의사진행권에 대해 특별히 명문화된 규정이 없습니다. 그러나 의장이란, 회의에서 의사운영을 하는 주재자로서 대외적으로는 그 회의체를 대표하고 대내적으로는 회의의 질서를 유지하고 의사를 진행하며 사무를 통괄하는 직분입니다.

따라서 의장의 선임은 법률이나 규약으로 정해 두거나 그 회의체가 스스로 선출하는 것이 원칙인데, 농협은 조합장이 의장임을 농협법에 명문화하고 있습니다.

의장의 의사진행권이나 회의질서유지권이 농협법에 명문화된 규정이 없다는 의견이 있지만, 이러한 내용은 누구나 다 아는 보편적이고 당연한 상식이며 이론의 여지가 없는 진리이므로 법률에까지 명문화할 필요나 이유가 없기에 명문화하지 않은 것입니다. 즉 일과시간에 화장실에 출입하는 일이나 음료수를 마시는 일은 규정에 정하지 않아도 아무런 이의 없이 인정되는 것과 같습니다.

의장은 회의를 주재하는 직분을 가진 사람으로서 의사진행권은 당연히 주어지는 것이고 원활한 의사진행을 위해 회의질서유지권 역시 필수적으로 수반되는 것이므로 그에 대해 명문화된 규정이나 지침이 없다고 하여 그 권한마저 없거나 약한 것이 아닙니다.

　그래서 조합장이 참고할 수 있도록 회의 의사진행권의 일반적인 내용을 설명합니다. 의장은 모든 회의의 경우에 '의사진행권'과 '회의질서유지권'을 가지며, '의사진행권'의 주요 내용은 참석자에 대한 자격심사, 개회, 휴회, 안건 상정, 표결, 속개, 정회, 폐회 등의 선언, 개의 및 정족수 확인, 참석자에 대한 발언권 부여, 질의응답과 내용 정리, 발언 시기와 횟수, 시간 조정, 의사진행 방해자에 대한 제재, 회의장의 질서유지 등입니다.

　'회의질서유지권'의 주요 내용은 고의로 의사진행을 방해하는 사람, 발언이나 행동이 심하게 회의 진행을 방해하는 사람, 기타 현저하게 질서를 문란케 하거나 의장 혹은 회의를 모욕하는 사람에게 발언의 중지를 명할 수 있으며, 퇴장을 명령할 수도 있습니다. 의장의 조치에 따라 회의 진행요원은 해당 조합원을 강제로 퇴장시킬 수 있고, 심하게 저항할 경우 업무방해죄로 경찰에 인계할 수도 있습니다.

　따라서 총회나 이사회를 주재하는 의장인 조합장은 이러한 의장의 권한을 잘 활용하여 능률적이고 원만한 회의 진행을 하여야 하고, 회의의 방해 요소나 장해 요인에 대하여는 단호한 자세와 엄정한 조치로 제압하거나 제거하여 목적한 바를 이루어 나가야 합니다.

　그런데 이러한 일은 어떤 규정이나 강력한 조치가 중요한 것이 아니라 조합원과 대의원, 임원 등 회의 참가자 모두가 민주적인 절차를 밟고 의장의 직분을 존중하며, 진지하고 성실하게 회의에 임하는 자세가 가장 중요한 것입니다. 아울러 합당한 이유 없이 회의의 진행을 방해하거나 의장을 모욕하거나 회의 분위기를 상습적으로 혼탁하게 하는 사람은 대의원회에서 조합원 제명 조치를 하여야 합니다.

095 의장이 아닌 사람이 의사를 진행하였다면?

Q 대의원회 안건을 의결할 때 이해관계와 체면문제가 미묘하게 얽힌 안건이 있었습니다. 조합장이 이 안건을 신중하게 다루던 중 대의원 한 사람이 의장석을 점거하고 마이크와 의사봉을 강제로 차지하여 표결 선언과 찬반의견을 묻더니 만장일치로 가결을 선언하였습니다. 이런 경우 효력이 어떻게 됩니까?

A 농협의 총회나 이사회는 농협의 가장 중요한 계획과 방침을 결정하는 기관이므로 그 내용은 물론 의사결정 과정에까지 하자가 없이 완전한 의결이 되어야 합니다.

그리고 법률은 의장과 의안의 심의 의결 절차와 기준을 모두 명시하고 있으며 이를 어기는 일은 곧 위법한 행위가 됩니다. 따라서 법률에 정한 의장의 사회가 아니고 또 사회권을 법률에 정한 사유와 절차에 따라 양도받은 경우가 아니라 법률을 무시하고 강제나 위력으로 의장석을 점거하고 의사진행을 하였다면 그 의사진행이 위법이고 무효이므로 의결 선포된 내용도 역시 무효가 됩니다.

농협법은 총회와 이사회의 의장을 조합장으로 명문화하고 있으며(법

제46조 제3항), 만약 조합장에게 유고가 발생할 경우에는 이사회에서 정한 순서에 따라 조합장의 직무를 대행하도록(법 제46조 제4항) 명문화하고 있습니다. 그러므로 조합장 혹은 조합장 직무대행이 아닌 사람이 총회나 이사회를 진행하였다면 그 의사진행은 위법한 의사진행이므로 무효가 되는 것이 당연한 것입니다.

총회 참석자는 누구나 이러한 위법한 의사진행이 일어나지 않도록 하여야 하고, 만약 과거에 그러한 의사진행이 있었다면, 그 당시에 의결된 안건이 대단히 소중하고 중요한 것이라고 하더라도 의결 자체가 무효이므로 다음 차례 총회에서 다시 의결하여 뒤늦게라도 합법적인 의결 절차를 밟아두어야 할 것입니다.

위법한 의결은 아무리 중요하더라도 또 시일이 흐르더라도 합법화될 수 없는 것이며, 새로 의결하지 않는 한 과거의 의결은 법률적으로 위법 무효이므로 무효인 결정에 따른 사업 추진은 계속하여 위법을 파생시킬 뿐, 합법화될 수 없기 때문입니다.

096 총회의 의결권 행사가 제한되는 경우란?

Q 총회 구성원인 대의원이 안건의 심의와 의결에 참여할 수 없는 경우도 있습니까?

A 총회 참석자와 조합 간에 이해가 상충되는 사항을 의결할 경우에 해당 조합원은 총회 구성원이라고 하더라도 의결권을 행사할 수 없습니

다. 의장인 조합장의 경우라 하더라도 마찬가지입니다.

이는 농협법에 명문화되어 있지만, 상법에도 '특별이해관계인'이라고 하여 명문화되어 있으므로 의결권의 제한은 이론의 여지가 없는 일입니다. (법 제39조, 상법 제368조 4항)

이해가 상충되는 해당 조합원이 자신의 입장과 안건에 대해 의견 표명을 요청할 경우에 의장이 허용 여부를 결정할 수 있다고 되어 있으므로 의장은 의견 표명을 허용할 수도 있고, 허용하지 않을 수도 있습니다.

그러나 조합원 제명의 경우에는 반드시 제명 대상 조합원에게 의견 진술이나 소명의 기회를 주어야 합니다. (법 제30조) 그러나 이해가 상충되는 경우라 하더라도 선거권에 대하여 제한한다는 명문 규정이 없으므로 임원 선출 등 투표권 행사는 제한을 받지 않는다고 판단됩니다. 따라서 이해관계가 상충되는 조합원이라고 하더라도 투표권은 행사할 수 있으므로 자기 자신에게 투표할 수도 있다고 하겠습니다.

그런데 가끔 임원보수규약의 개정이나 임직원에 대한 특별성과급 지급안, 특별상여금 지급안 등의 심의 의결을 두고 조합장이 해당 안건의 수혜자이므로 특별이해관계인에 해당하는 것으로 보아 퇴장을 요구하는 사례가 있는데, 이러한 안건의 심의 의결에서 조합장은 특별이해관계인에 해당하지 않습니다.

097 조합원이 의결권을 다른 조합원에게 위임할 수 있습니까?

Q 조합 총회가 있는 날 다른 중요한 일이 있어서 참석이 불가능합니다. 그래서 내 의결권을 다른 조합원에게 위임하려고 하는데 말이 많습니다. 1인 1표의 원칙에 어긋나므로 안 된다는 말도 있고, 될 수 있다고도 하는데, 가능합니까?

A 조합원이 사업상의 중요한 일정이나 집안의 관혼상제 등의 빠질 수 없는 일정 때문에 총회에 참석하기 어려운 경우가 생깁니다.

그리고 이번 총회의 의결사항에 조합원의 이해가 첨예하게 엇갈리는 안건이 있거나 대단히 중요한 결정사항이 있는 경우도 있습니다. 이러한 경우 총회에 참석하지 않고 내 의결권을 버리거나 기권으로 하는 일은 바람직하지 않습니다.

농협법에는 조합원이 부득이한 사유로 의결권을 행사할 수 없을 때는 대리인으로 하여금 대리행사할 수 있게 했으며, 이 경우 조합원이 직접 행사한 것으로 간주됩니다. (법 제27조) 대리인이 될 수 있는 사람은 다른 조합원이거나, 본인과 동거하는 가족이어야 하고, 영농조합법인이나 농업회사법인의 경우에는 그 구성원이어야 합니다.

의결권을 다른 사람에게 위임하였거나, 위임받은 사람은 그 내용을 증명하는 서면을 조합에 제출해야 하고, 조합은 그러한 경우의 의사정족수와 의결정족수 계산에 각별한 주의를 하여야 합니다.

대리인이 대리할 수 있는 조합원의 수는 1인분에 한합니다. 따라서 대리인 위임을 받은 사람은 대리한 의결권과 자신의 의결권 각 1개씩, 2개의 의결권만을 가지게 됩니다.

또 2개의 의결권이 있다고 하여 2번의 발언권을 신청할 수 있는 것은 아닌데, 이는 의결권의 위임일 뿐, 발언권의 위임이 아니기 때문입니다.

대리권을 위임받은 조합원이 갑자기 다른 큰 용무가 생겨서 회의에 참석할 수 없게 되는 경우에는 이를 다시 다른 조합원에게 위임할 수 있다고 해석됩니다. 이때 대리권을 위임받는 조합원은 1인분만을 위임받을 수 있으므로 다른 2인의 조합원을 선정하여 각각 1개의 의결권을 위임하도록 하여야 할 것입니다.

이렇게 대리권 위임을 허용하는 이유는 조합의 총회에 가능한 한 더 많은 조합원의 의사를 반영하여 광범위한 지지와 참여를 유도하기 위한 것이지만, 실무적으로는 정족수 확보를 용이하게 하는 것이므로 조합이 이를 적극 활용하여야 할 것입니다.

그러나 대의원회에서는 의결권을 대리인에게 위임하여 대신 행사할 수 없습니다. (법 제42조)

098 총회 의사정족수, 의결정족수란?

Q 총회의 의사정족수와 의결정족수가 경우에 따라 다르다는데, 일목요연하게 정리 좀 해 주십시오.

Ａ 먼저 의사정족수(議事定足數)란 합의체 기관이 의사를 진행하는 데 필요한 구성원의 출석수를 말합니다. 구성원의 합의에 따라 의사를 결정하는 조직체에서, 의사 결정을 위한 회의가 성립하는 데 필요한 최소한의 구성원 수인데, 의사정족수는 합의체의 성격과 의사진행 내용에 따라 달라지며, 국회의 경우 재적의원의 1/5 이상이고 농협의 경우에는 '조합원 과반수의 출석'으로 개의합니다.

다음, 의결정족수(議決定足數)란 합의체 기관이 의사를 결정하는 데 필요한 구성원의 숫자입니다. 구성원의 합의에 의해 의사를 결정하는 조직체에서 의사 결정의 효력을 발휘하는 데 필요한 구성원의 수를 말하는데, 의결정족수는 합의체의 성격과 의사진행 내용에 따라 달라집니다. 국회의 경우 원칙적으로 재적의원 과반수의 출석과 출석의원 과반수의 찬성이 필요하고 농협의 경우에도 마찬가지입니다.

그리고 안건을 의결할 경우에는 개의정족수, 즉 총원의 과반수가 회의장에 있어야 하며, 출석한 조합원의 과반수 찬성으로 의결을 하게 되는데, 만약 어떤 안건의 의결 시 개의정족수가 미달하면 의결을 할 수 없는 것이 원칙이고, 의결을 하더라도 무효가 됩니다. 따라서 매 안건의 의결 때마다 의장은 개의정족수가 충족되고 유지되는지 살펴야 합니다.

정족수의 인원 계산을 하는 데 있어서 소수점 이하의 수치가 나타날 경우에는 어떻게 판단할 것인가 하는 문제에 대한 명문 규정은 없습니다. 그러나 소수점 이하의 수치는 무조건 절상(切上)하고 사사오입은 안 된다는 것이 통례입니다.

Q 총회의 보통결의와 특별결의의 차이점과 대의원의 주의사항, 혹은 착안사항은 무엇입니까?

A 회의에서 의사를 결정하는 데는 안건의 중요도에 따라 정족수가 달라지는데, 그 내용에 따라 보통결의와 특별결의로 구분합니다. 보통결의는 재적인원(조합원 총인원) 과반수의 출석으로 개의하고 의사정족수 이상의 재석자 과반수의 찬성으로 의결합니다. 특별결의는 재적인원 과반수 참석으로 개의하고 개의정족수 이상인 재석자의 2/3 이상의 찬성으로 의결합니다.

  이때 과반수라는 표현이 문제가 되는 경우가 많이 있습니다. 흔히 과반수를 1/2 이상으로 해석하는 경우가 많은데, 엄밀히 과반수와 1/2 이상은 서로 다른 개념입니다. 과반수는 문자 그대로 '전체의 반수가 넘는 수'이고 1/2 이상은 '반수 이상'을 가리킵니다. 숫자로 표기하면 100명의 구성원이 있다고 할 때 1/2 이상은 1/2을 포함하여 그보다 높은 수이므로 50명을 포함, 50명부터 100명까지를 가리키게 됩니다. 과반수(過半數)는 '반수를 넘는 수'이므로 반수인 50명을 넘어선 51명부터 100명까지를 가리키는 것입니다. 이때 과반수의 찬성을 얻지 못하는 안건에 대해 다수 득표로 찬반을 결정하자고 제안하여 다수 득표로 의결할 경우 이 의결은 무효가 됩니다.

  또 표결 결과 찬성과 반대의 숫자가 똑같은 가부동수(可否同數)인 경우는 부결(否決)로 봅니다. 가부동수는 찬성과 반대가 모두 정확히 반수(半數)에 해당하므로 법률에 정한 과반수에 미달하기 때문에 당연한 것이고, 농협은 의장의 의결권을 인정하므로 캐스팅보트가 성립할 수 없어 부결이 되는 것입니다.

대단히 중요한 안건을 의결하는 경우에는 법률 또는 정관(定款)에 보통결의보다 가중된 의결정족수를 규정함으로써 보통결의보다 어려운 특별결의를 거치도록 하고 있습니다.

참고로 이와 관련한 다른 숫자개념도 함께 알아두면 좋습니다.

제3부 총회, 대의원회, 대의원

※이상(以上)·이하(以下)·초과(超過)·미만(未滿)

일정한 수량을 기준으로 그 기준보다 수량이 많다거나 적다는 것을 나타낼 경우에는 '이상' '이하' '초과' '미만' 등의 용어가 사용되고 있습니다.

이 중에서도 '이상'과 '이하'는 기준이 되는 일정한 수량을 포함한다는 의미로 사용됩니다.

즉 1만 원 이상이라고 하면 1만 원과 1만 원보다 많은 액수를 포함하고, 1만 원 이하라고 하면 1만 원과 1만 원보다 적은 액수를 포함하여 나타내는 것입니다.

이에 대하여 기준이 되는 수량을 포함하지 않고 많다거나 적다는 것을 나타내려고 할 경우에는 전자에 대하여는 '1만 원을 초과한다'고 하고 후자에 대하여는 '1만 원 미만'이라고 합니다.

※캐스팅보트(casting vote)

합의체의 의결에서 가부(可否)가 동수인 경우에 의장이 가지는 결정권을 가리킵니다.

가부가 동수일 때, 즉 찬성과 반대가 똑같은 숫자인 경우에는 2가지의 입법례가 있는데, 하나는 부결된 것으로 보는 제도이고, 다른 하나는 의장이 캐스팅보트를 가지는 제도입니다.

이는 의장이 투표권을 가지는 경우는 캐스팅보트를 인정하지 않고, 의장이 투표권을 가지지 않는 경우에 캐스팅보트를 인정하는 것이 상식입니다. 한국의 국회에서는 가부가 동수인 경우 그 의결은 부결된 것으로 봅니다. (헌법 49조) 영국 의회에서는 하원의장은 의원으로서의 투표권은 없이 결정권(캐스팅보트)만을 가지며, 상원의장은 어느 것도 가지지 않습니다. 독일에서는 의장은 투표권만을 가지고, 프랑스에서는 어느 것도 가지지 않습니다. 일본에서는 의장이 결정권을 가집니다.

● 의회 등에서 양대 당파의 세력이 거의 비슷하여 제3당이 비록 소수일지라도 의결의 가부를 좌우할 경우도 제3당이 캐스팅보트를 쥐고 있다고 말하기도 합니다. 한국 농협의 경우는 의장이 투표권이 있으므로 캐스팅보트를 인정하지 않습니다.

100 총회의 표결 방법은?

Q 총회에서 어떤 안건은 구두로 '찬성이요'라고 합창하면 되고, 어떤 안건은 손을 들라고 하고, 어떤 경우는 투표를 해야 합니다. 의결 방법이 이렇게 제각각이어도 됩니까?

A 표결이란 합의체의 구성원이 주어진 의안에 대하여 찬성과 반대의 의사를 공개적이고 명시적으로 표시하는 일을 가리킵니다.

표결의 결과가 곧 의결인데, 표결 방법에는 기립법·투표법(무기명 또는 기명)·점호법(點呼法)이 있고, 그 외에 이의의 유무를 물어 이의가 없을 때는 가결로 하는 간이표결 방법 등이 있습니다.

안건에 대한 토론과 심의가 모두 끝나면 의장은 참석자들에게 안건에 대한 각자의 의사표시를 요구하게 되고 참석자들은 의장의 요구에 따라 찬성이나 반대, 기권 등의 의사를 표현하며 집행부는 각각의 의사표현별 숫자를 집계하게 됩니다.

농협법은 총회의 표결 방법에 대하여 선거에 대해서는 '무기명 비밀투표'를 하도록 하고 있고 나머지 문제에 대하여는 명문 규정이 없습니다. 따라서 농협은 회의체의 일반적인 표결 방법인 거수(擧手), 기립

(起立), 이의를 묻는 방법 중에 의장이 참석자들의 의견을 들어가며 형편에 알맞은 의결 방법을 선택하여 적용하고 있습니다. 그에 따라 어떤 경우에는 손을 들어 찬반을 결정하고(거수), 혹은 일어서는 것으로(기립), 혹은 박수와 만장일치 환호로 결정하기도 합니다.

이때 거수나 기립의 경우, 찬성하는 사람을 거수나 기립하도록 하였으면 반드시 반대하는 사람도 거수나 기립을 하도록 하는 절차를 거쳐야 하고, 만장일치나 박수로 통과시키는 안건에 대해 의장이 "이의 없습니까?"라고 하였는데 단 한 사람이라도 "이의 있습니다"라고 하면 다른 표결 방법을 사용하여 그 숫자를 파악하는 것이 원칙입니다.

101 안건의 수정안이 있을 경우 표결 순서는?

Q 안건에 대해 수정안을 발의한 사람이 있었습니다. 원래의 안건과 수정안을 두고 어느 것을 먼저 심의하고 표결할 것인지 격렬한 논쟁이 있었습니다. 원칙과 기준이 절실합니다.

A 회의를 진행하다 보면 흔히 발생하는 일입니다.

대부분 의안 발의자인 집행부는 안건이 순조롭고 빠르게 의결되어 별다른 문제없이 회의를 마치기를 희망합니다. 그런데 갑자기 수정안이 발의되면 순간 무척 당황하게 되고, 원안과 수정안의 차이와 문제에 대한 분석이나 평가를 할 여유가 없이 두 개의 서로 다른 내용의 안건을 처리해야 하므로 혼란이 발생하게 됩니다.

또 이러한 혼란을 집행부의 무능이나 실력 부족으로 몰고 가려는 세력이 준동하면 그 혼란은 더욱 커지게 되므로 이러한 사항에 대해 미리 연구해 두어야 합니다.

수정안이란 원안에 어떤 내용을 추가하거나 삭제하거나 변경하는 수정(修訂)을 할 목적으로 발의되어 동의안으로 성립된 안건을 가리킵니다. 수정안은 원안과 다른 별도의 안건이며, 독립된 안건이므로 심의와 표결을 하여야 합니다. 이 경우 한 회기에 같은 내용의 안건이 2개, 혹은 그 이상 제안되는 결과가 됩니다.

그리고 같은 사안에 대해 2개 이상의 안건을 가결할 수 없으므로 수정안을 먼저 표결하는 것이 원칙이고 관례이며, 우리나라 국회법도 그렇게 되어 있습니다. 그리고 수정안의 표결 결과 부결이 되었다면 다른 수정안, 원안의 순서로 다시 표결에 부치게 되지만, 수정안이 가결되면 원안이나 다른 수정안은 표결에 부치지 않고 자동 폐기됩니다.

수정안이 여러 개인 경우에는 원안과 거리가 먼 내용부터 표결하도록 하고, 내용에 큰 차이가 없다면 나중에 제출된 수정안부터 제안된 순서의 역(逆)으로 거슬러가며 표결하도록 하는 것이 합리적입니다.

102 표결 선포와 표결 결과 선포가 다른가?

Q 회의 때마다 생소하고 어려운 말이 튀어나와 당황스럽습니다. '표결 선포'와 '표결 결과 선포'가 다른 말입니까?

A 회의 진행과 회의 용어에 대해 우리 조합원들이 매우 낯설어하고 익숙하지 않은 것이 현실입니다.

그 첫번째 원인은 우리 조합원들의 책임이 아니라 회의 용어들이 모두 일본식 한자어로서 우리말의 용법이나 용례와 다른 점이 많기 때문입니다.

그리고 과거 30여 년간 군사독재를 거치면서 독재자들이 민주주의와 민주적인 각종 제도, 절차, 관행 등을 철저히 짓밟고 말살한 탓에 회의나 토론, 발표, 의견수렴, 여론, 투표, 표결 등의 훈련이나 습관을 가질 기회가 없었던 것이 두 번째 이유입니다.

그러나 이제는 우리 힘과 우리의 희생으로 민주주의와 민주적 제도, 절차, 관행이 사회 각계에 살아나고 있으니 이제부터라도 열심히 연구하고 익혀나가야 할 것입니다. '표결 선포'란 안건의 심의와 토의가 끝났을 때 의장이 표결에 들어간다는 것을 선언하는 것입니다.

표결 선포가 되면 참석자는 그 안건에 대해 발언할 수 없는 것이 원칙입니다. 그리고 우리나라 국회는 표결 선포를 반드시 국회 본회의장 의장석에서만 하도록 하고 있는데, 그 이유는 다른 곳으로 장소를 옮겨 의안을 날치기로 통과시켰던 독재시대의 악행을 반복하지 않기 위한 것입니다.

농협의 경우는 그러한 명문 규정은 없지만, 역시 예정된 회의장 의장석에서 표결 선포를 할 때 합법성과 품격을 아울러 가지게 될 것입니다. 표결이 끝나면 의장은 표결 결과를 선포합니다. 표결 결과를 선포하도록 한 이유는 표결 결과를 명확히 하기 위한 것입니다.

국회의 경우에는 표결 결과 선포도 반드시 의장석에서 하도록 하고 있는데, 이는 과거 독재시절 표결 결과의 집계도 제대로 하지 않은 채,

의장이 회의장 중간이나 한쪽 구석에서 날치기로 가결의 표결 결과 선포를 하였던 경험 때문입니다.

농협의 경우에는 이러한 사항에 대해 명문 규정이 없지만, 농협의 임원은 이러한 역사적 배경에 대한 지식과 식견을 가져야 하고, 또 타산지석으로 삼아야 할 것입니다.

103 '일사부재의의 원칙'과 안건의 재상정은?

Q 어떤 안건이 총회에서 부결되었는데, 그 이유가 안건 제안자의 설명 부족 때문임이 드러나 조합장이 다시 긴급동의 형식으로 재상정하여 설명과 설득을 통해 결국 의결하였습니다. 이러한 경우 '일사부재의의 원칙'에 위반되므로 무효가 되지 않습니까?

A '일사부재의의 원칙(一事不再議의 原則)'이란 '한 번 부결된 안건은 그 회기 중에 다시 발의하여 재심의할 수 없다'는 것입니다.

이는 회의의 효율화를 도모하고 구성원의 의견이 이중 삼중으로 표출되는 혼란을 방지하여 의견을 단일화함으로써 혼란을 막기 위한 것으로 우리나라의 국회법이나 지방의회법에 명문화되어 있습니다.

그러나 농협법에는 이러한 일사부재의에 대한 명문화된 조항이 없습니다. 그리고 '재발의'나 '재의결'이라는 조항이 있고 '일사부재의의 원칙'을 명문화하지 않은 점으로 보아 농협법 입법 취지가 일사부재의의 원칙이 농협의 총회나 이사회를 지배하지 않고 배제되도록 되어 있다고 보아야 할 것입니다. 따라서 농협의 경우, 한 번 부결된 안건을 같은 회기에 다시 상정하는 일이 불법이나 무효가 된다고 할 수는 없으며, 어떤 이유로 부결된 안건이라고 하더라도 다시 보완, 또는 재상정하여 재의결할 수 있는 것입니다.

그렇지만 한 번 부결된 안건을 다시 상정하여 재의결한 일이 무효가 아니라고는 하더라도, 바람직하지 않은 일임에는 분명합니다. 앞으로 집행부는 총회 부의안건을 사전에 치밀하게 손질하고 대의원들에게 내용을 쉽고도 요령 있게 잘 설명하여 다시는 그러한 재의결 사태가 발생하지 않도록 각별히 주의하여야 할 것입니다.

비슷한 용어로 '일사부재리의 원칙'이라는 말이 있어서 개념이나 용어의 사용 시에 자주 혼동이 됩니다.

일사부재리의 원칙(一事不再理의 原則)이란, '형사소송법'에 '일단 판결이 확정되면 같은 사건에 관하여 다시 공소(公訴)의 제기가 허용되지 않는다'는 원칙을 가리킵니다.

만약 어떤 이유로 이미 판결을 받은 사건이 다시 재판에 회부될 경우에는 이 원칙에 위배되므로 면소(免訴)의 판결을 받습니다. 면소 판결이란, 당해 사건에 관한 당해 법원의 소송 절차를 종결시키는 종국 재판으로서 새로이 재판을 열거나 계속하지 않고 바로 종결하는 것입니다. 일사부재리의 원칙은 조합의 징계나 변상 절차에서도 적용되는 중요한 원칙입니다. 그러나 민사소송법에서는 이 원칙이 적용되지 않습니다.

104 동의란 무엇입니까?

Q 회의 때마다 '동의'라는 말이 무척 많이 나오는데, 사실은 그 의미와 효용을 잘 모르고 있습니다. 도대체 '동의'가 무엇이고 무슨 의미입니까?

A 동의라는 말은 한글로는 하나이지만 한자로는 同意, 動議 2가지이고 그 뜻이 각각 다릅니다.

동의(同意)는 '의사나 의견을 같이함' 또는 '다른 사람의 행위를 승인하거나 시인함'의 의미로 쓰이고, 또 다른 동의(動議)는 '구성원이 회의 중에 토의할 안건을 제안하는 일 또는 그 제안'을 가리킵니다.

회의에서 동의라는 말을 사용할 때 2가지의 뜻이 다른 동의가 뒤섞여 나오므로 혼란을 느끼는 경우가 많습니다. 예컨대, "수정안을 동의합니다" "그 수정안에 동의합니다"라고 할 경우, 앞의 동의는 動議, 뒤의 동의는 同意입니다. 그런데 후자의 동의(同意)는 모두 다 이해하는 것이므로 전자의 동의(動議)에 대해 잘 알아 둘 필요가 있기에 그 부분만 설명하겠습니다.

동의(動議)란 '합의체의 구성원이 회의 중에 토의할 안건을 제안하는 일 또는 그 제안'을 말합니다. 농협의 합의체는 총회, 대의원회, 이사회를 가리킵니다. 회의 용어는 농협에 한정하여 생각하면 다른 용어와 중첩되므로 아예 국회의 경우를 두고 정리하는 것이 좋습니다.

동의가 의제(議題)가 되기 위해서는 일정한 수의 찬성자를 필요로 합니다. 가장 중요한 합의체인 국회에서의 '의안수정(議案修正)의 동의' 및 '징계의 동의' 등이 이에 해당합니다. 법률안·결의안과 같이 국회의 의결을 필요로 하는 원안(原案)은 의안(議案)이라 하며 동의라고 하지 않습니다.

국회에서의 동의는 다음 4가지가 있습니다.

① 국회법에 다른 규정이 없는 한 1인 이상의 찬성으로 의제가 되며 (국회법 제89조), 그 동의가 본회의나 위원회에서 의제로 채택되기 전에는 언제든지 철회할 수 있다. 그러나 본회의 또는 위원회의 의제가 된 뒤에는 본회의나 위원회의 동의를 얻어야 철회할 수 있다. (제90조)

② 번안동의(翻案動議)는 본회의에 있어서는 의안을 발의한 의원이 그 의안을 발의할 때의 찬성자 3분의 2 이상의 동의(同意)로, 위원회에 있어서는 위원의 동의(動議)로 발의하되, 그 의결에는 재적의원 과반수의 출석과 출석의원 3분의 2 이상의 찬성이 필요하다. (제91조)

③ 수정동의(修正動議)는 그 안을 갖추고 이유를 붙여 의원 30인 이상의 찬성자와 연서하여 의장에게 제출한다. 그러나 예산안의 수정동의는 50인 이상의 찬성이 있어야 한다. (제95조)

④ 징계동의(懲戒動議)는 원칙적으로 의원 20인 이상의 찬성으로 징계 사유를 기재한 요구서를 의장에게 제출하여야 한다. (제156조 3항)

105 대의원회에서 '긴급동의로 결정된 안건'인데 효력이 없다고요?

Q 임원 선출을 위한 임시 대의원회에서 일부 대의원이 "전년도에 사용하지 않고 이월한 지도사업비 예산을 올해 대의원 해외연수에 모두 사용

하도록 긴급동의합니다"라고 하여 전체 대의원들이 만장일치로 의결하였습니다. 이러한 긴급동의 제안과 의결은 당연히 효력이 있지 않습니까?

A 이러한 문제도 각 조합의 총회 때마다 한 번씩은 제기되는 중요한 문제이지만 대부분 진실과 정답을 모르는 채 진행되는 문제입니다.

농협법에 총회나 대의원회에서 의결할 수 있는 안건은 '회의 전에 서면으로 통지한 사항'에 한하도록 하고 있습니다. 즉 총회는 총회의 목적사항인 의제나 안건을 총회 소집통지서에 기재하여야 하고(법 제37조), 소집통지서에 기재된 사항에 한하여 의결할 수 있는 것이 원칙입니다. (법 제39조)

따라서 총회 소집통지서에 기재되지 않았던 안건은 총회에서 심의나 의결될 수 없고 의결이 이루어졌다고 하더라도 법적으로 효력을 갖지 못합니다. 그 이유는 총회는 최고의 의결기관인 만큼 진실로 중요한 안건만을, 사전에 충분한 검토를 거쳐 상정토록 하며, 구성원인 조합원들이 통지된 안건에 대하여 충분히 검토한 다음 찬반의견을 결정하는 숙고 기간과 기회를 주어야 한다는 것입니다.

그리고 긴급한 경우에는 미리 서면으로 통지하지 않은 안건도 부의하여 의결할 수 있도록 하고 있는데, '긴급한 안건'이란 '사전에 통지할 수 없을 만큼 시간적 여유가 없는 긴박한 사정이 객관적으로 인정되는 경우'이거나 '즉시 처리하지 않으면 회복할 수 없는 손실이 발생할 위험이 명백한 경우' 등을 가리키는 것입니다.

그렇지만 이러한 안건도 대의원의 제안만으로 의안으로 상정될 수 있는 것이 아니고 조합원 과반수의 출석과 출석자 2/3 이상의 찬성을 얻을 경우 의안으로 상정될 수 있습니다.

그런데 '전년도에서 이월된 예산을 금년에 집행하자'는 안건은 어떤 기준으로 보더라도 도저히 긴급한 사항이라 할 수 없고, 즉시 처리하지 않으면 어떤 손해가 예상되는 사항도 아닌 만큼 총회의 긴급동의 대상이 될 수 없으므로 의결 자체가 무효로서 법률적 효력이 없습니다.

다만, 집행부로서는 대의원들의 소망과 여론이 총회에서 표출되는 계기가 되었으므로 그것을 집행부가 대의원의 여론으로 참고할 수 있습니다. 따라서 '전년도에서 이월된 지도사업비의 집행 안건'은 대의원회에서 만장일치로 의결되는 형식을 거쳤더라도 그 자체로 효력이 있는 것이 아니므로 그 내용을 다시 이사회에서 심의하고 다음번 총회에 부의하여 의결해야 효력이 있는 것입니다.

이때 이사회는 안건을 발의, 심의하는 과정에서 대의원회에서 발의되었던 원안의 내용대로 할 수도 있지만 얼마든지 수정이나 변경, 축소, 확대, 무시, 기각 등이 가능합니다. 즉 대의원회에서나 총회에서 사전에 소집통지서에 안건으로 기재되지 않은 채 현장에서 긴급동의로 돌출되는 안건들은 의결되더라도 효력이 없습니다. 다만 조합장과 이사회가 의결 결과를 '하나의 의견'이나 '조합원의 여론'으로서 참고할 뿐이며, 참고하지 않고 폐기 처리할 수도 있는 것입니다.

106 조합원이나 대의원이 총회안건을 제안하는 합법적인 절차는?

Q 조합원이나 대의원이 총회에서 긴급동의 형식으로 안건을 제안하여

통과되더라도 효력이 없고 하나의 여론으로만 간주된다고 들었습니다. 그런데 조합원이 영농과 생활의 현장에서, 또 농협사업 이용 과정에서 느끼고 체험한 사항이 많은 탓에 절실하고 참신한 경영개선 의견도 많습니다. 이러한 조합원 개인의 의견을 총회에 안건으로 채택하게 하는 방법이 없는 것입니까?

A 조합원 개개인이 실제 경험한 사항에서 우러나는 농협 경영 관련 의견은 참으로 소중합니다.

그러한 의견은 일단 조합의 임원이나 간부직원, 혹은 담당직원을 통해 제안하는 방법이 있습니다. 그러한 과정을 통해 제안된 의견은 조합 집행부에 상세히 설명하여 그 안건을 집행부가 접수, 이사회 심의를 거쳐 총회에 부의하도록 하면 됩니다.

그런데 현 집행부와 의사소통이 잘 되지 않거나, 집행부의 경영방침과 배치되어 용납하기 어려운 내용이라면 '조합원제안권'을 활용하여 조합원이 총회에 안건을 직접 제안할 수 있습니다.

조합원 제안은 '조합원 100인 이상, 또는 조합원 3/100 이상의 동의'를 얻어 '서면으로 안건을 작성'하여 '총회 개최일 30일 전까지' '조합장에게' '총회 목적사항인 안건으로 추가하여 소집통지서에 기재할 것을 청구'할 수 있습니다. (법 제39조)

참고로 이때 조합원 3/100을 대의원 3/100으로 대신할 수 없고, 대의원만으로 동의인 숫자를 채우더라도 전체 조합원 총원의 3/100 인원을 채워야 한다는 점입니다.

조합원 1인의 발의만으로 제안하지 못하고 일정한 숫자가 참여하여야 하도록 한 것은 제안권의 남용으로 인한 혼란과 무질서를 방지하기 위한 것이고, 서면으로 청구하도록 한 것은 그 내용을 명확하게 하기 위함이며, 회의 전 30일 전까지로 한 것은 조합이 제안에 수반되는 여러 가지 조치를 할 여유가 있어야 하기 때문입니다.

이러한 조건을 충족하지 못하는 제안은 적법한 제안이 아니므로 총회에 안건으로 부의되지 못하고 조합원 여론의 하나로 처리되게 됩니다. 조합원제안권을 인정하고 제도화한 이유는 조합원의 조합운영 참여 기회를 보장하여 총회의 활성화를 도모하고 조합원의 조합 참여의식을 높이고자 하는 것입니다.

107 조합원이 '입법과제나 제도개선 제안'을 할 수 있는 경로는?

Q 조합원은 농업인으로서 농업 관련 법률과 제도가 미비하거나 모순된 점, 법의 공백, 정책의 허점, 정치적 무관심, 사회적 소외 등을 영농과 생활 현장에서 몸으로 겪으면서 실망과 좌절, 분노가 생기지만, 행동으로 옮기지는 못하고 모두 다 삭여가며 살아가고 있습니다. 이런 여건에서 농협을 통한 직접 호소 경로가 소중하므로 조합원들은 그러한 제도적 경로를 간절히 원하고 있습니다.

A 농업과 농촌에 대한 정치적·사회적 무관심과 소외가 점점 더 심해지고 있음은 참으로 안타까운 일이고 또 매우 중요한 점이기도 합니다.

이는 농촌지역 인구 감소와 농업 부문의 산업 비중 저하, 농업인의 정치의식 미숙, 단체행동과 투쟁의 미약함 등에 원인이 있겠지만, 정치권이나 행정기관을 통해 건의할 경우 정치인이나 행정기관의 이해와 상충되거나 그들의 생색이 나지 않는 사안은 모두 여과, 폐기되고 말기에 우리 조합원들이 그들에게는 아예 희망을 갖지 못합니다. 더불어 헌법재판소가 농촌의 국회의원 수를 줄여야 한다는 취지로 판결까지 했으니 앞으로 농촌과 농업의 소외는 더욱 가속화할 것입니다.

이런 시기에 농협을 통한 입법과제 발굴과 건의는 참으로 중요하고도 절실한 문제입니다. 그래서 농협에는 '농정활동'이라고 하여 정치권과 행정부에 농업·농촌의 현실과 과제를 알리고 협력을 구하는 제도적인 채널과 절차가 있습니다.

조합원은 어떤 의견이 떠오르면 그것을 농협의 지도과나 해당 부서 책임자, 또는 임원에게 알려주고 농정활동 채널을 통해 중앙에 건의하도록 당부하면 됩니다.

의견을 접수한 농협에서는 그 의견의 원인, 배경, 관련 법규나 시책 내용, 개선될 경우 효과 등을 건의 문안으로 작성하여 중앙회 시군지부 농정팀이나 중앙회 농정부서에 건의하고, 중앙회는 그 내용을 정리, 보충하여 국회, 정부, 언론 등에 제공함으로써 입법과제, 시책과제로 채택·활용할 수 있게 하거나 언론보도 등 여론을 환기하는 등의 방법으로 반영되도록 하게 됩니다.

과거에는 이러한 정규 농정채널 이외에 농협중앙회 하나로봉사실에 '농업인불편신고센터'가 있어서 각 조합은 물론, 농업인이 직접 호소하는 의견, 고충상담, 여론조사, 현장조사, 언론보도 등을 살펴서 개선과제를 발굴, 정부에 건의하여 많은 성과를 거둔 바 있습니다.

주요한 내용으로는 △농촌보건소 한의사 배치 △농업용 차량과 고

성능분무기의 농기계 지정과 혜택 부여 △조수보호구역 내 농업피해 보상 △농어촌학생 대학특례입학 제도 마련 △가축운동장의 비가림시설 건축법 예외 인정 △개발제한구역 내 농업시설 건축 허용 △비닐하우스 전화설치 허용 △농지에 관상수 재배 허용 △농업 분야 허위과장 광고 규제 △농업 부문 소비자피해경보제 마련 등의 성과를 거두었습니다.

농업·농촌이 대통령과 정치권의 관심에서 크게 멀어지고 있는 지금 이 이러한 활동을 할 전문부서를 농협중앙회와 계통조직, 농민단체에 각각 부활시키거나 농협과 농민단체 합동으로 '농업인불편신고센터'를 설립, 운영하는 일이 절실한 시점일 것입니다.

108 총회의결취소 확인청구권이란?

Q 총회의결취소 확인청구권이라는 말이 있는데, 무슨 뜻입니까?

A 조합의 총회는 조합의 최고기관이자 의결기관으로서 미래의 경영방침을 비롯하여 조합의 가장 중요한 의사결정이 이루어지는 기관입니다.

그런데 총회의 의결 내용이나 절차에서 위법 부당한 사항이 발생하였거나 임원 선거에서 역시 위법 부당한 일이 발생하였을 때, 조합원이 법원에 의결이나 당선의 무효임을 확인하는 소송을 제기할 수 있는 권리입니다. 이 권리는 단독조합원권이므로 다른 조합원의 동의나 참여를 구할 필요가 없이 조합원 한 명이 각자 제기할 수 있습니다. 이때 소송제기 대상은 총회의 의결에 관한 것이고 이사회 의결은 대상이 아닙니다. 이러한 내용의 청구를 법원이 아닌 농림축산식품부장관에게도 할 수 있는데, 이때는 조합원 300인 이상 또는 조합원 총수의 5/100 이상의 동의를 얻어야 합니다.

그리고 장관에게 하는 청구는 그 결의가 있은 날로부터 1개월 이내에 하여야 하지만 법원에 대한 청구는 그러한 제한이 없습니다. 다만 의결 취소의 소송은 의결일로부터 2개월 이내에 하여야 합니다.

청구 이유는 총회의 소집 절차, 의결 방법, 의결 내용 또는 임원 선거가 법령, 정관에 위반하였다는 것이라야 하고, 단순히 부당한 것으로 판단된다거나 규정을 위반하였다는 내용, 이사회의 의결 사항 등은 청구이유가 될 수 없습니다. 청구 내용은 의결이나 당선의 취소, 또는 무효 확인입니다. 청구의 상대방은 법원이고 청구행위는 민사소송입니다.

어떤 안건이 총회에서 부결되었는데, 그 부결이 부당하다는 주장은 의결취소의 대상이 되지 않습니다. 이는 안건의 부결로 인하여 취소할 대상이 없는데 취소를 청구하는 것은 부결된 안건의 부활, 또는 가결을 청구하는 것과 같은 모순이 되기 때문입니다.

109 '검사청구권'과 '검사인선임청구권'은?

Q 조합원 중에 야심가들이 있어서 조합 집행부를 헐뜯었으나 조합감사

가 동조하지 않자 조합에 대한 '검사 청구'를 추진하다가 지금은 '검사인 청구'를 한다고 합니다. 검사 청구나 검사인 청구의 문제나 리스크는 어떤 것이 있나요?

A '검사 청구'는 '주무장관'에게 하는 것으로서 조합원 300명 이상 또는 조합원 10/100 이상이 동의하여 청구할 수 있고, 청구 사유는 '소속 농협의 업무집행이 법령, 정관에 위배된다'는 내용이라야 합니다.

그런데 장관은 조합에 대한 감독권을 '농협중앙회장'에게 위임하고 있으므로 실제 검사는 농협중앙회가 맡게 됩니다. 따라서 장관에 대한 검사 청구는 농협중앙회장에 대한 검사 요청과 과정이나 결과에 별다른 차이가 없게 되므로 굳이 장관에게 청구하기보다는 중앙회장에게 감사를 요청하는 것이 합리적이고 현명한 처사가 될 것입니다.

'검사인 선임'은 소속 농협의 업무집행에 대해 '법원'에 청구하는 것으로서 조합원 100인 이상 또는 조합원 3/100의 동의로 청구할 수 있습니다. 검사인 선임을 신청받은 법원은 청구인의 의사나 희망과는 관계없이 조합 집행부나 선임 청구인 어느 쪽에도 치우치지 않는 중립적인 인사를 선정하여 검사인으로 선임, 검사를 진행하게 됩니다.

이때 선임된 검사인에게는 충분한 급여와 수당, 검사 비용이 지급되어야 하는데, 이 비용의 부담을 누가 하여야 하는지는 검사 결과를 두고 판단하여야 하므로 법원은 검사인 선임 청구를 한 사람에게 검사인 선임에 따른 비용의 공탁을 요구하게 됩니다.

그러므로 검사인 선임에 따르는 비용은 검사인 선임 청구자가 미리 공탁하고 검사인의 검사활동 기간과 내용에 따라 검사 비용과 검사인 수당으로 지급되고 나머지를 반환해 주거나 부족하면 추가 납부를 요청받게 됩니다. 그리고 검사 결과에 따라 신청인이 검사 비용의 전액을 부담하든가, 해당 조합에 부담을 시키든가 하는 문제를 법원이 결정하게 됩니다.

그런데 지금까지 농협에서 법원에 검사인 선임을 청구한 사례가 여러 건 있었으나, 검사 결과 특별한 문제가 드러난 일은 없었는데, 그러한 이유 때문에 검사 비용과 검사인 수당도 모두 청구인의 공탁금으로 결제하고 종결하였습니다.

그리고 과거 사례에서 법원이 선임한 검사인은 대부분 변호사 신분이거나 공인회계사였으며, 검사인 수당이 높아서 신청인의 부담 역시 무척 높았습니다.

이렇듯 검사인 선임이 비용은 높은데도 성과는 없었던 이유가 평소 농협의 업무구조와 내부통제 시스템이 법령과 정관을 위배하여 업무를 집행하기 어렵게 되어 있고, 농협의 사업 구조와 내용이 투명하여 법령이나 정관을 위반할 경우 바로 고발 등 문제가 제기되어 수사기관의 조치가 검사인 선임보다 먼저 따르게 되기 때문으로 보입니다.

따라서 '검사 청구'나 '검사인 선임 청구'는 분란과 소동은 무척 크지만 실제 효과는 거의 없고, 이를 주도하는 측의 비용 공탁 등 재정적 부담이 매우 큽니다.

검사 결과에 따라서는 조합사업을 방해한 결과가 되어 다른 조합원으로부터 비판이나 비난을 받게 되고, 심할 경우 조합사업 차질과 신용 추락에 대한 손해배상 요구를 받게 되거나 조합원 제명 사유에 해당할 위험까지도 있습니다.

110 '검사인 선임 청구'는 어떻게?

Q 조합원 일부가 자체 감사의 감사 결과에 만족하지 못하고, 또 중앙회의 계통감사 역시 믿을 수 없다며 '검사인 청구'를 하겠다고 합니다. 검사인 청구는 어떻게 하는 것이며 어떤 준비를 해야 하고, 어떤 효과가 있는 것인지 궁금합니다.

A 농협법에는 '검사인선임청구권'이 있는데, 조합원이 농협의 업무집행에 관하여 부정행위 또는 법령이나 정관에 위반한 중대한 사실이 있다고 의심이 될 경우에 농협의 업무와 재산 상태를 조사하게 하기 위한 검사인의 선임을 법원에 청구할 수 있는 권리입니다. (법 제65조 제5항)

조합원이 조합원 100인 또는 3/100 이상의 동의를 얻어 소속 농협의 업무와 재산 상태를 조사할 검사인의 선임을 법원에 청구하는 것입니다. 조합원에게는 '검사청구권'이 있는데도(법 제168조) 이 권리를 인정하는 이유는 농협 운영의 투명성을 더욱 강하게 보장하기 위한 취지입니다. 또 이 권리를 '단독조합원권'으로 하지 않고 '소수조합원권'으로 하여 일정한 숫자 이상의 조합원 동의를 얻도록 한 것은 권리행사의 남용으로 조합 운영에 차질을 가져오고 비용이 발생하여 조합에 손해가 발생하는 것을 예방하기 위함입니다.

이 권리는 상법의 소수주주권인 검사인선임청구권을 준용하고 있으며(상법 제467조, 법 제65조), 조합원이 검사인 선임을 청구할 수 있는 경우, 즉 청구 이유는 해당 농협의 업무집행에 있어서 부정행위나 법령 정관을 위반한 중대한 사실이 있다고 의심되는 사유가 있어야 하며(법 제65조) 청구자가 이를 증명하여야 하고, 청구 절차는 조합원 100인 또는 3/100 이상의 동의를 얻은 서면으로 하여야 합니다. 이때 조합원 3/100이 아닌 대의원 총수의 3/100으로 신청할 경우에는 신청 요건이 충족되지 않으므로 법원은 이 신청을 각하(却下)하게 됩니다.

만약 법원이 이를 혼동하여 대의원의 3/100 이상의 숫자 동의인데도 검사인 선임을 한다면 해당 농협은 이의 부당함을 법원에 서면으로 보고하여 검사인 선임을 취소하도록 건의 및 주장하여야 합니다.

검사인은 조합원의 청구에 따라 법원이 선임한 사람을 가리키며, 검사인에 대하여는 상법 제467조의 주식회사의 업무, 재산 상태의 검사 청구에 관한 규정을 준용합니다. (법 제65조)

그런데 검사인이 농협에 대하여 부정적인 선입견을 갖고 있거나, 신청인 또는 특정 조합원과 특별한 인연이나 연고가 있거나, 혹은 다른 어떤 이유로 공정하고 객관적인 검사를 기대하기 어렵다고 생각될 때는 농협에서 그 사유를 문서로 잘 정리하여 법원에 검사인 교체 신청, 또는 기피 신청을 하여야 합니다.

법원은 검사인에 대하여 해당 농협으로 하여금 보수를 지급하게 할 수 있는데(비송사건절차법 제77조), 농협에서 보수를 지급하는 일이 마땅치 않다고 판단하면 신청자에게 지급을 명할 수 있고, 그 비용을 충당하기 위하여 공탁금을 요구하기도 합니다.

검사인 선임이 불필요한 것이었거나 특별한 성과가 없었을 경우, 즉 중대한 부정행위나 위법사항이 드러나지 않았음에도 검사인을 신청하였을 경우 해당 조합은 법원에 그 내용을 잘 설명하고 조합이 검사인 보수를 지급할 의향이 없음을 분명히 하면 법원은 신청자에게 보수를 지급하게 하여야 하고, 실제 그렇게 한 사례가 다수 있습니다.

111 검사인 선임 시 조합의 대처 요령은?

Q 우리 조합의 대의원 몇 사람이 검사인 선임을 위한 절차를 진행하고 있습니다. 검사인이 선임되어 실무에 착수하면 우리 조합은 어떻게 대처해야 합니까?

A 검사인이 선임되어 농협에 임점, 검사를 진행하게 되었을 때의 대응 요령이나 대응 매뉴얼은 마련되어 있지 않습니다.

그렇지만 검사인이 선임되어 검사가 실시되면 매우 엄중한 상황으로 인식하고 조합에서도 엄정하고 진지하게 대처하여 조합의 명예와 이익을 지켜야 합니다. 검사인이 선임되어 실제 검사를 실시할 경우 조합은 자체 감사의 특별감사 또는 계통기관이나 감독기관의 특별감사 실시에 준하여 모든 준비와 대응 및 행정 지원을 하여야 합니다.

먼저 검사인에게 조합의 일반 현황을 보고하고 전년도 결산보고서와 운영의 공개 자료 등 기본적인 검사 기초 자료를 제공하고 조합의 경영 현황을 보고합니다. 검사 분야와 검사징구자료 목록이 제시되면 즉시 해당 자료를 작성하는 한편 자료 작성에 소요되는 시간과 절차를 설명하고 임점 검사 일자와 검사 자료 확인 방법 등을 상호 협의하여 검사 일정을 결정합니다.

검사 항목의 사업과 업무에 대한 자세하고 치밀한 설명 자료를 작성하고 징구 자료와 부속서류 및 증거 자료를 준비하며, 자료에 대한 설명은 간부직원과 실무직원이 동시에 배석하여 설명하도록 하여 충실한 설명이 되도록 하여야 합니다.

모든 제출 자료는 반드시 2부를 작성하여 1부는 검사인에게 제출하고 1부는 조합에서 보관하도록 하며, 사업 과정에서 발생한 약정서, 채권증서, 계약서 등은 원본을 제출하지 말고 사본을 제출하도록 하여야 합니다.

검사징구자료에 조합원이나 고객의 성명, 주소, 전화 등 개인정보 관련 사항이 있을 경우에는 검사인에게 개인정보와 관련되는 부분을 개인정보 보호법에 따라 삭제, 또는 은폐 변조하여 제출함을 보고하고 삭제 또는 은폐하여야 합니다.

검사인이 검사인청구자의 그릇된 주장에 기울어 있을 경우 청구자의 주장이 잘못되었음을 자세하게 설명하고 설득하여 공정하고 객관적인 검사가 되도록 최선의 노력을 하여야 하는데, 바로 이러한 설명과 이해 설득이 검사 결과를 좌우하게 되는 것입니다.

검사징구자료와 함께 해당 사업에 대한 설명 자료가 부실하거나 내용이 빈약할 경우에는 중앙회나 외부전문가(법률고문 등)에게 도움을 요청하여 충실한 내용의 자료가 제공되도록 각별히 주의하여야 합니다.

설명이 충실하면 아무런 문제도 되지 않을 사안이 설명 부족이나 오해 때문에 심각한 문제가 있는 것으로 보고될 경우 조합의 미래 운명에 중대한 악영향을 미치게 되기 때문입니다. 검사인의 검사 결과 특별한 문제가 발견되지 않았고, 조합의 사업 추진에 지장만 초래했거나 총회 소집 등으로 사업계획서에 없던 비용이 지출되어 조합에 손실이 발생하였을 경우, 조합은 그 직접적 손해(검사 관련 비용, 총회 관련 비용 등)와 간접적 피해(조합의 신용 실추, 사업 저해, 직원의 사기 저하 등)를 신청자와 서명자에게 배상청구할 수 있고, 신청자 대표는 조합원 제명 사유가 됩니다.

112 대의원회의 성격과 운영은?

Q 대의원회가 곧 총회 아닙니까? 서로 다른가요?

A 총회는 전체 조합원의 회의체입니다.

그런데 전체 조합원은 그 숫자가 많고 농업인으로서 넓은 구역에 흩어져 살고 있으며, 언제나 시한영농의 압박에 쫓기고 있습니다.

그 조합원들이 특정한 날짜에 모두 한 곳에 모이는 일은 매우 어렵고, 또 번거로우며 많은 비용과 시간을 소비하게 됩니다. 또 너무나 많은 사람이 모이므로 질서 유지나 통제에도 어려움이 있고, 회의의 진행도 그만큼 어려워지며, 다수의 인원이 참여한다고 하여 더 나은 토의, 더 깊은 심의, 더 현명한 방안이 도출되는 것도 아닙니다.

그래서 이러한 비능률과 번잡과 고비용 저효율의 문제를 벗어나기 위해 대의원회를 두는 것입니다. 마치 국가에서 직접민주정치를 하기 어려우므로 국회를 두어 간접민주정치를 하는 것과 같은 원리입니다.

그리고 법률에는 '제41조 제1항 각 호에 규정된 사항 외의 사항에 대한 총회의 의결에 관하여 총회를 갈음하는 대의원회를 둘 수 있다'고 규정하고 있습니다. 따라서 대의원회는 농협법 제41조 제1항 이외의 사항에 대해서 총회를 갈음(대신)하여 의결을 하는 것입니다.

대의원회가 모든 다른 일을 총회로 갈음하며, 갈음할 수 없는 사항은 1. 조합의 해산, 분할 또는 품목조합으로의 조직 변경 2. 조합장의 선출 3. 임원의 해임 등입니다. 이때 임원의 해임은 대의원회에서 선출한 임원의 경우 대의원회에서 특별결의로 해임할 수 있습니다.

이는 마치 헌법 개정이나 국가의 매우 중요한 사항에 대하여는 국회의 심의 의결과 별도로 국민투표 제도를 두고 있는 것과 같다고 하겠습니다. 그러므로 대의원회는 중요한 사항을 제외한 일반적인 사항은 모두 의결하지만, 총회 고유의 의결사항은 대의원회에서 의결할 수 없고, 총회 역시 대의원회 의결사항을 총회에서 의결할 수 없습니다.

113 대의원의 지위는?

Q 대의원을 각 구역별로 선출하다 보니 대의원이 지역구의 맹주라거나 지역구 대표 혹은 지역구민의 대리인, 심지어 지역구의 공복이라는 말까지 나오는 실정입니다. 도대체 대의원의 지위는 어떤 것입니까?

A 대의원은 대의원회 구성원으로서 정관이 정하는 바에 따라 구역별로 조합원 중에서 선출된 사람입니다. (정관 제46조) 대의원은 총회를 갈음하는 대의원회의 구성원이지만, 의결기관의 일부이고 집행기관은 아닙니다.

대의원은 대의원회에서 1개의 의결권을 행사할 수 있고 다른 대의원의 의결권을 대신 행사할 수 없습니다. (법 제42조) 대의원은 독립적이며 스스로의 권한으로 누구로부터도 지시나 간섭을 받지 않고 독립하여 자주적으로 자기 양심에 따라 전체 구성원의 이익을 위하여 행동해야 합니다.

특히 대의원은 자신을 선출해 준 구역 조합원으로부터 위임을 받은 것이 아니고, 그들의 대리자도 아니며, 그들을 위해 사무를 처리하는 직분도 아닙니다. 즉 대의원은 구역별로 선출되지만 구역에 봉사하거나 구역을 대표하는 사람이 아니라 구역의 이해관계로부터 벗어나 농협의 미래와 전체 조합원을 위해 독립적, 합리적이고 양심적으로 행동해야 하는 것입니다.

114 대의원회의 권한은 무한인가?

Q 대의원회 도중에 대의원 한 분이 "대의원회는 농협의 최고의결기구이다. 조합의 모든 경영사항과 사업 추진 내용, 업무 수행 과정에 대해 보고하고 승인을 받으라"고 하여 문제가 되었습니다. 대의원회의 권한은 어디까지입니까?

A 대의원회가 최고의결기관이므로 조합의 모든 업무 과정을 보고받겠다고 한 것은 여러 가지로 틀린 말입니다.

첫째, 대의원회가 최고의결기관이 아니라 조합원총회가 최고의결기관이고, 대의원총회는 총회를 대신하여 총회의 권한과 기능 중에서 아주 중요한 사항을 뺀 일상적인 사항만을 위임받은 기관입니다.

둘째, 농협의 경영사항과 사업 추진, 업무 수행에 대한 사항은 대의원회 소관이 아니므로 보고하라고 할 수 없음은 물론, 조합원총회라고 하더라도 그러한 요구를 할 수 없습니다. 총회의 심의 의결사항은 농협법과 정관에 명확하게 열거되어 있으며, 그에 속하지 않은 사항을 요구하는 것은 위법입니다.

셋째, 농협의 경영과 사업 추진, 업무 수행에 대한 승인은 대의원회의 권한이 아니라 이사회의 권한사항이며, 대의원회는 정기총회에서 결산보고서를 승인하는 권한이 있을 뿐입니다.

대의원회의 권한은 구체적으로 다음과 같습니다.

먼저 조합원총회에서만 의결이 가능한 다음 사항은 대의원회에서 심의나 의결을 할 수 없는데 1. 조합의 해산, 분할, 품목조합으로의 조직변경 의결 2. 조합원의 직접투표에 의한 조합장 선거 3. 조합원 1/5 이상의 요구에 의한 총회의 임원 해임 결의 4. 조합의 합병 등입니다.
(법 제42조)

이러한 권한을 제외한 대의원회의 권한은 1. 대의원회에서 선출토록 한 임원의 선출과 그 임원의 해임안 의결 2. 정관의 변경 3. 조합원 제명 의결 4. 규약의 제정, 개정, 폐지 5. 사업계획 수지예산의 승인과 변경 6. 결산보고서와 잉여금처분안 승인 7. 임원의 보수 및 실비변상 결정 8. 조합장과 감사에 대한 징계 및 변상 9. 기타 조합장이나 이사회가 필요하다고 인정하는 사항 등입니다. (법 제35조)

기본적으로 대의원회는 조합원총회 소집에 따른 번잡과 비능률, 고비용 구조를 개선하기 위한 것으로서 총회의 권한 일부를 위임받아 수행하는 기관이며, 그 역할은 농협 집행부의 사업 추진과 경영 개선을 지원하고 사업계획에 나타난 경영 전략을 승인하며, 사업의 결과를 표현한 결산보고서를 승인하고 또 수고한 임원들에게 보수나 상여금을 허락하는 것이 중요한 역할입니다.

농협법에 명문화되어 있지 않은 최고의결기관이라는 표현에 기대어 경영진을 핍박하고 임직원들에게 지시와 통제를 가하려고 하는 자세는 권한을 오해한 '갑질'이고 업무방해죄에 해당하며 대의원 해임 사유, 조합원 제명 사유, 손해배상 사유에 해당합니다.

115 대의원회 안건의 의결 과정과 조건은?

Q 대의원에 당선되어 대의원회에 참석하지만 안건의 의결 조건이나 과정을 잘 알지 못합니다. 대의원회에 상정된 안건이 의결되려면 어떤 과정과 조건을 충족하여야 하는지 궁금합니다.

A 대의원회는 조합원총회를 대신하여 농협의 중요한 경영 관련 사항을 심의하고 의결합니다.

그러나 모든 사항을 다 의결할 수 있는 것이 아니라 농협법에 열거되어 있는 총회의결사항의 범위 내에서만 의결할 수 있습니다.

또 대의원회에서는 소집통지서에 기재된 안건에 대해서만 의결할 수 있는 것이 원칙입니다. 대의원이 안건을 제안하려고 하면 총회 30일 전까지 안건제안서를 조합장에게 제출하여 이사회의 심의와 승인을 얻어야 합니다.

대의원회를 소집하여 안건이 부의되면 안건에 대한 설명과 토론, 수정안 제출 등이 이루어지고 토론이 종결되면 표결 절차에 들어가게 됩니다.

표결은 수정안부터 먼저 표결하여 원안에까지 차례로 이루어지며 도중에 과반수 찬성으로 가결된 안건이 나타나면 그것으로 해당 안건의 표결이 완료되고 아직 표결하지 않은 나머지 안건은 폐기됩니다.

이때 일반적인 안건은 대의원 정수의 과반수 출석에 출석자 과반수 찬성이면 가결되는데 이를 보통결의라 하고, 임원 해임이나 조합원 제명 등 특별히 중요한 안건은 과반수 출석에 출석자 2/3의 찬성으로 가결되는데 이를 특별결의라고 합니다.

그리고 대의원은 사전에 통지된 회의소집통지서를 잘 살펴보고 특히 안건의 내용에 대한 검토와 연구를 해 두어 회의 당일에 의견을 적극적으로 발표하고, 다른 사람의 의견을 평가하며 훌륭한 의견은 바로 수용하여 동의해 주고 격려하여 회의 분위기를 건설적인 방향으로 이끌어야 합니다.

또 안건과 관련이 없는 발언을 하는 사람이 있거나 정치 연설, 트집 잡기, 말꼬리 잡기, 인신공격 등이 발생하면 즉시 의사진행 발언을 통해 그 발언을 공격하고 의장에게 토론의 종결과 표결 절차 진입을 요구하는 등 적극적인 행동을 하여야 합니다.

이러한 행동은 농협 운영을 방해하는 업무방해 행위이고 전체 대의원의 품격과 명성을 떨어뜨리는 일이며, 이런 행동을 용납하면 회의가 엉뚱한 방향으로 흘러서 결국 농협 경영이 어려워지고 선량한 조합원이 피해를 입으며, 그 당시 대의원을 역임한 사람들이 모두 비난을 받게 되기 때문입니다. 결국 농협의 미래는 대의원들의 자세와 행동에 달려 있는 것입니다.

대의민주주의 제도란?

Q 교육 중에 대의민주주의라는 말을 들었는데, 자세한 설명이 없이 그냥 지나쳤습니다. 민주주의와 대의민주주의, 농협에서의 대의민주주의는 무엇을 가리킵니까?

A 대의민주주의란 간접민주주의라고도 하는데, 모든 국민이 정치에 직접 참여할 수 없으므로 국회를 두어 국민의 대표가 정치를 도맡아 하는 제도를 가리킵니다. 농협에서는 조합원총회를 대신하여 대의원회를 두는 것이 바로 대의민주주의입니다.

오늘날에는 국가의 규모가 비대해져 몇 천만 원 혹은 몇 억 원 단위에 이르는 모든 국가의 구성원이 한 공간에 모여 토의하는 것은 불가능합니다. 또한 산업화 이후에 사회가 전문화·분업화됨으로써 모든 시민이 자신의 역할이나 직업만을 수행하기에도 바쁩니다.

따라서 전문성을 갖춘 대표를 선출하고 선출된 대표가 국회에 모여 의사결정을 하도록 일임하고, 의사결정 내용에 주권자인 국민이 따르는 형태가 오늘날 보편적으로 시행되고 있는데 이를 간접민주제 또는 대의제(代議制), 대의민주주의라고 합니다.

대의제에서는 무엇보다 대표를 선출하는 것이 가장 중요한데, 대표를 잘못 선출하면 대표에 의한 자의적인 정책 결정으로 인해 공동체 전체에 악영향을 미치는 경우가 많기 때문입니다. 따라서 올바른 대표자를 선출하기 위한 민주적 선거제도의 정착과 대표자를 견제하기 위한 국민의 관심과 참여는 오늘날 대의민주주의의 성패를 결정하는 중요한 요소라고 하겠습니다.

　직접민주정치에 비교해서 대의민주주의의 단점이라면 유권자의 여론이 왜곡될 수 있다는 점입니다. 중간역할을 하는 대의주체인 정당이나 국회의원이 국민을 팔아서 국민의 뜻과 반대로 행동하거나 사리사욕을 챙기는 모습이 우리나라 국회에서 자주 나타나고 있는 것이 그 증거라 하겠습니다. 그럼에도 대의민주주의는, 인간이 문명국가에서 개발한 제도 중 가장 효율적인 의사결정 제도로 평가됩니다. 수많은 시행착오와 희생을 거쳐서 이룩한 제도인데, 그 사회의 문명 수준에 따라, 독재정치나 왕조정치로 흐르기도 합니다.

　그러므로 농협에서 대의민주주의를 실천하는 사람인 대의원은 언제나 엄숙한 마음가짐과 침착한 태도, 신중한 언행, 유권자의 뜻을 명심하는 결정으로 대의원의 책임을 다하여야 합니다.

　간혹 대의민주주의의 뜻과 정신을 망각하고 패거리를 지어 권력을 농단하거나 집행부 공격에 열을 올리거나 경솔한 언어, 절제되지 않은 행동으로 농협의 발전을 저해하는 사람이 농협마다 꼭 있기 때문에 언제나 강조되는 말입니다.

117　대의원이 총회의사록 서명을 거부할 수 있는지?

Q 대의원회의 의사록에 서명할 대의원을 선출하거나 지명하는데, 대의원 몇 명이 의사록 서명을 거부하였습니다. 이러한 경우 대의원의 책임은 무엇이며 조합이 조치할 수 있는 일에는 어떤 것이 있습니까?

A 대의원총회를 열었으면 반드시 의사록을 작성하여 비치해 두고 조합원이 열람할 수 있게 하여야 합니다. 이것은 법률에 명시된 의무이므로 생략할 수 없습니다. 그리고 그 의사록이 실제로 대의원회의 진행 내용과 같다는 것을 보증하기 위하여 몇 사람의 대의원으로 하여금 의사록에 서명하도록 제도화되어 있고, 그 절차 역시 생략할 수 없습니다.

그런데 의사록 서명인으로 선출 또는 지명된 대의원 몇 사람이 의사록 서명을 거부하는 일은 있을 수 없고, 농협 역사상 발생한 사례도 없습니다.

이번에 그 농협에서 의사록 서명인으로 지명된 대의원 몇 사람이 의사록 서명을 거부하였다면 그것은 의무에 대한 태만이고, 고의로 서명을 하지 않았다면 업무방해죄를 저지른 것이 됩니다. 조합원으로서, 또 대의원으로서 농협의 내부통제에 복종할 의무가 있는데, 그 의무를 거부한 일은 곧 농협법 위반이고, 또 그 결과 농협의 업무에 심각한 차질과 흠결을 발생하게 한 일은 용서받을 수 없는 '고의적인 농협 파괴행위'입니다.

고의적인 농협 파괴행위는 곧 농협 건물이나 시설에 불을 질렀거나 파괴하였거나 종사직원을 폭행하여 업무를 하지 못하게 한 것과 똑같은 중대한 범죄행위입니다. 따라서 뒤늦게라도 지금 즉시 농협에 찾아가서 다른 화급한 일 때문에 서명이 늦었노라고 깊이 사과하고 성실하고 겸손한 자세로 의사록에 정성껏 서명하여야 합니다.

즉시 사과하고 서명을 하여야 하는데, 만약 서명하지 않는다면 농협은 그 내용을 다음번 총회에 보고하고 대의원 해임, 조합원 제명, 형사 고발(농협법 위반, 업무방해죄, 신용실추죄)을 추진하고 또 그와 관련된 농협의 손해에 대하여 손해배상청구를 하여야 할 것입니다.

118 대의원들의 집단적이고 고의적인 회의불참으로 회의가 무산되었다면?

Q 일부 대의원 집단이 집행부에 대한 불만을 표출하는 방법의 하나로 고의적으로 회의에 불참하여 대의원회가 의사정족수에 미달되어 열리지 못하였습니다. 이런 경우 고의로 불참한 대의원들의 책임은 어떤 것이 있습니까?

A 대의원과 집행부 사이에 불편한 일이 있을 수 있고, 심하면 갈등이나 마찰이 생기기도 하는 것은 사람 사는 세상에서 있을 수 있는 일입니다. 이는 동질성을 가진 농협 조합원이라고 하더라도 부분적으로는 이해관계가 다를 수 있고 농협 발전과 농업개발전략에 대한 의견과 주장이 서로 다를 수도 있는 것이기 때문입니다.

이러한 의견의 차이나 이질성의 문제는 힘으로 해결할 수 있는 것이 아니므로 서로 더 많은 대화와 소통, 이해와 양보로써 해법을 찾아가야 하고 그러한 접근을 할 때 가장 원만한 해결 방안이 나타나게 됩니다.

그리고 조합원들로부터 선출된 대의원이라면 농협 경영, 조합원의 이익을 생각하고 조합원 간의 차이와 의견 상충을 이해하고 조정하는 자세를 가지고 행동까지 하여야 합니다.

그런데 대의원이 농협의 회의 소집에 불응하거나 반발하여 집단적이고 계획적으로 회의에 불참함으로써 의사정족수 미달로 회의가 열리지 못하였다면 이는 매우 심각한 사태입니다. 단순히 회의 일시를 착각해서, 혹은 가축의 출산이나 홍수로 인한 시급한 일 때문에 회의에 참석하지 못한 일은 이해되고 용서가 되는 일이지만, 그러한 이유가 아니라 고의적으로 농협의 회의를 방해할 목적으로 회의에 참석하지 않았다면 이는 중대한 범죄행위입니다.

그리고 이러한 불참행위가 의견조정을 수십 번 시도하였음에도 이루어지지 않아서 소수파로서 마지막 저항의 수단으로 선택할 수밖에 없는 것이었다면 어느 정도 이해될 수 있을 것입니다.

그런데 의견조정과 절충의 시도도 없이, 의사정족수 미달 사태를 불러올 정도의 규모로 진행되었다면 소수파가 아니라 다수파의 횡포라 할 것이므로 문제는 매우 심각해지고 그 책임도 대단히 무거운 것이 됩니다.

결론적으로 이러한 행위는 고의적으로 계획을 세워서 조직을 구성하여 농협의 사업과 업무를 방해할 목적으로 행동까지 한 것이므로 어떤 변명을 하더라도 용서받을 수 없습니다. 이에 대하여 집행부는 정식으로 경고문을 보내서 불참회원 전원으로부터 사유서나 반성문을 징구하고 공식적으로 사과하도록 요구하여야 합니다.

그리고 이 사태를 수사기관에 고발하여 처벌하여야 하는데, 특히 주동자는 반드시 관용 없는 처벌을 하도록 하고 또 농협의 손해에 대한 배상을 청구하여 전체 조합원에게 손해가 없도록 하여야 합니다. 핵심 주동자는 모두 조합원 제명으로 징계하여야 할 것입니다.

아울러 농협 집행부가 다수파의 횡포가 두려워서, 혹은 농협의 원만한 경영을 위해 고발을 하지 않을 경우, 대의원 개인이나 조합원 개인, 농업인단체 등에서 고발할 수 있고, 또 고발하여야 합니다. 일부 야심가나 모리배에 의해 농협과 전체 조합원이 손해를 입는 사태는 반드시 막아야 하기 때문입니다.

119 대의원의 자격 요건은?

Q 대의원도 자격 요건과 결격 사유가 있다고 들었는데, 그 내용을 알지 못합니다.

A 대의원은 조합원을 대신하여 뽑힌 선량으로서 총회를 갈음하는 대의원회의 구성원이고, 조합의 최고의결기관에서 모든 것을 결정하는 사람이므로 당연히 엄격한 자격 요건이 있으며 대의원은 그 요건을 갖추어야 합니다.

첫째, 조합원이어야 하고, 결격 사유나 자격 제한에 해당하지 않아야 합니다. (정관 제46조)

조합 정관에서 대의원 자격으로 제한하는 내용은 1. 대한민국 국민이 아닌 자 2. 미성년자, 금치산자, 한정치산자 3. 파산선고를 받고 복권되지 아니한 자 4. 법원의 판결로 자격 정지된 자 5. 금융기관이나 소속 조합에 1000만 원 이상 채무의 1년 이상 연체자 등입니다.

대의원에게 이 사유가 적용되는 기준 시점은 위 1~4호의 경우는 '임기개시일'이고, 5호 연체관계는 '현재'입니다. 따라서 대의원으로 활동을 하고 있지만, 어느 순간에 1000만 원 이상의 채무가 1년 이상 연체가 발생하면 그 즉시 대의원직을 상실하게 됩니다. (정관 제56조)

그렇지만 대의원 자격을 상실하기 전에 대의원회에서 의결 등 활동한 행위는 효력을 잃지 않습니다.

둘째, 피선거권 제한 규정인데, 대의원 임기만료일 전 180일까지 조합원으로 가입하여 조합원 명부에 대의원 선출구역의 조합원으로 등재되어야 합니다. 이 조항은 선거를 목표로 이 조합, 저 조합으로 떼 지어 몰려다니며 대의원과 임원 감투를 휩쓸어 보려는 정치꾼들이나 총회꾼들이 농협에 발붙이거나 준동하는 것을 예방하고 조합원끼리 서로 배경과 사업 등을 알 수 있는 기회와 기간을 둠으로써 잘못된 선택을 막도록 하기 위한 것입니다.

셋째, 농협과 경업(競業)관계가 아니어야 합니다. 경업관계에 있는 조합원이란, 조합의 사업과 실질적으로 경쟁관계에 있는 사업을 경영하거나 종사하는 사람을 가리킵니다. (법 제52조)

이 문제는 은행, 보험회사, 신협, 마트, 농자재상 등 농협과 같은 업종의 사업을 영위하거나 경영하는 법인의 관계자가 농협의 대의원이 될 경우 농협의 업무상 비밀이나 경영전략, 자료 등이 대의원을 통해 누설되어 농협 경영에 해악을 끼칠 우려가 있고, 대의원 활동을 통해 농협사업의 확장이나 발전을 방해할 수 있으므로 이를 방지하기 위한 것입니다.

120 대의원의 결격 사유는?

Q 대의원의 자격 요건이 일반 조합원과는 다릅니다. 그리고 임원의 경우에는 재직 중에 결격 사유에 해당되면 곧 자동 퇴임한다고 알고 있습니다. 그러면 대의원의 경우에도 임원의 경우와 같은지 궁금합니다.

A 대의원의 자격은 정관에서 규정하고 있으며, 임원의 결격 사유 중 일

부를 준용하고 있습니다. (정관 제46조)

> 가) 대한민국 국민이 아닌 자 (정관 제56조 제1항 제1호)
> 나) 미성년자, 금치산자, 한정치산자 (정관 제56조 제1항 제2호)
> 다) 파산선고를 받고 복권되지 아니한 자 (정관 제56조 제1항 제3호)
> 라) 법원의 판결 또는 다른 법률에 의하여 자격이 상실 또는 정지된 자
>   (정관 제56조 제1항 제4호)
> 마) 소속 조합, 금융기관에 ○○○○만 원 이상의 채무를 1년 이상 초과하여 연체
>   한 자 (법 제49조 제1항 제11호, 정관 제56조 제1항 제11호, 정관 제46조 제10항)

자격 요건 사유가 적용되는 기준일은 다음과 같습니다.

가) 위 항 가)~라)의 사유는 '임기개시일'입니다.

나) 위 항 마)의 연체 관련 결격 사유의 기준일은 선거공고일 현재가
아니라 '현재'입니다.

따라서 위 5개 사유가 기준일 이후에 임기 중에 발생하면 '발생한 때
에' 당해 대의원은 대의원직을 당연 상실합니다.

이와 함께 정관 제122조는 '자격 제한'이라는 제목하에 「피선거권
제한 규정」을 두고 있으며 그 주요한 내용은 다음과 같습니다.

> 1) 180일 이상의 조합원 자격 보유
>   대의원의 임기만료일 전 180일까지 조합원으로 가입한 사람으로서, 선거공고
>   일 현재 6개월 이상 계속하여 해당 선출구역 조합원 명부에 조합원으로 등재
>   된 사람이어야 한다.
>
> 2) 피선거권 제한 사유
>   가) 정관 제56조 제1항 제1호부터 제4호까지, 제11호의 결격 사유에 해당하는
>   사람
>   나) 선거일 공고일 현재 조합에 대하여 ( )좌 이상의 납입출자분을 2년 이상 계
>   속 보유하고 있지 아니한 사람

다) 선거일 공고일 현재 우리 조합의 사업이용실적(선거일공고일 현재의 1년 전부터 선거일 공고일 현재의 전일까지의 기간 동안 이용한 금액)이 다음 각 목의 기준금액 중 어느 하나에 해당하지 아니한 사람

    가. 제5조 제1항 제2호 가목 및 나목의 경제사업을 이용한 금액 : ( )만 원 이상

    나. 제5조 제1항 제3호 가목의 신용사업 이용에 따른 예·적금의 평균잔액 : ( )만 원 이상

    다. 제5조 제1항 제3호 나목의 신용사업 이용에 따른 대출금의 평균잔액 : ( )만 원 이상

    라. 제5조 제1항 제4호의 금융기관보험대리점사업 이용에 따른 수입수수료 : ( )만 원 이상

라) 후보자 등록일 전일까지 법 제52조 제4항에서 정한 경업관계를 해소하지 아니한 사람

「피선거권 제한 규정」은 대의원 선거 당시 대의원 후보자가 꼭 갖추어야 할 조건입니다.

만약 대의원 후보자가 후보 등록 당시 이 조건을 충족하지 못하였다면 후보 등록을 할 수 없고, 착오나 부정으로 후보 등록을 하거나 당선자로 결정되었다고 하더라도 그 사실이 밝혀지면 후보 등록 무효, 당선 무효가 됩니다.

그런데 이 조건 중 정관 제122조 제2항 제2호의 규정은 임원의 자격 요건을 준용하는 것이므로 그 적용 시기가 '임기 동안 전체'이지만, 다른 항목은 피선거권을 행사하는 시기, 즉 '후보 등록과 선거 기간에만 적용'됩니다.

따라서 '대의원의 사업이용실적' 부분은 임원의 경우와 달리 임기 중 내내 적용되는 것이 아니라, 후보 등록 시기에 규정하는 기준일자에 기

준금액을 충족하면 되고, 그 이후 임기 중에 계속하여 그 수준을 유지할 필요가 있는 것은 아닙니다.

즉 '사업이용실적' 부분은 '대의원 피선거권 자격 요건'으로서 임기 중에 유지하여야 하는 것이 아니라 후보자 등록 시에만 요건을 갖추면 되는 것입니다.

그리고 임기 중 그 실적이 기준 이하로 기록되는 경우가 있더라도 당연 해임이나 자격상실이 되는 것이 아닙니다.

121 경업자라고 하여 직책을 맡지 못하다니

Q 조합원이고 실력과 덕망을 갖추었는데도 가족이 작은 마트를 운영한다고 하여 임원이 될 수 없다고 합니다. 경업자라는 이유로 조합의 직책을 맡지 못하게 하는 일은 헌법에 보장된 피선거권 제한이고, 직업 선택의 자유에 대한 침해이며 차별대우입니다.

A 조합의 임원과 대의원은 중요한 경영상의 의사결정을 하는 사람이고 조합 경영이나 사업과 관련한 거의 모든 사항을 열람, 조사, 확인할 수 있는 위치에 있습니다.

그래서 만약 조합의 임원이나 대의원인 사람이 조합의 사업과 경업 관계에 있는 사업을 경영한다면 첫째는 조합의 사업 관련 정보가 모두 경쟁업체에 알려지게 되어 조합사업에 불리하게 작용하게 될 것입니다.

둘째, 조합에서 해당되는 사업에 대한 의사결정 시 해당 임원과 대의원은 이해충돌의 상황에 직면하여 올바른 의사결정을 할 수 없을 것이며, 심한 경우 조합의 이익을 훼손하고 경업관계에 있는 자신의 업체 이익을 위해 의사결정을 하거나 의견 표명을 하여 조합에 손해를 끼칠 위험이 있습니다.

셋째, 경업자가 임원이나 대의원이 되면 임기 중에는 철저한 자기관리로 조합의 이익을 보호할 수 있다고 하더라도 퇴임 후 재직 중에 취득한 조합의 영업비밀을 이용하여 경업과 관련한 사업에 활용할 것이 확실합니다. 이 경우 '임원은 재임 중 또는 퇴임 후에도 직무상 알게 된 회사의 영업상 비밀을 누설하여서는 안된다'는 법률 규정을 어기는 결과가 됩니다. (상법 제382조의 4)

그렇기 때문에 경업자가 임원과 대의원에 취임하여 조합의 이익을 훼손하는 사태를 미연에 방지하기 위하여 경업자는 임원과 대의원의 자격에서 결격 사유로 법률로써 명문화하고 있는 것입니다. (법 제52조)

그리고 경업자에 대한 임원 결격 사유 규제는 헌법에 보장된 피선거권과 관련이 없고 직업 선택의 자유와도 관련이 없는 것으로 헌법재판소가 판시한 바 있습니다.

122 경업자의 구체적인 기준은 무엇이며, 그 한계는?

Q 경업자로 분류하면 임원은 물론 대의원도 될 수 없게 됩니다. 경업의 구체적인 기준은 어떤 것인지, 그 한계는 어디까지인지 매우 궁금합니다.

A 경업(競業)이란 기본적으로 조합이 수행하고 있는 사업과 똑같은 사업을 경영하는 것을 말합니다.

그 자세한 내용은 농협법시행령에 명시되어 있는데, 신용사업과 관련되는 부문은 은행, 보험, 수협, 산림조합, 새마을금고, 우체국, 대부업 등이 있고, 경제사업과 관련되는 사항은 비료업, 농약판매업, 농축산기자재판매업, 석유판매업, 사료판매업, 종자업, 양곡판매 및 가공업, 축산물판매업, 장례식장업, 이사회에서 조합과 실질적 경합관계라고 인정하는 사업 등이 있습니다.

실질적 경합관계에 있는 사업이란 소속 농협의 사업과 계속, 반복적으로 경합관계가 생겨서 소속 농협과 이익이 충돌되어 소속 농협에 불이익을 초래하거나 초래할 우려가 있는 사업을 가리킵니다. 또 경업은 사업장이나 사업구역이 소속 농협의 구역 안에 있거나 밖에 있거나를 막론하고 경업이 되는 것이며, 사업구역이 소속 농협의 사업 범위와 겹치지 않더라도 경업으로 판단합니다.

그리고 사업자의 명의가 가족이거나 제3자로 되어 있더라도 사업의 결과가 다소라도 자신에게 귀속되는 경우에는 모두 경업으로 보아야 합니다. 즉, 겉으로는 자신과 무관하고 제3자가 경영하는 것으로 되어 있지만, 뒤에서 실질적으로 경영에 간여하고 있거나 본인이 영향력을 행사할 수 있는 동거가족이 경영주인 경우에도 경업자로 분류됩니다. 예컨대 슈퍼마켓이나 편의점을 가족명의로 운영한다고 하더라도 경영의 결과인 이익이나 손해가 결국 자신에게 배분되는 경우에는 경업자임이 분명한 것입니다.

Q 경업자라는 이유로 대의원후보 등록이 거절되었습니다. 경업이라고 하지만 그 정도가 크지 않고 사업을 경영한 경험을 조합 경영에 반영할 수 있는 장점도 있을 것인데, 무조건 제한을 하니 불만입니다. 경업자의 대의원 입후보를 제한하는 이유와 근거는 무엇입니까?

A 경업금지(競業禁止)란 농협의 사업과 경쟁이 되는 경쟁업종을 경영하거나 경쟁업종에 종사하는 것을 금지한다는 뜻입니다. 그리고 경업금지의무는 농협의 임원, 대의원 모두에게 주어지고 있는데, 대의원은 단순히 조합원의 대표라는 직함에 그치는 자리가 아닙니다.

대의원은 대의원회라는 농협의 최고의결기구 구성원으로서 농협의 운영과 관련하여 중요한 결정을 하는 사람입니다. 대의원회에서 결정하는 사항은 주요 임원의 선출과 해임, 안건의 심의 의결, 대의원회 안건 제안, 규약의 제정·개정·폐지, 사업계획 수지예산의 승인과 주요 사항의 변경, 결산보고서 승인, 잉여금처분안 승인, 인원보수와 실비변상 기준 제정, 조합장과 감사에 대한 징계와 변상, 기타 상정되는 안건에 대한 심의와 의결 등으로서 농협의 운영에 대한 가장 중요한 사항을 대부분 망라하고 있습니다.

그리고 이러한 농협 운영과 관련된 사항은 농협과 경쟁관계에 있는 업체나 단체, 기관으로서는 매우 중요한 경영정보가 되는 것이고 반대로 농협으로서는 이러한 사항은 곧 경영기밀이나 영업비밀에 해당되는 것이므로 외부로 공표되거나 누설될 경우 경영에 심각한 위해나 부작용, 사업 저해가 일어나는 일입니다.

즉 대의원회에서 다루는 사업계획서, 수지예산서, 결산보고서, 고정투자계획 등은 인근에서 농협과 경쟁하는 사업체에는 대단히 중요한 경영정보인 것입니다. 나아가 대의원이 농협의 중요한 의사결정을 하는 과정에서 자기 자신의 사업과 경쟁관계인 사업에 대하여 농협의 이익을 희생하고 자기의 이익을 지키려고 하는 것이 인지상정이므로 경업자에게 농협의 중요한 의사결정을 맡게 할 수는 없는 것입니다.

따라서 대의원은 농협의 사업과 경업되는 사업의 경영이나 종사를 금지하여 그들로 하여금 선량한 관리자로서의 주의의무를 다하고 성실하게 조합의 이익을 위한 의사결정과 집무에 전념할 수 있도록 하려는 것입니다.

그렇지만 경업자를 임원, 대의원이 되지 못하도록 한 것은 조합원의 기본권인 피선거권을 제한한 것이 분명한데, 이러한 권리제한을 법률로 규정하였으므로 문제가 없는 것입니다. (법 제52조 제4항)

124 대의원회에 임직원이 참석할 수 없습니까?

Q 조합 대의원회에서 대의원 여러 명이 '대의원회는 대의원과 조합장으로 구성되는데 이사, 감사, 직원이 배석한 것은 잘못'이라며 퇴장을 요구하여 임직원을 모두 퇴장시키고 회의를 한 적이 있습니다. 대의원회에 임직원이 배석하면 안 되나요?

A 대의원회는 대의원과 조합장으로 구성되므로 다른 임원이나 직원은 대의원회 구성원이 아닌 점은 맞습니다. 그리고 대의원회 구성원이 아닌 임직원은 대의원회의 안건 심의와 표결에 참여할 수 없습니다.

그런데 회의에 참석, 또는 배석할 수 있는지 법률에 규정된 바 없지만, 필요 시 의견 진술이나 대의원의 요청 시 안건 설명을 위해, 또 원활한 회의 진행을 위해 의장을 보조하여야 하므로 배석이 필요합니다.

다만 해당 임직원과 관련한 토의나 심의가 있을 경우에는 퇴장하는 것이 당연하지만 대의원회 구성원이 아니라고 하여 임직원을 모두 퇴장시키고 비공개회의, 또는 비밀회의를 하는 것은 옳지 않고 이는 농협법에 근거가 없음은 물론, 다른 법률에도 유사한 내용이 없습니다.

임원 중에서 감사는 총회에서 의견을 진술해야 하므로 참석해야 하고, 이사나 간부직원 역시 의견진술권이 있고 안건에 대한 설명이나 보충을 할 수 있는 사람이므로 참석하는 것이 옳으며 담당 직원은 의장을 보좌하고 의사진행을 보조하며 또 대의원회의 실무자로서 참석하는 것이 당연합니다.

또한 총회는 공개적으로 하는 것이 원칙이고 안건이나 질의사항에 대한 집행부 실무진의 설명이나 보충이 필요하므로 회의 과정의 참석이 제한될 이유가 없는 것입니다. 이는 국회 본회의와 상임위원회에 국무위원, 공무원이 참석하고 일반 국민이 증인이나 참고인으로 참가하는 경우와 다르지 않습니다.

실제로 의장을 제외한 전 임직원을 퇴장시키고 대의원회를 진행한 농협의 경우, 긴급동의나 이상한 의제로 조합장을 공격하여 탄핵하고 대의원회 진행과 조합의 중요한 의사결정을 일부 대의원이 장악하기 위한 경우였습니다.

따라서 일부 대의원의 대의원회 의장 외 임직원 퇴장 요구가 있을 경우 임직원은 △농협법에 의견진술권이 있는 이사, 감사, 간부직원은 퇴장 대상이 아닌 점 △보조직원은 회의구성원은 아니지만 회의를 위해 꼭 필요하므로 퇴장해서는 안 되는 점 △농협법에 대의원 이외에는 퇴장해야 한다는 명문 규정이 없는 점 △국회 본회의나 지방의회 본회의에도 관련 공무원이 배석하는 점 △대의원 친목모임이 아니라 조합의 총회인 점 등을 주장하고 회의에 입회, 참석, 진행 및 보조하도록 해야 합니다.

또 회의 진행을 하는 의장은 의사진행권과 회의질서유지권을 갖고 있으므로 이러한 망동이나 책동으로 회의 분위기를 해치는 대의원에게 발언 중단 조치, 퇴장 명령, 강제 퇴장, 경찰 고발 등을 할 수 있습니다.

125 대의원들이 '대의원회'를 구성하여 문서까지 보내는데

Q 상당수 대의원들이 '대의원회'를 결성하여 마치 정당처럼 운영하고 활동도 하다가 이제는 대의원회 회장도 선출하더니 조합원과 유관기관, 단체에 문서까지 보내고 조합 임직원들에게 공식적이라며 각종 자료 요구까지 하고 있습니다.

A 요즘 '대의원회' 혹은 '대의원 협의회' '대의원 친목회' 등이 결성되

어 나름대로 다양한 활동을 하고 있습니다.

그러나 '대의원회'는 명칭을 무어라고 하든, 조직을 어떻게 구성하든 농협법에 근거가 없으므로 불법단체 또는 임의단체가 됩니다. 따라서 조합의 경영이나 대의원회 운영 등 공식적인 부문에서 어떠한 역할도 할 수 없고 기능을 발휘할 수도 없으며 공식적인 활동을 할 수도 없습니다.

그렇지만 대의원회라는 조직이 있고 모임이나 회의가 열린다면 조합 경영에 관한 의제도 논의가 될 것이고, 비공식일지라도 조합 내부의 정당(政黨)과 같은 역할을 할 수 있으며, 실제로 그러한 논의를 하고 있을 것입니다.

그러나 그 조직의 공식적인 활동이나 조합에 대한 요구는 원천적으로 불법이므로 법률에 근거가 없는 불법단체, 불법행위임을 들어 단호히 거절하고, 다른 기관에 대해 문서 발송이나 어떤 요구를 하는 일 역시 단호히 제지하는 것이 당연하고 옳은 일입니다. 더불어 불법단체 혹은 법외(法外)의 조직이라고 하더라도 다수의 대의원이 가입하여 있고, 실체와 형태를 갖추었으며, 배후의 단체가 지원하고, 그 지도자 역시 만만치 않은 논리와 투쟁력으로 무장하였을 것입니다.

그래서 조합에서 함부로 가볍게 다루기 어려울 것이고, 자칫하면 관계 악화로 매우 불편한 처지가 되거나 극한 대립으로 치달을 위험마저 있습니다. 이때에는 중앙회나 주무부처에 지도 요청이나 유권해석을 요청하여 그 문서를 지렛대로 삼아 적절한 통제력을 발휘하는 것이 현명할 것입니다.

감독기관의 권능 있는 유권해석이나 지도문서가 어려울 때는 농협 계통조직의 공식 법률고문에게 법률자문의견을 요청하여 그 의견서를 활용함으로써 조합이나 조합 임직원이 불법조직과 직접적으로 대결하는 구도에서 벗어나면서 효과적인 통제력을 발휘하는 방법도 있습니다.

그러나 불법단체라고 하더라도 농협조직이나 사업을 방해하지 않는다면 조직의 회합에 관심을 갖고 건전한 방향으로 운영되도록 유도하고 관리할 필요가 있습니다. 이는 농협법의 측면에서는 분명히 위법단체이지만, 그 자체를 문제로 삼을 것이 아니라 그 실체나 활동을 농협의 경영에 부정적으로 작용하지 못하도록 하고 새로운 에너지로 활용하는 것은 조합 경영자와 집행부의 경영전략과 리더십, 결단의 영역이라 하겠습니다.

126 '총회의사록'이 없을 경우 총회도 무효입니까?

Q 조합에 사고가 일어난 후 시위와 농성, 수사와 언론 취재 등 여러 가지 사태가 겹치다 보니 지난번 총회의사록이 제때에 작성되지 못하였습니다. 그러자 '총회의사록이 없다면 법적으로는 총회 자체도 없는 것'이라는 주장이 제기되어 다시 혼란을 가중시키고 있습니다.

A 총회가 열리면 총회의사록을 작성하여(법 제40조) 조합 주사무소에 비치하도록(법 제65조) 법률에 명문화되어 있습니다.

그런데 총회의사록이 없다면 외형적으로는 총회가 없었다는 뜻이 되므로 그 총회의 의결사항과 관련되는 거래선이나 고객, 외부인에게 대항하기 어려울 것입니다.

그렇지만 총회는 의사록이 없다고 열리지 않은 것이 아니므로 후일 총회의사록을 작성하여 그 내용을 과반수 참석자가 확인한다면 문제가 치유된다고 할 것입니다. 즉, 총회의사록이 없다는 이유로 혹은 작성이 지연되었다는 이유로 이미 개최되어 안건의 심의와 의결을 한 총회가 무효가 되지는 않습니다.

어떤 이유로 총회의사록이 분실, 도난, 훼손, 멸실되었을 경우에도 역시 총회의 의결 사실이나 효력이 없어지는 것이 아니고 '회의록 유고'가 되는 것이며, 후일 적당한 시기에 적절한 방법으로 회의록을 복원하면 됩니다.

127 총회의 서면결의가 무효입니까? 유효입니까?

Q 총회의 의결은 꼭 필요한 사항이지만, 사소한 안건이거나 업무상의 착오로 인하여 다시 같은 안건의 총회를 하여야 할 경우가 있습니다. 이때 전체 조합원도 이해하고 있고, 내용도 중요하지 않으며 다만 형식만이 필요하므로 총회를 서면으로 결의하면 되지 않나요?

A 일반 기업이나 단체에서 서면결의를 하는 경우가 자주 있습니다. 그리고 농협법에는 서면결의에 대한 명문 규정이 없으므로 서면결의에 대한 의견이 각각이고 특히 이사회에서 간혹 활용하는 사례도 있다고 합니다.

그러나 농협법 전문가들은 농협 총회에서의 서면결의는 무효라고 하는 것이 일치된 견해입니다. 이는 농협법에 명문화되어 있는 총회의 소집통지 조항, 안건 통보, 의결가능 범위에 대한 명백한 법률 위반이며, 개회 선언과 회의 절차 등 법률에서 정한 절차 역시 이행하지 않았기 때문입니다. 따라서 총회의 서면결의는 그 제도가 없으며, 결의를 하더라도 무효입니다.

또 인적단체인 농협에서 조합 구성원의 참여와 민주적인 의사결정이 무시되는 일이므로 이는 매우 부당하고 부적절한 일입니다. 농협은 의사결정의 결과 자체도 중요하게 생각하지만 의사결정의 과정도 결과만큼이나 소중하게 생각하기 때문입니다.

그런데 사업 추진상의 절실한 필요나 외부 여건상 부득이하게 총회의 의결을 받기 이전에 어떤 조치를 하는 경우가 있는데, 이때 대의원들이 총회 의결이 없었던 점 하나만을 문제 삼기보다는 그러한 배경과 경위에 대한 설명을 듣고 판단하여야 합니다.

그 결과 집행부의 조치가 농협 경영에 도움이 되고 조합원의 이익에 합치되는 방향이라고 판단되면 사후에라도 추인을 해 주도록 하는 것이 현명한 일이고 당연한 처신일 것입니다.

128 총회의결사항을 의결 없이 집행한 경우 치유할 방법이 없습니까?

Q 조합에서 업무용부동산 20억 원 상당을 구입하는데 다른 단체와 경

합이 되는 바람에 부득이 승인받은 예산보다 2억 원이 초과되는 금액으로 계약을 하였습니다. 일부 대의원들이 이는 총회의결사항인데, 의결 없이 집행한 것은 농협법 위반이라며 집행부 총사퇴와 2억 원의 변상을 요구하고 있습니다.

A 업무용부동산의 취득과 관련하여 1억 원 이상의 예산 추가편성은 총회의 의결사항인데 의결을 받지 않고 집행한 점은 분명히 잘못입니다. 이에 대해 일부 대의원들이 반발하고 집행부에 책임을 추궁하는 일은 당연한 일이고, 실제로 이러한 사태가 자주 일어납니다.

그러나 이러한 문제가 있다고 하여 모든 조합이 집행부 사퇴와 위규 금액 변상으로 마무리하지는 않습니다. 총회에서 당초에 승인한 예산 20억 원으로 해당 부동산을 구입하였다면 문제가 없었을 것이지만, 도중에 다른 단체나 기업과 같은 부동산을 두고 경합이 되었다면 가격이나 거래 조건에서 불리해지는 것이 당연한 일이므로 구입을 성공시키기 위해 매매금액이나 거래 조건을 상대방 토지주가 요구하는 대로 따라가 증액할 수밖에 없는 것이 현실입니다.

그리고 이러한 예산 증액에 대해 상대방과 계약 체결 전에 총회의 의결을 받았다면 아무런 문제도 없었을 것이지만, 경쟁자와 경합하는 상태라서 총회 소집과 의결을 받아 예산을 증액하여 계약을 성사시키기 어려웠을 것입니다.

이러한 사태의 해결은 먼저 업무용부동산의 승인금액 초과 구입행위의 목적과 과정에 부정이나 비리가 개재되어 있지 않음과 여건상 불가피하였음을 대의원들에게 설명하여 이해와 동의를 얻는 것이 중요합니다.

다수의 대의원이 집행부의 행위를 인정하고 동의해 준다면 이 문제를 총회의 안건으로 부의하여 대의원 과반수의 찬성으로 사후적으로 승인을 받아두면 총회의 승인 없이 집행한 예산변경 문제는 모두 치유되어 사전에 예산변경 승인을 받은 것과 같은 효력이 생기게 됩니다.

이를 '추인(追認)'이라고 하는데, 일반적으로 어떤 행위가 있은 뒤에 그 행위에 동의(同意)하는 일로서 불완전한 법률행위를 사후에 보충하여 확정적으로 유효하게 하는 일방적 의사표시이며, 농협법에 그러한 내용이 명문화되어 있지 않지만 민법에 명문화되어 국민 전체와 농협의 모든 행위, 사업, 업무에 적용되고 있습니다.

또한 농협에서 업무용부동산을 구입할 경우, 이사회 심의와 총회승인 절차를 모두 거치다 보면 그 부동산이 다른 원매자에게 팔려버리거나, 농협의 심의 내용이 누설되어 가격이 더 오르게 되는 일이 다반사입니다. 따라서 업무용부동산의 취득에 있어서는 농협의 임원과 대의원들이 부동산 시장의 특수성을 이해하고 집행부에 최대한의 재량과 융통성을 부여해 주는 것이 합당할 것입니다.

129 총회 의장의 지위에 문제가 있는 결의의 효력은?

Q 총회가 끝난 후 일부 대의원들이 안건 중에서 의장의 지위가 문제가 있는 안건이 있었는데 아무 조치 없이 의결되었으므로 무효가 될 것이라 합니다. 이런 경우도 있습니까?

Ⓐ 의장은 회의에서 의사(議事)를 주재하는 직무를 담당하는 사람입니다. 그리고 의장은 법률이나 정관에 자격이나 선임 방법이 정해져 있습니다.

그런데 어떤 이유로 의장이 아닌 사람이 회의를 주재하였다면 그 회의 자체와 의결 내용은 효력에서 문제가 될 수 있습니다. 농협의 경우에는 의장이 법률에 정해져 있으므로 그러한 문제가 거의 없지만, 회의 때마다 의장을 선출하는 단체나 주식회사에서는 문제가 자주 발생합니다. 주식회사의 경우 의장의 자격이 없는 사람이 의장으로서 주재한 회의에 대해 회의 자체가 당연 무효로 되는 것은 아니고 의결취소의 사유가 된다는 것이 법조계의 통설입니다.

조합의 경우 의장의 지위에 문제가 있는 안건에 대해 의장이 계속 회의를 주재하였다면 이는 의결취소 사유가 될 것입니다.

이 문제에 대한 명문 규정은 없으나 조합과 이해가 상반되는 조합원에 대하여 조합원의 의결권을 제한하는 명문 규정(법 제39조)의 취지를 볼 때, 의장도 조합원의 한 사람이므로 당연히 이 규정을 따라야 할 것이며, 의장의 직무에서도 똑같은 취지로 해석되고 적용되어야 할 것입니다.

이해가 상반되는 조합원의 경우에는 당사자가 안건의 심의와 표결에 참석하지 않고 회의장을 벗어나는 것으로 충분하겠지만, 일반 조합원과 달리 의장의 경우에는 의장 자신과 조합의 이익이 상반되는 안건의 심의와 표결을 자신이 직접 의장석에서 의장의 권한과 권위로 주관하는 것은 개별 조합원에 대한 압력이자 강요로 작용할 요인이 대단히 높아서 문제가 심각해지는 것입니다.

따라서 조합과 의장 개인 간의 이해가 상반되는 사항을 심의 의결할 때는 의장이 토의와 표결에 참여할 수 없으므로 의장의 직무도 당연히 다른 대행자인 수석이사에게 위임하고 퇴장하여, 수석이사가 자유로운 입장에서 안건을 처리할 수 있게 하고 조합원들은 어떤 일에도 구애받음 없이 자유롭게 토론하고 표결하였어야 할 것입니다.

그런데 이러한 안건을 조합장이 직접 주재하고 의결한 것은 대단히 잘못된 것이므로 문제된 안건의 무효를 선언하고 다음번 총회에서 특별이해관계인인 조합장이 퇴장하고 다시 의결하는 것이 옳습니다.

설혹 그 안건이 조합의 경영에 거의 영향을 미치는 것이 아니고, 오히려 조합에 큰 이익을 가져다주는 것이라고 하더라도 법률과 규정에 위반되는 행위가 정당화될 수 없고, 법률은 어떤 이유로도 법률을 어기는 행위를 용납하지 않으며 농협은 절차적 완결성, 절차적 민주주의를 그 본질과 똑같은 비중으로 생각하기 때문입니다.

그런데 임원보수규약의 개정이나 임직원에 대한 상여금 지급 등의 경우에는 조합장과 조합의 이해관계가 상반되지 않는 것으로 판단이 내려졌으므로 이 문제에 대하여 이해상반으로 주장하면 안 됩니다.

130 총회의 의결이 부당한 내용일 때 취소할 수 있는 방법은?

Q 어떤 안건이 총회에서 의결되었지만, 그 내용이 법률이나 정관에 위배되어 부당한 것일 때, 그 결의를 취소할 수 있는 방법이 있습니까?

Ａ 총회에서 의결된 안건이라고 하더라도 법률이나 정관을 위배한 내용임을 의결 후에야 발견하는 경우가 있습니다.

의결한 내용이 법률이나 정관을 위반한 것이라면 즉시 그 의결의 집행이나 실행을 보류하고 법률과 정관에 부합하는 내용으로 수정안을 만들어서 다시 총회에 부의하는 것이 올바른 절차입니다.

그런데 의결 내용의 잘못된 점을 지적하여도 집행부나 다수의 대의원들이 그것을 받아들이지 않고 강행하려 할 경우에는 문제가 달라집니다. 조합원 개인이나 대의원의 처지에서는 그것을 바로잡을 힘이 없습니다.

그러할 경우에는 조합원 300인 이상이나 조합원 총원의 5/100 이상의 동의를 얻어서 장관에게 총회의결취소를 청구하거나 총회의결무효 확인을 청구할 수 있습니다. (법 제33조) 이때에 청구하는 조합원은 청구 이유와 청구 내용, 위반된 규정 조항 등을 명시하여 '총회의결취소 청구서'나 '총회결의무효 확인청구서'를 작성하여 장관에게 제출하도록 합니다.

이때 총회의사록이 작성되었으면 그 의사록 사본을 교부받아 첨부하고 의사록이 작성되지 않았다면 의결 내용과 과정을 자세히 설명한 자료를 첨부하도록 합니다. 청구 시한은 의결사항은 의결일로부터 1개월 이내, 선거의 무효를 확인 청구하는 경우라면 선거일로부터 1개월입니다. (법 제33조)

이 시한을 넘겼거나, 장관이 청구를 기각한 경우라면 법원에 '총회결의무효 확인청구소송'을 하여 판결을 받아 결의사항을 무효로 할 수 있습니다.

131 의사봉을 3회 두드려야만 회의가 유효한가?

Q 총회를 마쳤는데, 대의원 여러 명이 총회의 진행에 문제가 있다고 합니다. 의사진행을 하는 과정에서 안건별로 가결될 때마다 의사봉을 3번 두드려야 하는데 그것을 중간에 2번이나 생략하였으므로 그 안건은 가결되지 않은 것이라 합니다. 국회에서 의사봉을 두고 쟁탈전과 물리적 충돌이 벌어진 사례를 들며 주장하는데 마땅한 답이 없습니다. 의사봉을 3번 두드려야만 결정이 성립하는 것입니까?

A 재판이나 각종 회의 시 시작과 종료를 알리기 위해서 망치를 세 번씩 두들기는 관행이 있습니다. 이 망치는 의사를 진행하는 것이라 해서 '의사봉'이라고 합니다.

회의의 시작과 중지, 속개, 안건의 상정, 의결, 산회 등 모든 절차는 '땅, 땅, 땅' 하는 이 의사봉 3타로 최종적으로 선언됩니다. 이 의사봉은 국회에서 사용하던 관행을 따라 하고 있는데, 국회의 모든 회의는 회의 주재자의 방망이 소리로 시작해 방망이 소리로 끝난다고 할 정도입니다.

의사봉은 국회의장이 회의 진행의 단계마다 명확성을 기하기 위하여 개의·산회 선포 시, 정회·속개 선포 시, 의사일정 상정 시, 질의·토론 종결 시, 표결 선포 시, 의결 선포 시 등에 사용합니다.

이 외에도 회의 질서 유지 및 정리를 위해 의사봉을 세 번이 아닌 여러 번을 치는 난타의 경우도 있으며, 의사봉이 곧 의장의 실체와 존재, 권위에 직결되는 상징이기도 합니다.

의장이 말(구두, 口頭)로써 "의사봉 3타" 또는 "통과되었습니다"라고 하는 경우와 손바닥으로 탁자를 세 번 치는 경우 그리고 의사봉 이외의 물품을 이용하여 세 번 탁자 등을 치는 경우 등 의사봉을 사용하지 아니하거나 세 번이 아닌 한 번, 두 번을 치는 경우에는 그 효력에 대해 의견이 분분했던 시절도 있었습니다.

또 당해 안건이 찬반 또는 첨예한 대립 관계에 있거나 정치적 성격을 띤 경우에는 이해당사자 간에 그 효력이 논란의 대상이 되므로 국회에서는 여야 의원들 쌍방 간에 의사봉을 선점 또는 쟁취하려는 경쟁, 의사봉 3타를 몸으로 막는 물리적 다툼이 벌어지기도 했습니다.

그런데 이 의사봉에 관한 내용이 법률이나 규정, 규약에 나타난 바 없고, 오직 국회의사록에만 '의사봉 3타'라는 기록으로 나타나고, 국회를 방문하는 외빈이 국회의장과 나란히 앉아 의사봉을 잡고 기념촬영을 하는 국회의 상징일 뿐입니다.

그리고 이처럼 '회의의 곳곳마다 의사봉을 3번씩 때려야 그 결정이 성립한다'는 규정이나 근거는 어디에도 없습니다.

법적 효력으로 말하면 때리기 전에 '가결 되었습니다' 혹은 '부결을 선포합니다'라는 가결 선언이나 부결 선언을 한 것으로 안건 의결은 완성된 것이고, 의사봉 3타는 하나의 의식(儀式)이자 하지 않아도 그만인 관행일 뿐입니다.

그렇지만 영국 의회에서 경위장의 직장(職杖, Mace)이나 가톨릭교회 주교의 지팡이(Baculus), 불교 큰스님의 지팡이(주장자, 柱杖子), 미국 상원의 상아문진과 같이 하나의 상징물이자 전통으로 인정되는 것이라 할 것입니다.

따라서 대의원들은 법적 근거가 없는 일에 더 이상 매달리지 말아야 할 것이지만, 조합장은 의사봉의 사용에 관한 법적 근거가 없음을 이유로 그 효력과 권위를 부정하기보다는 그러한 법규가 없었음에도 불구하고 제헌국회 이래 국회의 오랜 전통으로 계승되어 왔다는 점과 농협은 창립 이래 계속해온 역사성과 상징성을 존중하여 앞으로 그 절차 관행을 잊지 말고 총회를 차분하고 엄숙하며 안정감 있게 진행하도록 하여야 할 것입니다.

132 '대의원회'의 위법한 결의, 효력은?

Q 우리 조합에는 '대의원회'가 구성되어 있고, 별도로 회장과 총무까지 선출되어 운영됩니다. 대의원회에서 사업계획 내용 일부 변경안을 심의하여 변경을 의결하고 그 내용을 집행부에 통보하였습니다. 이러한 의결은 효력이 있습니까?

A 농협법에 의결기구는 총회와 총회를 갈음하는 대의원회가 있습니다. 이사회에서도 많은 안건을 심의 의결하지만 이사회를 의결기관이라고 하지 않고 집행기관이라고 합니다.

이 밖에 운영평가자문회의, 선거관리위원회 등이 있어서 소관사항을 의결하지만, 모두 의결기관이라고 하지 않습니다.

그리고 대의원회의 의장은 조합장이고, 조합장 유고 시에는 이사회에서 정한 순서에 따라 비상임이사가 조합장의 직무를 대행하므로 이사회 의장 역시 직무대행 이사가 맡게 됩니다.

2009년 농협법 개정 때 대의원회가 법제화되어 2010년부터 대의원을 두기 시작하였습니다. 대의원이 선출되고 대의원회가 구성되면서 대의원 간의 친목도모나 의견 조정, 연구와 학습 등을 위한 모임이 자생적으로 생겨났는데, 이를 대의원회라고 하여 회장과 총무를 두고 정기적인 모임을 갖는 데까지 발전한 경우도 있습니다.

그렇지만 대의원회는 법률과 정관에 근거가 없으므로 법정기관이 아니고 임의단체이며, 공식적인 활동이 불가능한 법외단체라고 보아야 할 것입니다.

그리고 대의원회의 소집과 안건의 부의, 안건 심의와 의결은 모두 의장인 조합장이 주재하고 통제하는 영역이고 조합장의 통제에서 벗어난 어떤 활동도 공식적인 것이 될 수 없습니다. 따라서 대의원회에서 어떤 결정을 하거나 농협 집행부에 어떤 요구를 하는 것은 법률적으로 있을 수 없고, 법률적으로 무효입니다.

사업계획의 일부 변경안을 임의로 상정하여 심의 의결하였다고 하지만 그 절차가 처음부터 끝까지 모두 위법이기에 무효이므로 그 의결을 좇을 이유나 필요가 없음은 물론, 그에 순응하거나 추종하는 행위 역시 위법한 행위가 되므로 각별히 주의하여야 합니다.

다만 대의원 상당수의 의견이 그러한 희망을 표출하였다면 그 내용을 파악하고 사업계획 변경에 반영할 만한 것인지는 조합원 여론수렴 절차의 하나로 참고할 수 있을 뿐인 것입니다.

그런데 그러한 사항을 문서로 요구하기까지 하였다면 이는 위법을 공공연히 공식화하려는 것이므로 단호히 거절하여 농협의 법치주의와 질서를 확립하여야 할 것입니다.

133 대의원회가 이사회에서 의결한 사항의 취소를 의결하면?

Q 이사회에서 직원급여 규정 변경과 사업 규정 몇 가지를 의결하였는데, 대의원총회에서 일부 대의원들이 반대와 반발을 하여 '이사회 의결사항 취소결의안'이 긴급동의 안건으로 상정되어 과반수 찬성으로 의결되었습니다. 이런 경우에 규정은 어떤 것이 유효합니까?

A 이런 사례는 실제로 일선의 농협 현장에서 자주 일어나는 일입니다.

이사회가 직원급여 규정의 개정을 통한 급여 인상이나 특별상여금 지급을 의결하였는데, 대의원회에서 이에 대한 반발과 반대의견이 많이 나타나 그 안건의 취소나 변경을 긴급동의 안건으로 상정, 의결하여 이사회 의결을 사실상 취소하는 일이 실제로 여러 농협에서 일어났습니다.

어떤 농협은 사업 관련 규정을 일부 개정하였는데 그 개정안을 대의원회에서 취소하도록 의결하기도 하였습니다. 그러나 이러한 의결은 모두 위법한 의결이므로 무효이고, 이사회에서 의결한 사항이 유효하며 합법적인 것입니다. 대의원회는 총회의 의결사항 중 일부를 총회로 갈음하여 의결할 수 있으며, 농협의 모든 사항을 다 의결할 수 있는 것은 아닙니다.

농협법과 정관에 총회 의결사항과 이사회 의결사항이 명확히 구분되어 열거되어 있고, 두 기관은 의결사항이나 결정할 수 있는 범위와 항목이 서로 다르므로 중복되지 않습니다. 그러므로 이사회 의결사항을 대의원회에서 다시 의결하거나 번복이나 취소 등을 할 수 없는 것입니다.

그리고 대의원회에 안건을 제안하려면 대의원회 개최 30일 전까지 안건의 제목과 내용을 서면으로 조합장에게 제출하여 이사회 심의를 거친 다음 대의원회 소집통지서에 기재되어야 합니다.

이러한 절차가 없이 회의 도중에 갑자기 긴급동의라는 형식으로 안건을 제안하여 다수가 그에 동의 및 제청을 하고 과반수의 찬성이라며 안건의 의결을 주장하는 일은 위법이므로 무효인 것입니다. 대의원회 안건제안 절차가 법률에 명시되어 있는데 그것을 위반한 것이고, 또 대의원회 의결사항이 아닌 사항을 의결한 것 등 법률을 2가지나 위반하였으므로 그 의결이 무효인 것은 당연한 것입니다.

즉 총회와 대의원회는 농협의 최고의결기관이지만, 의결할 수 있는 의결사항이 법률에 명시되어 있어서, 법률에 명시된 사항을 벗어나거나 이사회의 권한사항을 침해하여 의결할 수 없고, 또 안건의 제안과 상정 절차 역시 법률에 명시되어 있으므로 그러한 법률의 규정을 벗어난 의결은 만약 의결하더라도 무효가 되는 것입니다.

134 대의원의 처신 비법은?

Q 새로 대의원에 선출되었습니다. 대의원회 진행 과정과 별도의 대의원 친목회 현장에 참여해 보니 대립과 갈등이 심하여 무척 놀랐습니다. 대의원들이 그룹을 지어 조합장파, 감사파, 대의원회 회장파, 농민단체파 등으

로 나뉘어 있고, 학연과 지연, 혈연에 따른 모임도 있어 혼란스럽습니다. 이런 상황에서 대의원의 올바른 처신은 어떤 것입니까?

A 농협의 대의원회는 대의기구로서 국가에 비교하면 국회의 기능과 비슷합니다. 그렇다 보니 대의원회 운영 과정에서 문제가 발생하거나 판단을 하여야 할 경우가 생기면 국회법이나 국회 운영의 경우를 참고하여 판단하는 경우가 자주 있습니다.

그리고 국회의 경우를 참고하다가 국회의 악습과 관행까지도 대의원회에 유입되어 파벌과 대립, 갈등, 말꼬리 잡기, 음모와 술수 등이 나타나고 있습니다. 이러한 현실에 너무 깊이 빠져들면 스스로 주관과 판단을 잃어버리고 파벌의 허수아비나 행동대원으로 전락하여 후일 조합원의 여망과 농협의 대의를 배신하고 스스로 자신의 위상과 인격마저 잃어버리는 결과가 될 수 있습니다.

그래서 대의원들은 그러한 폐단과 악습 앞에서 대의원의 기본적인 의무와 책임에 대해 깊이 생각하고 행동의 지침으로 새겨야 할 것입니다. 이에 일부 농협에서 제정한 '대의원선언'을 소개합니다.

1. 대의원은 구역별로 선출되었지만 구역이나 선출해준 조합원을 대표하는 것이 아니라 농협 전체의 대의원이다.

1. 대의원은 혈연, 지연, 학연 등 모든 인연으로부터 독립하여 양심에 따라 판단하고 행동한다.

1. 대의원은 누구로부터도 지시나 간섭을 받지 않고 오직 농협의 건전한 발전과 조합원의 이익을 기준으로 판단하고 행동한다.

1. 대의원은 전체 조합원을 바라볼 뿐, 특정한 개인이나 파벌의 모든 영향과 압력에서 벗어나 자유롭게 의사를 표현한다.

1. 대의원은 법률과 규정을 준수하고 농협운동 참여와 사업 전이용에 솔선수범하여 농협 발전에 앞장선다.

1. 대의원은 미래의 중요한 책임에 대비하여 스스로 자기계발에 힘쓰고 언행에 조심하며 인격의 향상에 노력한다.

1. 농협의 미래는 모두 대의원의 책임이다. 무거운 책임감으로 미래를 생각하고 행동한다.

135 대의원의 의무와 책임은?

Q 대의원은 국회의원과 같다고 들었습니다. 그렇다면 대의원의 권한이 큰 것이고 그만큼 책임과 의무도 클 것으로 생각합니다. 구체적으로 대의원의 책임과 의무는 어떤 것입니까?

A 농협의 중요한 경영방침을 결정할 때마다 총회를 소집하게 될 경우, 수많은 조합원이 모여야 하므로 시간적·공간적으로 어려움이 크고 다수의 의사를 집결시키기 어려우며 시간과 비용의 소비가 큰 문제가 있는 점을 생각하지 않을 수 없습니다.

대의원회를 둔 것은 총회의 이러한 문제점에서 벗어나 의사결정을 더 간편하고 신속하게 할 수 있게 하고 안건의 심의를 더욱 깊이 있게 하며, 의결 결과에 대한 책임을 분명히 하는 책임경영을 확립하려는 것입니다.

그리고 대의원회를 국회에 비유한다는 말은 농담이 아니라 실제로 그러한 정도의 비중으로 생각하고 대우하며 그만한 권한을 행사하는 것이라 할 수 있기 때문입니다.

대의원회는 기본적으로 총회를 갈음하는데, '갈음한다'는 것은 대신하여 혹은 대체하여 역할을 수행한다는 뜻이므로, 대의원의 권한은 총회의 권한 중 일부를 제외하고 원칙적·포괄적으로 대행하게 됩니다.

구체적으로 대의원의 권한은 대의원회 출석 및 안건의 심의의결권, 대의원회 안건제안권, 임원선출권, 임원해임의결권, 규약의 제정 및 개정 폐지, 사업계획 수지예산의 승인과 주요 사항의 변경, 결산보고서 승인, 잉여금처분안 승인, 임원보수와 실비변상 기준 제정, 조합장과 감사에 대한 징계와 변상, 기타 상정되는 안건에 대한 심의와 의결 등이 있습니다.

이러한 대의원회의 권한은 대의원회 회의 절차와 의결 과정을 통해 행사하는 것이고 대의원 개인이 단독으로 행사할 수 있는 고유한 권한과 권리는 없습니다.

그리고 대의원은 이렇듯 조합의 중요한 경영 관련 사항을 결정하는 직분이므로 그 책임도 매우 중합니다.

첫째, 대의원은 겸직이 금지됩니다. 대의원은 해당 조합의 임원과 직원을 겸할 수 없고, 다른 농협의 임직원을 겸직할 수 없습니다.

둘째, 경업금지입니다. 농협사업과 실질적으로 경업관계인 사업을 경영하거나 간여할 수 없는데, 본인은 물론 가족이 경영하는 일, 관외에서 경영하는 일도 금지됩니다.

셋째, 결격 사유에 저촉되지 않아야 합니다. 결격 사유는 법률에 명시되어 있는데 특히 연체와 사업이용 실적의 유지에 주의하여야 합니다. 결격 사유에 저촉되면 그 순간에 당연해임 됩니다.

넷째, 대의원은 소속 농협의 국회의원에 해당하는 신분이므로 언행과 사생활에도 각별히 주의하여 농협의 명예와 품격의 유지에 노력하여야 합니다.

다섯째, 대의원은 농협의 미래를 책임지는 자리입니다. 미래를 내다보고 최선의 경영성과를 거두는 판단을 할 수 있도록 항상 자기계발과 학습 연구를 충실히 하여야 합니다.

136 대의원이기 때문에 특별히 부담하여야 하는 책임은?

Q 대의원은 조합원과 달리 조합 경영에 모든 책임을 져야 한다고 합니다. 그런데 법률이나 정관에 책임이 명확하지 않습니다. 대의원의 책임은 무엇입니까?

A 대의원이라고 하여 조합원에 비하여 특별히 더 무거운 책임을 부여하는 법률의 규정은 없습니다. 그러나 대의원에게 조합의 중대한 일에 대한 심의와 의결권, 임원선출권 등을 모두 위임한 점에서 농협법이 대의원에게 막중한 책임을 부여한 것을 알 수 있습니다.

첫째, 조합의 현재와 미래가 모두 대의원의 책임입니다.

대의원은 조합 경영의 가장 중요한 사항을 결정하므로 조합의 현재 모습이 곧 대의원의 공로이든가 혹은 대의원의 치부일 것이며, 조합의 미래 역시 대의원의 의사와 지혜에 달려 있는 것입니다.

둘째, 임원의 수준과 열정이 모두 대의원의 책임입니다.

임원들이 열정을 갖고 전문지식을 활용하여 조합의 성장과 발전을 역동적으로 이끌어 나가는가 혹은 반대로 갈등과 대립 속에 밥그릇 챙기기로 일관하여 조합이 퇴보하고 있는가의 모습이 전부 대의원 책임입니다. 대의원이 임원을 선출하였고, 잘못된 임원을 해임하는 책임도 대의원에게 있기 때문입니다.

셋째, 조합 경영의 성공과 실패가 모두 대의원 책임입니다.

경영상의 중요한 결정과 중요한 경영활동, 임원의 선발을 모두 대의원회에서 하였기 때문입니다.

넷째, 조합이 단결로 가는가, 분열로 가는가, 발전인가, 퇴보인가의 책임 역시 대의원에게 있는 것입니다.

그러므로 조합원은 조합의 운명에 대해 자신의 출자금이 책임 부담의 전부이지만 대의원은 조합원의 위임을 받아 중요한 경영행위를 모두 전담하므로 그만큼 책임이 큰 것입니다.

137 대의원의 해임 방법은?

Q 우리 구역의 대의원은 대의원으로서의 책임과 의무를 망각하고 엉뚱한 발언, 농협과 임직원 비난을 일삼고 심지어 농협사업에 방해되는 언행까지 하고 있습니다. 이에 조합원들이 대의원을 해임하려고 하는데 그 절차와 방법을 알려 주십시오.

A 대의원을 선출할 때 미처 예상하지 못했던 문제가 대의원이 된 뒤에 나타날 수 있고, 알지 못했던 특징과 개성이 드러나거나 인품이 감투를 감당하지 못하는 경우도 나타납니다. 이런 문제들이 대의원 당사자의 개인적인 문제에 그친다면 큰 문제가 아니겠지만 농협 임직원에 대한 지나친 비난이나 농협사업 방해로 나타난다면 이는 반드시 시정하여야 할 일입니다.

그러나 대의원 해임 절차에 들어가기에 앞서 한 번쯤 진지하게 대의원의 잘잘못을 깨우쳐주고 반성과 시정의 기회를 갖도록 하는 절차와 배려가 꼭 필요합니다. 대의원 당선도 쉽지 않지만, 해임은 평생의 낙인이 되어 지역사회에 낙오자를 만들 수 있기 때문입니다.

자성과 개선의 기회를 주었음에도 변화가 없다면 지역사회의 명예와 농협 발전, 전체 조합원의 이익을 위해 단호하게 해임 절차를 밟아야 합니다.

대의원을 해임하고자 하면 선출구역의 조합원 1/5 이상의 서면 동의로 조합장에게 대의원 해임을 위한 투표를 요구할 수 있습니다. (정관 제46조, 제47조) 대의원 해임 투표 요청을 받은 조합장은 10일 이내에 투표일을 정하여 해당 대의원의 선출구역 조합원 회의를 소집하여야 합니다.

이때 회의소집통지는 개회 7일 전까지 회의 목적, 일시, 장소를 기재한 회의소집통지서를 발송하여야 합니다.

또 해임 대상 대의원에게는 회의 소집 7일 전까지 도착하도록 회의 사실 및 해임 대상이 된 사실을 통지하고 조합원 회의에서 의견진술, 또는 소명할 기회를 주어야 합니다. 회의가 소집되면 출석한 조합원 중에서 의장을 호선하도록 하고, 의장은 투표관리자 2인과 개표관리자 2인을 선정하여 투표 절차를 진행합니다. 대의원의 해임은 선출구역 내 조합원 과반수 이상의 출석과 출석인원 2/3 이상의 찬성으로 의결합니다.

의장은 회의 의사록을 작성하여 의장과 투표관리자, 개표관리자 전원의 기명날인을 받아 조합장에게 제출하도록 하고, 조합장은 그 결과를 즉시 공고합니다. 대의원의 해임 절차에서 중요한 점은, 대의원 해임 절차만 규정되어 있고 대의원 해임 사유는 별도로 규정한 사항이 없다는 점입니다.

즉 대의원은 조합원들이 주관적인 판단만으로도 해임을 의결할 수 있으므로 그만큼 언행과 처신에 신중하여야 하고, 항상 농협의 건전한 발전과 전체 조합원의 이익을 생각하며 그것을 위하여 대의원으로서 솔선수범하는 자세를 구체적이고 가시적으로 보여주어야 하는 것입니다.

그런데 문제가 심각한 대의원이 있는데, 그 대의원의 선출구역에서 아무런 조치를 하지 않을 경우, 조합장이나 대의원들은 해당 문제 대의원을 조합원에서 제명함으로써 대의원 해임의 효과를 거둘 수 있습니다.

138 영농회장과 대의원을 겸직할 수 있는가?

Q 우리 농협에서 최근 대의원 선거를 하였습니다. 영농회장 몇 사람이 대의원으로 입후보하여 일부는 낙선하고 일부는 당선하였는데, 영농회장이 대의원을 겸할 수 있느냐는 논쟁이 생겼습니다. 임원이 직원과 대의원을

겸직할 수 없듯, 영농회장도 대의원을 겸직할 수 없다는 주장이 있는 반면에 영농회장과 대의원을 겸직해서는 안 된다는 규정이 어디에도 없으므로 겸직을 막을 수 없다고도 합니다.

A 영농회장과 대의원을 겸직해서는 안 된다든가, 겸직할 수 없다는 내용의 명문화된 조항이 없습니다. 농협법, 정관, 대의원회 운영규약 등 중요한 내규에 모두 명문 규정이 없어서 이런 논쟁이 생기는 것입니다.

그런데 명문 규정이 없으면 무엇이든 할 수 있고, 아무도 규제하지 못하는 것일까요? 그렇지 않습니다. 농협법에 명문화되어 있지 않더라도 대의원이 영농회장을 겸직할 수 있는가의 여부는 농협법 전체를 잘 읽어보고 농협법의 정신과 흐름을 해석해 보면 쉽게 알 수 있습니다.

그리고 농협법에 대의원의 겸직 금지조항이 명문화되어 있습니다.

> **농협법 제42조(대의원회)** ④ 대의원은 해당 지역농협의 조합장을 제외한 임직원과 다른 조합의 임직원을 겸직하여서는 아니 된다.

즉 대의원은 임원과 직원, 다른 조합의 임원, 직원을 겸직할 수 없는 것입니다.

이런 조항을 둔 이유는 농협의 지배구조를 권력분산, 즉 3권분립의 원칙에 두고 각 기관 간의 견제와 균형을 유지하여 민주적 관리가 되도록 했기 때문입니다.

비유컨대, 대의원은 국가의 국회의원과 같고, 영농회장은 국가의 각 시·도지사에 비유할 수 있습니다. 대의원의 역할과 기능이 주요 경영방침을 결정하는 국회와 같고, 영농회장은 조합 행정부의 산하기구로서 조합의 경영방침을 조합원에게 전달 및 집행하고 조합원의 의사나 여론을 조합에 전달하는 역할을 하기 때문입니다.

그러므로 시·도지사가 국회의원을 겸직할 수 없는 것과 마찬가지로 대의원과 영농회장을 겸직할 수 없는 것으로 해석하는 것이 마땅한 것입니다.

그렇지만 조합의 사정과 형편상 두 직책의 겸직이 불가피하거나, 혹은 겸직이 더 능률적일 경우 조합원의 문제제기가 없으면 원만하게 겸직을 하도록 할 수 있을 것입니다.

139 신용보증재단의 상각 처리와 대의원 결격 사유

Q 우리 조합은 얼마 전 대의원 선거를 치렀는데, 당선자 중에서 몇 년 전에 사업실패로 금융기관 대출금을 갚지 못하여 신용보증재단에서 대위변제한 사실이 있다고 합니다.

그러나 시일이 흘러도 신용보증재단에서 대위변제한 채무를 상환하지 못하였고, 신용보증재단은 그 채권의 회수가 불가능하다고 판단, 상각 처리했다고 합니다. 이 경우 해당 대의원은 이미 상각되어 채무가 소멸되었으므로 해당 사항이 없다고 주장하므로 판단이 어렵습니다. 그리고 해당 조합원은 채무가 소멸되었다는 주장과 함께 이러한 내용을 선거공고에 명확히 표기하지 않은 점 등을 들어서 법적대응을 하겠다고 공공연히 위협합니다.

이 대의원은 대의원 결격 사유에 해당하는지, 또 법적대응이 가능한지 궁금합니다.

A 대의원의 자격은 정관에서 규정하고 있으며, 임원의 결격 사유 중 일부를 준용하고 있고 내용은 다음과 같습니다. (정관 제46조)

> 마) 소속 조합, 금융기관에 1천만 원 이상의 채무를 1년 이상 초과하여 연체한 자
> (법 제49조 제1항 제11호, 정관 제56조 제1항 제11호, 정관 제46조 제10항)

따라서 위 사유가 기준일에 해당하면 후보 등록이 거절되어 입후보가 불가능하게 되고, 기준일 이후에 임기 중에 발생하면 '발생한 때에' 당해 대의원은 대의원직을 당연 상실합니다.

대의원 개개인은 각자가 법정기관으로서 조합의 미래와 조합원의 이익을 결정하는 사람이므로 그에 걸맞은 도덕성과 품행, 행동 양식을 갖추어야 하고, 다른 조합원에 대하여 솔선수범함으로써 조합원으로부터 존경과 사랑을 받아야 그 자격이 있다고 할 것입니다.

'연체채무의 범위와 종류'는 소속 조합에서 융자받은 각종 대출금, 선도금, 경제사업 관련 외상채무, 손해배상금, 임직원의 변상채무, 확정된 판결채권 등 소속 농협에 대한 모든 채무의 원금, 이자, 연체이자, 주채무에 종속하는 부대채무(附帶債務)인 법적 수속비용, 입체금 등이 포함됩니다. (임원선거관리준칙 9호)

조합에서 상각 처리하였거나 회수 불능으로 판정하여 포기한 채권으로서 특수채권에 편입되어 있는 것도 채무자의 연체채무입니다. 채권상각이나 회수포기, 특수채권 편입 등은 채권자가 채권을 관리하는 방식과 형태일 뿐이고 채권채무의 본질이 사라지거나 변화한 것이 아닌만큼 채무자로서는 연체채무로서의 본질에는 아무런 변화가 없는 것이기 때문입니다.

따라서 해당 조합원이 신용보증재단의 대위변제금을 상환하지 않

아 연체 상태라면 위 14호 '지역신용보증재단법에 따른 신용보증재단과 그 중앙회'에 해당하므로 연체자의 신분을 벗어날 길이 없습니다.

해당 조합원은 1. 상각으로 사실상 소멸한 채권인 점 2. 조합에서 선거공고 시 그러한 내용을 명확히 하지 않은 점 등을 들어 법적대응을 불사한다는 태도로 대의원 입후보 등록을 요구하고 있는 것으로 판단되지만, 해당 조합원의 그러한 주장은 법률적으로 성립하지 않고, 현실적으로도 아무런 의미가 없습니다.

만약 우격다짐이나 협박으로 혹은 다른 비상한 수단, 또는 어떤 착오나 부정으로 해당 조합원이 대의원 후보로 입후보하더라도 연체사실이 밝혀지는 순간 '대의원 입후보나 후보 등록 자체가 무효'가 되고 선거를 치르면 해당 조합원에 대한 부분이 '선거무효'가 됩니다. 만약 선거에 당선되더라도 연체사실이 밝혀지는 순간 '당선무효'가 선언되고, 조합은 곧 '보궐선거'에 착수하여야 합니다.

선거를 통과하여 당선되었다고 가정하더라도, 대의원으로 재임 중에 연체사실이 밝혀지면 그 순간에 '당연퇴직'됩니다. 따라서 연체채무가 있는 해당 조합원은 대의원 후보 등록을 할 수 없고, 하더라도 무효이며, 당선되면 당선무효, 당선되어 재직하더라도 당연퇴직이 되므로 후보 등록이나 선거, 당선 등 일체의 행위와 절차가 무의미한 일로서 입후보와 당선까지가 모두 위법한 행위이고 불법행위, 원천무효이므로 법적대응이라는 말조차도 성립하지 않는 것입니다.

그리고 이러한 사실을 설명 또는 통지하였음에도 계속 대의원 후보 등록을 고집하거나 강요하여 선거 사무나 조합의 업무를 방해하면 '업무방해죄'가 되므로 고발 사유와 요건이 충족되는 것이고, 농협법상의 '조합원 제명 사유' '손해배상 사유'가 됩니다.

140 타인의 조합사업 이용실적을 자신의 실적으로 할 수 있는가?

Q 농협 정관에 1년간의 경제사업 이용액이 임원 결격 사유와 대의원 자격 제한에 필수항목입니다. 우리 농협은 하나로마트를 운영하고 있는데, 한 조합원 본인이 직접 구매한 것이 아니고 타인에게 마트 이용을 권유하여 타인이 이용한 마트 이용액을 조합원 본인 명의의 마트 이용액으로 올려달라고 요구하고 있습니다.

조합원의 권유로 인하여 타인이 이용한 사업 이용액을 조합원 본인의 사업 이용액으로 볼 수 있는지 궁금합니다. 또 타인의 조합사업 이용액을 조합원 본인의 조합사업 이용액으로 올려서 조합원, 임원, 대의원 자격을 유지하고 있을 경우 정관에 따른 제명 사유, 임원의 결격 사유, 대의원의 자격 제한에 저촉되지 않는지 궁금합니다.

A 조합원의 조합 이용실적을 관리하는 이유는 농협은 행정기관이 아니고 자선단체도 아니며, 주식회사도 아닌 협동조합이기 때문입니다.

농협은 경제적·사회적 약자인 농업인이 스스로의 단결된 힘으로 자본의 횡포와 시장경제 체제의 잔혹하고 비정한 흐름으로부터 스스로를 지키고 사회적 모순과 경제적 착취로부터 벗어나 인간다운 삶을 영위하기 위하여 조직한 사회운동체이며 동시에 경제사업체로서, 농협에 가입하는 동기는 농협사업을 이용하여 자신의 사업(농업경영)과 생활을 더 윤택하고 편리하게 하고자 하는 것이고, 농협의 목적은 이러한 조합원의 동기에 맞추어 사업을 통하여 조합원의 사업과 생활을 지원하는 것입니다. 그렇기 때문에 농협사업 이용실적은 곧 조합원의 기본적 의무를 이행하는 것이고, 대의원이나 임원이 될 수 있는 기초적인 조건을 갖추는 것입니다.

조합원의 개인별 사업 이용실적은 실제로 그 조합원 당사자가 이용한 금액을 집계하는 것이므로, 다른 사람의 실적은 당연히 다른 사람의 이용실적이 되는 것이고 그 실적을 타인에게 양도(讓渡)나 이전(移轉)을 할 수 없는 것입니다.

그런데 하나로마트 이용이나 영농자재의 구매 시 조합원 본인이 직접 방문하지 않은 경우라 하더라도 그 이용금액을 조합원의 이용실적으로 계상할 수 있는 경우가 있습니다.

조합원의 부탁이나 지시로 조합원을 대신하여 고용인 또는 부탁받은 사람이 조합을 방문, 조합원이 필요로 하는 영농자재나 생활필수품을 구입하는 경우에, 그 거래가 분명히 특정 조합원의 부탁이나 지시로 심부름을 하는 것임을 조합이 확인할 수 있다면 당연히 해당 조합원의 거래이므로 조합원의 실적으로 계상해 줄 수 있습니다.

더불어 조합원과 생계를 같이 하거나 세대를 같이 하는 가족이 농협사업을 이용할 경우 '간주 조합원'이라 하여 조합은 조합원 본인과 똑같은 편의와 혜택을 제공하고 있습니다. 또 그들 가족의 조합사업 이용금액은 결국 해당 조합원의 영농이나 사업, 생활에 쓰이게 되는 것이므로 그 이용실적은 특별한 조건이나 문제가 있지 않은 한, 해당 조합원의 이용실적으로 합산하는 것이 합리적일 것입니다.

그러나 그러한 경우가 아니라 분명히 별개의 경제주체인 경우 타인의 사업 이용실적을 특정 조합원의 이용실적으로 계상하게 되면 조합원, 대의원, 임원의 신분이나 자격의 관리에 심각한 혼란과 문제가 발생합니다.

　모든 조합원은 농협법에 따라서 조합사업 이용의무가 있고, 그 의무를 다하지 않으면 조합원 제명 사유, 대의원 피선거권 박탈, 임원의 당연퇴직 사유가 되는데, 사업 이용실적의 관리와 계상이 엄격하지 않게 된다면 이러한 신분적인 기초가 무너지게 되고 결국 무자격자가 조합의 대의원, 임원이 되어 조합의 중요한 경영방침을 결정하고 경영을 함부로 할 수 있게 될 것입니다. 즉 사업 이용실적의 관리체계가 무너지거나 원칙이 사라지면 농협의 존립이나 지속을 보장할 수 없게 되는 농협 존립에 대한 심각한 문제로 이어지는 것입니다.

　따라서 어떠한 명분이나 이유로도 조합원의 농협사업 이용실적의 관리는 편법이나 약식으로 할 수 없으며 적당히 추천한 사람의 실적을 조합원의 실적으로 계상할 수도 없는 것입니다.

141 조합원·농민단체에서 대의원총회를 참관하겠다는데?

Q 우리 조합에는 조합 경영에 큰 관심을 가진 조합원이 있습니다. 이분은 대의원총회가 있을 때면 꼭 참관하겠다고 합니다. 참관을 허용하면 회의 분위기가 어색해지고 참관을 거절하면 거절의 법적 근거를 요구합니다. 조합원의 대의원총회 참관을 거절할 법적 근거는 무엇입니까? 또 일부 농민단체나 시민단체에서 대의원총회 참관을 요청하는데, 허용해야 하는지 아닌지 알고 싶습니다.

A 농협의 이사회를 대의원과 조합원이 참관할 수 없듯이 대의원회를 조합원이 참관할 수 없습니다.

농협은 법률의 구성이 열거주의 포지티브 방식을 택하고 있어서 농협의 조직과 사업, 의사결정에 이르기까지 모든 사항을 상세히 열거하고 있으며, 열거되지 않은 사항은 할 수 없도록 하고 있습니다.

그런데 대의원회에 조합원 참관제도를 전혀 언급하지 않고 있는 관계로 조합원이 대의원회의를 참관할 수 없다고 해석하는 것입니다. 또 현실적으로 모든 회의는 회의 구성원으로 이루어지고 구성원이 아닌 사람이 참석할 경우에는 그 범위와 한계, 의견진술관계 등을 법률로 명확히 해 두고 있습니다. 예컨대 대의원회에 참석할 수 있는 사람은 구성원인 대의원과 조합장, 감사, 이사와 간부직원에 한하므로 다른 사람은 의장인 조합장을 보좌하고 회의 실무를 담당할 종사직원에 대해서만 참석이나 배석이 허용되는 것입니다.

그리고 회의 구성원이 아닌 사람이 회의를 참관하게 되면 회의 진행과 발언 내용이 감사당하는 결과가 되어 부자연스럽고 특히 참관인을 의식한 인기 발언, 과격 발언과 선명성 경쟁, 발언권 쟁탈 등의 부작용이 일어나고 또 회의의 목적사항인 안건과 관련한 경영기밀과 영업비밀이 유출되는 결과가 됩니다. 따라서 이사회에 대의원과 조합원이 참관할 수 없는 것과 마찬가지로 대의원회에 조합원이나 고객이 참관할 수 없으며, 그 근거는 참관할 수 있는 법률적·제도적 근거가 없다는 데 있습니다.

농민단체나 시민단체가 농협 대의원총회를 참관하겠다는 것도 역시 법적으로 근거가 없는 무례한 주장이므로 단호히 거절하여야 합니다. 농협은 특별법인 농업협동조합법에 근거하지만 조합원이 출자하여 구성하고 조합원의 자유의사로 민주적인 원칙에 따라 운영하는 자주적이고 독립적인 단체입니다. 따라서 농협법에 정한 국가나 권한 있는 국가기관, 농협중앙회 등 법정 감독기관의 감독 이외에는 누구로부터도 감독이나 간섭을 받지 않습니다.

만약 농협 대의원이나 임원 중에 이들 단체의 주장에 동조하는 사람이 있다면 이는 업무방해죄에 해당하고 농협에 끼치는 피해도 분명하므로 즉시 임원이나 대의원 해임, 조합원 제명 등으로 대응해야 합니다. 농협의 자주성과 독립성, 조합원과 대의원의 존엄과 권능을 해치는 행위이므로 어떠한 명분이나 핑계로도 용서될 수 없기 때문입니다.

142 대의원의 질의에 대한 답변은 조합장이 직접 해야 한다고?

Q 대의원회에서 많은 질문이 있는데, 어떤 대의원은 자신이 조합장을 상대로 질문했으니 반드시 조합장이 답변하여야 한다고 주장하여 회의 분위기를 이상하게 이끌어갑니다. 조합장에게 질문하면 반드시 조합장이 답변해야 합니까?

A 대의원이 농협 경영과 관련하여 궁금한 사항을 대의원회에서 질의하고 응답을 듣는 것은 자연스러운 일입니다.

농협의 대의원회는 조합장이 의장이며, 동시에 집행부의 수장이고 경영책임자이므로 의사진행 발언도 조합장에게, 안건 관련 질의도 조합장에게, 농협 경영 관련 질의도 조합장에게 하게 되는 특이한 상황이 연출됩니다.

그러나 답변은 질의 내용에 따라서 상임이사나 감사, 또는 간부직원이 설명하는 것이 더 나을 수 있으므로 설명을 가장 잘 할 수 있는 사람이 답변하도록 하는 것이 옳은 일입니다. 예컨대 보험상품의 설명 같은 실무적인 사항에 대하여는 해당 직원이나 담당 과장이 설명하는 것이 더 좋은 경우도 있습니다.

그러므로 국회의 대정부질문이나 각종 현안질의의 경우 모든 질문 사항에 대하여 대통령이나 국무총리가 전부 다 답변하는 것이 아니라 담당 장관, 차관, 청장이 상세하고 정확히 답변하며, 설명과 토론이 필요한 경우에는 실무 담당 공무원이 직접 설명하고 토론에 참여하기도 하는 것입니다.

그런데 농협에서 대의원이 "조합장에게 질의하였으니 조합장이 직접 답변하라"고 요구하는 경우는 질문한 사항에 대한 정확하고 상세한 답변을 들으려 하는 것이 아니라 조합장의 언변과 실무파악에 대한 흠을 잡아내려고 하는 일이 분명합니다. 즉 조합장에게 직접 답변을 요구하는 대의원은 조합장이 즉답을 하지 못하거나 정확한 설명을 하지 못하는 점을 대의원들 앞에서 부각시켜 자신의 입지를 강화하려는 술책이자 음모이므로 그러한 요구에 응할 필요가 없습니다.

그러한 발언이나 요구를 하는 대의원에게는 그 요구에 불구하고 의장이 '가장 정확하고 자세한 설명을 할 수 있는 사람'을 발언대에 세워 답변하게 하면 됩니다.

그에 반발하여 중복되는 질문을 할 경우에는 발언중지 명령을 하고, 소란을 피우거나 의장의 명령을 어길 경우 퇴장 명령을, 퇴장을 거부하면 종사직원을 시켜 강제 퇴장조치를 할 수 있습니다.

하찮은 인사가 대의원회의를 개인의 연설장으로 변질시키거나 놀이터로 삼는 일은 엄격히 통제하고 의장의 통제에 불복하는 대의원은 제재하여야 하며, 회의를 방해하는 사람은 퇴장시키는 것이 당연한 일입니다. 그리고 이러한 행위를 반복하거나 상습적으로 하는 사람은 조합원 제명이나 업무방해죄로 고발하는 것도 검토하여야 합니다.

143 대의원의 정원, 재석, 재적, 출석, 찬성의 정확한 의미는?

Q 대의원총회를 할 때마다 재석대의원, 총원, 출석자, 찬성자 등의 숫자가 튀어나와 매번 어지럽습니다. 이러한 숫자문제를 정확히 정리해 주십시오.

A 대의원총회를 할 때마다 매번 처음부터 다시 숫자를 셈하게 되는데, 개회 선언과 안건 상정에 이어 의결을 할 때마다 다시 참석자를 파악하고 숫자를 셈하게 됩니다.

먼저 대의원총원이란 정관에 명시된 대의원 숫자입니다. 이 숫자는 50명 혹은 60명 하는 방식으로 숫자를 명확히 하고 있는데, 총원은 정관의 숫자이고 대의원회 구성원은 이 대의원총원에 조합장 1명을 더한 숫자가 됩니다. 재석대의원이란 대의원총원과 같은 경우도 있지만 대의원 중에서 사망, 사퇴, 다른 고장 이주 등으로 결원이 생긴 숫자를 뺀 '현재의 대의원 숫자'를 가리킵니다.

참석대의원 혹은 참석자란, 대의원회 개회 당일 약정한 시간까지 회의실에 도착하여 등록한 대의원 숫자를 가리킵니다.

의사정족수는 보통 재석대의원의 과반수가 참석하면 개의가 되는데, 이때 참석대의원에 조합장을 포함하지 않고 총 참석자수가 재석대의원의 과반수가 되어야 합니다.

과반수란 반수인 1/2을 넘긴 숫자, 예컨대 재석대의원이 44명인데 출석한 대의원이 22명이면 정확히 반수이므로 과반수에 미달하고 23명부터가 과반수입니다.

의결정족수는 참석자의 과반수 찬성이면 의결이 되는 것으로 보는데, 이때 참석대의원 숫자와 조합장 1명을 더한 숫자가 참석자이고 이 숫자의 과반수가 찬성하여야 의결이 되는 것입니다.

그런데 보통결의의 경우에는 과반수의 찬성이 필요하지만, 임원 해임 등 특별결의는 참석 인원의 2/3 찬성이면 가결된 것으로 보는데, 2/3를 넘어야 하는 것이 아니라 2/3를 채우면 가결되는 것입니다.

예컨대 대의원 32명이 출석하여 조합장까지 총 33명 참석한 회의에서 보통결의는 과반수 17명의 찬성이 있어야 가결이고, 특별결의 안건은 2/3 이상인 22명의 찬성으로 가결되는 것입니다.

144 대의원의 감사 지적사항과 관련 자료 공개요구

Q 조합 자체 감사의 감사 결과 지적사항에 대하여 일부 대의원들이 감사 지적의 원인이 된 법인카드 사용내역에 대한 자료를 교부 요구하고 있

어 매우 곤란합니다. 감사 관련 자료는 공개나 교부 대상이 아니라고 하였지만 대의원은 조합의 모든 서류를 열람하고 교부받을 수 있다고 주장하고 있습니다.

A 모든 국민은 알 권리가 있습니다. 그러나 농협법에는 '조합원의 알 권리'라는 용어는 없지만 조합의 운영과 사업 내용을 알 수 있는 핵심적인 서류를 언제나 조합원에게 공개하고 있으며, 또 조합원은 조합의 운영에 대해 꼭 알아야 할 내용이 있을 경우 법률의 절차와 방식에 따라 정보공개요구 또는 서류열람청구를 할 수 있습니다.

그리고 농협은 조합원의 청구가 있지 않더라도 '조합의 운영 상황'을 여러 가지 방식으로 조합원에게 알리고 설명하는 절차와 방법이 있습니다.

첫째, 농협은 법률의 규정에 따라 사업보고서를 작성하여 운영 상황을 공개하고 있습니다. (법 제65조 제1항)

둘째, 조합은 정관, 총회의사록, 조합원 명부 등을 주사무소와 신용사업을 하는 지사무소에 비치하여 조합원이 열람할 수 있도록 하고 있습니다. (법 제65조 제2항)

셋째, 조합원은 누구든 영업시간 내에 언제든지 이사회의사록과 총회의사록, 조합원 명부를 열람하거나 사본발급을 청구할 수 있습니다. (법 제65조 제3항)

농협 조합원이나 대의원에게는 '단독조합원권'으로서 '서류열람 및 사본교부청구권'이 있는데, 이 권리를 통해 열람 및 사본교부를 청구할 수 있는 서류는 '정관, 총회의사록, 이사회의사록, 조합원 명부'에 국한되고 그 이외의 서류나 장부는 대상이 아닙니다. (법 제65조)

그러나 신청인(대의원)이 열람 또는 교부청구한 서류인 감사 관련 자료는 공개나 사본교부 대상이 아니므로 청구를 거절하여야 합니다.

법률로써 공개가 금지된 서류이거나 공개 대상 서류로 법률에 명시된 경우가 아닌 서류는 공개할 수 없으며, 공개할 경우에 법률에 따라 처벌됩니다. 처벌은 공개한 직원과 공개를 요구한 조합원, 공개한 서류를 열람하거나 교부받은 조합원, 그 자료를 대외로 유포한 조합원 모두가 해당하며, 죄목은 명예훼손죄, 업무방해죄, 강요죄, 농협법 위반, 개인정보법 위반 등입니다.

145 대의원, 조합원의 중앙회 감사결과통지서 교부 요구

Q 우리 조합은 얼마 전 농협중앙회의 감사를 받았고, 감사 결과 지적사항과 조치 요구사항이 시달되어 조치한 바 있습니다. 그런데 일부 조합원과 대의원들이 농협중앙회의 감사 지적사항과 조합의 해명사항 등에 대한 항목별 자료를 요청하고 있습니다. 이러한 요청에 대해 조합이 취할 행동에 대해 자문합니다.

A 농협은 '조합의 운영 상황'을 여러 가지 방식으로 조합원에게 알리고 설명하는 절차와 방법이 있지만, 기관, 단체, 기업의 감사 지적사항이나 감독사항, 감독기관의 조치사항은 어떤 기관 단체이든 막론하고 어떤 경우에도 대외에 공개될 수 없고 공개의 대상도 아닙니다.

이는 해당 기관 단체의 가장 내밀하고 중요한 경영상의 비밀과 미묘한 경영상의 문제를 다루는 일이므로, 해당 기관 단체의 경영진 이외에는 그 내용을 알아야 할 이유나 사정이 있을 수 없기 때문입니다. 또, 공개될 경우 경쟁관계에 있는 기관 단체를 크게 도와주는 이적행위(利敵行爲)가 되고, 조직의 분열과 기반의 약화를 가져오는 일이기 때문입니다.

따라서 '조직의 건전한 발전을 위하여' 혹은 '적폐의 청산을 위하여' '조직원의 단결을 위하여' 등등 다양한 명분과 아름다운 사유를 내세우더라도 그 명분과 사유가 감사 관련 사항의 공개 요건을 충족하지 못합니다. 그 때문에 농협법과 정관은 감사 관련 사항에 대한 공개 여부를 언급한 조항 자체가 없으며, 공개를 결정할 방법도 없습니다.

「공공기관의 정보공개에 관한 법률」의 경우, 감사·감독·검사·시험·규제·입찰계약·기술개발·인사관리에 관한 사항은 '비공개정보'로 명문화하여 공개를 금지하고 있습니다. (공공기관의 정보공개에 관한 법률 제9조 제1항 5호) 따라서 일반 조합원이나 대의원이 조합의 감사 관련 사항을 열람하기 위해서는 법원의 판결이 있어야만 가능할 것입니다.

또 우리나라는 기관, 단체, 기업이 보유하고 있는 영업비밀을 법으로 보호하고 다른 기업의 영업비밀을 침해할 경우에는 「부정경쟁방지법」에 의해 민사 또는 형사상의 처벌을 받게 한 제도를 1992년 12월에 법제화하여 시행하였습니다.

이 제도에 의해 보호를 받게 되는 영업비밀은 기업이 보유하고 있는 ① 설계 방법, 설계도, 실험데이터, 제조기술 등과 같은 기술상의 비밀과 ② 고객 명부, 판매계획, 사무실 관리 방법 ③ 공표되어서는 안 되는 사항 등과 같은 기업의 경영상 비밀을 통틀어 가리킵니다. 기업의 기밀 유출은 기업의 경쟁력과 매출 등에 직접적으로 영향을 끼치는 사안이며, 협동조합의 경우에는 중요한 기밀의 누설로 인하여 조합원의 이탈과 고객의 이동이 일어나 결국 조직기반과 사업기반이 붕괴될 수 있기 때문에 대단히 중요하게 다루고 있습니다.

고의 또는 과실에 의하여 영업비밀을 침해한 자는 영업비밀 보유자의 청구에 의하여 손해배상을 하여야 하는데, 손해배상의 규모는 해당 기관 기업이 입은 직간접 손해 전액이며, 처벌은 부정한 이익을 얻거나 영업비밀 보유자에게 손해를 입힐 목적으로 그 영업비밀을 취득하거나 사용하거나 제3자에게 누설한 사람은 5년 이하의 징역 또는 5000만 원 이하의 벌금에 처해지게 됩니다.

만약 기업기밀 유출행위로 벌금형에 처하는 경우 위반행위로 인한 재산상 이득액의 10배에 해당하는 금액이 5000만 원을 초과하면 그 재산상 이득액의 2배 이상 10배 이하의 벌금에 처해지게 됩니다.

조합의 감사 관련 사항은 그 전체가 조합 경영상의 가장 깊은 부문의 일로서 조합 경영상 중요한 경영기밀, 영업비밀을 뜻하는 것으로서 어떤 이유나 절차로도 공개할 대상이 아니고 철저히 보호하여야 하는 사항입니다. 이는 밖으로는 조합의 경쟁 대상에 의해 악용되어 사업상의 심각한 차질을 가져올 수 있음은 물론, 안으로는 조합원의 단결과 참여도를 저하시키고 조합의 조직을 와해시켜 조합 존립을 해칠 위험이 있기 때문입니다. 그래서 「농협법」은 이러한 사항에 대하여 아예 공개 대상에서 제외시켜 공개 절차나 요건 자체를 언급하지 않고 있습니다.

또한 「공공기관의 정보공개에 관한 법률」은 이러한 감사 관련 정보 일체를 비공개 대상으로 명문화하였고, 공개의 요건이나 절차 자체가 없습니다.

Q 일부 조합원과 대의원들이 조합의 경영·업무에 관한 서류 및 자료의 공개와 교부를 요청하고 있습니다. 공개 대상 서류가 아니라고 하더라도 "조합원이 볼 수 없는 비밀이 있느냐?" "무슨 흑막이 있기에 조합원의 알 권리를 막느냐"고 합니다.

A '알 권리'란, 국민 개개인이 국가의 정치·사회 현실 등에 관한 정보를 자유롭게 알 수 있는 권리를 가리키는 것입니다. 즉 국민 개개인이 국가의 정치적·사회적 현실에 대한 정보를 자유롭게 알 수 있는 권리, 또는 이러한 정보에 대해 접근할 수 있는 권리를 통칭하는 개념입니다.

개인의 생활에서도 개인을 둘러싼 사회환경의 영향력이 확대되고, 정보기술이 급속하게 발달하면서 개인들 역시 자신을 둘러싸고 있는 현실에 대한 정보를 얻고자 하는 욕구가 강해짐에 따라 알 권리 문제는 자연스럽게 새로운 권리, 혹은 인권의 문제로 자리 잡기 시작하였습니다.

농협법에는 소속 농협에 대해 '알 권리'라는 용어가 없으며, 또 알 권리를 중심으로 하는 어떠한 논쟁이나 심각한 문제제기도 아직은 나타나지 않았습니다.

다만, '조합 운영의 공개'와 '조합장의 서류비치의무' '조합 운영평가 자문회의' 등 3가지를 조합원의 권리 측면에서 '조합원의 알 권리'의 실천으로 보고 있습니다. 그래서 농협법은 '조합장이 정관에서 정하는 바에 따라 사업보고서를 작성하여 운영 상황을 공개하도록' 하고 있습니다. (법 제65조 제1항) 또 조합장은 조합 정관, 총회의사록(대의원회 의사록), 조합원 명부를 주사무소와 신용사업을 하는 지사무소에 갖추어 두도록 하고 있습니다. (법 제65조 제2항)

아울러 조합의 운영 상태를 평가하고 그 내용을 조합원들이 알 수 있게 하는 기회를 제공하기 위하여 '조합운영평가자문회의'를 두도록 하고 있습니다. (법 제44조)

이에 따라 조합원은 누구나 소속 농협의 특정한 서류를 열람할 수 있는 서류열람 및 사본교부 청구권이 있는데, 그 내용은 1. 단독조합원권으로서의 서류열람 및 사본교부 청구권과(법 제65조 제3항) 2. 소수조합원권으로서 회계장부 등의 서류열람 및 사본교부 청구권이 있으며(법 제65조 제4항), 이 내용이 조합원의 '알 권리의 핵심'이라 할 수 있습니다.

단독조합원권으로서 서류열람 및 사본교부 청구권은 조합원 개인(1인)이 단독으로 신청하여 행사할 수 있는 권리인데, 이 단독조합원권을 활용하여 열람 및 사본발급을 청구할 수 있는 서류는 1. 조합 정관 2. 총회의사록 3. 이사회의사록 4. 조합원 명부에 국한됩니다.

위 4가지 서류 이외의 서류나 회계장부는 열람 및 사본교부 청구의 대상이 아닙니다. (법 제65조 제2항 제3항, 정관 제139조 제5항 제6항)

열람 및 사본발급을 청구할 수 있는 시간은 조합의 영업시간 이내이며, 사본발급을 청구할 경우에는 소정의 비용을 부담하여야 합니다. (법 제65조 제3항)

소수조합원권으로서 회계장부 서류 열람 및 사본교부청구권은 반드시 일정한 숫자 이상의 조합원이 연대하여 신청할 수 있는 권리입니다.

소수조합원권으로 회계장부 및 서류 등의 열람 및 사본발급을 청구할 수 있으며, 이 권리는 조합원 100인 이상 또는 조합원 3/100 이상의

동의를 얻어 회계장부 및 서류의 열람 또는 사본교부를 신청할 수 있습니다. (법 제65조 제4항)

청구를 받은 조합 집행부는 특별한 사유가 있을 때는 그 청구를 거절할 수 있고(법 제65조 제5항, 정관 제139조 제7항), 특별한 사유가 없다면 서류의 열람이나 사본발급에 응하여야 합니다. 소수조합원권으로 열람 및 사본발급의 청구 대상이 되는 회계장부와 서류는 청구 이유와 실질적으로 관련이 있는 회계장부와 서류에 한정됩니다.

회계장부란 총계정원장, 총계정원장잔액장, 매월보고표 등을 가리키는 것이고, 회계서류란 회계장부에 속하지 않으나 회계장부의 근거가 되는 전표, 영수증을 비롯하여 회계장부의 기록을 위한 자료가 되는 문서, 계약서 등을 가리킵니다. (대법원 2001. 10. 26 99다58051호)

그런데 조합원의 청구가 있더라도 조합이 이러한 요구를 거절할 수 있는 특별한 사유가 있을 경우에는 거절할 수 있지만(법 제65조 제4항) 특별한 사유의 구체적인 내용에 대하여는 명문화된 규정이 없습니다.

이에 대하여 법원은 "조합원의 청구가 정당한 것인지, 정당하지 않은 것인지는 권리행사에 이르게 된 경위, 행사 목적, 시기, 악의성 유무 등 제반 사정을 종합적으로 고려하여 판단하여야 한다"고 판시하였습니다. (대법원 2004. 12. 24 2003마1575호)

이러한 사항을 종합하여 볼 때 다음의 경우는 정당한 목적을 결여한 부당한 권리행사라고 보고 있습니다. (대법원 2004. 12. 24 2003마1575호)

- 이 권리행사가 조합 운영이나 공동의 이익을 해치는 경우
- 취득한 정보를 경업에 이용할 우려가 있는 경우
- 매우 불리한 시기를 택하여 권리를 행사하는 경우
- 기타 공익을 위한 목적이 아니라 사적인 이해를 위한 경우 등입니다.

147 총회, 이사회의 폭력 사태는?

Q 총회와 이사회에서 임원과 대의원의 폭력이나 폭언이 발생하여 회의 진행이 어렵게 되는 경우가 종종 있습니다. 그러나 이 문제에 대해 지금까지 명확히 처리하지 않은 관계로 앞으로도 회의 때마다 그런 사태가 발생할 수 있어서 우려됩니다. 회의 도중의 폭력과 폭언에 대한 처리와 예방 방법은 무엇입니까?

A 총회나 대의원회, 이사회에서 폭언이나 폭력 사태가 있었다면 그 내용이나 폭력의 정도와 관계없이 대단히 엄중한 사태입니다.

법치주의가 지배하는 농협의 공식 행사, 그것도 경영상의 중요한 결정을 하는 자리에서 폭언과 폭행이 있었다면 어떤 이유나 명분으로도 그 행위가 용납되거나 용서될 수 없고 반드시 사법처리를 하여 흑백을 밝히고 범죄에 대한 처벌로써 다시는 재발하지 않도록 기준과 전례를 만들어야 합니다.

만약 폭행 당사자의 위세나 힘이 두려워서 문제를 덮어두고 그냥 지나가려고 하는 일은 폭력을 용인하고 또 폭력과 불법에 굴종하는 일입니다. 부당한 폭력에 굴종하는 일은 곧 민주시민의 자격이 없는 일입니다. 민주시민은 부당한 일이나 위법한 일에 대하여 그것을 감추어 주거나, 그것에 굴종하거나 회피하지 않으며 당당히 자신의 의견을 밝히고 저항하여야 하는 것입니다. 크든 작든 공식 행사에서 폭언이나 폭행이 발생하면 의장은 즉각 회의를 중단하고 당사자를 호출, 단상 앞으로 소환하여 경위를 보고하게 하거나 퇴장조치 하여야 합니다.

퇴장에 불응하면 종사직원에게 명령하여 강제퇴장토록 하고, 강제퇴장에 저항하면 즉시 경찰에 신고 및 고발하여 '폭행 및 업무방해 현행범'으로 체포하도록 하여야 합니다. 그 후 예정된 회의를 마치고 관련 직원을 경찰서에 보내 고발인 조사를 받게 하고 형사처벌 절차를 진행하며, 동시에 조합원 제명 절차를 진행하여야 합니다.

만약 조합장이 이러한 절차를 진행하지 않고 방임하면 일단 감사가 그에 대한 조치를 할 책임이 있습니다. 감사마저 그러한 조치를 하지 않는다면 다른 이사가, 다음에는 대의원과 조합원이 고발 절차와 조합원 제명 절차를 이행하고 곧이어 조합장과 감사에 대한 해임안을 발의하여야 할 것입니다. 회의에서 심한 욕설, 상습적인 욕설을 하는 사람에 대하여도 마찬가지입니다. 농협은 선량하고 성실한 농업인이 경제적·사회적 약자의 슬프고 비참한 처지를 벗어나고자 법률과 원칙에 입각하여 단결하고 스스로 육성·성장·발전시키는 조직이며, 이런 숭고한 조직에서 무법과 횡포로 조합원의 권익이 침해되는 사태는 상상도 할 수 없는 일이기 때문입니다.

148 조합 내 야심가의 준동과 대책

Q 우리 조합에는 대단한 정치적 야심을 가진 인사가 있는데, 그는 회의나 교육이 있을 때면 꼭 발언을 신청해 장시간 연설을 하거나 조합 집행부에 대한 비판을 하는 데 열을 올립니다. 이런 야심가에 대한 대책은 무엇입니까?

Ａ 어느 농협이나 꼭 야심가가 있으며, 다른 조직도 마찬가지입니다. 조합 집행부는 그러한 야심가까지도 조합원의 한 사람으로 끌어안고 가려고 하는데, 그 야심가는 이 점을 악용해 일방적인 주장을 하고 자신의 인지도를 높이려 하므로 어려움이 있는 것입니다. 하지만 조합은 어느 개인의 것이 아니라 전체 조합원의 것이고, 조합의 회의나 행사도 특정 개인의 무대가 되어서는 안 되는 것이 당연한 일입니다.

그럼에도 불구하고 야심가의 준동이 계속되면 뜻있는 조합원이나 대의원들이 야심가의 행동에 대한 문제를 지적하고 의장에게 결단을 촉구해야 합니다. 의장은 상습적으로 불필요한 발언을 하는 사람, 같은 내용의 발언을 반복하는 사람, 안건이나 주제와 관련 없는 발언, 건설적이지 않은 발언, 정치선전 등의 경우에는 의장의 '의사진행권'을 활용하여 '발언중지 명령'이나 '강제중단'을 할 수 있고, 필요한 경우에는 '질서유지권'을 발동하여 '퇴장명령' '강제퇴장' 조치도 할 수 있습니다.

그러나 이를 의장의 독자적인 판단으로 결행하기는 어렵기 때문에 뜻있는 조합원이나 대의원들이 의사진행 발언을 통해 의장에게 촉구하고 제안해야 하는 것입니다.

조합마다 야심가가 있더라도 모든 조합에서 다 준동하지 않는 것은 조합장 개인의 노력도 있지만, 조합원과 대의원들이 그러한 준동이나 횡포를 용납하지 않는다는 점을 구체적인 발언과 행동으로 보여주었기 때문에 야심가가 자제하게 된 것입니다. 즉, 야심가의 발호와 준동은 야심가의 성격과 행동에 달려 있는 문제가 아니라 전체 조합원과 대의원의 의지, 행동에 따른 것입니다.

Q 대의원이 지방정부의 정치에 간여하여 지방의원을 겸직하고 있습니다. 이런 일에 대해 농협법에 명문 규정이 없다고 하는데, 대의원의 지방의원 겸직이 가능한지, 또 정치 참여가 허용되는지 궁금합니다.

A 농협의 임원이나 대의원이 농협 조직을 이용하거나 조직원의 신분으로 공직선거에서 특정 정당이나 특정 후보를 지지 또는 반대하는 행위를 할 수 없습니다. (법 제7조)

그러나 농협 임원과 대의원이 '개인 자격'으로 정치활동을 하는 데 대해 농협법에는 특별히 규정된 사항이 없습니다. 그러므로 농협의 임직원이나 대의원이 개인 자격으로는 공직선거에서 특정 정당을 지지하거나 특정인을 당선 또는 낙선시키려는 활동을 할 수도 있는 것이고 정당에 가입하는 등 정치활동도 할 수 있다고 보입니다.

나아가 국회의원 선거권이 있는 사람은 그 신분을 이유로 정당 가입이나 정치활동을 금지하는 다른 법령의 규정에도 불구하고 누구든지 당원이 될 수 있도록 하고 있고(정당법 제22조), 법령의 범위 내에서는 누구든지 자유롭게 선거운동을 할 수 있도록 보장되어 있습니다. (공직선거법 제58조)

이러한 농협 임직원과 대의원이 개인 자격으로 하는 일정 범위 내의 정치 관여행위는 국민의 기본권인 참정권 행사로 보아 인정된다고 할 것입니다.

그렇지만 농협 임직원은 지방의회의원이나 국회의원을 겸직할 수 없고(지방자치법 제35조, 국회법 제29조) 대의원이 지방의회의원이 된 경우에 겸직을 금지하는 규정은 없지만, 일단 30일 이내에 그 사실을 소속된 의회 의장에게 신고하여야 합니다.

따라서 대의원의 경우에는 농협법에서 특별히 정치활동을 규제하지 않으므로 지방자치법이나 공직선거법에서 규제하지 않는다면 정치활동이나 정당활동도 가능할 것으로 보입니다.

> **지방자치법 제35조(겸직 등 금지)** ① 지방의회의원은 다음 각 호의 어느 하나에 해당하는 직을 겸할 수 없다. [개정 2009. 4. 1]
> 6. 농업협동조합, 수산업협동조합, 산림조합, 엽연초생산협동조합, 신용협동조합, 새마을금고(이들 조합·금고의 중앙회와 연합회를 포함한다)의 임직원과 이들 조합·금고의 중앙회장이나 연합회장
> ③ 지방의회의원이 당선 전부터 제1항 각 호의 직을 제외한 다른 직을 가진 경우에는 임기 개시 후 1개월 이내에, 임기 중 그 다른 직에 취임한 경우에는 취임 후 15일 이내에 지방의회의 의장에게 서면으로 신고하여야 하며, 그 방법과 절차는 해당 지방자치단체의 조례로 정한다. [신설 2009.4.1] [시행일 2009.10.2]

150 총회 1일 전 총회 소집통지를 한 경우의 효력

Q 우리 농협은 사업계획 변경과 그에 따른 토지의 매입을 위해 긴급히 대의원총회를 소집하여 사업계획과 토지매입에 대한 의결을 받고자 하고 있습니다. 그런데 농협법은 총회 7일 전에 소집통지를 하여야 한다고 되어 있는데, 긴급한 의사결정이 절실할 경우 예외적으로 1일 전에 통지하고 의결을 받을 수 있습니까?

A 총회소집권자인 조합장은 소집통지권자이기도 하므로 총회 개최일을 기준으로 7일 전까지 소집통지서를 발송하여야 합니다. (법 제37조 제2항)

총회 개최일 이전에 며칠간의 여유를 두도록 한 것은 회의 참석자에게 회의 목적과 회의 안건의 내용을 미리 알려서 사전에 연구와 준비를 하여 효율적인 안건 심의와 토의가 이루어져 능률적이고 생산적인 회의 진행을 이루려 하는 것입니다.

해당 농협은 농산물 유통시설을 확충하기 위한 경영전략을 수립하고 중앙회와 정책당국에 협조와 지원을 요청하였는데, 마침 정책당국에서 해당 농협의 사업과 일치하는 부문의 보조금 지원계획이 있으므로 사업 부지를 확보하면 즉시 사업 지원이 이루어질 수 있으니 사업 부지를 서둘러 확보하라는 통보를 받았다고 합니다.

그러나 해당 농협은 농산물 유통시설 확충사업 계획에 대하여 대의원회의 승인을 받지 않은 상태이기 때문에 사업계획과 토지매입에 대한 대의원회의 승인 절차가 필요하게 되었습니다.

이와 관련하여 마침 적합한 부지가 있어서 조합 집행부에서 토지 소유자와 교섭한 결과, 알맞은 가격에 매도할 의향이 있지만 최근 그 지역이 도로 개통 등 지리적·환경적 여건 변화로 토지가격이 크게 움직이고 있고 외지인의 투자수요가 몰려 긴급히 매수하지 않으면 안 되는 절박한 형편에 처했습니다.

본래 총회를 소집할 경우 7일 전에 소집통지를 하여야 하는 법률의 명문 규정이 있고 이 조항은 정관으로 연장할 수는 있으나 단축하지 못하는 것이 원칙이지만, 조합 경영상 불가피한 경우 또는 긴급을 요하는 경우, 전체 조합원이 동의하는 경우에는 예외적으로 단축하는 것도 가능합니다.

따라서 농산물 유통시설의 부지매입이라는 절박한 형편의 안건을 의결하기 위하여 불가피하였음을 대의원들에게 설명하고 본 안건의 심의와 의결에 앞서서 의장이 인사말씀과 안건제안 설명을 하는 과정에서 동의를 구하여 참석자의 과반수가 동의하면 절차상의 문제가 치유되는 효과가 있게 되어 합법적인 총회가 됩니다.

그리고 이에 대한 대법원 판례는 "총회의 사전통지 기한을 설정하는 이유가 구성원의 토의권과 의결권의 행사를 보장하기 위한 것이므로 구성원에 대한 소집통지서 발송이 법률에 정한 기간을 맞추지 못하였을 뿐이고, 다른 경로와 방법으로 구성원들에게 설명과 안내를 하였거나 구성원들이 회의목적사항에 대한 내용을 알고 있는 등의 사정이 있었다면 구성원의 토의권과 의결권의 행사는 방해받지 아니한 것이므로 총회결의는 유효한 것이다"라고 판시하였습니다. (대법원 1999. 6. 25 99다10363호, 1995. 11. 7 94다24794호)

151 대의원의 총회 소집요구와 안건제안의 적법성

Q 농협법에 총회를 소집하려면 조합원 10/100의 동의로 소집할 수 있으며, 우리 농협 규약에도 그렇게 되어 있습니다. 또 대의원 10/100으로는 조합원총회를 소집하거나 총회의안을 발의할 수 없는 것으로 되어 있습니다.

그런데 우리 농협에서는 지난 12월 9일에 대의원 10/100 동의를 받아 조합장께 총회 소집을 요청하여 임원 해임 안건(감사 포함)을 상정하여 처리하였습니다. 회의 결과 임원 9명 중 감사 1명만 해임되는 일이 벌어졌는데, 총회 절차상 문제가 되는지 알고 싶습니다.

조합장은 대의원 10/100이면 대의원회를 할 수 있다는 근거로 회의를 소집했다고 합니다. 우리 농협은 조합원 1300여 명, 대의원은 조합장 포함 56명으로 되어 있는 조합입니다.

A 총회는 조합원 10/100 이상의 동의로 소집을 청구할 수 있습니다.

대의원 정원의 10/100 동의로는 총회를 소집할 수 없고 대의원회를 소집할 수 있습니다. 그런데 해당 농협의 회의는 조합원총회가 아니라 대의원회로 보이는바, 대의원회 소집은 대의원 10/100 이상의 동의로 가능합니다.

이러한 문제는 농협법 제42조에 '총회를 갈음하는 대의원회를 둔다'는 표현 때문에 발생하는 혼란입니다. 모든 농협이 대의원회를 두고 있고, 대의원회가 조합원총회의 역할을 하고 있지만, 대의원회에서 결의할 수 없는 조합원총회만의 의결사항이 따로 있습니다.

그러므로 조합원총회가 아니라 '대의원회 소집'이었다면 문제가 없으므로 대의원회는 적법한 효력 요건을 갖추었다고 하겠습니다.

그리고 대의원회에서 결의한 내용이 임원 해임에 관한 건인데, 임원 해임 절차에서 대상자 모두에게 소명 기회를 주었으며, 정상적인 의결 절차를 거친 것으로 보이므로 적법하다고 하겠습니다.

감사 1인에 대한 해임이 의결된 사안은 '감사가 가족 명의로 식육식당을 경영'하고 있다는 사유라면 농협의 로컬푸드나 하나로마트에서 육류를 판매하는 일과 경합이 되고, 또 로컬푸드에서 겸업하는 레스토랑과도 경합관계가 되므로 농협법상 경업자에 해당하여 해임 사유가 충족된다고 하겠습니다.

그리고 대의원 과반수 출석에 출석대의원 2/3 동의이면 해임이 됩니다. 따라서 경업자인 감사 1인의 해임 의결은 법률에 정한 기준에 의하여 적정하게 이루어졌다고 판단됩니다.

152 대의원회 표결 방법의 근거

Q 농협 대의원회의 표결 방법 중 거수, 기립, 비밀투표로 대의원들의 의견을 들어 의장이 선택하도록 되어 있는데 농협법 책자에는 선거와 관련된 안건에 대하여만 비밀투표하도록 되어 있고 다른 방법은 없던데 그 내용의 근거가 어디에 있습니까?

A 표결이란 안건에 대한 심의를 마친 다음에 최종적으로 회의체의 의사를 결정하기 위하여 의장의 요구에 따라서 참석자들이 행동으로 찬성, 반대, 기권 등의 의사를 표시하고 그 숫자를 파악하여 집계하는 일련의 행위와 과정을 가리킵니다.

농협법에서는 총회의 표결 방법에 대하여 선거에 있어서만 무기명 비밀투표를 하도록 하고 있고 다른 표결에 대하여는 명문 규정을 두고 있지 않습니다. 따라서 농협은 선거의 경우를 제외한 모든 표결을 다른 회의체의 일반적 표결 방법인 거수, 기립, 이의를 묻고 만장일치를 선언, 박수 등의 방법으로 하였으며, 표결 방법의 선택은 의장이 참석자들의 의사를 물어서 결정하여 왔습니다.

이러한 표결 방법은 인류의 역사적 유산이자 관행이기에 명문화된 법률이나 규범이 없으며 굳이 관련 법률을 찾자면 국회법에 그 내용이 있습니다.

국회법 제112조(표결 방법) ① 표결할 때에는 전자투표에 의한 기록표결로 가부(可否)를 결정한다. 다만, 투표기기의 고장 등 특별한 사정이 있을 때에는 기립표결로 가부를 결정할 수 있다.

② 중요한 안건으로서 의장의 제의 또는 의원의 동의(動議)로 본회의 의결이 있거나 재적의원 5분의 1 이상의 요구가 있을 때에는 기명투표·호명투표(呼名投票) 또는 무기명투표로 표결한다.

③ 의장은 안건에 대하여 이의가 있는지 물어서 이의가 없다고 인정할 때에는 가결되었음을 선포할 수 있다. 다만, 이의가 있을 때에는 제1항이나 제2항의 방법으로 표결하여야 한다.

④ 헌법개정안은 기명투표로 표결한다.

⑤ 대통령으로부터 환부(還付)된 법률안과 그 밖에 인사에 관한 안건은 무기명투표로 표결한다. 다만, 겸직으로 인한 의원 사직과 위원장 사임에 대하여 의장이 각 교섭단체 대표의원과 협의한 경우에는 그러하지 아니하다.

⑥ 국회에서 실시하는 각종 선거는 법률에 특별한 규정이 없으면 무기명투표로 한다. 투표 결과 당선자가 없을 때에는 최고득표자와 차점자에 대하여 결선투표를 하여 다수표를 얻은 사람을 당선자로 한다. 다만, 득표수가 같을 때에는 연장자를 당선자로 한다.

⑦ 국무총리 또는 국무위원의 해임건의안이 발의되었을 때에는 의장은 그 해임건의안이 발의된 후 처음 개의하는 본회의에 그 사실을 보고하고, 본회의에 보고된 때부터 24시간 이후 72시간 이내에 무기명투표로 표결한다. 이 기간 내에 표결하지 아니한 해임건의안은 폐기된 것으로 본다.

⑧ 제1항 본문에 따라 투표를 하는 경우 재적의원 5분의 1 이상의 요구가 있을 때에는 전자적인 방법 등을 통하여 정당한 투표권자임을 확인한 후 투표한다.

⑨ 의장이 각 교섭단체 대표의원과 합의를 하는 경우에는 제2항, 제4항부터 제7항까지에 따른 기명투표 또는 무기명투표를 전자장치를 이용하여 실시할 수 있다.

[전문개정 2018. 4. 17.]

153 조합원 10/100의 동의가 필요한 안건을 대의원 10/100의 동의로 제안?

Q 조합원이 총회 소집이나 조합검사청구 같은 소수조합원권을 행사하려면 조합원 300인이나 조합원 10/100의 동의가 있어야 하는데, '대의원회가 총회를 갈음하고 있으므로' 대의원 정수의 10/100 동의로 이러한 안건을 제안 또는 발의할 수 있다는 주장이 있는데 맞습니까?

A '대의원회가 총회를 갈음한다'는 법률 규정이 있기 때문에 이러한 혼선이 자주 발생합니다.

조합원 300인 이상이나 10/100 이상의 요구로 할 수 있는 총회 소집청구나 조합검사청구를 대의원 정수의 10/100 동의로 신청하는 사례가 있었습니다. 조합원 10/100은 조합원 200명의 동의가 필요한데, 대의원 10/100은 대의원 10명이면 충족된다는 계산이기 때문입니다.

그러나 원칙적으로 조합원 총원의 10/100의 동의로 총회 소집을 신청할 수 있고(법 제36조), 조합원 3/100의 동의로 총회안건을 발의할 수 있지만(법 제39조), 이를 대의원 정원의 10/100이나, 3/100으로 환산하여 소수의 대의원 동의로 총회 소집이나 의안 발의를 할 수는 없습니다.

다만 조합에 대한 검사청구의 경우는 '조합원 10/100 또는 대의원 10/100'으로 명문화되어 있으므로 가능합니다. (법 제168조)

법률은 조합원의 그 권리를 대의원에게 모두 다 위임할 수 있도록 하지 않고 위임이 가능한 경우를 따로 규정해 두었고, 대의원 10/100으로 가능한 경우를 명문화(검사청구)한 조항이 있기 때문이며, '일정 숫자나 일정 비율의 조합원'으로만 규정된 사항은 대의원이라도 조합원 1인으로 계산하여 같은 값의 동의로 환산될 뿐인 것으로 해석되므로 대의원만으로 숫자를 채우더라도 필요한 조합원의 숫자를 대의원들이 채워야 하는 것입니다.

또한 법률에는 대의원회가 총회를 갈음할 수 없는 경우도 분명히 있습니다. 예컨대 조합의 해산이나 분할문제, 조합원의 직접투표에 의한 조합장 선거, 조합원 1/5 이상의 요구에 의한 임원 해임결의, 조합 합병 등으로서 이러한 의결을 할 경우는 대의원 전원의 만장일치로 충분한 것이 아니라 조합원총회의 소집과 의결이 필요합니다.

154 정기총회의결취소청구 때 조합원 동의숫자를 대의원 숫자비율로 갈음한다고?

Q 일부 대의원들이 대의원총회에서 의결에 대해 반발하면서 주무부장관에게 '총회의결취소청구'를 추진하고 있습니다. 그런데 조합원 300인 또는 100분의 5 이상의 동의가 요건인데, 이를 대의원 5/100로 환산하여 대의원 55명 중 3명의 동의로써 총회의결취소를 청구한다고 하는데, 이렇게 환산할 수 있습니까?

A 농협법 제33조 제1항에 '조합원은 총회(창립총회를 포함한다)의 소집 절차, 의결 방법, 의결 내용 또는 임원의 선거가 법령, 법령에 따른 행정처분 또는 정관을 위반한 것을 사유로 하여 그 의결이나 선거에 따

른 당선의 취소 또는 무효 확인을 농림축산식품부장관에게 청구하거나 이를 청구하는 소(訴)를 제기할 수 있다'는 내용이 명문화되어 있습니다.

이 조항의 뜻은 조합 총회의 소집 절차, 의결 방법, 의결 내용, 임원 선거가 법령 등에 위반한 것을 이유로 조합원들이 의결이나 당선의 취소 또는 무효 확인을 농림축산식품부장관에게 청구할 수 있는 권리입니다.

청구 대상은 '총회의결이나 당선의 취소 또는 무효를 청구하는 것'이고, 청구 이유는 '총회의 의결이나 선거가 위법하거나 부당한 것'이어야 합니다.

그리고 농협법 제33조 제2항에 '제1항에 따라 농림축산식품부장관에게 청구하는 경우에는 의결일이나 선거일부터 1개월 이내에 조합원 300인 또는 100분의 5 이상의 동의를 받아 청구하여야 한다'고 되어 있습니다.

즉 이 권리는 소수조합원권(少數組合員權)이므로 조합원 1인이 단독으로 제기하거나 행사할 수 없고 일정한 인원의 동의가 있어야 행사가 가능합니다.

이때 '조합원 300인 이상, 또는 5/100 이상'의 동의를 대의원 숫자로 환산하여 '대의원 총정원의 5/100'로 하여 신청할 수 없습니다.

조합원 숫자를 대의원 숫자의 비율로 환산한 근거는 '농협법 제42조 (대의원회) ⑤ 대의원회에 대하여는 총회에 관한 규정을 준용한다'입니다.

조합은 총회에 갈음하여 대의원회를 둘 수 있고, 대의원회에 관하여는 총회에 관한 규정을 준용하도록 하고 있고, 조합 정관에서는 모든

조합이 반드시 대의원회를 두도록 하고 있습니다. (정관 제45조)

그에 따라 소수조합원권 중에서 총회의 운영과 관련되는 부분인 '총회소집청구권'과 '총회안건제안권'은 농협법 제42조 제2항 '대의원회에 대하여는 총회에 관한 규정을 준용한다'의 규정 내용에 따라 대의원 총수의 10/100(총회소집청구권), 3/100(총회안건제안권)의 동의로 청구나 제안이 가능하지만, 총회의사진행이 아닌 내용에는 해당되지 않는 것입니다.

따라서 장관에게 '총회의결취소 또는 무효확인청구'를 할 경우에는 반드시 조합원 300인 이상이나 5/100 이상의 동의가 있어야 하고 조합원이 아닌 대의원들이 동의하더라도 조합원 숫자의 동의가 반드시 필요합니다. 장관에 대한 총회의결취소 또는 무효확인청구는 조합의 총회 운영에 관한 사항이 아니므로 농협법 제42조 제5항을 적용할 수 없기 때문입니다. 검사청구권, 검사인청구권, 임원유지청구권의 경우에도 마찬가지로 조합원 총원을 기준으로 하여야 하고 대의원 정원을 기준으로 환산할 수 없습니다.

이러한 권리를 단독조합원권으로 하지 않고 소수조합원권으로 하여 반드시 일정 수 이상의 조합원 동의를 얻도록 한 것은 권리행사의 남용(濫用)을 막아서 조합의 건전한 발전을 저해하는 일이 없도록 하기 위함입니다.

이는 협동조합이 조합원 1인 1표의 의결권과 발언권, 가입과 탈퇴의 자유 등이 보장된 조직인 관계로 조합원의 의견과 불만, 발언이 자유롭다 보니 이념 논쟁, 노선 투쟁 등으로 불필요한 에너지 낭비의 위험이 있고, 법률적 절차를 통한 분쟁과 경영 방해, 경영권 분쟁 등의 위험과 폐단을 감안하여 권리남용과 분쟁발생으로 인한 비경제를 예방하고자 하는 것입니다. 이는 초기 협동조합운동에서 '로버트 오언'에 의해 설립되었던 라라힌 협동촌이나 뉴하모니의 실패가 모두 이론 투쟁, 이념 논쟁, 노선과 방향을 둘러싼 토론과 논쟁으로 지새우다가 사업이 파탄된 교훈에 그 이유가 있습니다.

따라서 대의원들이 장관에게 법률에 맞지 않는 의결취소청구를 한다면 조합은 반드시 이 자문 내용을 첨부한 의견서를 장관에게 제출하여 잘못된 결정이 나타나지 않도록 노력하여야 할 것입니다.

만약 장관이 이러한 내용과 다르게 판단하여 총회의결취소 결정을 한다면 조합은 법원에 결정의 효력정지와 무효의 확인을 청구하는 소송을 할 수 있습니다.

155 총회결의취소는 조합원 동의만 얻으면 아무 때나 가능한가?

Q 총회의 의결사항에 대하여 장관에게 의결취소를 청구하고자 준비하던 중, 법률에 정한 조합원 숫자를 채우다 보니 2개월이 걸렸습니다. 이 경우에도 의결의 취소청구가 가능한지요?

A 장관에게 총회의결취소 또는 무효확인청구를 하려면 의결일 또는 선거일로부터 1개월 이내에 하여야 합니다. (법 제33조 제2항)

정확한 기간 계산은 농협법에 명문 규정이 없으므로 민법을 따라야 하는데, 민법의 기간계산은 '의결일 당일을 빼고 그 익일부터 계산하여

다음 달의 기산일 해당일 전일'까지가 됩니다. (민법 제155조~제161조)

그리고 '1개월의 계산 시점'은 총회에서 의결이 이루어진 날이고, 마지막 일자는 '장관에게 청구서가 도달한 시점'입니다.

이 1개월이라는 시간은 법률로 정한 '법정 불변기간'이기 때문에 1개월이 경과하면 이 권리는 행사할 수 없게 되고, 달리 구제 방법이 없으므로 신청인은 민사소송을 하여야 합니다.

해당 농협의 경우 정기총회가 1월 31일에 있었으므로 그날로부터 1개월은 2월 1일부터 계산하여 1개월인 3월 1일이 되는데, 3월 1일이 공휴일이므로 3월 2일까지가 청구기간이 될 것입니다.

그런데 지금은 이미 총회의결일로부터 2개월이 경과하였으므로 장관에게 청구한다고 하더라도 청구의 법정시한 경과를 이유로 각하 대상이고 구제 방법이나 경로가 없습니다.

156 대의원 정수의 조정 기준

Q 정관에 '대의원은 조합원 수에 비례하여 선출해야 한다'라고 되어 있습니다.

우리 조합은 도시화되다 보니 자연부락은 감소하고 시내의 조합원은 증가하는 추세로 그에 맞춰 정관 변경을 하려고 안건상정을 두 번이나 했지만 기득권을 가진 대의원들이 번번이 부결시켜 정관 변경을 못 하고 있는 실정입니다. 이렇게 잘못된 선출구역이 10군데 정도 되는데 총회부당의결 청구라도 해야 하는지 의견을 구합니다.

Ａ 농협의 대의원제도는 대의민주제에 그 이론적 논거가 있습니다.

대의제는 국민이 스스로 선출한 대표자들을 통해 법률 제정 및 정책 결정에 참여하는 정치제도 또는 그 절차를 가리키는데, 현대 대부분의 국가에서 기본적인 정치제도로 채택되었고 단체나 기업에서도 채택하였습니다.

농협법은 조합의 대의원 정수는 정관으로 정하도록 하고 있고(법 제42조 제3항) 정관에서는 조합원 수에 비례하여 50인 이상 200인 이내에서 조합 실정에 맞게 정하도록 하고 있습니다. (조합 정관 제45조 제2항)

그렇지만 농협법에서는 구역별로 조합원 숫자 대 대의원 숫자를 어떻게 정하여야 하는지에 대하여 명문화된 규정은 없는데, 이러한 구역별 숫자, 또는 조합원 숫자별 대의원의 안배(按配)에 대한 언급이 없다고 하여 조합이나 대의원회에서 마음대로 하여도 된다는 것은 아닙니다.

민주주의는 구성원 전원을 모두 동일한 가치의 존재로 보고 그들의 의사를 공정하고 합리적인 방법으로 수렴하고자 하는 것이므로 그러한 원칙에 부합하는 최소한의 제도나 구성을 시행하여야 합니다. 예컨대 1인 1표의 의미를 퇴색시키거나 왜곡하지 않을 정도의 대표성을 대의원 선발 시스템에 반영하여야 하는데, 그 방법이 바로 구역별 대의원 숫자의 안배인 것입니다.

이는 농협법을 일방적으로 해석한 결과가 아니라 국회의원선거구에 대한 대한민국 헌법재판소의 판단이고 법원의 판결 기준인 것입니다. 따라서 모든 농협은 인구의 변동, 산업화와 지역 개발 등으로 각 마을이나 구역의 조합원 숫자에 유의할 만한 변동이 생기면 그것을 구역별 대의원 정수를 조정으로 반영하여 대의원 선출이 공정하도록 조치하여야 합니다.

농협은 가입 자유의 원칙 때문에 조합원의 숫자가 각 마을이나 구역별로 항상 일정하지 않고 매일 변동하고 있지만, 대의원이나 임원의 선거구역을 정함에 있어서 약간의 증감은 불가피한 일이라고 하더라도 1구역 조합원 숫자가 다른 구역의 2배를 넘는 경우는 법률의 취지에 어긋난다고 할 것이므로 반드시 조정하여야 할 것입니다.

대의원 정수를 지역의 사정을 반영하여 조정하고자 대의원회 안건으로 부의하였는데, 여러 차례 부결된 경우는 있을 수 없습니다. 현실에서 이러한 현상이 발생하였다면 이는 중대한 비리이므로 조합은 특단의 조치를 하여야 합니다.

첫째, 대의원들은 자신의 이해관계에 결부된 안건의 표결에서는 의결권을 행사할 수 없습니다. 따라서 대의원 숫자가 줄어들어야 하는 구역의 대의원은 당연히 대의원 구역별 인원조정안에 반대를 할 것이므로 특별이해관계인으로 분류하여 의결에서 배제할 수 있으므로, 이러한 정도의 조치로 조정안이 가결되면 원만한 결과에 도달할 것입니다.

둘째, 구역별 대의원 정수 편중으로 피해를 입고 있는 조합원으로 하여금 법원에 '조합 대의원 정수 정정청구소송'을 제기하도록 하여 법원에서 '대의원 정수 조정 판결'을 받는 것입니다.

그러나 이런 극단적인 조치 이전에 이러한 조치가 가능함을 예로 들면서 설명과 이해로써 해결하도록 하는 것이 바람직합니다.

157 조합에도 미래 권력, 과거 권력이라는 개념이 있다고?

Q 조합의 각 기관별 권한을 두고 미래 권력이니 과거 권력이니 하는 말들이 있는데, 정확히 무슨 뜻입니까?

A 이는 농협법에 명문화되어 있는 것이 아니고 농협법을 해석하는 과정에서 설명되는 개념입니다.

농협은 중요한 권한을 셋으로 나누어 삼권분립의 원칙을 철저히 하도록 제도화·법제화하였습니다. 이에 따라 입법부에 해당하는 총회와 대의원회, 행정부에 해당하는 조합장과 이사회, 사법부에 해당하는 감사를 두고, 이들이 서로 독립해 권한을 행사하되 서로 간섭이나 권한 침해를 하지 못하도록 했습니다.

그 결과 각 기관의 역할과 기능을 살펴보니 총회는 주로 미래의 사업계획과 수지예산의 심의와 결정, 임원 선거 등 농협의 미래를 결정하는 역할을 맡고 있고, 감사는 집행부에서 수행한 사업과 업무의 결과에 대해 평가를 하며, 현재의 경영은 조합장과 이사회가 전담하고 있음을 알게 되었습니다. 이를 한마디로 함축하여 표현하면 총회는 미래 권력, 감사는 과거 권력, 조합장과 이사회는 현재 권력이라고 하는 것입니다.

그리고 이 말은 총회나 감사는 조합장의 업무집행권과 인사권, 징계권 등을 침해할 수 없고, 감사권 역시 누구도 침해할 수 없다는 뜻이 되기도 합니다.

제4부

조합장

158 조합장의 대표권이란?

Q 조합장의 대표권이라는 것이 구체적으로 무엇을 가리키는 것입니까?

A 대표권이란 법인의 기관이 당해 법인을 대표하는 권한을 가리킵니다. 대표권을 갖는 기관을 대표기관이라 하며, 법인의 기관이 한 행위가 법률상으로 그 법인이 한 것과 같은 효과를 발생시키는 경우에 그 기관을 대표기관이라고 합니다. 조합의 대표권자는 조합장입니다. (법 제46조)

조합장이 상임일 경우이거나, 비상임일 경우이거나 관계없이 조합의 대표권자는 조합장입니다. 따라서 상임이사가 주어진 권한 내에서 집행한 업무도 대표권은 조합장에게 있는 것이고, 상임이사의 업무라 하더라도 대외적인 업무는 모두 조합장의 이름으로 수행하여야 합니다.

조합장이 궐위, 60일 이상 장기 입원 등으로 직무를 수행할 수 없는 경우에는 이사회가 정하는 순서에 따라 이사가 조합장의 직무를 대행하게 되는데, 이때는 직무대행 이사가 대표권을 행사합니다.

조합장이 대표기관이므로 조합장이 조합을 위하여 행한 행위는 모두 다 조합의 행위로 인정되고, 그 효과도 조합에 귀속됩니다. 아울러 외부인이나 거래처가 조합장에게 계약이나 약정 등 어떤 의사표시를 하였을 경우에는 조합에 대하여 효력이 발생하는 것입니다.

이는 조합이라는 것이 법인이지만 조합이 스스로 어떤 행동을 하거나 의사결정이나 표현을 할 수는 없고 모두 다 자연인인 조합장의 말과 행동을 통해 하지 않으면 안 되기 때문입니다. 이 때문에 대표기관인 조합장은 반드시 두어야 하는 필치기관입니다.

159 회의 안건과 무관한 발언을 의장이 중단시킬 수 있는가?

Q 이사회나 대의원회 회의 도중에 발언권을 신청한 인사가 안건과 무관한 발언을 계속하여 회의 분위기를 망치고 회의 진행을 어렵게 하는 일이 매번 반복됩니다. 이러한 경우에 발언을 중단시킬 수 있습니까?

A 이사회나 대의원회는 모두 농협의 중요한 경영계획이나 방침, 전략을 결정하기 위하여 구성원들이 노심초사하고 최선의 결과를 도출하기 위해 협력하는 곳입니다. 그런데 일부 인사가 자신의 정치적 선전 기회로 삼아 안건과 관련 없는 엉뚱한 주장을 하여 회의를 망치고 있다면 당연히 이를 제지하고 발언을 중단시켜야 합니다.

통상 어떤 회의든 의장은 의사진행권이 있으므로 그 권한으로 발언 중지를 명할 수 있고, 명령을 받은 사람은 즉시 발언을 중단하여야 합니다.

그런데 발언중지 명령에도 불구하고 계속 발언을 한다면 의장은 강제 중지, 마이크 회수를 명하고 그래도 저항하면 질서유지권을 발동하여 퇴장을 명하여 퇴장시켜야 합니다. 어느 회의든 안건과 관련 없는 발언을 할 경우, 또는 같은 주장을 되풀이하는 경우에는 의장이 발언 중지 또는 발언권 회수를 명할 수 있는 것이며, 회의 참석자는 의장의 회의 진행과 명령에 절대복종하여야 하고, 복종하지 않는 참석자는 그 사실만으로 해임 사유, 조합원 제명 사유, 업무방해죄로 형사고발 사유가 됩니다.

Q 조합장은 협동조합 기업가가 되어야 한다는 말이 있습니다. 그런데 협동조합 기업가라는 개념을 아는 사람이 없습니다. 협동조합 기업가란 무엇입니까?

A 이 시대는 자본주의가 가장 발달한 시대이고 돈이 세상의 주인이 된 불확실성의 사회입니다. 그리고 돈의 규모와 흐름이 실물경제를 삼키고 있고, 돈이 상품과 서비스를 생산하는 보조 역할을 하는 것이 아니라 돈이 돈을 버는 금융의 시대로 변하고 있습니다. 돈 중심의 주식회사 구조에서 국경이 사라지고 세계 경제가 하나의 경제권으로 통합되고 있으며, 다국적 글로벌 기업이 전 세계를 자기 집 안방처럼 넘나들고 있습니다. 이때 협동조합은 무엇을, 어떻게, 누가 운영해야 하는 것일까요?

우리는 속박으로부터의 자유(freedom from slavery)를 통해 신분의 자유를 얻었지만, 반대로 우리는 돈으로부터의 자유(freedom from money)를 통해 상품으로 전락했습니다. 심지어 사람에게 쓰는 용어가 아니던 '스펙'이라는 말이 사람을 지배할 정도이며, 자본이 없는 노동자는 하나의 상품에 불과하게 됩니다.

이러한 시대에 각 개인은 노동이라는 상품을 시장에서 팔기 위해 자신의 경쟁력을 높이려고 부단한 노력을 해야 하며, 우정도, 사랑도 포기하고 잃어버린 청춘들은 살기 위해 필사적으로 뛰어다니지만, 지나친 경쟁은 모두에게 상처만 남기고 있습니다.

협동조합은 적극적인 자유, 곧 '무엇을 할 자유(freedom to)'를 최고의 가치로 여기는 사람들이 만들고 지켜나가는 조직입니다. '무엇을 할 자유'는 목적지향성을 갖고 있는데, 경제적 이윤만이 아니라 사회적 가치라는 목적을 지향하는 것이 협동조합이고 그것을 실현하는 사람이 협동조합 기업가, 곧 조합장입니다.

그리고 협동조합은 수직적 의사결정이 아니라 수평적 소통이 먼저이며, 사람을 우선하는 조직이므로 조합원과 직원이 민주적으로 참여할 수 있는 시스템이 마련되어야 합니다.

또 일방적 지시나 명령이 아니라 상호 이해에 기반한 적극적 참여와 능동적인 행동이 경쟁력의 원천입니다. 즉 협동조합은 시장에서 돈으로 살 수도, 만들 수도 없는 신뢰와 연대, 협동이라는 사회적 자본을 창출하고, 그것을 바탕으로 차별화를 실현하여 기업으로서 경쟁력을 갖는 것이 핵심입니다.

협동조합 경영자는 이제 협동조합 기업가의 역할을 맡아 돈이 모든 것을 삼켜버린 시대에 새로운 대안을 제시하고 실험하고 실천하는 사람을 가리키는 말입니다. 농협의 경영진, 임원은 누구나 이러한 시대의 흐름을 꿰뚫어 보고 협동조합의 운영전략, 장점과 강점, 약점과 문제점을 모두 깊이 연구하여 협동조합이 시장경제 체제의 벽을 넘어서 성공적인 운영으로 구성원 조합원에게 실질적인 이익과 미래에 대한 확신을 갖게 해주는 역할을 하여야 하며, 그것이 바로 협동조합 기업가인 것입니다.

161 업무용부동산을 고가매입하면 배임이라고?

Q 조합이 업무용부동산을 구입하면서 실제 거래되는 가격보다 더 높은 가격에 구입하였습니다. 그리고 거래 규모가 크다 보니 그 금액도 무척 높아서 일부 대의원들이 조합장의 업무상 배임행위라는 주장을 하고 있습니다. 업무용부동산을 시가보다 더 높은 값에 구입하면 업무상 배임이 됩니까?

A 형법 제355조 제2항은 '배임죄'에 대하여 '타인의 사무를 처리하는 자가 그 임무에 위배하는 행위로써 재산상의 이익을 취득하거나 제삼자로 하여금 이를 취득하게 하여 본인에게 손해를 가한 때'라고 규정하고 있습니다.

또 형법 제356조는 '업무상 배임죄'를 '업무상의 임무에 위배하여 제355조의 죄를 범한 자'로 규정하고 있습니다.

즉 배임죄란, 타인의 사무를 처리하는 자가 그 업무에 위배하는 행위를 하여 재산상의 이익을 취득하거나 제3자로 하여금 이를 취득하게 하여 손해를 가하는 행위를 처벌하는 죄입니다.

결국 배임죄는 타인의 사무를 처리하는 자가 타인의 재산권을 침해하는 것을 처벌하는 범죄로서 배임죄 구성요건을 간략하게 정리하면 다음의 5가지를 충족하여야 합니다.

(1) 타인의 사무를 처리하는 자
(2) 배임행위
(3) 재산상의 이익
(4) 재산상의 손해발생
(5) 고의 및 불법영득의사

즉 배임죄가 성립하기 위하여는 위 5가지의 요소가 모두 충족되어야 하고, 그중 1가지라도 충족되지 않으면 배임죄는 성립하지 않습니다. 해당 조합의 업무용부동산 구입은 토지주택공사가 시행한 공개경쟁입찰 방식의 토지공매에서 2위 입찰자보다 훨씬 더 높은 금액으로 입찰하여 낙찰받았는데, 그 사실을 두고 배임이라는 주장을 하고 있는 것입니다.

그러나 해당 농협 조합장의 업무용부동산 취득행위가 '배임죄' 혹은 '업무상 배임죄'에 해당하는지 여부를 판단하려면 '배임죄의 5가지 구성 요건'을 충족하는지를 살펴보는 것이 중요한데, 그중 1가지 '타인의 사무를 처리하는 자'에만 해당하고 나머지 4개 항목은 전혀 해당하지 않으므로 배임죄, 또는 업무상 배임죄는 성립하지 않습니다.

그리고 농협은 업무용부동산의 매입으로 조합이 손해를 입은 사실이 없고 단지 공개경쟁입찰 방식에 참여하여 최고가 낙찰을 받은 것뿐이며, 최고가 낙찰이 범죄가 되는 것이 아닙니다. 오히려 제시가격을 낮추어 입찰하였다가 결국 토지를 확보하지 못하게 된 경우가 조합에 미래의 손해를 가져오는 결과가 되는 것이라 하겠습니다.

결국 공개경쟁입찰에서 최고가로 낙찰받은 일은 그 금액이 얼마이든 배임과 아무 관련이 없습니다.

Q 우리 농협은 정기총회에서 '임원보수 및 실비변상규약'을 개정하여 조합장의 보수를 약간 인상하도록 의결하였습니다. 그런데 대의원 한 분이 농업협동조합법 제39조에 '농협과 조합원의 이해가 상반되는 의사를 의결할 때에는 해당 조합원은 그 의결에 참여할 수 없다'고 규정하고 있는데 조합장 보수를 의결하는 데 조합장이 참여하는 일은 위법이므로 의결이 무효라고 주장합니다.

A 이해관계인(利害關係人)이란, 특정한 사실에 관하여 법률상의 이해를 가진 사람, 즉 그 사실의 여하에 따라 이미 보유하고 있는 자기의 권리·의무에 직접적인 영향을 받는 자입니다. (민법 제22조, 제27조, 제44조, 제63조, 제963조)

특별이해관계인(特別利害關係人)이란 대한민국 상법이 규정한 총회의 결의에 대해 개인적인 이해관계가 있는 자를 말하는데, 특별이해관계인은 총회에 출석하여 의견을 진술할 수는 있으나 의결권은 행사하지 못하도록 규정하고 있습니다. (상법 제368조 3항)

농협법은 조합과 특정 조합원의 '이해가 상반되는 사항'을 의결할 때에는 당해 조합원은 의결에 참여할 수 없다(법 제39조 제2항, 정관 제41조 제2항)고 규정하고 있는데 이러한 조합원에 대하여 '의결권을 제한하는 이유'는 의결에 공정성을 기하기 위한 것입니다. 의결권 제한 대상이 되는 '이해가 상반되는 사항'이 무엇이며 '누가 이를 판단하고 인정할 것인가'

에 대하여는 명문 규정이 없으나 법률의 해석 원리상 이 문제는 '직접적이고 구체적이며 개인적인 이해관계가 있는 사항에 국한'하여야 할 것입니다.

조합장은 위임받은 권한으로 주어진 사명과 역할을 충실히 수행하여 조합을 경영하고 조합 경영의 결과 이익과 잉여를 발생시켜 조합원이 기대하는 봉사를 실현하여 그에 대한 보상으로서, 또 근로의 대가로서 보수를 받는 관계이므로 조합의 이상과 이념, 목표를 구체적으로 조합장이 구현하고 실행하는 불가분의 관계이며, 나아가 조합은 조합장을 조합의 대표자, 경영자로 고용하여 직무를 수행하게 하고 그에 합당한 보상으로서 보수를 지급하는 관계입니다.

그러므로 임원에게 보수를 주는 일, 보수를 인상하는 일, 특별상여금을 지급하는 일은 모두 다 조합의 재산을 축내는 일이 아니라 조합의 사업을 활성화하고 업적과 수익을 높이며 조합 성장, 조합원 이익으로 귀결되는 것이거나, 그것을 염두에 두고 최선의 노력을 하라는 사전적 제안(事前的 提案)이거나, 이미 달성하여 실현시킨 이익에 대한 사후적 보상(事後的 報償)이므로 어떤 측면으로 보더라도 이해상반이 성립하지 않습니다. 국회에서 국회의원 세비를 인상할 때 국회의원들이 의결하지만 그것을 무효라고 하지 않습니다.

법률의 이러한 내용을 살펴보고 해석하여 종합한다면, 조합과 조합장의 관계는 서로 이해가 상반되는 것이 아니라 '이해가 합치되는 관계'이므로 임원보수규약 개정에 조합장이 참여한 것은 문제가 아님이 확실한데, 만약 이해상반관계라고 억지로 가정하더라도 조합장의 투표 1표를 제외하여도 가결되는 경우라면 합법이라는 것이 대법원 판례입니다.

Q 조합장직무대행은 어떻게 정해지는 것입니까?

A 조합장은 조합의 대표권자이고 실질적인 경영자입니다. 그런데 뜻하지 않은 사유로 갑자기 유고(有故)가 발생하면 조합의 경영이나 지속되어 오던 업무에 심각한 차질과 장해가 발생하게 됩니다.

조합장 유고라는 표현은 농협법에 있는 것은 아니지만, 통상적으로 조합장이 공석이 되거나 직무를 수행할 수 없게 된 상황을 가리킵니다. 농협법에는 조합장이 어떤 이유로 직무를 수행할 수 없을 때, 직무대행자가 조합장의 직무를 대행하도록 하고 있습니다. (법 제46조) 그 사유는 아래와 같습니다.

> 1. 궐위된 경우, 즉 사망, 사임, 임기만료, 해임, 자격상실 등으로 공석이 된 경우
> 2. 공소가 제기된 후 구금 상태에 있는 경우, 즉 범죄 혐의로 기소되어 구속되었거나 법원의 판결로 징역이나 금고형이 집행되는 경우
> 3. 의료기관에 60일 이상 계속하여 입원한 경우
> 4. 조합장 해임을 대의원회에서 의결한 경우(법 제54조)
> 5. 법원의 직무정지명령이나 감독기관의 조치가 있는 경우
> 6. 조합장이 소속 농협 조합장 선거에 입후보한 경우 후보 등록일부터 선거일까지

이러한 사태가 발생하였을 경우에 당황하게 되고 갑자기 직무대행자를 선정하려고 하면 새로운 혼란이 발생하게 됩니다. 그래서 농협은 법률과 정관에 직무대행의 사유와 순서를 모두 정해두어 유사시의 혼란이나 차질을 최소화하도록 하였습니다.

조합장의 직무대행권자는 조합원인 이사 중에서 이사회가 정하는 순서에 따르도록 합니다. 상임이사의 유고 시에는 상무 등 간부직원이 대행하는 것이 아니라 이사 중에서 이사회가 정하는 순서에 따라 이사가 직무를 대행합니다.

직무대행자를 정하는 기준으로 명문화된 내용은 없으며, 이사회에서 의결을 통해 직무대행자의 순위를 결정하면 됩니다. 직무대행자를 1명만 지정할 수도 있고 1번부터 차례로 끝까지 정할 수도 있으며, 조합장 직무대행과 상임이사 직무대행의 순서를 각각 정할 수도 있고 직책의 직무대행 순서를 하나의 순번으로 해 둘 수도 있습니다.

그러나 조합장과 상임이사 직무대행 순서를 하나의 순번으로 하면 후일 꼭 문제가 발생하므로 처음부터 서로 각각 직무대행 순서를 정해 두는 것이 좋습니다. 그리고 이 결정에 대하여 이사회는 다시 결정할 수 있지만, 대의원회나 총회에서 이것을 변경 또는 취소, 무효화할 수 없습니다.

직무대행권자는 조합장이나 상임이사의 권한을 포괄적으로 행사하게 됩니다. 따라서 비상임조합장의 직무대행자는 대표권만을 포괄적으로 행사하고, 상임조합장의 직무대행자는 대표권과 업무집행권을 포괄적으로 행사합니다. 직무대행은 유고의 사유가 해소되면 즉시 직무대행권이 소멸합니다.

만약 앞에서 설명한 사유에 해당하지 않는데 다른 임원이 위력 또는 강제력으로 조합장 유고로 간주하여 조합장 직무를 대행하였다면, 그 직무대행 자체는 물론이고 직무대행자에 의한 모든 법률행위가 위법이고 무효입니다. 예를 들어, 조합 이사회에서 이사들끼리 논의하여 조합장을 징계하기로 하고 조합장을 배제한 상태에서 조합장직무대행자가 회의를 소집하고 의사진행을 해 징계를 의결하였다면, 이 회의 소집부터 회의 결과가 모두 위법이고 무효입니다.

164 조합장직무대행을 중간에 교체할 수 있는가?

Q 우리 농협에서는 최근 조합장직무대행인 비상임이사를 직무대행에서 끌어내리고 다른 이사를 직무대행으로 선임하려는 움직임이 있습니다. 직무대행은 이사회에서 정하면 된다고 하여 이미 직무대행으로 취임하여 업무를 수행 중인 이사를 교체하려고 하는 것입니다. 농협법상 이것이 합법적인 것인지, 문제는 없는지 궁금합니다.

A 모든 농협은 조합장이나 상임이사의 유고에 대비하여 직무대행제도를 두고 있습니다. 그리고 직무대행자는 조합원인 이사로 하도록 명문화되어 있으며, 직무대행자는 이사회에서 정한 순서에 따라 직무대행을 하도록 하고 있습니다.

조합에 따라 조합장직무대행 순서와 상임이사직무대행 순서를 따로 정해 두기도 하고, 조합장과 상임이사 구분 없이 순서만 정해놓기도 합니다. 직무대행의 순서를 미리 정해놓는 것은 조합의 사업과 재산의 관리를 한순간도 소홀히 할 수 없고, 조합원과 채권자, 이용고객 등에게 충실하고 계속적인 서비스를 안정적으로 제공하여 조합의 신용과 명예를 지키기 위한 것입니다.

즉 조합의 업무안정성, 조합이라는 법인의 법적안정성을 확실히 보장하여 어떤 예상치 못한 사유, 돌발 사태가 발생하더라도 조합 경영은 언제나 정상적으로 유지되어 조합원과 고객에 대한 서비스는 한순간도 차질 없이 지속되도록 보장하려는 것입니다.

직무대행은 대행할 직무의 모든 내용을 포괄적으로 인수하여 집행하며, 직무 권한 역시 포괄적으로 행사하고 직무에 따르는 책임 역시 포괄적으로 부담하게 됩니다. 그런데 직무대행의 재신임 혹은 직무대행 순서의 재결정, 또는 직무대행을 교체하는 일은 충분한 법률적인 검토를 거쳐야 합니다.

직무대행자가 어떤 이유로 직무를 수행할 수 없게 되어 업무에 공백이 발생하게 되면 즉시 다음 순위의 직무대행자가 직무를 대행하여야 합니다. 이는 직무대행제도를 둔 이유와 의미이기에 직무대행을 공석으로 할 수 없는 것입니다.

직무대행자의 직무수행 중 교체나 재신임에 대하여 법률과 정관에 명문화된 내용이 없습니다. 그리고 직무대행자를 미리 정해 두게 한 점은 불의의 사태, 만약의 경우에도 조합의 경영과 서비스가 한순간도 공백이 없게 하여 조합사업과 업무의 영속성, 계속성을 보장함으로써 조합의 신용과 신뢰를 지키고자 하는 것입니다. 또 이러한 직무대행제도는 바로 조합의 법적안정성을 담보하는 확실한 방안이기도 합니다.

그렇다면 현재의 직무대행을 교체 또는 재선정하려고 한다면 현재의 직무대행이 법률과 정관에 정한 유고나 사고로 직무를 수행할 수 없게 되는 사태가 발생하여야 합니다. 그러한 사태가 발생하지 않았는데 직무대행을 새롭게 선임한다면 한 개의 직무에 2명의 직무대행이 존재하게 될 것입니다.

그리고 한 직책에 2명의 직무대행은 엄청난 파장과 심각한 책임문제가 따르게 되고, 그중 1명은 불법 직무대행이 될 가능성이 매우 높습니다. 즉 직무대행은 법률에 직무대행 사유가 정해져 있으며, 그러한 사유가 발생할 경우에 한하여 직무대행을 할 수 있으며, 현재의 직무대행에 다시 직무대행 사유가 발생하지 않았음에도 다른 직무대행을 선임하는 일은 위법행위가 되는 것입니다.

이사회에서 직무대행 재선임 사유가 없음에도 직무대행을 선임하였을 경우 그 결의 자체가 무효이므로 그로 인한 분쟁과 혼란, 조합과 조합원의 피해에 대하여 그 이사회 의결에 참여하여 찬성한 이사들은 전원 신분상(임원 해임, 조합원 제명, 형사처벌), 재정상 책임(손해금과 위자료 변상)을 피할 수 없게 될 것입니다.

165 조합장직무대행을 윤번제로?

Q 조합장의 유고로 인하여 수석이사가 '전국 조합장 일제 선거' 시까지 6개월간 조합장 직무를 대행하게 되었습니다. 그런데 최근 일부 이사들이 직무대행을 한 사람이 계속할 것이 아니라 전체 이사가 모두 골고루 돌아가며 수행하자고 하며 1인당 20일씩 조합장직무대행을 번갈아 하는 안건을 제안하겠다고 합니다. 그런데 이러한 내용의 의결은 아무래도 후일 문제가 있을 것으로 보이는데, 법률적 판단을 요청합니다.

A 조합장이 어떤 사유로 장기간 직무를 수행할 수 없을 경우에는 업무의 공백을 방지하기 위해 직무대행자로 하여금 그 권한을 행사하게

합니다.

　이는 농협은 조합이라는 법인(法人)이 모든 사업과 업무를 수행하지만, 법인은 스스로 의사표현이나 행동을 할 수 없으므로 결국 조합장이라는 자연인을 통하여 그 의지와 의사를 실현하여야 하는 것이기에, 만약 조합장이 유고(有故)로 공석이 될 경우 조합의 사업과 업무의 수행이 불가능하게 되거나 법률적으로 그 효력이 모호해지는 것을 막기 위한 것이며, 직무대행자를 두어야 하는 경우는 농협법 제46조에 명시되어 있습니다.

　조합장의 직무를 대행하는 직무대행권자는 '조합원인 이사' 중에서 이사회가 지명하거나 정하는 순서에 의하여 결정됩니다. 직무대행자를 정하는 기준으로 명문화된 사항은 없으며, 이사회에서는 직무대행자를 1인만 정할 수도 있고, 수인(數人)을 정하여 차례와 순서를 부여할 수도 있습니다.

　직무대행자는 직무의 공백을 예방하기 위한 것이므로 직무대행 사유가 발생하기 전에 미리 정해두는 것이 바람직하지만, 미리 정하지 못한 경우에는 직무대행 사유 발생 즉시 정하여야 합니다. 조합장직무대행을 20일씩 나누어서 차례로 수행하게 하는 안건, 예컨대 '조합장직무대행 지명변경안'을 이사의 1/3 이상이 안건으로 제안할 경우 안건이 될 수는 있습니다.

　그런데 직무대행을 재지명하거나 변경하려고 할 경우에는 농협법에 정한 조합장 유고, 즉 직무대행의 유고(有故)가 발생하여야 합니다. 즉 현재의 직무대행자에게 사망, 질병, 구금 등 직무를 수행할 수 없는 사유가 발생하였을 경우에 차기 직무대행자를 선임할 수 있는 것입니다. 따라서 '직무대행 20일 나눠 수행하기' 안건은 법률적으로 성립할 수 없습니다.

그리고 소위 '윤번제 직무대행'이 의결 실시된다면, 이는 곧 '직무대행 나눠 먹기' '조합장 수당 갈라 먹기'가 되는 것이므로 해당 조합과 이사들은 조합의 내부는 물론 외부와 감독기관, 농민단체, 시민단체, 언론기관으로부터 회복할 수 없을 정도의 공격을 받게 될 것입니다.

그리고 그 결과 조합은 사업에 있어서나 조직에 있어서 회복할 수 없는 직접적 손해와 간접적 피해를 입게 되고, 조합장직무대행으로 재직한 이사들은 모두 다 범죄의 행위자이자 수혜자로서 형사처벌을 면할 수 없게 될 것이며, 윤번제 직무대행안에 찬성한 이사 전원은 조합이 입게 된 직접적 손해와 간접적 피해 수십억 원에 대한 손해배상을 면할 수 없게 됩니다.

단, 윤번제 직무대행안에 적극적으로 반대하고 표결에서도 확실히 반대하여 그 내용이 의사록에 명확하게 기록된 이사의 경우에만 손해배상책임을 면할 수 있을 뿐입니다.

166 조합장이 1심에서 유죄판결을 받으면 직무정지라고?

Q 조합장이 기소되어 1심 재판에서 유죄판결을 받을 경우 즉시 직무정지 되고 직무대행자가 지정된다고 알고 있는데, 그 조항에 변동이 있다는 말이 있습니다. 그 정확한 내용이 무엇입니까?

Ⓐ 농협법 제46조 제4항 3호에 '금고 이상의 형을 선고받고 그 형이 확정되지 아니한 경우' 조합장의 직무를 정지하고 직무대행자가 대신하도록 되어 있습니다.

그런데 2013년 8월 29일 헌법재판소의 결정으로 조합장에 대한 부분이 위헌으로 판정, 효력을 상실하였습니다. 따라서 조합장이 기소된 후 1심 재판에서 유죄판결을 받더라도 직무정지가 되는 것이 아니고 형이 최종 확정될 때까지 무죄로 추정되어 정상적인 집무를 할 수 있습니다. 형의 최종 확정은 형사사건에서 법원의 선고 후 원고(검사)나 피고의 항소나 상고가 없이 7일을 경과하면 선고한 형벌이 확정되는 것입니다. 1심 선고 후 항소했고, 항소심 선고 후에 다시 상고하였다면 대법원의 최종 판단이 있을 때까지 형이 확정되지 않은 것이므로 조합장의 경우에는 직무정지에 해당하지 않습니다.

또 대법원의 결정이 '각하'나 '기각'이면 대법원의 결정일에 2심의 판결 내용대로 확정되는 것이고, '파기환송'이면 2심 재판부에서 다시 재판을 하여야 하므로 2심 재판이 다시 열려 선고되고 그 형이 확정될 때까지 확정이 유보되는 것입니다.

과거 헌법재판소의 위헌 결정이 있기 전에는 1심 재판에서 유죄판결을 받은 조합장은 직무가 정지되고 다른 이사가 직무대행을 하게 됨에 따라 2심 재판의 자료 작성이나 증인 확보 등 방어권 행사가 무척 힘들었는데, 이제는 해당 조항이 위헌으로 결정되어 효력이 없으므로 형이 확정될 때까지 '무죄추정의 원칙'에 따라 조합장으로 계속 근무하면서 대응할 수 있게 되었습니다.

Q 조합장 선거는 정치권 선거에 있는 합동토론회, 예비후보제도, 유세차량 같은 제도가 금지되어 있어서 후보자가 자신의 소견과 정책을 알릴 방법이 없고 유권자도 후보자의 능력이나 성향을 알 수 없는 '깜깜이 선거'가 되고 있습니다. 조합장 선거가 너무 폐쇄적이고 후진적입니다.

A 대통령 선거, 국회의원 선거, 지방선거 등 중요한 선거에서 후보자 토론회, 예비후보제도, 유세차량, 소견발표 등이 제도화되어 있고, 잘 활용되고 있어서 유권자의 선택에 많은 정보와 도움을 주고 있습니다.

그래서 조합장 선거도 그에 맞추어 후보자를 검증하고 정보를 파악할 수 있는 기회와 절차가 중요하다고 하는 것입니다. 그런데 조합장은 정치가가 아니고, 조합장 선거는 정치 선거가 아니며 정치 선거와 근본적으로 다른 점이 많이 있음을 알아야 합니다.

첫째, 조합장은 정치인이 아닙니다.

조합장은 조합의 경영을 총괄하는 전문경영인, CEO이므로 정치적인 능력과 감각도 필요하겠지만, 경영자로서 사업체를 경영하는 능력과 경험, 안목, 비즈니스 마인드가 더욱 중요한데, 이것은 선거 유세로 판별하거나 선발할 수 있는 것이 아닙니다.

둘째, 조합장은 지역사회의 지도자, 리더입니다.

조합장에게는 정치인의 특징인 뛰어난 언변, 날카로운 비판, 화려한 공약이 중요한 것이 아니라 조합원을 단결시키고 조합원 간의 이해관계를 조정하며 조합원의 의사를 결집시키고 합리적인 의사결정을 통해 조합을 잘 이끌어가는 지도자의 덕목이 더 중요한 것입니다. 이러한 지도자의 덕목은 선거 유세를 통해 판단할 수 있는 것이 아니라 오랜 기간 지켜보고 함께 일하며 교감하는 가운데 일상생활에서 드러나는 것입니다.

셋째, 연설회나 토론회, 공약집을 통한 인재 평가는 모두 실패했습니다.

예컨대 지난 역대 대통령 선거를 모두 살펴보면, 선거마다 그토록 요란한 TV 토론회, 대규모 유세단과 유세 차량, 엄청난 공약집을 보고 대통령을 뽑았지만 매번 성공적인 선택이 아니었음이 드러나고 있습니다. 아니, 홍보와 선동과 프로파간다의 마술에 홀려 언제나 그릇된 선택만을 해 온 것이 현실인바, 우리 조합 일꾼인 조합장을 뽑는 선거에서만은 그러한 오류를 다시 답습하지 말아야 합니다.

넷째, 협동조합에는 협동조합의 전통과 원칙이 있습니다.

협동조합은 정치단체가 아니기에 지도자를 선출할 때 정치색이나 정치적 선전기법을 배제하는 방식을 오래전부터 개발하여 사용해 오고 있습니다. 대의원은 조합원 중에서, 이사는 대의원 중에서, 조합장은 이사회에서 서로 뽑는 호선(互選) 방식을 통해 선출하는 것입니다. 중앙회장이나 연합조직도 마찬가지로 각 조합의 대표가 모여 대의원을, 대의원이 이사를, 이사들이 중앙회장을 호선하는 것입니다.

이렇게 함으로써 상호검증과 학습, 인재의 육성과 선발을 통해 선동가나 정치꾼의 발호(跋扈)를 사전에 예방하고 외부 불순세력의 틈입(闖入)을 방지하며, 능력과 안정성을 갖추었으면서 협동조합에 대한 열정과 사업 능력, 경험이 뛰어난 조합원 동료를 단계적으로 지도자로 선발하는 것입니다.

다섯째, 참된 지도자의 선발은 선거 바람이 아니라 생활 과정에 있습니다.

조합장 선거는 조합원 중에서 덕망과 능력이 검증된 인사를 선발하여 조합원의 중요한 재산이자 앞으로 농업의 운명을 책임질 조합 경영을 맡을 사람을 선출하는 일입니다.

그리고 조합원들은 그동안 조합 안팎의 각종 회의와 교육, 모임을 통해 서로를 잘 알고 다른 조합원에 대해 성품이나 성향, 도덕성, 숨은 능력과 비전, 가능성까지도 모두 파악하고 있으며, 동지적 유대와 형제적 사랑으로 서로를 위로·격려하고 자기계발과 발전을 부추겨 왔습니다. 조합장 선거가 인기인을 뽑는 일이 아니라 참된 지도자, 농업인 대표를 뽑는 일이므로 지금의 제도에서 허용된 선거 방법만으로도 충분히 검증과 선택이 가능한 것입니다.

여섯째, 정치권식 선거 유세는 농협을 망치는 첩경이 될 것입니다.

만약 조합장 선거에 정치권의 선거 유세 방법을 도입한다면, 조합장 선거가 정치꾼과 선동꾼, 선거 기획 전문가의 활동무대가 되어 선거 자체만으로 엄청난 비용이 들 것입니다.

후보자마다 전력 투입, 속칭 '몰빵'을 하는 풍조가 성행할 것이며, 그 결과 선거 파산자가 속출할 것이고, '이기지 못하면 망하는 것'이기에 흑색선전과 인신공격 등 선거의 문제점과 악습이 모두 총동원될 것입니다.

그 결과 선거의 혼탁 분위기는 상상할 수 있는 수준을 넘어서 끝없이 높아질 것이며 심각한 선거 후유증 때문에 매번 4년 주기 선거 때마다 조합장 선거가 사회문제가 됨은 물론, 농협의 존폐문제까지 거론되게 될 것입니다.

조합원, 농민단체, 언론인, 지식인, 농촌 지도자들은 이러한 농협조직의 특수한 성격과 농협의 역할을 잘 이해하고 정치꾼, 선거귀신들로부터 농민과 농협을 지켜 주어야 합니다.

168 조합장과 임원의 연임제한 규약을 만들려고 합니다.

Q 우리 조합은 조합장이 20여 년간 장기집권을 하고 있습니다. 한 사람이 장기집권함에 따라 많은 문제가 발생하는데, 이러한 장기집권을 막기 위해 연임금지를 규약으로 정하자는 여론까지 일어나고 있습니다. 전체 대의원이나 조합원 2/3 이상의 동의를 얻어 규약을 제정하거나 정관 변경을 하려고 하는데 가능할까요?

A 조합장이나 이사, 감사가 장기간 연임을 거듭하는 경우가 있습니다.

그런데 우리 조합원을 비롯하여 국민 모두가 장기집권에 대해 생리적으로 강렬한 거부감을 갖고 있습니다. 그것은 과거 우리 현대사에서 군사 쿠데타로 권력을 장악한 독재자가 죽을 때까지 집권하면서 온갖 폐단과 비리와 추태를 연출하고 국민을 억압하는 등 민주제도를 말살했던 경험이 국민적인 '트라우마'로 남아 있기 때문일 것입니다.

그러나 장기집권에 다른 문제나 폐해가 있으므로 연임금지를 규약으로 만든다고 하면 그것은 효력이 없습니다. 상위법인 농협법에 근거가 없는 것을 상위법의 내용과 정신을 넘어서서 제한하는 것은 있을 수 없는 일이기 때문입니다. 또 이 내용을 정관 개정안에 반영하여 총회의 의결을 하더라도 역시 효력이 없습니다. 정관 역시 상위법을 어기거나 벗어날 수 없기 때문입니다. 즉 법률의 근거가 없이 조합원의 피선거권을 제한하는 일은 어떠한 내용이나 취지이든 위법이고 무효인 것입니다.

그리고 우리는 흔히 장기집권 자체만을 문제 삼는데, 이제는 장기집권이 문제가 되는 것이 아닙니다. 조합 임원을 꿈꾸는 후배 조합원들은 자신들의 진출을 막는 부정적인 효과가 먼저 눈에 띄므로 그 점이 부각되겠지만, 20여 년을 장기재직하였다면 매우 특별한 능력을 발휘하고 있는 것으로 평가하지 않을 수 없습니다.

장기간 조합장직을 유지해 온 경우는 대부분 뛰어난 경영실적과 특출한 친화력으로 조합원을 잘 단결시키고, 언제나 열린 마인드로 새로운 지식과 사회흐름을 잘 받아들여 조합을 잘 이끌어 왔다는 뜻입니다. 여기에서 가장 중요한 판단의 핵심은 장기집권이 아니라, '조합원의 선택'입니다. 유사한 사례로 우리는 후진국의 국가지도자들이 장기집권, 종신집권을 하고도 모자라 세습까지 하는 일이 있어 그때마다 그일을 맹렬히 비난합니다.

그런데 우리나라의 경우 독재자의 자녀가 다시 대통령이 되었지만 그것이 세습이 아니라 국민이 선거로 선출된 것이므로 아무도 문제 삼지 않았습니다. 중요한 것은 선거를 통해 국민의 의사가 반영되는 민주주의 절차를 갖추었고 민주주의 체제와 제도가 공정하게 잘 가동되고 있으면 국민의 의사가 잘 반영되고 있는 것이기에 그것으로 충분한 것입니다. 과거 우리 국민 모두가 반독재 민주화 투쟁에 나선 것은 특정 인사를 반대하려는 것이 아니라 민주주의 제도와 절차를 회복하여 국민이 주권자로서 자유롭고 공정하게 선거를 해 보자는 것이었으며, 선거 결과가 어떠하든 그것을 문제 삼으려 한 것이 아니었습니다.

따라서 장기집권을 문제 삼는 태도는 오히려 민주주의와 조합원의 선택을 무시하거나 모욕하는 것이 되므로, 어떤 선택이든 어떤 결과이든 조합원의 결정이라면 무조건 존중하는 자세를 갖는 것이 중요하고 장기간 재직해 온 지도자보다 더 나은 비전이나 실력을 보여주는 것이 더 중요합니다.

그리고 조합장 이외에 이사, 감사 등 다른 임원에 대한 연임금지규약을 제정하거나 정관을 변경하는 것 역시 위법이고 무효입니다. 임원 입후보는 조합원 개인에게 주어진 피선거권으로서 국민의 기본권에 해당하는데, 이러한 기본권의 제한은 정관이나 규약으로는 제한할 수 없고 반드시 법률에 명시하여야 하는 것이기 때문입니다.

169 조합장 연봉을 삭감해야 한다는 여론이

Q 조합장 선거에서 어떤 후보자가 조합장에 당선되면 연봉을 절반만 받고 나머지는 조합원에게 환원하겠다고 하여 큰 주목을 받았습니다. 조합장 연봉을 삭감하는 것이 옳지 않습니까?

A 얼마 전, 지방자치 선거에서도 단체장의 연봉을 절반으로 삭감하겠다는 후보가 있었습니다.

그에 영향을 받은 탓인지 조합장 선거에서도 '조합장에 당선되면 연봉을 절반으로 삭감하고 그 금액을 조합원을 위해 쓰겠다'는 공약이 튀어나왔습니다. 유권자인 조합원의 눈길을 끄는 내용이고 한편으로는 무척 달콤하고 신선한 듯 보이기도 하지만, 이 공약에는 무서운 뒷모습이 숨어 있음을 간과할 수 없습니다.

첫째, 조합장의 연봉을 절반으로 삭감한다고 하지만, 연봉 수령액만을 삭감할 뿐, 다른 업무추진비나 판공비의 삭감 공약은 없는 점입니다.

즉 이 후보는 드러나는 연봉은 적게 받는 것처럼 보이게 하고 드러나지 않는 다른 부문에서 삭감된 연봉을 채우게 될 것이 너무나 자명합니다. 그래서 연봉에서 삭감된 금액을 업무추진비나 지도사업비, 각종 직접사업비용에서 보전하려 할 것이고, 그 결과는 조합장이 주도하는 부패일 것입니다.

둘째, 삭감된 연봉을 조합원에게 제공하거나 직접적이든 간접적이든 조합원을 위해 사용한다면 그것은 곧 향응이요, 뇌물이 됩니다.

삭감한 연봉을 어떤 방식으로든 조합원에게 돌아가게 하면 곧 뇌물죄, 혹은 사후매수죄를 구성하므로 전체 조합원을 뇌물 수령 범죄자로 만들게 됩니다. 이는 금액의 많고 적음을 떠나서 조합원을 파렴치한 범죄자로 몰아가는 것이므로 무서운 일이고, 선거와 관련하여 사전이든 사후이든 금품을 수수하면 곧 범죄로서 처벌되고 과태료만 해도 수수한 금액의 50배에 해당합니다. 이 후보는 아마도 당선 후에는 이러한 이유를 들어 연봉 삭감을 슬그머니 철회하게 될 공산이 무척 큽니다.

셋째, 조합원을 구호(救護)나 적선(積善)의 대상인 거지로 간주하거나 그와 비슷하게 대우하는 발상입니다.

연봉 삭감 규모가 3000만 원이라고 할 때, 조합원 1인당에게는 1만 ~3만 원에 해당하는 금액이 되는데, 조합원이 점심값에 불과한 이런 돈을 받기 위해 줄을 서서 투표하고 또 줄을 서서 그 돈을 받으려 한다고 보는 것입니다. 조합원이 그 금액이 필요하다며 절박한 어려움을 호소하기라도 했다는 것인지, 아니면 그냥 조합원은 그 돈이라도 준다면 모두 환호하며 날뛰기라도 할 것으로 생각하였는지, 우리 조합원과 지역사회에 대한 모욕입니다.

넷째, 협동조합원칙과 농협법 위반입니다.

농협은 사업을 통해 조합원에게 최대봉사하는 조직으로서(법 제5조) 영리를 목적으로 하지 않으며, 조합원에게 자선적인 시혜를 베푸는 것이 아니라, 사업을 통해 조합원의 사업을 돕고 생활의 편익을 향상시키며, 나아가 경제적·사회적·문화적 지위 향상을 이룩하는 운동체이자 사업체입니다. 수천만 원의 뇌물이든 자선이든 조합원에게 베푸는 일은 그 자체가 협동조합원칙을 거스르는 일이고, 농협법과 선거법을 비롯해 실정법을 위반한 범죄행위입니다.

다섯째, 조합원에 대한 인격적인 무시이자 모욕입니다.

조합장은 조합을 잘 이끌어서 사업을 성장시키고 조합원의 사업 신장과 생활편의 향상을 이룩하는 것이 임무이지 현금 살포나 향응 제공이 그 역할이 아닙니다. 조합원은 조합의 사업을 통해 더 많은 서비스와 더 큰 만족을 얻고자 하는 것이며, 사소한 금전상의 이득을 목적으로 하는 것이 아닙니다.

푼돈을 뿌려서 조합원의 관심을 끌고 순간적인 인기를 얻어 조합장 자리를 차지하려는 얄팍한 잔머리에 조합원은 오히려 크게 상처받을 뿐입니다. 만약 그 후보가 조합장이 된다면 조합의 사업이나 업무의 모든 면에서 금품 살포로 문제를 해결하려고만 할 것이 자명하다고 하겠습니다. 또 그 조합장은 조합원이 조합에 어떤 요구를 하거나 불만을 제기하면 그 문제를 깊이 연구하고 해결책을 찾기보다는 사탕값 몇 푼을 주어서 내보내 버리려고 할 것입니다.

여섯째, 지역사회와 지역주민의 영혼과 정신을 썩게 하는 것입니다.

우리가 과거에 선거로 공직자를 선출할 때 몇 푼의 현금이나 고무신 한 켤레, 막걸리 한 사발로 표를 매수하려는 사람들이 있어서 무척 마음이 상하였던 기억이 새롭습니다. 그런데 지금, 이 밝은 세상, 21세기에도 이러한 얄팍한 이익으로 교묘하게 표심을 매수하려는 작태가 나타난 것입니다.

이런 일이 작은 일로 보일 수도 있으나, 이 일을 용인하고 묵과하면 앞으로 모든 공직 선거가 사탕발림식으로 변질되게 되고 유권자와 지역사회는 모두 올바른 판단보다는 작은 이익, 잔머리 정치에 기울어지고 시민들은 스스로 타락과 절망에 빠지게 되는 것입니다. 이런 공약에서 지역사회와 민주주의, 역사에 대한 후보자의 인식이 얼마나 위험하고 천박한지를 보게 됩니다.

일곱째, 정책 선거의 실종이고 공약의 말살입니다.

선거는 우리가 필요로 하는 지도자를 뽑는 과정이고 그 지도자를 판단하는 기준은 그가 제시한 정책과 공약입니다. 그런데 얄팍한 돈 이야기로 선거가 흘러가면 우리가 진정으로 눈을 뜨고 비교·판단해야 할 정책과 공약은 모두 뒷전으로 밀려나게 되고 정책과 공약을 배제한 선택은 결국 우리 조합원 모두의 손해와 피해로 돌아오게 됩니다.

여덟째, 이 후보는 조합장 자리를 연봉의 금액으로 보고, 조합장의 직무를 이권(利權)으로 보고 있음을 당당히 밝히고 있다는 점입니다.

조합장의 직책은 연봉 때문에 차지하려는 자리가 아니고, 조합원을 위하여 능력과 열정을 발휘하고 희생하는 자리입니다. 조합장의 직무는 수많은 이권을 자기 마음대로 요리하고 잘라 먹는 것이 아니라 조합원과 지역사회를 위해 노심초사하고 밤낮없이 노력하여야 하는 일입니다. 이러한 조합장의 자리와 직무를 오직 금전적 이익으로만 파악하고 욕심내는 사람에게 조합을 맡긴다면? 임기 4년 동안 어떤 부정과 비리가 발생하게 될지 전율과 공포가 느껴집니다.

또 한 가지, 조합장의 연봉을 삭감하면 그 다음으로 직원의 임금을 삭감하는 것은 정해진 순서일 것입니다. 직원의 임금은 같은 종류의 노동을 하는 직종과 균형을 이루어야 하고, 만약 임금이 삭감되면 곧바로 인력의 이직과 이동이 나타납니다. 인력의 이동은 우수한 인력부터 시작하여 점차 전체에 확산되고, 설혹 이직하지 않은 사람도 사기가 저하되고 추진 동기가 사라져서 사업 실적을 올릴 수 없게 됩니다. 그리고 그 결과는 조합과 조합원의 큰 손해로 귀결되는 것입니다.

조합장 선거는 도매시장의 생선 경매가 아닙니다. 조합장 선거는 우리가 우리의 재산과 사업과 미래를 믿고 맡길 지도자, 조합의 경영자를 뽑는 일로서 인기인도, 금품도, 폭로나 비난도, 선동도 중요한 것이 아닙니다. 냉정하고 객관적으로 후보를 검증하고 평가하여 우리의 재산과 미래를 맡길 인물을 뽑는 일임을 명심하고 엉뚱하고도 황당한 공약에 흔들리지 않아야 합니다.

조합장에 대한 급여는 그 사람의 노동과 헌신에 대한 보수이므로 같은 수준의 일을 하는 다른 CEO와 같은 수준을 지급하는 것이 원칙이고 급여에 대한 반대급부로서 성실, 창의, 헌신을 요구하여야 하는 것입니다.

그리고 이런 일을 깨달은 사람은 혼자만 간직하지 말고 이웃과 친지에게도 알려주고 깨우쳐 주어야 합니다. 우리 고장은 우리 모두가 함께

사는 지역사회이고 선거는 우리 모두의 미래를 결정하는 일이기 때문입니다. 그리고 지난번 지방선거에서 단체장 연봉 삭감을 공약한 후보는 모두 다 낙선하였습니다.

170 도덕적 문제가 조합장 사임 요건이 될 수 있는가?

Q 우리 농협은 조합장 선거에서 당선된 조합장이 선거법 위반으로 수사를 받고 처벌까지 받았는데, 혐의 사실은 조합원에게 편지를 보낸 사실, 즉 사전선거운동이고 처벌은 벌금형 80만 원입니다.

그런데 수사와 재판에서 조합장은 조합원 200여 명에게만 편지를 보냈다고 진술하였는데, 직접 편지를 받았다고 주장하는 조합원 숫자가 400여 명을 초과하며, 조합원 전원으로 보이는바, 이러한 축소 진술은 부당한 행위이므로 이를 이유로 다수 조합원이 검찰이나 법원에 처벌 강화를 다시 탄원할 예정이고, 또 한편으로는 조합장의 허위 진술이라는 도덕성 문제를 들어 사퇴를 요구하기로 하는 움직임이 있는데, 법률적으로 타당합니까?

A 조합장이 사전선거운동 혐의로 고발되어 수사기관의 조사를 받는 과정에서 사실을 사실대로 진술하지 않고 조합원 200여 명에게 편지를 보냈다고 진술하였으나 조합원 일부가 조사하여 주장하는 내용은 200여 명에 아니라 조합원 전원에게 보낸 것으로 판단된다는 취지입니다.

조합원의 주장이 무슨 뜻인지 이해할 수 있지만, 조합장이든 다른 사람이든 대한민국 국민 누구나 자신의 과거 행위나 과오, 또는 범죄 사실에 대하여 그 내용을 정직하고 소상하게 진술하지 않았다고 하여 비난하거나 처벌할 수 없습니다.

헌법에 명시된 국민의 권리 중, '모든 국민은 고문을 받지 아니하며, 형사상 자기에게 불리한 진술을 강요당하지 아니한다(헌법 제12조)'는 명문 규정이 있기 때문입니다. 대한민국 국민은 누구라도 수사기관에서 어떠한 질문을 받았든 자신에게 불리한 내용에 대하여는 대답을 하지 않을 권리가 있고(진술거부권), 그 권리는 헌법으로 보장되어 있으므로 대답을 하지 않거나 또는 내용을 축소하거나 가벼운 것으로 설명하거나 범죄가 아니라고 변명하는 일이 모두 다 허용되는 것이고 그러한 행위가 처벌 대상이 되지 않습니다.

따라서 편지를 200명에게 보냈다고 진술하든, 20명에게 보냈다고 진술하든, 사실과 맞든 또는 사실과 다르든 간에 진술한 내용에 대하여 잘잘못을 따질 수 없고, 진술한 내용으로서 처벌할 수 없습니다. 그리고 이러한 내용을 들어서 새삼스럽게 조합장을 공격할 경우 공격하는 조합원이 조합장에 대한 명예훼손죄를 구성하게 될 위험이 매우 높으며, 위헌적 발상이므로 공격이나 문제제기의 실익이 없고 오히려 조합 집행부에 대한 모함이나 조합사업에 대한 방해가 되어 조합원 제명 사유가 될 위험이 있습니다.

또한 우리나라의 법률은 일단 어떤 범죄 혐의로 재판이나 처벌을 받으면 같은 사건으로 다시 재판하거나 처벌하지 않는데 이를 '일사부재리의 원칙'이라고 하며, 헌법(제13조)에 명시된 국민의 기본권 중 하나로서 어떤 이유나 힘으로도 거스를 수 없습니다. 조합장의 도덕성 문제는 아주 기초적인 문제이면서 법률적 판단 이전의 문제에 해당하는 일로서 법률을 위반한 사항이 아닌, 도덕적 흠결이나 도덕적 비판의 소지는 문자 그대로 도덕적인 평판의 대상이 될 뿐이고 그것을 이유로 구체적인 조치를 취할 수는 없습니다.

즉 어떤 지도자나 조합장이 도덕적으로 비난받을 행위를 하였다면 조합원들이 비난이나 비판을 하면 되는 것이며, 그 사실을 토대로 징계나 문책이나 사임을 요구할 수는 없는 것입니다.

도덕적 문제에 대하여 여론이 비등할 경우에는 당사자가 나서서 유감 표명을 하면 되는 것이고, 그 이상을 주장할 경우 역시 집행부에 대한 모함과 명예훼손 행위, 조합사업을 방해하는 경우에 해당하여 조합원 제명 사유가 될 수 있으며 손해배상책임이 따를 수 있습니다.

171 장기간 상임이사를 선임하지 않은 책임은?

Q 우리 조합은 상임이사를 두도록 정관을 변경하였습니다. 그런데 조합장이 상임이사를 선임하지 않고, 장기간 상임이사를 공석으로 두고 있어서 경영상의 공백이 일어나고 있습니다. 이러한 일은 조합장 탄핵 사유가 되지 않습니까?

A 조합의 사업 규모가 일정 수준을 넘어서게 되면 상임이사를 두어 책임경영 체제를 갖추도록 하고 있습니다. 그런데 조합이 정관을 변경하여 상임이사 직책을 신설하고 책임경영 체제를 갖추었다고 하여 즉시

상임이사를 선임하여야 하는 것은 아닙니다.

조합마다 그 특성과 여건에 맞는 인재를 영입하여 조합의 경영을 이끌어야 하는데, 상임이사는 조합장의 경영전략과 비전, 목표를 공유하고 조합장과 상호보완적이면서 조화와 균형을 이루어 조합 발전과 조합원의 이익을 가능한 한 높이는 인사를 선임하여야 할 것입니다.

따라서 이러한 조건에 맞는 인사를 선임함에 있어서 내부에서 발탁하거나 외부에서 영입하거나 전국에서 공모하거나 특별히 초빙할 수도 있을 것입니다.

상임이사 선임은 이러한 조합장의 경영전략과 방침에 관한 사항이므로 조합원들이 즉시 선임하라든가, 바로 임명하자든가, 내부발탁 혹은 외부영입을 하자는 등의 발언을 할 필요가 없고 조합장은 그러한 주장에 흔들려서도 안 되는 것입니다.

즉 상임이사 영입 조건이 충족되고 정관 개정까지 이루어졌다고 하여 즉시 선임하여야 하는 것이 아니고, 상임이사 선임은 조합장의 중요한 경영행위이므로 간섭이나 독촉을 하지 말고 조합장이 심사숙고하여 최선의 결과를 도출하도록 조용히 지켜보는 것이 올바른 일이고 조합원의 도리입니다.

그리고 상임이사 선임을 비롯한 중요한 결정은 모두 조합장의 경영행위이자 대표권의 행사이므로 그 과정이나 절차 등에 대해 함부로 비판하거나 간섭하지 말아야 합니다. 유익한 충고라는 이유로 경영에 깊이 간섭할 경우 업무방해죄가 되고, 조합장을 함부로 비판하거나 비난하면 명예훼손죄가 되어 처벌받거나 조합원 제명 사유가 될 수 있습니다.

Q 초임 조합장입니다. 조합에서 새로운 사업을 추진하게 되거나 기존의 사업 추진 과정에서 심각한 문제가 발생할 경우 새로운 생각과 경험, 도전 의지가 있는 직원이 절실하게 필요합니다. 그리고 기존의 사업 마인드에 젖어 있는 직원, 관행을 답습하기만 하는 직원으로서는 새로운 사업을 감당하기 어렵습니다.

이때 새로운 사업과 새로운 위기에 꼭 맞는 직원이 있다면 좋겠으나, 그런 직원을 찾기 어렵고, 외부에서 영입할 방법도 마땅치 않습니다. 조합 내부의 인재를 발굴하여 활용하는 방법을 알려 주십시오.

A 농협은 우리나라에서 가장 많은 종류의 사업을 수행하므로 다양한 분야의 다양한 재능이 필요합니다. 그리고 실제로 농협은 그러한 경험과 재능과 전공을 가진 직원들이 모여 있는 인재집단인데, 그 인재를 발굴하여 활용하는 인사제도상의 절차나 방법이 미흡합니다.

조합 내부의 인재를 발굴하여 쓸 수만 있다면 구인난으로 고민할 이유가 없고, 농협 내부의 인재는 별도의 절차 없이 바로 인사발령을 통해 활용할 수 있으며 별도의 예산이나 대가도 필요치 않습니다. 또 농협 내부 인재는 직무와 조합 경영 여건에 정통하고, 영입이나 추천 절차가 필요하지 않으며, 즉시 활용 가능할 뿐 아니라 외부 영입에 따른 절차나 영입비용이 들지 않습니다.

그런데 우리는 내부의 인재에 대해 그 실력과 재능을 알지 못하고, 인재를 평가하거나 활용할 줄 몰라서, 기회가 없어서 사장(死藏)시키고 있습니다. 내부 인재가 발굴, 활용되지 못하면 해당 직원은 재능을 발휘하지 못한 채 시들어가고, 전체 직원의 의욕과 활기가 떨어짐은 물론 관료화와 연공서열의 퇴행적 관행이 정착하게 되며 젊고 유능한 인재가 결국 조합을 나가게 됩니다. 그런데 조합의 직원들을 잘 검색해 보면 의외로 가까운 곳에 적임자가 숨어 있음을 알게 됩니다.

내부 인재를 선발·활용하기 위한 방법으로

① '자격증과 경력의 일제 신고와 조사'로 현황을 파악하고

② '직무 제안 활성화'를 통해 전 직원의 재능 발휘를 촉진하고

③ '보직공모제'를 실시하여 재능의 경쟁 체제를 갖추며

④ '언론투고보상제'로 문장력과 시사감각이 뛰어난 직원을 선발하고

⑤ '전략적인 인사운용'으로 조직에 활력을 넣어주어야 합니다.

'자격과 경력의 일제 조사'는 전체 직원을 대상으로 개인이 보유한 자격, 경력, 경험, 특기 등을 신고받아 정리하여 인력의 현황을 파악하는 것입니다.

'직무 제안 활성화'는 조합의 사업이나 업무의 개선, 신규 개발, 보완이나 시정 등의 아이디어나 제안사항을 적극적으로 건의하게 하는 것입니다. 이를 위해서는 아주 가볍고 쉬운 제안이라 하더라도 분기마다, 혹은 매달마다 '이달의 제안상'을 선발, 시상하고 부상을 수여하여 직원들의 제안을 촉진하는 것입니다.

'보직공모제'는 지점장이나 하나로마트 점장, 포장센터, 사업소 등에 최고책임자는 물론, 중간관리자나 실무자를 선발할 때 연공서열과 나이를 기준으로 하지 않고, 전체 직원을 대상으로 공모함으로써 능력별 보직원칙, 업적 중심 인사를 실현하고 직원들에게 업무연구와 자기계발, 도전의지와 성취계기 등의 동기를 부여하는 것입니다.

‘언론투고보상제’는 언론에 우리 조합이나 조합사업이 직원의 투고를 통해 소개될 경우 그 직원에게 적절한 포상을 하는 것입니다. 이는 가장 값싼 홍보 방법이면서 평범한 직원을 큰 인재로 육성하는 방법이자, 글쓰기에 재능 있는 직원을 발굴하고 양성하여 훗날의 큰 필요에 대비하는 일이 됩니다.

‘전략적 인사운용’은 ‘계통 간 인사교류 참여와 책임자의 직급파괴 기용’을 가리킵니다.

‘계통 간 인사교류’란 앞으로 농협 계통조직에서 채택하여야 할 과제입니다. 일선 농협직원 중에는 일선에서 평생을 보내는 것이 적당하지 않거나, 재능과 성격, 적성이 중앙무대나 특정한 분야에 적합한 인재가 있을 수 있습니다.

예컨대 외국어 실력이 아주 뛰어나거나, 박사학위가 있는데 활용할 무대가 없거나, 무역업무나 식품가공, 학술연구, 강의나 이벤트, 글쓰기 등 일선 조합에서 활용하기 어려운 재능들이 있는 것입니다. 이러한 재능을 가진 직원은 결국 농협을 떠나 다른 기업으로 전직을 하게 되는데, 이때 농협은 재능 있는 인재 한 사람을 잃는 것에 그치는 것이 아니라, 그가 알고 익히고 배운 농협에 대한 정보, 고객 정보, 조합원 정보, 기업 정보, 경영전략 등을 모두 가져가게 되고, 자칫하면 농협에 적대적인 인사가 되기 쉽습니다.

이러한 인재를 밖으로 내보낼 것이 아니라 농협 계통조직에서 계속 활용할 수 있다면 그 인재로서도 좋은 일이고, 농협으로서도 계통조직의 근무경험까지 있는 우수한 인재를 적시에 활용할 수 있게 되는데, 조합의 인재를 계통조직에서 활용하는 방법이 바로 ‘계통 간 인사 교류’입니다.

‘책임자의 직급파괴 기용’은 특히 사업소, 폐쇄 대상인 실적 부진 영업점 등을 대상으로 보직공모를 통해 직급과 관계없이 책임자를 임용하여 목표 달성 중심의 업무 체계와 조합 분위기를 만드는 것입니다.

173 ‘문제 조합원’의 활용

Q 우리 조합에는 아주 골치 아픈 문제 조합원이 있습니다. 조합의 업무 하나하나에 문제를 제기하고 근거를 요구하며, 조합원을 위한 좋은 업무도 자기 마음대로 해석하여 딴소리를 합니다. 그리고 조합마다 이런 문제 조합원이 있어서 집행부의 골머리를 썩이게 한다는데 이런 조합원에 대한 해답은 없는 것입니까?

A 그 조합원만 조용하면 세상이 조용할 것 같은데, 달래고 어르고 온갖 아름다운 것을 주어도 그 성격이 나아지지 않습니다.

그런데 그 조합원이 사라진다고 하여 조합에 평화가 오는 것이 아니라 새로운 조합원이 다시 문제 조합원이 됩니다. 그리고 새 문제 조합원이 사라지면 다시 더 고약한 문제 조합원이 나타나는 것이 흐름이자 법칙이라고 합니다.

그래서 먼저 문제 조합원에 대해 연구하고 이해하는 것이 필요합니다. 문제 조합원을 잘 살펴보고 관찰하고 대화를 해보면 그가 외로운 ‘아웃사이더’임을 잘 알 수 있습니다. 또 그는 스스로 역량과 투지가 높다고 생각하고 있고, 지역사회와 조합에 대해 남다른 애정을 갖고 있음도 잘 알 수 있습니다.

그가 문제아가 된 것은 다수의 조합원이나 주류 인사들이 그를 배척하였기 때문에 불평분자가 된 것이고, 조합에서도 그에게 관심을 주지 않았기에 항상 조합에 문제를 제기하는 것일 뿐, 내면적으로는 사랑과 평화를 갈구하는 외로운 사람입니다.

이런 사람은 지금은 아웃사이더이고 불평 많은 사람에 그치고 있지만, 언젠가 그 불만이 해소될 분출구를 찾지 못하고 증폭되어 폭발하면 '외로운 늑대(lone wolf)'가 되는데, 이런 문제 조합원은 '방치하면 폭탄'이 되고 '활용하면 자원'이 됩니다.

따라서 문제 조합원은 조합장이나 고위책임자가 따로 정성을 들여서 만나 접대하고 대화하며 정중히 조합의 사업에 참여·협력해 줄 것을 부탁하고 적절한 직책이나 역할로 초빙하여 일꾼으로 활용하여야 합니다.

옛날 유비가 제갈량을 모셔올 때의 삼고초려(三顧草廬) 고사는 흘러간 옛이야기가 아니라 현대에서도 격식을 갖추어 활용할 만한 좋은 용인술입니다. 그리하면 문제 조합원도 마음을 열고 조합장이나 조합을 자신을 알아주는 진정한 벗으로, 또 자신이 봉사와 헌신을 할 만한 대상으로 여기게 됩니다.

또 그의 숨어 있던 능력과 효용이 드러나게 되어 어떤 조합원보다 더 열성적이고 헌신적인 조합원이 될 수 있습니다. 그 과정에서 문제 조합원의 약점도 드러나고 절실한 소망도 표출이 되며, 결국 문제 조합원이 된 근본적인 이유가 밝혀지게 됩니다.

문제 조합원의 활용 방법으로는 조합 내 역할의 부여, 적절한 대우, 명예로운 직책 등을 수여하는 방안이 있습니다. 농협은 인적단체이고

한 사람의 농업인도 가벼이 여기지 않고, 낙오자라도 모두 다 안고 가는 인도주의의 실천기구이기 때문입니다.

174 조합장의 '조합차량 이용 한계'는 어디까지입니까?

Q 조합장이 조합 승용차를 출퇴근에 이용하는 것도 모자라 야간에 술집 앞에서, 심지어 공휴일에 인근 도시의 음식점 앞에서 차량이 목격되기도 합니다. 감사로서 이 문제를 들어 조합장을 문책하고자 합니다.

A 조합의 업무용차량은 조합의 고유한 업무를 수행하기 위해 마련된 것이므로 업무용 이외의 용도나 임직원의 사적인 용도로 사용되어서는 안 되는 것이 원칙입니다.

그러므로 조합의 업무용차량을 조합장의 출퇴근에 사용하고, 근무시간이 지난 야간에 음식점이나 술집 앞에서 목격되거나, 심지어 공휴일에 인근 도시에서 목격되는 일에 대하여 문제를 제기할 수 있을 것입니다. 그런데 이러한 문제점을 지적하기에 앞서 조합장의 임무와 역할에 대하여 먼저 생각할 필요가 있습니다.

조합장은 조합을 대표하는 대표자이지만, 대표로서 군림하는 것이 아니라 조합 경영의 총책임자로서 업무 추진의 최전선에서 솔선수범하고 희생 봉사하여야 하며 실제로 대부분이 그렇게 일하고 있습니다.

직원들은 근무시간이 끝나면 퇴근하여 개인적인 시간을 가지지만,

경영자인 조합장은 퇴근 후에도 조합원을 만나 대화를 하고, 고객이나 거래선을 만나 목적한 업무를 추진해야 합니다. 또 우리나라의 비즈니스 관행은 업무시간에 사무실 내에서 모든 일이 결정되는 것이 아니라, 음식점에서 식사하면서 혹은 술잔을 기울이면서 사업항목 이외의 개인적인 신상문제와 함께 업무를 풀어나가는 것이 통례입니다.

아울러 공휴일이라고 하여 조합장이 쉴 수 있는 것이 아니라 공휴일에도 조합원과 고객을 만나야 하고 고객의 부탁이면 휴일에 결혼식 주례도 맡아주고 상갓집 조문은 휴일이나 밤낮이 없으며, 심지어는 교회나 사찰에 나가는 일도 조합의 사업과 연관 지어야 할 정도입니다.

그래서 조합장은 출퇴근이나 공휴일이 없고, 근무처도 따로 없습니다. 조합장은 24시간이 근무시간이고 조합장이 있는 곳이 곧 근무처이며 식사나 음주, 오락도 조합장의 개인적인 취향에 관계없이 업무의 하나입니다.

이러한 조합장의 업무에 대해 출퇴근이나 사무실 이외의 활동, 근무시간 이후의 활동을 근무로 인정하지 않고 차량의 이용까지 문제 삼아서 제한한다거나 막는다면 조합장의 임무인 업무 추진과 조합의 성장과 발전, 조합원의 이익을 위한 활동을 모두 포기하라는 것과 같습니다.

따라서 업무용차량의 사용은 앞으로 문제 삼지 않는 것이 옳으며, 만약 문제 삼기로 한다면 일과시간 이후의 조합원 상담, 고객 접대와 휴일의 업무 추진에 대한 시간외 근무수당을 따로 계산하여 지급해야 하는 문제를 일으키는 결과가 되는 것입니다.

참고로 시간외 근무와 야간 근무, 휴일 근무의 수당은 평일 근무 수당의 150~200%의 비율로 지급하도록 되어 있습니다.

Q 신임 조합장께서 전임 조합장 때 일어난 사건과 관련한 부분의 인수인계를 거부하고 있습니다. 이런 사태에 대한 해답을 주십시오.

A 신임 조합장의 업무 인수인계 과정 중 언제나, 어디서나 일어날 수 있는 일입니다. 신임 조합장은 사고가 발생한 업무, 손실 발생이 우려되는 사항, 재판이나 민원이 얽힌 프로젝트, 골치 아픈 민원사건, 인기 없는 업무는 모두 떠맡기 싫은 것도 사실일 것입니다.

그런데 만약 어떤 사업이나 업무를 인수하지 않는다면 그 업무는 계속 전임 조합장이 그 문제를 완전히 해결하여 후임자에게 인계할 때까지 그 부분에 대하여 조합장의 직무를 수행하여야 한다는 뜻이 됩니다.

그렇다면 조합장의 직무 권한과 책임을 분담함은 물론, 조합장 보수와 업무는 물론 직원인사도 모두 전임 조합장과 나누어야 하게 되는데 농협법에는 조합장의 직무를 분담하는 방법이나 제도가 없습니다. 그리고 이런 논쟁은 모두 아무런 의미가 없습니다.

조합장의 인수인계는 사업이나 업무의 세부적인 내용을 인수인계하는 것이 아니라, 농협이라는 법인체 전체를 인수하는 일이고 법인의 조직, 사업, 재산, 인력, 업무, 미결사항, 문제점과 사고, 부실채권, 심지어 진행 중인 소송, 사고수습 책임까지도 모두 다 포괄적으로 인수하는 것입니다.

따라서 인수인계서에 일부 사업을 제외하거나 누락한다고 하여 그 사업 부문을 인수하지 않은 것이 아니라 모든 사업을 포괄적으로 모두 인수한 것이고 이후의 모든 책임과 의무도 모두 신임 조합장에게 있습니다.

또 인수인계서를 작성하지 않더라도, 또 특정 업무를 인수하지 못하겠다고 선언하더라도, 심지어 이를 문서로 공표하더라도, 신임 조합장의 그러한 모든 주장과 선언은 법적으로 무효이고, 해당 업무는 모두 신임 조합장이 인수한 것이 되며 수습과 정리에 대한 책임도 모두 신임 조합장에게 있습니다. 신임 조합장에게 이러한 사항을 찬찬히 설명하고 농협의 모든 사항을 인수하도록 설득하여야 합니다.

제5부

이사, 이사회

176 이사의 직무 권한은?

Q 조합 이사의 직무에 대해 대의원들이 궁금해 하는데, 이사의 직무 권한은 무엇이며 실제로 어떻게 발휘되는 것입니까?

A 조합의 이사에게 주어지는 직무 권한은 크게 3가지인데 1. 이사회 관련 권한 2. 직무대행권 3. 실비보상청구권입니다.

이사회 관련 권한은 이사회참여권, 이사회소집권, 이사회의사록기명날인권, 업무집행상황감독권 등이 있습니다. 이사는 이사회에 출석하여 의안을 심의하고 발언하며 의결권을 행사합니다. 이때 조합장에게 안건에 대한 설명과 자료 요구를 할 수 있고, 안건과 관련한 자신의 경험과 판단을 설명하고 주장할 수 있습니다. 그리고 이사회 구성원 1/3 이상이 이사회 소집을 요구하면 조합장은 지체 없이 이사회를 열어야 합니다.

또 이사회에서 의결된 사항에 대하여 조합장과 상임이사의 업무집행 상황을 감독할 수 있습니다. 직무대행권은 조합장의 유고 시 그 직무를 대행하는 권한으로서 이사회는 직무대행의 순서를 미리 정해두어 불의의 사태에 대비합니다.

상임이사의 업무집행권은 정관에서 정하므로 조합에 따라 약간씩 차이가 있습니다.

177 이사회의 법률적 성격은?

Q 이사회가 이사 친목회인지, 간담회인지 잘 모르겠습니다. 이사회의 법률적 성격에 대해 설명해 주십시오.

A 상법상 이사회는 '이사에 의하여 구성되어 회사의 업무집행에 관한 사항을 결정하는 기관'입니다. 항상 열려 있거나 계속 열리는 상설기관이 아니고 소집권자의 소집에 의하여 열리게 되는 법률상의 비상설 회의체입니다. 농협 경영과 관련한 중요한 사항 중 법령 및 정관에 총회의 권한으로 되어 있는 것을 제외한 업무집행에 관한 사항은 모두 이사회의 결의에 의하여 이루어집니다.

조합의 이사회는 그 조합의 업무집행에 관한 주요 사항과 의사결정 및 의결사항에 대한 조합장의 업무집행 상황을 감독하는 회의체기관이며, 농협법이 정한 필치기관(必置機關)입니다. 의결기관인 총회가 있는데 따로 이사회를 두는 이유는 총회 소집의 번잡을 피하면서 동시에 조합장의 독단을 방지하고 업무집행에 신중을 기하여 합리적인 운영을 도모하려는 것입니다.

특히 최근 외부 환경의 급격한 변화와 기술발전 등의 변수는 경영방침을 더 능동적이고 효율적이며 기민하게 제정, 변경, 수정, 보완하여야 할 필요를 더욱 높이고 있어서 그만큼 이사회의 역할과 기능이 중요해지고 있습니다. 농협법은 이사회의 의사결정을 신중하게 하면서도 책임소재를 명확하게 하여 경영의 합리화와 책임경영을 도모하고 있습니다.

이사회는 의사결정을 하지만, 기관의 성격을 의사결정기관이라기보다 업무집행기관으로 보는데, 이는 이사회가 총회에서 결정한 의사를 기준으로 집행에 관한 사항을 의결할 뿐이고 조합 경영의 전체적인 의사를 결정하는 기관은 아니기 때문입니다.

그리고 이사회는 업무집행기관이기는 하지만, 실질적으로 조합의 업무를 직접 집행하는 것이 아니라 조합의 업무 운영방침이나 필요한 사항을 회의에서 결정할 뿐이고 직접적인 사업 집행은 조합장이 전담합니다. 그래서 조합장과 이사회는 다 같이 업무 집행을 담당하는 양립적인 필치기관이라고 합니다.

이사회는 법률상 필치기관이며 구성원들의 회의를 통해 운영되는 회의체기관입니다.

178 이사회의 권한은?

Q 이사회의 권한은 어떤 것이 있습니까?

A 조합이사회의 권한은 법률과 정관에 규정된 15개 항목이 있으며, 그 의결사항은 이사회의 고유한 권한이므로 총회나 대의원회의 간섭이나 침해를 받지 않습니다. 그리고 이사회가 의결한 사항의 집행상황감독권이 있습니다. 감독 대상은 '이사회의 권한사항 중에 이사회에서 의결된 사항'이며, 이사회 의결사항이 아닌 일상 업무에 관한 것은 이사회에 감독권이 없고, 감사가 감독권을 행사합니다.

이사회의 감독은 위법성 여부, 조합의 목적에 부합하는가의 여부, 이사회가 의결한 내용대로 잘 집행되고 있는지의 여부 등 타당성 감독도 포함합니다. 그러나 이러한 감독권의 행사는 이사회의 지위에서 하는 것이므로 이사 개인 자격으로는 할 수 없고 오직 보고 요구, 또는 자료 요구를 할 수 있습니다.

이사회가 의사결정을 하거나 의결사항 집행을 감독하기 위해서는 조합의 업무에 대한 사전지식을 갖는 것이 필요하므로 이사회는 조합장에게 보고나 자료 요구를 할 수 있으며, 조합장은 정당한 이유 없이 이 요구를 거절할 수 없습니다.

이사회의 권한 15개 항목은 다음과 같습니다.

1. 조합원의 자격 심사 및 가입 승낙
2. 법정적립금의 사용
3. 차입금의 최고한도 책정
4. 경비 부과와 징수 방법의 결정
5. 사업계획과 수지예산 중 경미한 사항의 변경
6. 간부직원의 임면
7. 업무용부동산의 취득과 처분
8. 업무 규정의 제정, 개정, 폐지와 사업 집행방침의 결정
9. 총회로부터 위임된 사항
10. 법령 또는 정관에 규정된 사항
11. 상임이사의 해임 요구에 관한 사항
12. 상임이사 소관 업무의 성과 평가에 관한 사항
13. 그 밖에 조합장, 상임이사 또는 이사 1/3 이상이 필요하다고 인정하는 사항
14. 임원에 대한 징계 및 변상
15. 총회(대의원회)부의안에 대한 심의

179 임원의 고유한 의무는?

Q 임원의 고유한 의무가 각각 무엇인지 궁금합니다.

A 조합 임원은 조합으로부터 위임계약 관계에 있으므로 위임된 내용에 따라 '선량한 관리자로서의 주의'를 다하여 위임된 임무를 성실히 수행하여야 하는 의무가 있습니다. (민법 제681조) 의무란 법률상의 구속으로서 의무자인 임원의 의사와 관계없이 반드시 따르고 지켜야 하는 것이며 법률로써 강제되는 것입니다.

그리고 그 내용을 보면 적극적으로 하여야 하는 일과 하지 말아야할 일로 나뉘는데, 농협법상 임원의 의무는 다음과 같습니다. (법 제53조)

> 1. 성실의 의무
> 2. 겸직금지 의무
> 3. 경업금지 의무
> 4. 소속 농협과 과다거래 금지 의무
> 5. 조합장의 서류비치와 사본교부 의무
> 6. 종임 시 선처의무
> 7. 조합장의 경영평가자문회의 건의사항 보고 및 필요조치 이행 의무
> 8. 감사의 특수한 의무

이러한 의무는 법률에 명시된 것이지만, 그 밖에도 농협법에 명시되지는 않았으나 임원이 꼭 지켜야 하는 의무가 많이 있습니다. 예를 들어 공평무사, 청렴, 객관성, 책임성, 개방성, 정직성, 원칙 준수, 품위 유지 등이 있을 것입니다.

Q 임원의 자기거래제한이라는 조항의 뜻과 내용이 무엇입니까?

A 기업에서 이사가 기업과 거래를 하는 경우, 이사회의 승인을 얻도록 하고 있는데(상법 제398조) 이는 이사가 그 지위를 이용하여 회사와 직접 거래하거나 이사 자신의 이익을 위하여 회사에 손해를 끼치게 되는 경우를 방지하고자 하는 것입니다.

농협의 경우 조합장과 이사는 이사회의 승인을 얻지 아니하고 자기 또는 제3자의 계산으로 당해 조합과 정관이 정하는 규모 이상의 거래를 할 수 없도록 하고 있는데, 이를 자기거래제한 준수 의무라고 합니다.

'자기거래'란 조합장이나 이사가 소속 농협을 상대로 자기 또는 제3자의 계산으로 하는 거래를 말하며, 이러한 의무를 부여하는 것은 임원이 조합의 사업비밀이나 경영전략을 잘 알고 있고 업무의 집행권까지 갖고 있으므로 그 지위를 이용하여 소속 조합을 희생시키고 자기의 이익을 챙기려 하는 일을 방지하려는 것입니다. 감사는 업무집행기관이 아니므로 이 의무에서는 제외합니다.

임원이 거래할 수 없는 규모에 관하여는 조합마다 따로 정하고 있는데, 신용사업은 거래 건당 얼마 이내 및 총거래잔액 얼마로 제한하고 있습니다. 거래총잔액을 제한하는 이유는 건당 거래금액만 제한할 경우 거래를 소액으로 나누어 여러 건을 하여 총금액이 부당하게 높아지는 것을 막기 위한 것입니다. 이때 임원이 자기의 명의가 아니고 가족이나 제3자 명의로 거래를 하더라도 내부적으로 임원 자신이 해당 거래에 이해관계가 있으면 자기거래로 판단해야 합니다.

그리고 승인 대상 거래는 소속 농협에 자금 부담이 발생하거나 불이익이 있을 때에 한정하는 것이므로 거래의 성질상 이해충돌이 일어날수 없는 거래는 이사회 승인 대상이 아닙니다. 예컨대 예탁금거래, 예금담보대출, 하나로마트 이용 등의 경우입니다.

※ 이사의 자기거래

자기거래란 이사가 자신이 경영하는 기업과 개인 명의로 거래하는 행위를 말한다. 이사의 자기거래(理事의 自己去來, self-dealing by directors) 혹은 통정매매는 이사와 회사의 이해가 상충되어 회사의 이익을 해할 염려가 있는 재산적 거래이다. 대한민국에서는 원칙적으로 모두 상법 제398조의 적용을 받으며, 여기에는 이사와 회사 간의 직접거래뿐만 아니라 간접거래를 포함한다.

간접거래란 이사 외의 제3자의 회사 사이의 거래이지만 실질적으로는 회사와 이사의 이익이 상충되는 경우를 말하는데 회사가 이사 개인의 채무를 보증하는 행위가 대표적이다.

이사는 회사의 실정을 잘 알고 업무집행의 결정에 참여하게 되므로 그 지위를 악용하여 사적인 이익을 도모할 염려가 있다. 상법은 이사의 행위를 제한함으로써 회사의 이익을 도모하는 특별규정을 두고 있는 것이다.

이사가 자기거래를 하기 위해서는 이사회의 승인이 있어야 한다. 이사회의 승인이 있으면 자기계약 또는 쌍방대리의 금지에 관한 민법 제124조의 규정은 적용되지 않는다. 어떠한 거래가 이사의 자기거래에 해당하는지 여부를 판단하는 것은 거래의 명의, 즉 법률효과의 귀속을 기준으로 하는 것이 아니라 계산, 즉 그 거래의 경제상의 이익의 귀속 주체가 누구인지를 기준으로 한다.

예컨대 이사가 제3자에게 위탁하거나 그의 명의를 내세워 회사와 거래하는 것도 자기거래에 해당하는 것이다. 이 규정은 이사의 선관주의 의무 및 충실 의무의 구체적인 표현이다.

181 이사회의 역할과 기능은?

Q 농협의 이사가 되었습니다. 그런데 이사회에 출석하여 보니 이사회 의사진행이나 운영이 어떻게 되는지 어리둥절합니다. 이사회에서 무엇을 의결하는지 알 수도 없고, 어떻게 처신해야 하는지 모르겠습니다. 이사회에 대하여 자세히 알려 주십시오.

A 이사회는 '농협의 업무집행 상황에 관하여 주요 사항의 의사를 결정'하고, '의결사항에 대한 조합장과 상임이사의 업무집행 상황을 감독'하는 회의체기관(會議體機關)이며, 농협법에 정한 필치기관(必置機關)입니다.

농협에 이사회를 두는 이유는 ① 조합의 주요한 안건을 결정할 때마다 총회를 소집하여야 한다면 그 번잡함과 비용, 절차, 시간의 문제가 있는데, 그러한 번잡을 피하고 ② 조합장 1인에게 모든 경영을 위임할 경우의 경영상 독단과 전횡을 방지하며 ③ 조합장 단독으로 경영활동을 할 경우에 발생할 수 있는 업무의 집행 과정에서 경솔한 결정이나 잘못된 행동을 막기 위하여 여러 명의 이사가 관여하도록 하여 신중함을 갖도록 하고 ④ 다수 이사의 지혜와 경험을 활용함으로써 합리적인 조합 운영을 할 수 있도록 하기 위함입니다.

또한 급변하는 외부의 경영 환경과 경영 여건의 변화에 기민하게 대응하기 위해서는 총회를 소집하여 의견을 구하는 것보다 상대적으로 소수인 이사회에서 결정하는 것이 빠르고 능동적으로 시의적절하게 대처할 수 있기 때문이기도 합니다.

조합의 이사회는 조합장을 포함한 이사로 구성되므로 이사회 구성원 숫자는 이사의 수에 조합장 1인을 더한 숫자가 되고, 상임이사는 자산 규모나 사업 규모가 일정한 기준(1500억 원) 이상인 조합은 반드시 두 어야 하는데, 조합원이 아닌 사람으로서 일정한 자격을 갖춘 사람을 대 상으로 선발하여 투표를 거쳐 선출합니다.

사외이사는 역시 조합원이 아닌 사람으로서 집행부의 전횡이나 오류 를 방지하기 위하여 외부의 전문가를 위촉하는데, 임원이므로 선거를 통하여 선출하는 절차를 거치게 됩니다.

이사회는 이사회의 권한에 속하는 사항에 대하여는 총회나 대의원회 의 지시나 감독을 받지 않는데, 농협의 각 기관은 권한배분에 관한 규 정에 따라 3권분립이 엄격하므로 각 기관은 독립적인 기능과 역할이 부여되기 때문입니다. 따라서 총회는 총회의결사항이 아닌 이사회 의 결사항이나 조합장의 권한사항에 대하여 의결이나 간섭을 할 수 없고, 만약 총회가 의결한다고 하더라도 법률적인 구속력이 없습니다.

182 이사회 의결사항과 심의사항의 차이는?

Q 이사회의 진행 과정을 보면 의결사항이 있고, 심의사항이 있습니다. 이사회는 부의된 모든 안건을 심의하여 의결하여야 한다고 생각하는데 어떤 안건은 의결까지 하고, 어떤 안건은 심의만으로 끝나기도 합니다. 이 러한 부분에 대해 명확한 설명이 필요합니다.

Ａ '심의(審議)'는 어떤 주제(主題), 안건(案件), 정책(政策), 계획(計劃) 등을 심사(審査)하는 것을 말합니다. 예를 들어, 정부에서 내년도 국가 예산을 500조 원 정도 쓸 테니 세금을 그 정도 걷게 해달라고 국회에 요청하면 국회에서는 그 500조 원의 돈을 어디에 쓰겠다는 것인지, 정말 그 정도가 필요한지, 그 사업이 과연 필요한지 등에 대해 심사 검토합니다. 이때 국회는 심의기구의 역할을 하는 것입니다.

농협의 경우, 내년도 사업계획이나 수지예산서를 이사회에서 심사하는 것이 대표적인 경우이고, 로컬푸드사업 추진계획, 영농자재교환권 지원계획 등을 이사회에서 심사하는 경우에 심의라는 용어를 사용합니다.

'의결(議決)'은 어떤 안건, 정책, 계획 등을 실시하거나 추진하도록 허락할 것인지, 혹은 유보하거나 반려할 것인지를 결정하는 행위입니다. 국회에서 내년도 예산안을 심의했는데 국회는 그것을 심의하기만 하는 것이 아니고 의결까지 합니다. 만약 국회에서 500조 원의 돈이 너무 많다고 예산안을 부결시키면(안 된다고 의결하면) 정부는 반려된 예산안을 다시 짜서 국회에 다시 제출해야 합니다. 그러면 국회가 또 심의하고 의결합니다.

농협의 경우에는 이사회나 총회에 부의된 안건에 대하여 심의를 한 다음에 그것을 추진할 것인지 여부를 결정하는 행위가 '의결'인데, 추진을 허락하는 '가결(可決)'과 보완하여 추진토록 하든가 보류하라고 하는 '부결(否決)'이 있습니다. 일반적으로 심의는 의결을 전제로 하는 경우가 많아서 의결과 항상 연관되기 때문에 심의기구가 곧 의결기구인 경우가 대부분입니다.

결론적으로 심의와 의결은 그 목적이 조직의 의사결정에 신중을 기하고 민주성과 절차적 정당성을 확보하기 위한 것이라는 데 공통점이 있지만, 그 심의나 의결 결과가 가지는 효력 또는 구속력에는 차이가 있습니다.

심의 결과는 일반적으로 기관의 장을 구속하지 않는 반면 의결 결과는 기관의 장을 구속하는 경우가 대부분입니다. 그러나 법규에서 의사 결정을 하기 전에 심의를 거치도록 되어 있다면 그 결과의 구속 여부와 무관하게 사전 심의 절차는 반드시 거쳐야 하는 것입니다.

농협에서는 거의 모든 안건의 결정 시 심의와 의결이 연관되어 있습니다. 그런데 총회부의안건을 이사회에서 심의하는 경우에는 의결이 의무화되어 있지 않습니다. (정관 제49조 제3항) 즉 총회에 부의하는 모든 안건은 반드시 이사회의 심의를 거쳐야 하지만, 반드시 의결이 필요한 것이 아니므로 이사회에서 부정적인 의견이 많았다고 하더라도 그 안건이 총회에 상정되지 못하는 것이 아니라 의장의 권한으로 총회에 상정할 수 있는데, 다만 이사회의 심의 결과를 부의안건에 첨부하도록 하고 있습니다.

이러한 규정을 두는 이유는 총회에서 결정할 총회부의안건에 대하여 이사들의 의견을 수렴하여 더 충실한 내용으로 보완하는 기회를 갖게 하고 이사회 기능과 역할을 활성화하고자 하는 것이며, 또 한편으로는 만약 이사회에서 조합장의 경영 전략에 반대를 하더라도 총회의 결정 기회 자체는 보장하기 위한 뜻이 있습니다.

그렇지만 이사들은 조합장과 갈등이나 대립관계에 있거나 특정한 안건에 대해 이해나 의견이 첨예하게 대립된다고 하더라도 같은 경영진으로서 더 많은 대화와 소통, 토론을 통해 의견을 조율하고 집단지성을 발현케 하여 안건의 심의를 원만하게 하여야 하는 책임이 있습니다.

183 이사회의 소집 절차는?

Q 이사회의 소집권자와 소집 절차는 어떻습니까?

A 이사회는 정기회와 임시회가 있는데, 개최 시기나 개최 횟수에 제한이 없고 조합장이 필요하다고 할 경우에 소집합니다. (법 제43조) 이사회의 소집권자는 조합장이며, 소집할 수 있는 경우는 1. 조합장이 필요하다고 인정하는 경우 2. 이사 1/3 이상의 서면동의로 회의 소집을 요구한 경우 3. 상임이사나 감사가 서면으로 요구하는 경우 소집하게 됩니다.

이사나 감사의 소집 요구가 있을 경우 조합장은 소집을 거부할 정당한 사유가 없다면 지체 없이 소집 절차를 이행하여 이사회를 소집하여야 합니다. (정관 제48조) 소집 요구를 받은 조합장이 회의를 소집하지 않으면 소집을 요구한 이사나 상임이사, 감사가 이사회를 소집합니다.이사회 소집권자인 조합장에게 유고가 발생하면 직무대행자가 대행하여 회의를 소집해야 합니다.

184 이사회에서 침묵하는 이사는?

Q 이사회에서 안건을 심의할 때 매우 어렵고 미묘한 안건이 상정될 때가 있습니다. 그럴 경우 각 이사들은 자신의 경험과 의견을 발표하고 토론하

여 의견을 모아갑니다. 그런데 어려운 문제에 대해서는 언제나 한 마디도 하지 않고 표결에서도 빠지는 이사가 있습니다. 이런 이사는 후일 어떤 문제가 있을 때 모든 책임에서 해방되나요?

A 이사는 이사회에 상정되는 안건에 대하여 미리 연구하고 검토하여 이사회에서 의견을 발표하여야 합니다. 이사회는 이사 개인의 능력과 경험, 식견을 토대로 자유로운 토론과 합의를 이루어 최선의 경영방침을 결정하는 자리이고 이사회는 그 절차이자 결정권이 있는 기관입니다.

그리고 이사회에 상정된 안건 중에서 후일 조합에 손해를 끼칠 위험이 있는 사항이나 문제가 될 수 있는 내용에 대하여는 그것을 지적하고 대책이나 대안, 수정안을 마련토록 제안하거나 권고할 수 있습니다. 또 명백히 후일 손해가 예견되거나 심각한 문제가 우려되는 사항에 있어서는 반대 의견을 명확히 표현하여야 합니다. 만약 이사가 직무수행 과정, 즉 이사회에서 법률이나 정관에 위반하는 주장이나 요구 등의 행위를 하거나 혹은 당연히 주장하여야 할 사항을 게을리하여 그 결과 소속 조합에 손해가 발생하게 하였을 경우, 그 의결을 제안하였거나 찬성한 이사는 소속 농협에 손해에 대한 배상책임을 져야 합니다.

그런데 이러한 중요한 안건에 대하여 일체 가부의 의사를 표명하지 않은 이사는 후일 그 안건에 찬성한 것으로 간주하여 역시 손해배상의 책임을 져야 합니다. 이때 반대의 의사가 있었거나 반대라는 의견이 있었다면 반드시 이를 이사회에서 표출하여야 하고 그 사실이 이사회 회의록에 기록되어야 찬성이 아닌 반대 의견을 표출한 것으로 간주할 수 있습니다.

따라서 이사회에서 아무런 발언도 하지 않고 의사표시도 하지 않은 이사는 해당 안건에 찬성한 것으로 간주되고, 만약 그 안건으로 인하여 조합에 손해가 발생하면 배상책임을 져야 합니다. (법 제53조)

185 이사회 의결에 잘못이 있을 경우의 처리는?

Q 이사회 의결에 잘못이 있음이 나중에 발견되었습니다. 이럴 경우 어떻게 하여야 합니까?

A 이사회 의결에도 잘못이 있을 수 있습니다. 그리고 그 잘못은 내용상의 잘못일 수도 있고 절차상의 잘못이 될 수도 있습니다. 이러한 이사회의 의결에 잘못이 있을 경우에 이를 판단하고 다투는 내용에 대한 명문 규정이 없습니다.

그렇지만 이사회의 권한을 벗어난 사항을 의결했거나 법률이나 정관을 위반한 결의는 당연히 무효라 할 것이고, 숫자나 비율 등의 착오나 실수는 다음번 이사회에서 바로잡아야 할 것입니다. 즉 이사회의 의결에 잘못이 있음을 알게 되었다면 즉시 그 의결을 바로잡는 절차를 밟는 것이 올바른 일이고, 가능한 한 조속히 이사회를 소집하여 정정 절차를 밟는 것이 현명한 처사입니다.

조합원은 민법에 의하여 언제든지 무효주장을 하거나 결의무효 확인청구소송이나, 의결취소청구소송을 제기할 수 있습니다. 주무부장관은 이사회 결의가 위법 부당할 때 그 의결사항의 전부나 일부를 취소

제5부 이사, 이사회

하거나 집행을 정지할 수 있습니다. 이사회에서도 잘못이 있을 수 있지만, 그 잘못을 고치지 않고 방치하거나 고집하는 것이 더 큰 문제입니다. 잘못은 반드시 가장 빠른 시기에 가장 간단한 방법으로 고쳐야 합니다.

186 이사회의 서면결의가 위법이라고?

Q 조합의 간부직원을 임명하는데 내부에서 많은 갈등과 알력이 있다 보니 조합장이 '서면결의'로 간부직원을 임명하였습니다. 이런 경우 합법적이라 할 수 있습니까?

A 이사회는 모든 안건을 사전에 통지하고, 그 내용을 이사들 간의 토의와 토론을 거쳐 합의에 이르도록 하는 것이 원칙입니다. 또 이사회는 이사들의 개인적인 경륜과 경험을 조합 경영에 활용하는 절차로서 상호 의견을 교환함으로써 최적의 결론을 도출하는 집단적 의사결정 방법입니다. 그러므로 이사들이 직접 회의에 참석하여 의견 발표와 상호 간 토론을 거쳐 결정을 하고 결정된 사항에 대해 서명 날인하는 것이 올바른 방법이며, 이사회는 원칙적으로 서면결의라는 방법이 법률에 없습니다.

따라서 사전에 작성한 이사회의사록을 회람하거나 이사를 개별적으로 방문하여 서명받는 방법, 즉 서면결의로 하는 이사회결의는 적법한 것이 아니고 위법한 것이므로 법률적으로 무효입니다.

다만, 최근 정보통신 등의 발달로 인하여 동영상과 동시음성이 가동되는 방법(화상회의 등)으로 회의를 하는 것은 법률에 명문 규정은 없지만 국무회의에서까지 인정되므로 이사가 직접 참석한 것으로 보아도 될 것입니다. 아주 경미한 사안으로서 누가 보더라도 이론의 여지가 없는 단순한 사항이라면 구두 동의로써 선집행하고 후일 추인을 받을 수는 있다고 하겠습니다. 그러나 가벼운 사안이 아닌 일에서 이사들의 심사숙고와 의견 교환, 검토 과정이 생략되는 서면결의는 있을 수 없고, 특히 간부직원의 임명과 같은 중요한 문제를 서면결의했다면 그 결의는 어떤 이유나 명분으로도 합리화될 수 없고 무효라 할 것입니다.

따라서 서면결의로 임명한 간부직원은 그 임용을 취소하고 다시 이사회의 동의를 받아 간부직원을 새롭게 임명토록 해야 할 것입니다. 더불어 이사들의 의결권 행사는 고도의 소신과 책임감을 갖고 하는 것이므로 비밀투표는 가급적 지양해야 할 것입니다. 이는 이사회 결의 내용에 대해 이사들은 반드시 책임을 져야 하며, 찬성과 반대의 경우에 따라 책임 소재가 달라지므로 누가 찬성하고 반대하였는지를 명확하게 밝혀야 하기 때문입니다.

187 이사회에서 조합장 개선을 의결할 수 있는가?

Q 조합 이사회에서 중앙회로부터 시달된 조합장에 대한 징계를 의결하며 몇 단계를 상향하여 개선을 의결하였습니다. 이사회에서 개선을 의결할 수 있습니까?

A 조합의 이사회는 중앙회가 시달하는 조합장과 감사에 대한 징계안을 의결할 수 있습니다.

그런데 중앙회에서 시달된 징계안이 개선(改選)일 경우에는 그에 맞추어 개선을 의결할 수 있지만, 시달된 징계안이 개선이 아니라 그 아래 단계인 경우 원칙적으로 몇 단계를 상향하여 개선을 의결할 수 없을 것으로 판단됩니다.

이는 조합장이나 감사에 대한 가벼운 징계를 빌미로 집행기구에 불과한 이사회에서 조합장이나 감사의 개선을 의결할 수 있다는 뜻이 되므로 이사회의 권한과 권능이 터무니없이 비대해져 조합원총회의 권한을 넘어서는 정도의 과도한 권력을 갖게 되는 것을 의미하는 것입니다.

또 조합장과 감사의 개선은 현직 임원을 해임하고 새로운 임원을 선출한다는 의미인데, 임원의 해임은 대의원회의 권한이기에 이사회가 대행하는 점이 위법이고, 임원의 해임 절차에서 반드시 거쳐야 하는 소명 기회가 주어지지 않는 점에서 또다시 위법이 발생합니다.

아울러 임원의 개선은 장관의 개선명령, 중앙회장의 개선요구가 있을 뿐이고 조합은 장관이나 회장의 요구에 부응하여 개선을 의결할 수 있을 뿐인데 스스로 개선을 발의하여 의결함은 곧 농협법 위반이 됩니다. 이뿐만 아니라 합리적인 이유가 없이 개선이라는 최고 수준의 징계를 의결하는 일은 '죄형법정주의 원칙'과 형벌에 있어서 '적정성의 원칙'에 어긋나므로 무효가 됩니다.

188 이사회 의결 없이 조합장이 집행한 사무의 효력은?

Q 이사회 의결을 받지 않고 조합장이 독단적으로 집행한 업무의 효력은 어떻게 됩니까?

A 조합장은 업무집행기관이지만, 집행하기 위해서는 반드시 이사회의 사전 의결이나 승인을 받아야 하는 항목들이 있습니다. 그러한 업무는 집행에 앞서 미리 이사회의 의결을 받아야 하는데, 착오나 다른 이유 때문에 이사회의 의결 없이 조합장이 업무를 집행하는 경우가 생길 수 있습니다.

이사회는 대표권이 없으므로 대표권이 있는 기관인 조합장이 대외적인 업무를 전담하여 수행하게 되는데, 이사회의 의결사항을 의결 없이 집행한 경우 대외적으로는 효력이 인정되지만, 조합 내부적으로는 의무 위반이므로 효력에 심각한 문제가 발생하고 또 손해배상책임과 그 성격에 따라 형사책임을 지게 되기도 합니다.

대외적으로 효력을 인정해야 하는 이유는 농협과 거래하는 사람이 그 거래가 이사회 의결사항인지, 이사회 의결을 분명히 받았는지 등을 알기 어려워 그 사항을 모두 알고 거래하는 일을 기대할 수는 없기 때문입니다. 즉 조합과 거래하는 외부인은 조합 대표기관인 조합장이 조합 내부의 이사회 의결사항 정도는 당연히 거쳤을 것이라고 믿을 수밖에 없으며, 그것을 믿을 수 없을 만한 특별한 사정이 없는 한 그 믿음은 합리적인 것이라고 보는 것이므로 외부인의 거래를 무효로 할 수 없는 것입니다.

189 이사회의 의결 없이 총회에 상정, 의결한 안건의 효력은?

Q 조합장이 이사회의 심의와 의결을 건너뛰어서 안건을 직접 총회에 상정하여 의결을 받는 바람에 이사들의 반발이 큽니다. 이런 경우 법률적 판단은 어떻습니까?

A 총회에 부의하는 모든 안건은 이사회의 의결을 거쳐서 총회에 부의되는 것이 법률에 정한 절차입니다. 그런데 이사회 의결을 받지 않고 바로 총회에 상정하여 의결하였을 경우에 대한 명문 규정이 없습니다. 그러나 이러한 경우에 그 안건은 총회의 의결이 있었다고 하더라도 무효로 보아야 한다고 하겠습니다.

이사회나 조합장, 총회의 권한에 관하여 농협법은 모두가 각각 독립적인 기능과 권한을 갖도록 하였으며, 그 결과 3권분립의 견제와 균형 아래 조합이 건전한 발전을 이루어 가도록 하였는데, 그 취지와 정신을 위반하였기 때문입니다. 총회가 조합의 최고의결기관이라고는 하지만 조합의 모든 사항을 다 의결할 수 있는 것이 아니고, 법률과 정관에서 정해준 사항에 한해서만 의결할 권한이 있는 것이며, 법률은 절차를 어기는 일로도 안건이 무효라고 하고 있습니다.

그런데 조합장이 이사회 심의를 받기 위해 총회의 안건을 이사회에 부의하였는데, 이사회에서 그 안건의 총회 상정을 반대 의결하는 경우가 있습니다. 이때 이사회 의결을 받지는 못하였지만, 이사회의 심의 결과를 첨부하여 총회에 부의할 수 있습니다.

총회부의안건은 이사회 의결이 필요한 것이 아니라, 이사회 심의가 필요할 뿐이고 의결까지는 반드시 필요한 것이 아니기 때문이며, 이사회의 심의 결과를 첨부하여 총회의 결정을 받을 수 있기 때문입니다. 그리고 이사회의 총회 부의 반대 결정을 알면서도 대의원회에서 가결하였다면 그 안건의 의결은 유효하다고 하겠습니다.

190 이사에게 대의원회 발언권이나 의견진술권이 있는지

Q 우리 조합의 이사 한 분이 대의원회에 보고할 사항이 있다며 대의원들에게 대의원회를 소집하여 달라고 끈질기게 요청하고 있습니다. 이사는 대의원회에서 발언할 권리가 없다고 말씀드렸지만, 대의원회 운영규약에 근거가 있다며 대의원회 소집과 발언권을 주장하고 있습니다. 이사가 대의원회에 출석하여 발언할 수 있습니까?

A 이사는 대의원회 구성원이 아니므로 대의원회에서 발언권이 없고 대의원회 소집요구권도 없으며, 의장의 허락과 통제 아래에서 의견진술이 허용될 수 있을 뿐입니다. 농협법과 정관에는 이사가 대의원회에 출석하여 의견을 진술할 수 있는 근거나 방법이 규정되어 있지 않고, 허용된다는 내용이나 하부 규정에 위임한다는 등의 내용도 전혀 없습니다. 따라서 법률상 이사는 대의원회에서 발언권을 요구하거나 의견진술권을 주장할 권리가 없습니다.

상위법인 농협법과 정관 등에 근거가 없으므로 이사의 의견진술권이 보장된다고 할 수 없고, 대의원회에서 요구할 때 의견진술의 의무가 있다고 해석될 뿐입니다. 「대의원회 운영규약」에 이사의 대의원회 의결진술에 대한 사항이 있는 것은 대의원들의 요청이나 궁금한 사항에 대하여 조합장 이외에 상임이사, 이사, 간부직원 등을 직접 출석시켜 의견을 표명할 수 있게 함으로써 대의원들이 안건의 판단과 의결에 필요한 정보를 더 많이, 더 직접적으로 전달받을 수 있도록 한 것입니다.

'비상임이사'를 대의원회 운영규약 해설 문서에 명문화한 것은 안건에 따라서는 특정한 비상임이사를 지명하여 그 의견을 청취할 필요가 있을 것이기 때문에 의견진술을 할 근거를 부여한 것입니다.

대의원회 운영규약에 나타난 이사의 대의원회 의결진술에 대한 사항은 그것이 상위법에서 허용되고 위임된 것이 아니라, 이사의 대의원회 의견진술 의무를 표현한 것이며, 중앙회의 지도문서도 '이사의 대의원회 의견진술권'을 인정하는 취지가 아니라, '대의원회에서 요구할 때 의견진술의 기회와 의무'가 있음을 나타내는 것입니다.

즉 '대의원회 운영규약 모범안' 제14조의 내용은 이사의 대의원회 지배권을 표현한 것이 아니라 대의원들에 대한 정보 제공이나 설명의 책임을 표현한 것입니다. 그리고 만약 대의원회에서 특정한 이사에게 의견진술의 기회가 주어지더라도 해당 이사는 의장의 통제에 복종하여 의견진술을 하여야 합니다.

대의원회는 의장의 '의사진행권'과 '회의질서유지권'의 권한과 권위 아래에서, 이사나 간부직원은 의장의 판단과 지휘 아래에서 의견진술을 할 수 있으며 의견진술 기회의 부여 여부나 진술 방법, 진술 시간 등을 의장이 모두 통제하는 것입니다.

따라서 이사 개인이 대의원회에 의견을 진술하고자 하더라도 그 개인의 의사표시로 의견진술 기회가 주어지는 것이 아니고 반드시 의장에게 의견진술의 기회를 요청하여 승낙을 얻은 다음 의장이 지정하는 방법과 시간, 진술 범위와 절차를 지켜서 의견진술을 할 수 있는 것입니다. 의장은 이사의 의견진술 요청에 대하여 반드시 기회를 주어야 할 의무가 있는 것이 아니라, 진술할 내용이나 방식 등을 사전에 제출받아 심의 판단하여 허락 여부와 발언 방법, 발언 시간 등을 결정할 수 있고 발언 내용이 적절하지 않을 경우에는 의견진술을 허용하지 않을 수 있으며, 의견진술의 내용이 적절하지 않을 경우 진술 도중에 즉각 발언중지를 명할 수 있습니다.

또한 대의원회의 모든 안건은 '사전에 미리 서면으로 통지한 사항'에 대하여만 심의와 의결이 가능하고 사전에 서면으로 통지하지 않은 사항은 안건 상정이나 심의, 의결이 불가능하므로(법 제39조 제1항) 이사가 의견을 진술하고자 한다면 사전에 그 내용을 의장에게 보고하여 대의원회소집통지서에 등재하여야 하며, 등재하지 않은 사항은 대의원회 안건이 될 수 없고 당해 이사나 대의원 다수가 요청하여도 인정되지 않습니다.

191 회의안건 자료의 사전 배부는?

Q 총회 및 이사회의 소집 통지 시 현재 우리 농협에서는 임원들과 대의원들의 요청으로 소집통지서와 함께 부의안도 함께 배부해드리고 회의 종료

후 회수하지 않고 각자 보관토록 하고 있습니다. 그런데 이러한 과정에서 부의안 내용 중 외부로 유출되어서는 안 되는 내용들이 자꾸 유출되는 등 곤란한 일들이 발생하고 있습니다.

예를 들어 임원의 대출 내역이라든지, 예산의 조정 내역 등이 외부로 유출되어 민원과 오해를 사는 일이 잦은데, 총회 및 이사회 소집 통지 시 부의안 등 회의 자료를 사전에 배부하는 것이 맞는 것인지, 회의 종료 후 회수하는 것이 맞는지, '기타보고사항' 등이 있는데 이를 부의안 자료에 반드시 첨부해야 하는지 궁금합니다.

A 조합에서 총회나 이사회를 소집할 때 소집통지서에 통지할 사항을 농협법에서는 '회의목적 등'이라고 하고 있고(법 제37조 제2항), 정관에서는 '회의목적, 부의안건, 회의일자'라고 표시하고 있습니다. (정관 제36조)

정관에서는 '회의목적'과 '부의안건'을 구분하고 있는데, 회의목적은 회의를 소집하는 목적을 가리키는 것이고, 부의안건은 의안(회의안건, 의제)을 가리키는 것이지만 실무적으로는 구분하지 않고 사용됩니다.

결국 농협법에서 말하는 '회의목적 등'은 '회의목적사항'인 것이고 이는 '회의목적'과 '부의안건'을 말하는 것이며, 이를 통지하는 취지는 '회의 구성원이 소집된 회의에서 의결할 사항이 무엇인지를 사전에 알게 하여 회의참석 여부나 의결사항에 대한 찬반의사를 미리 준비할 수 있게 하는 데 있는 것'이므로(대법원 판례 대법원 2012. 1. 27 2011두9164호), 소집통지서에 회의목적사항인 '회의목적과 부의안건'의 기재는 '구성원이 의안 내용이 무엇인가를 알 수 있을 정도로 어느 정도는 구체적으로 기재'할 필요가 있습니다.

그러나 별도의 명문 규정이 있지 않은 한 '안건의 구체적인 내용이나 부의안건 전체, 또는 판단 자료까지 소집통지서에 포함하여야 하는 것은 아닙니다. (대법원 판례 대법원 2012. 1. 27 2011두9164호)

즉 소집통지서에 기재된 안건 제목이 구체적일 경우 누구나 그 대체적인 내용을 짐작할 수 있는 것이라면 다른 추가적인 내용을 덧붙이지 않아도 되는 것입니다.

예컨대 '사업계획 변경의 건'이라고 기재하여 발송하면 되는 것이고, 변경될 사업계획의 세부적인 내용까지 첨부하지 않았다고 하여 회의목적사항이 명시되지 않았다고 볼 수 없다고 법원이 판시한 바 있습니다. (대법원 판례 대법원 2012. 1. 27 2011두9164호)

그런데 농협의 부의안건 통지는 안건 제목의 기재만이 아니라 가능한 한 충실한 설명문이나 자료를 첨부하여 회의에서 토의할 수 있는 예비지식을 검색, 연구할 수 있도록 함으로써 찬반을 결정할 때 충분한 숙고와 내용 있는 토론이 이루어질 수 있도록 배려하는 것이 바람직하다고 할 것입니다. 따라서 예컨대 정관 변경의 건을 통지한다면, '정관 변경의 건'이라는 제목과 함께 정관의 어떤 부분을 어떤 취지로 어떻게 변경하려고 한다는 정도의 간략한 설명을 붙이는 것이 바람직한 일이라 할 것입니다.

그렇지만 회의 자료라고 하더라도 개인정보나 조합의 영업비밀, 경영전략, 보안사항 등에 해당하는 부분은 수록하지 않도록 하여야 합니다.

첫째, 임원 개인의 대출 내역 등 개인정보 관련 사항을 함부로 수록할 경우 개인정보 보호법에 따라 처벌될 수 있습니다.

둘째, 영업비밀이나 경영 관련 사항은 세부 내용을 표기하지 않아야 합니다.

농협은 조합원의 사업과 생활 모든 영역에 걸쳐서 다양하고 방대한 사업 종목과 사업 영역을 가지고 있으며, 조합의 경영 관련 자료는 경쟁업체의 중요한 경영 정보가 되는 것이고, 조합원과 대의원, 임원이라고 하더라고 직간접적으로 농협과 경업관계인 사업자와 연계가 있을 것이기에 누설은 불가피한 일이 되며, 사업 내용이 외부로 알려질 경우 농협사업에 큰 영향을 미치게 되는 것이기 때문입니다.

　그리고 보고사항의 경우에는 회의 참가자들이 그 내용에서 의결하거나 결정할 사항 없이 단순히 참고만 하는 것이며, 보고사항도 중요한 경영정보나 영업비밀 또는 개인정보를 포함하고 있으므로 제목 정도만 기재하고 그 이상은 미리 통지할 필요가 없는 것입니다. 즉 총회나 이사회 소집 통지 시 부의안건의 제목과 간략한 설명문안을 통지하면 충분하고, 과거에 대의원들의 요청으로 부의안건을 모두 통지하는 관행이 정립되어 있다고 하더라도 잘못된 일, 위법한 관행은 즉각 고쳐져야 하는 것이며, 회의 자료에 개인정보, 조합의 영업비밀, 경영전략 등이 수록되어 있다면 회의 종료 후 회의 자료를 회수하는 것이 당연합니다. 또 모든 임원, 대의원 조합원은 회의나 정보공개 등을 통해 취득한 조합 경영 관련 정보를 조합 경영의 건전화와 부조리 방지 등 정당한 목적을 위하여 사용하여야 하고, 임원 선거를 위한 상대방 비방, 경영기밀 누설, 조합과 경쟁관계에 있는 사업을 수행하기 위한 목적 등 부당한 목적을 위하여 사용해서는 안 되는 의무가 있으며(정관 제140조의 2), 누설이나 부당한 사용 시 처벌 사유가 됩니다.

　의결할 안건이 아닌 '보고사항'은 구성원이 미리 연구하거나 학습할 이유나 필요가 없는 것이고, 단순히 참고사항이거나 혹은 공지사항인 것이므로 그 내용을 첨부할 필요가 없으며, '기타보고사항 ○건'으로 표시하여 통지하여도 되는 것입니다.

그리고 보고사항이나 의결사항 내용 중에 외부 유출이나 누설되면 곤란한 사항이 있을 경우에는 자료의 교부나 배부 자체를 생략하고 PPT 영상에 의한 설명이나 구두 설명으로 대신하고 꼭 필요한 경우에는 자료를 배부하되, 회의가 끝난 후 다시 회수하는 것은 당연한 일인 것입니다.

192 이사회 회의 내용을 공개할 경우의 법률문제

Q 우리 조합의 이사 한 분은 대의원 시절부터 〈농협소식〉이라는 유인물을 스스로 발행하여 전 대의원에게 배포하였는데, 그 내용은 이사회의 심의안건 제목, 이사 개인별 발언 내용 등을 도표로 정리하여 공표한 것입니다. 이러한 행위가 합법인지 혹은 위법인지 궁금합니다.

A 이사회 회의 안건과 이사의 개인별 발언 횟수와 방식(질문, 토론, 제안)을 개인이 발행하는 소식지에 게재, 공개하였다면 이것은 3가지 점에서 문제가 있습니다.

첫째, 조합의 경영기밀의 누설입니다. 이사회 안건과 참석자, 참석자의 개인별 활동을 공개한 것은 조합사업에 심각한 지장을 주는 행위입니다.

농협은 조합원이 필요로 하는 모든 사업을 다 하고 있으므로 사업 종류가 많으며 그만큼 경쟁업종과 경쟁관계인 사업자가 대단히 많은데,

농협 이사회 회의 내용은 경쟁관계인 사업자에게는 대단히 중요한 사업 정보로서 농협의 경영활동을 소상히 파악하여 그에 따른 대책을 강구할 수 있기 때문입니다. 이러한 이유 때문에 모든 기업들이 이사회를 공개하지 않고 이사회의사록은 법률상 불가피한 경우와 불가피한 대상에게만 제한적으로 열람을 허용하는 것입니다.

이사회의 심의 내용이나 의결사항이 궁금한 경우, 조합원은 언제든 열람요청을 통해 열람할 수 있는데, 조합원으로서 꼭 필요한 사항을 열람하는 것과 회의 내용을 인쇄하여 배포하는 것은 그 효과와 파급력이 전혀 다른 것이며, 조합의 영업비밀과 경영전략을 송두리째 공개하는 것과 같아서 조합사업에 막대한 피해를 입히는 것입니다.

둘째, 이사들과 조합에 대한 명예훼손입니다. 명예훼손이란 이름이나 신분, 사회적 지위, 인격 등에 해를 끼쳐 손해를 입히는 것인데, 이사들의 발언 내용을 질문, 토론, 제안 등의 방식으로 구분하여 실명과 함께 공개하는 일은 형법상 명예훼손에 해당합니다.

또 명예훼손은 불법행위로 간주되며 민법 제750조는 불법행위에 대한 일반적 원칙으로서 고의 또는 과실로 인한 위법행위로 타인에게 손해를 가한 자는 그 손해를 배상할 책임이 있다고 규정하고 있습니다. 형법상 명예훼손은 형법 제307조에서 공연히 사실이나 허위사실을 적시(摘示)하여 사람의 명예를 훼손함으로써 성립하는 범죄라 규정하고 있으며, 명예의 주체에는 자연인이나 법인뿐만 아니라, 기타 단체도 포함됩니다.

셋째, 이사회 회의 방식의 왜곡입니다.

소식지를 통한 이사회 회의 공개는 이사별로 발언 횟수나 토론 횟수를 계량화함에 따라 발언 수가 많으면 활발한 활동을 한 우수한 이사,

발언이 없으면 무능하고 무관심한 이사라는 등식이 성립할 수 있으며, 소식지의 평가 내용이나 논평 해설에 그러한 것을 부추기는 내용이 있습니다. 이는 필요 없는 발언의 유도, 불필요한 발언과 토론의 조장, 대의원을 의식한 발언 등을 유도 및 조장하는 효과를 가져오게 되고, 불필요한 발언의 증가, 무익한 토론 등은 회의의 능률을 떨어뜨리며 회의의 결론을 엉뚱하고 왜곡된 것으로 이끌게 될 위험이 많습니다.

이사회의사록에서 중요한 것은 이사 개인별 발언 횟수와 발언 시간이 아니라 발언의 내용이며, 이사회 내용을 공개한 것은 조합의 경영에 심각한 왜곡과 악영향을 초래하는 일이고 궁극적으로 조합 경영을 방해하는 업무방해행위로서 조합과 조합원에게 손해를 유발한 것입니다. 이뿐만 아니라 소식지 발행인은 이사회의사록을 소식지에 그대로 전재만 한 것이 아니라 개인이 다시 가공하고 논평과 평가, 비판과 비난을 함께 수록하였고, 기존 이사들의 낙선을 강력히 권고하였으며 그 결과가 기대에 미치지 못하였음과 실망스러운 기분을 그대로 표현하기도 하였는데, 이는 곧 농협법 제50조 위반이고 동법 제172조에 저촉되는 형벌 대상입니다.

따라서 이러한 문제에 대하여 경영기밀 누설과 이사회 회의 방식 왜곡의 문제는 조합에 직접적 및 간접적으로 손해를 끼친 경우에 해당하여 조합원 제명 사유가 되고, 이사들과 조합에 대한 명예훼손 문제는 이사 각 개인과 조합에서 형사고소 및 민사상 손해배상과 위자료를 청구할 수 있으며, 불법 선거운동은 별도로 처벌 대상이 됩니다.

이 문제에 대하여는 반드시 조합과 조합장, 이사 등 직접 관련자들이 고소를 제기하여 처벌하여야 하고 대의원들은 임원 해임과 조합원 제명을 결행하여야 책임 있는 대의원이라 할 것입니다.

193 이사회의사록을 활용하면 안 된다고?

Q 이사회의사록을 발췌하거나 복사하여 다른 조합원에게 돌리면 안 되나요?

A 이사회의사록은 조합원 누구나 열람 및 복사교부를 요청할 수 있습니다. 그런데 이 의사록을 발췌하거나 복사, 재편집하여 다른 조합원에게 돌리거나 배포하면 안 됩니다.

이사회의사록은 조합원에 한하여 열람하고 필요한 사람은 복사교부를 신청하여 교부받아 검토할 수 있습니다. 그렇지만 복사교부받은 이사회의사록을 다시 복사하거나 인쇄하여 다른 조합원에게 배포하는 일, 중요한 내용을 간추려 재편집한 내용을 배포하는 일, 이사의 발언 내용에 대하여 비평을 달아서 배포하는 일은 모두 심각한 문제가 있습니다. 이사회는 모든 조직과 기업에서 영업비밀과 경영기밀을 다루는 곳입니다. 영업비밀과 경영기밀은 주주나 조합원이라고 하더라도 모두 다 알 수 없고 알려주지도 않는데, 이 내용은 해당 조직의 사업 추진과 업무 수행, 경영전략과 밀접한 것이어서 경쟁관계에 있는 기업에 흘러가지 않도록 하여야 하기 때문입니다.

특히 농협은 농협의 건물을 벗어난 거의 모든 업체와 업소, 예컨대 은행, 보험, 증권, 신협, 수협, 마을금고, 마트, 슈퍼마켓, 편의점, 농약상, 영농자재상, 농산물 판매인, 중매인, 육묘업자 등 농촌의 사업자 대부분이 농협과 경쟁관계에 있습니다. 그 때문에 농협의 업무 자료, 회의록, 계획서 등은 언제나 경쟁관계에 있는 사업자에게는 아주 중요한 경영 정보가 되고, 누설된 농협은 경영상 대단히 불리한 입장이 되는 것입니다.

조합원이 이사회의 회의 내용을 알고자 할 때에는 제한 없이 열람 및 복사교부를 허용하였으나, 이 자료의 활용은 반드시 조합의 건전한 발전을 위하여 사용하여야 하고, 임원 선거를 위한 사용이나 상대방 비방, 경업관계인 사업의 수행 등을 위해서는 사용할 수 없도록 정관에 명시하였습니다. 그러므로 이사회의사록이 필요한 사람은 다른 사람이 복사교부 받은 의사록을 다시 복사하여 활용하면 안 되고 조합원 각자가 자신이 전용으로 쓸 사본을 농협에 신청하여야 하는 것입니다.

이러한 내용을 볼 때, 이사회의사록을 복사교부 받은 사람이 제한 없이 인쇄나 복사, 재편집, 전파하는 일은 곧 정관의 규제에 정면으로 배치되는 것이고 조합의 사업과 업무에 심각한 악영향을 주는 것이 불가피합니다. 만약 실제로 그러한 행위를 하는 조합원이 있다면 즉시 중단시키고 곧 형사고소와 함께 조합원 제명을 추진하여야 할 것입니다. 실제로 이사회 회의 내용을 휴대전화 문자로 배포한 사람이 선거법 위반으로 150만 원의 벌금형을 선고받은 사실이 있습니다.

194 이사회회의록을 공개한 이사는?

Q 이사 4명이 지난 4개월간의 이사회 회의 사항 및 인사위원회 회의 내용을 자세히 작성하여 대의원들에게 우편 발송하였습니다. 이런 일에 관해 조합의 승인을 받지 않았음은 물론, 조합장이나 다른 이사들이 전혀 알

지 못하였고, 감사에게도 아무런 사전 얘기가 없었습니다. 이런 행위가 가능한지, 책임은 어떠한지요?

Ａ 농협은 법률(농협법)과 정관에서 정하는 바에 따라 사업보고서를 작성하여 운영 상황을 공개하도록 하고 있습니다. (법 제65조 제1항)

또 조합장은 조합 정관, 총회의사록(대의원회 의사록), 조합원 명부를 주사무소(조합 본점)와 신용사업을 하는 지사무소에 비치하여 조합원이 언제든지 열람할 수 있도록 하여야 합니다. (법 제65조 제2항, 조합 정관 제139조 제5항)

그러나 이사회회의록은 공개나 비치 대상 서류가 아닙니다. 다만 조합원은 단독조합원권으로서 영업시간 내에는 언제든지 정관, 총회의사록, 조합원 명부와 함께 이사회회의록을 열람하거나 사본교부를 청구할 수 있을 뿐입니다. 즉 이사회회의록은 조합원이 열람요청을 할 경우 조합에서 열람할 수 있도록 하는 것이며, 사본교부는 소정의 수수료를 받고 사본을 교부할 수 있는 것이지만, 사본을 교부받은 조합원이 그 사본을 다른 사람에게 공개하거나 공표할 수 없습니다. 즉 이사회회의록이나 회의 내용을 기록한 문서를 공개하거나 배포하는 것이 아닙니다.

그리고 조합원이 아닌 조합채권자는 이사회회의록을 열람할 수 없습니다. 이사회회의록은 조합의 경영에 대한 구체적인 방침과 경영전략을 심의하고 의결하는 내용을 담고 있는 관계로 함부로 무제한 열람이나 복사를 허용하는 것이 아닙니다. 조합의 경영관계 자료는 사업보고서나 운영의 공개 자료 형식으로 반드시 조합장을 통해 공개되고 조합원이나 대의원들에게 공표되어야 하는데 이사들이 이사회회의록, 혹은 이사회 회의 진행사항을 자세히 작성하여 대의원들에게 보낸 일은 대단히 잘못된 일이고 위법행위이며 처벌 대상입니다.

인사위원회 회의 내용 역시 대의원이나 조합원에게 공개하는 서류가 아니므로 인사위원회의 결정사항이나 심의 내용, 발언 내용 등이 알려지거나 공개되면 결국 인사위원회 심의와 의결의 공정성, 객관성을 유지하지 못하게 되며, 인사위원회를 구성 운영하는 취지를 정면으로 해치는 일이 됩니다.

따라서 인사위원회 회의 내용을 누설하였거나 외부에 알린 사람은 그 직책과 직위에도 불구하고 중징계 대상이 되는 것이고 이후 인사위원회 참여가 원천 금지되어야 합니다. 징계나 처벌 수준은 통보한 사항의 구체적인 내용과 방법, 동기, 목적, 효과, 개전과 반성 등을 고려하여 종합적인 판단을 하여야 하는데, 임원 해임, 조합원 제명, 형사고발(업무방해죄, 명예훼손죄), 손해배상청구를 하여야 할 것입니다.

195 이사회가 감사보고를 요구할 수 있는지?

Q 조합의 감사가 수시감사를 실시하고 그 결과를 총회에 보고하고자 하는데, 이사들이 이사회에도 감사 결과의 서면보고를 요구하여 마찰이 있습니다. 이사회에서 감사 결과보고를 요구할 수 있는지, 또 감사는 그 요구를 거절할 수 있는지 궁금합니다.

A 이사는 상임이사를 제외하고는 업무집행권이 없고 회의체기관인 이

사회의 구성원이며, 이사회의 심의와 의결을 통해 조합 경영의 중요한 사항을 결정하는 집행기관입니다. 그러므로 이사의 직무 권한은 이사회에 관한 직무 권한이 있고, 이사회와 관계없는 직무 권한이 있습니다.

이사회에 관한 직무 권한은 1. 이사회 참여권 2. 이사회 소집요구권 3. 이사회의사록에 기명날인권 4. 이사회에서 결정된 사항에 대한 업무감독권 등이 있습니다. 이사회와 관련 없이 주어지는 직무 권한은 1. 조합장의 궐위 시 직무대행권 2. 실비보상청구권 등이 있습니다.

이사, 감사가 직무 권한을 행사함에 있어서 반드시 지켜야 할 원칙과 한계가 있는데, 총회, 이사회, 감사는 각각 법정기관으로서 3권분립의 원리에 따라 권한을 분산시키고 서로 견제와 균형을 이루도록 법률로써 강제되어 있으므로 각 기관은 서로 다른 기관의 영역과 직무 권한을 침범하여서는 안 되고, 또 서로의 영역과 권한을 존중하여야 합니다.

감사보고는 기본적으로 총회와 대의원회를 대상으로 하는 것이고 이사회에는 보고할 의무가 없으며, 이사회에서도 감사보고서를 요구할 수 없습니다. 감사에 대하여 보고요구나 업무요구를 할 수 있는 사람이나 기관이 없고, 이사나 이사회에 그러한 요구 권한도 없으므로 감사보고서를 이사회에 제출하라는 요구는 원칙적으로 농협법을 위반한 요구로서 위법이고 무효입니다.

다만 감사보고의 내용이 이사회와 직접 관련되어 감사가 감사업무 수행상 필요하다고 판단되는 경우이거나, 이사회에 통보함이 합당하다고 판단하는 경우에는 감사가 이사회에 통보할 수 있습니다. 즉 이 문제는 법률적으로는 요구할 수 없는 것이지만, 조합의 경영상 통보함이 합당한 경우에는 이사와 감사가 서로 합의를 이루어 시행하도록 하여야 할 사항으로서 법률적 판단과 현실문제는 별개이며, 조합 경영의 건전화라는 시각에서 생각하여야 할 것입니다.

　이사와 감사는 서로 역할과 업무 권한을 두고 다툴 수 없고, 오직 농협 발전을 명분으로 서로 이견이 있을 수 있으나, 최종적인 판단은 농협법 제1조에 명시된 '농협의 목적'을 기초로 할 때, 가장 원만하고 확실한 해결책을 얻게 될 것입니다.

196　이사의 역할과 주의사항

Q 임원 선거에서 이사 대부분이 교체되었습니다. 그 결과 신임 이사님들이 이사와 이사회가 만능이라는 식으로 함부로 행동합니다. 이사의 역할과 주의사항을 간략히 설명해 주십시오.

A 신임 임원들은 누구나 의욕과 열정이 가득합니다. 또 참신한 생각과 아이디어, 더 큰 업적의 성취, 더 많은 실적의 거양, 조합원에게 보여줄 성과에 대한 열망 등과 의욕이 무척 높아서 강박에 가까운 행동을 하기도 하고 무리한 주장을 하기도 합니다. 그러나 이상과 의욕, 열정이 전부가 아닙니다. 농협의 경영과 업적 거양은 의욕과 열정으로 이루어지는 것이 아니라 마치 농사짓듯 씨 뿌리고 가꾸어 수확하듯 단계와 절차, 시간과 여건의 성숙이 꼭 필요하며, 이사와 이사회의 운영도 마찬가지입니다.

　모든 조합은 조합장, 이사, 감사로 구성된 '경영진'이 가장 중요하며, 이 경영진의 차이와 활력이 해당 조합의 경쟁력을 결정짓는 가장 중요한 변수입니다. 경영진은 경영의 방향을 결정하고 경영전략을 수립·추진하고, 경영활동을 평가·통제하며, 스스로 경영의 방향과 내용을 건전하게 잡아가도록 하고 있는 점에서 경영진의 건강성과 활력, 소통과 협력의 정도가 곧 조합의 미래를 결정한다고 할 것입니다.

이사는 이러한 경영진 중에서 집행기관인 이사회를 구성하며, 소속 농협의 업무집행에 관한 중요사항의 의사결정과 의결사항에 대한 조합장과 상임이사의 업무집행 상황을 감독하는 회의체기관입니다. 그리고 농협의 주요 기관을 정부조직에 비유컨대 대의원회는 국회, 이사회는 국무회의, 감사는 법원에 해당하며 3개의 기관은 각각 독립적이고 권한과 역할이 서로 확실히 구분되어 역할과 기능, 권한이 중복되지 않으며, 서로 간섭할 수 없습니다.

조합에 이사회를 두는 이유는 중요한 경영상의 결정이나 업무집행에 관련한 의사결정을 할 때마다 총회를 소집할 경우 번잡과 비능률, 비효율이 발생하는 폐단으로부터 벗어나고, 동시에 조합장 개인에게 조합의 경영에 관한 전권을 부여할 경우 발생할 수 있는 전횡과 독단을 방지하고 오류와 착오로 인한 문제를 예방하고자 하는 목적이 있습니다.

또한 급변하는 내외 경영환경에서 총회보다는 더 신속하고 더 능동적으로 대응할 수 있는 방안이 바로 경험과 실력을 갖춘 이사들로부터 그들의 지식과 지혜, 경험을 활용하여 최선의 결론을 얻어 보자는 취지입니다.

따라서 이사는 이사회에 부의되는 안건에 대해 사전에 통보를 받는데, 안건의 내용을 알게 된 순간부터 안건의 배경, 내용, 효과, 문제, 대안 등을 깊이 연구하며 관련 문헌과 정보를 섭렵하여 이사회의 토론 과정에서 발표할 내용을 정리하고 표결에 임하여 어떤 명분과 현실적 판단을 하여야 하는지 깊이 성찰하고 충분히 연구해 두어야 합니다. 그리고 이사회에 임하여는 자신의 모든 지식, 경험을 쏟아내어 다른 이사의 현명한 의견과 함께 충분한 토의 과정을 거치게 한 후 모든 구성원의 집단지성(集團知性)이 발현되어 최선의 선택을 하도록 하여야 합니다.

이사는 이사회의 안건에 대하여 명백히 반대하여 그 반대의사나 표현이 이사회의사록에 확실히 기록되어 있을 경우에만 면책이 될 수 있습니다. 그러나 표결에 찬성하였거나, 표결에서 기권한 경우, 그리고 무관심하여 결국 해당 안건이 가결되어 후일 심각한 피해나 폐해를 유발하였거나 다른 새로운 사회문제, 경제문제를 야기하였다면 의결에 적극적으로 반대하지 않은 이사는 모두 조합에 대하여 연대책임을 지도록 하고 있습니다.

그러므로 이사는 권한을 이용하여 엉뚱한 요구를 하거나 권한을 남용하여 경영에 혼란을 일으키지 않아야 하며, 농협법에 명시된 이사의 직분과 책임, 벌칙을 명심하여 매번의 이사회 발언과 찬반의견 표명, 의결 시 자세 등을 분명하고 엄숙하게 하여야 합니다.

197 총회에서 승인된 사업계획의 추진을 이사회가 번번이 부결시키는데…

Q 우리 조합은 전년도에 하나로마트를 비롯한 경제사업 시설에 대한 고정투자계획을 세워 총회의 승인을 받아 확정하였는데, 이사회 심의 과정에서 의견이 엇갈린 관계로 추진하지 못한 사실이 있고 금년도 사업계획

에도 똑같이 반영되었으나 이사회의 심의 결과가 불투명한 상태입니다. 총회에서 승인받은 사업계획을 이사회에서 반복하여 부결하거나 거부할 경우 이사회는 어떤 책임이 있습니까?

A 이사회는 당해 농협의 '업무집행에 관한 주요 사항의 의사결정과 의결사항에 대한 조합장의 업무집행 상황을 감독하는 회의체기관'입니다. (법 제43조)

즉 이사회는 총회(대의원회)에서 결정한 사항을 기준으로 하여 '집행에 관한 사항을 의결'할 뿐이고 조합 경영에 관한 '전체적인 의사 자체를 결정'하는 기관이 아닙니다. 조합의 경영에 관한 전체적인 기본전략이나 경영의사의 결정은 총회의 몫이고 이사회는 총회가 결정한 범위 안에서 그 세부적인 실천 방안, 시기, 방법, 전략 등을 결정하는 것입니다. 이사회의 의결사항 중에 업무용부동산의 취득과 처분이 명문화되어 있습니다. (법 제43조 제3항 7호) 이러한 명문 규정에 의지하여 이사회에서는 '총회에서 승인된 사업계획이라고 하더라도 이사회 의결사항에 해당하므로 이사회의 의결이 필수이고 이사회의 고유권한'이라고 생각하여 전년도 총회의 승인사항임에도 이사회에서 부결을 결정하였고, 올해에도 같은 결과가 나타날 수 있을 것입니다.

그러나 이러한 판단은 대단히 단순하고 경솔한 것으로서 위험한 결정이 될 수 있습니다. 기본적으로 총회는 조합의 최고의결기구로서 조합의 중요한 미래의 사항을 결정한 것이고 이사회와 조합장은 그 뜻에 어긋나지 않게 효율적인 실천 방안을 결정하는 것이 원칙입니다.

비록 농협법에 업무용부동산의 취득과 처분에 대한 의결권을 이사회에 부여한 것은 분명하지만 그 기본정신이 이사회가 총회의 결정에 맞서서 그 효력을 부정하거나 무시하거나 실행을 거부할 수 있다는 뜻이 아닙니다. 업무용부동산의 취득과 처분을 이사회 의결사항으로 규정한 이유는 조합장 한 사람에게 모든 권한과 책임을 다 미루지 말고, 이사 개인들의 경험과 식견, 지식을 총동원하는 집단지성의 발휘를 통하여 가장 합리적인 방안을 모색하도록 하라는 뜻입니다.

따라서 전년도에 총회의 승인사항을 이사회의 의결로써 사실상 추진할 수 없게 한 일은 농협법의 정신과 농협 운영의 원리를 위반한 것입니다. 올해에도 사업을 추진하지 못한다면 사업의 지연에 따른 선점효과의 상실, 경제사업 활성화 지연 등으로 조합의 사업 성장에 큰 지장이 발생함은 물론 조합원의 영농과 생활 지원도 원활하지 못하게 되고 관내의 조합원 및 고객의 구매력과 시장 수요 전체를 다른 조합과 업체에 선점당하게 될 위험마저 있습니다.

그리고 그러한 사업 실패의 원인이 이사회의 의결문제 때문이라는 것이 밝혀진다면 이사회 구성원 전원은 총회에 대하여 그 책임을 부담하지 않을 수 없게 됩니다. 후일의 검증에서 이사회가 불법행위나 중대한 과실, 또는 어떤 고의로서 소속 농협이나 제3자에게 손해를 끼친 때에는 그 이사회에 출석한 구성원은 그 손해에 대하여 연대하여 책임을 지며, 당해 이사회의 안건에서 명백히 그 결정에 반대의사를 표시한 이사만 책임이 면제되는 것이기 때문입니다. (법 제53조 제1항, 제2항, 민법 제681조, 상법 제399조, 제401조)

또한 농림축산식품부장관이나 농협중앙회장은 감독권에 의거하여 이사회 의결을 취소하거나, 임원개선명령을 할 수도 있는데, 조합원과 대의원, 조합장은 감독기관에 이러한 조치를 요청할 수 있습니다. 전년도에 사업계획에 대한 이사회의 비협조로 사업이 좌절된 것은 고의적인 조합사업 방해행위가 되어 관련되는 이사가 모두 개인적인 형사책임과 민사적 배상책임을 피할 수 없게 됩니다.

즉 사업 추진이나 고정자산 취득에 반대한 이사는 조합 자체로는 해임 사유, 조합원 제명 사유이고, 형사상으로는 업무방해죄, 민사상으로는 손해배상책임을 피할 수 없습니다. 손해배상의 직접적 피해는 최초 부동산가격과 현재 구입가격의 차액, 간접피해는 사업이 늦어짐에 따라 잃어버린 경제적 이익의 추정금액입니다.

198 이사회 불참, 퇴장으로 의사진행을 방해한 경우

Q 우리 조합에서는 다음연도의 사업계획과 수지예산서를 총회에 부의하기 위해 이사회에서 심의할 때, 상당수 이사들이 고의로 회의에 불참하거나 회의장에서 퇴장하여 이사회 심의가 의사정족수 미달로 열리지 못한 사례가 있었습니다. 이러한 사태가 반복될 경우 소수의 이사들이 집단행동을 하여 조합장을 무력화함은 물론 조합장이 의욕적으로 추진하는 사업을 방해하고 총회에서 승인한 사업계획마저도 무력화할 수 있게 될 것입니다. 이러한 사태에 대해 어떤 대책이 있습니까?

A 조합은 매 회계연도의 사업계획과 수지예산서를 당해 회계연도가 개시되기 1개월 전에 이사회 심의를 거쳐 총회(대의원회)의결을 얻어 확정해야 합니다. (법 제64조 제1항, 정관 제138조 제1항)

그런데 이사회가 일부 이사의 불참으로 의사정족수 미달이 되어 개의하지 못하였고, 재소집한 이사회 역시 의사정족수 미달 사태가 되었다면, 이러한 상황은 대단히 부자연스럽고 비정상적인 상황인데 이러한 경우에 대하여 농협법에 명문 규정이 없습니다. 판단컨대 이러한 경우에는 이사회 심의를 거치지 못하는 위법행위와 총회의 승인을 얻지 못하는 위법행위 등 2가지의 위법이 발생하게 됩니다.

따라서 집행부인 조합장은 회계연도 개시 1개월 전, 즉 11월 말일까지 이사회 심의와 총회의결을 얻기 위한 특단의 방안을 강구하여야 하고, 이사회 심의가 불가능할 경우 이사회 심의를 생략하고 총회의 의결을 받도록 하는 것이 합리적일 것입니다. 즉 조합장은 3회차 이사회를 소집하고 3회차 이사회도 의사정족수 미달일 경우에는 참석한 이사만으로 안건을 심의하여 그 상태로 총회에 부의하고 그 전후 내용을 대의원들에게 설명하여 대의원들의 결정을 얻도록 하여야 할 것입니다.

조합장은 조합의 대표이자 경영의 총책임자로서 내년도의 사업 추진과 업무집행이 정상적으로 진행되게 하여야 할 의무가 있고, '이사회 심의 불이행'이라는 위법행위가 발생하였다고 하더라도 총회의결 절차를 밟지 않는 또 다른 위법행위를 자행하여서는 안 되는 것이기 때문입니다.

따라서 이사들이 이사회 심의를 거부한 것이므로 총회에 그 사유를 사실대로 보고하고 사업계획에 대한 의결을 구하면서 대의원들의 이성과 판단에 따르도록 하는 것이 최선일 것입니다. 이때 대의원들은 고의로 이사회에 불참하여 조합 업무를 방해한 이사들을 일괄 전원 해임하고 조합원 제명 및 손해배상청구를 하도록 의결하는 것이 당연한 일입니다.

이사가 이사회를 거부하거나 정당한 사유 없이 불참하거나 고의로 방해하거나 단체를 구성하여 합의된 의사로 의사진행을 방해하는 일은 중대한 의무 위반이자 업무방해죄라는 범죄행위로서 임원 해임 사유, 손해배상 사유, 형사처벌 사유, 조합원 제명 사유에 해당합니다.

199 임원의 재석 미달로 회의 성립이 안 된 경우에는?

Q 이사 몇 사람이 조합장에 대한 반발로 이사회 도중에 자리를 비우거나 아예 이사회에 참석하지 않는 방법으로 이사회의 진행을 방해하고 있습니다. 이런 경우에 해당 이사의 책임과 집행부의 조치사항은 무엇입니까?

A 이사와 조합장 사이에 의견의 차이나 불편한 일이 있을 수 있고, 갈등이나 대립이 일어나기도 합니다. 이는 협동조합의 성공이라는 같은 목적을 향해 나아가는 임원 간에도 개인적으로 이해관계가 다를 수 있고 투자 우선순위나 농협 발전전략에 대한 의견과 주장이 서로 다를 수도 있기 때문입니다.

　이러한 의견차이나 대립과 갈등의 문제는 힘으로 해결할 수 있는 것이 아니므로 서로 더 많은 대화와 소통, 이해와 양보로써 해법을 찾아가야 하고 그러한 접근을 할 때 가장 원만한 해결 방안이 나타나게 됩니다. 그리고 조합원들로부터 선출된 임원이라면 농협 경영, 조합원의 이익을 바탕으로 하여 생각 차이와 의견 상충을 조정하여 나가야 합니다.

　그런데 이사가 이사회 소집에 불응하거나 반발하여 집단적이고 계획적으로 회의에 불참하거나 회의 도중 이석이나 퇴장으로 의사정족수 미달을 만들어서 회의가 열리지 못 하게 하거나 안건의 의결을 못 하게 하였다면 이는 매우 심각한 사태입니다. 단순히 회의 일시를 착각하거나 다른 급한 일 때문에 회의에 참석하지 못한 일은 이해되고 용서가 되는 일이지만, 그러한 이유가 아니라 고의적으로 농협의 회의를 방해할 목적으로 회의에 참석하지 않았거나 이석, 퇴장하였다면 이는 중대한 범죄행위입니다. 이러한 행위는 고의적이고 계획적으로 농협의 업무를 방해한 것이므로 용서받을 수 없습니다.

이에 대하여 집행부는 이 사태를 수사기관에 고발하여 처벌하여야 하고, 또 농협의 손해에 대한 배상을 청구하여 전체 조합원에게 손해가 없도록 하여야 합니다. 그리고 해당 임원의 행위를 사실 그대로 총회에 보고하여 임원 해임, 조합원 제명을 추진하여야 하고, 대의원들은 그러한 이사를 반드시 해임 및 조합원 제명 처분하여야 합니다.

200 임원의 언행에서 특히 주의할 사항은?

Q 임원으로 선출되었습니다. 임원이 되면 대의원일 때와 달라지는 것이 많은데, 특히 책임에 대한 중압감이 큽니다. 그리고 임원으로서의 언행이 달라져야 할 텐데 특별히 주의해야 할 사항은 무엇입니까?

A 임원은 농협의 경영지배구조를 구성하는 사람입니다. 경영지배구조란 다른 말로 경영의 실질적 지배자이며 집행자이고 경영 결과의 책임을

모두 담당하는 사람이라는 뜻입니다. 경영지배구조를 구성하는 임원은 조합장, 이사, 감사가 모두 포함되며, 상임과 비상임의 구분이 없습니다.

그 때문에 임원은 농협의 조직과 운영, 사업에서 가장 중요한 사람이고 그 권한과 책임도 가장 무거운 사람이며, 농협의 현재와 미래의 얼굴이기도 합니다. 그러므로 임원은 과거 조합원이나 대의원 시절과는 언행과 몸가짐, 마음가짐이 모두 달라져야 하는 것은 당연합니다.

첫째, 농협의 경영에 대한 책임과 의무를 깊이 인식하고 항상 연구하고 학습하며 새로운 정보를 받아들이고 어떤 과제에 대해 깊이 성찰하는 자세를 가져야 합니다.

둘째, 조합의 신용과 사업, 조직, 임직원의 사기와 열정을 보호하는 데 최선의 노력을 다하여야 합니다. 특히 경솔한 언행으로 조합의 사업 추진 열기를 손상하는 사례가 없도록 조심하여야 합니다.

셋째, 조합의 시설과 인원을 보호하여야 합니다. 조합의 재산이나 시설 중에는 추상적인 재산, 무형의 자산이 여러 가지가 있고, 임직원과 종사자는 조합원에 대한 농협의 봉사의지와 정신을 현장에서 구현하는 사람임을 명심하여 임원이 그것을 보호하여야 합니다.

넷째, 농협사업의 이용을 솔선수범하여야 합니다. 농협은 참여와 이용을 통해 성장·발전하는 조직체입니다. 적어도 임원은 라면 1개라도 집 앞의 상점이 아니라 멀리 떨어진 농협 하나로마트에서 산다는 것을 조합원에게 보여주고 조합원에게도 권유해야 합니다.

다섯째, 농협 경영과 관련한 정보와 자료의 수집에 열성을 가져야 하고 회의에서는 성실한 자세로 자신의 모든 지식과 경험을 모두 제공해 주어 올바른 의사결정이 되도록 하여야 합니다.

여섯째, 공(公)과 사(私)의 엄격한 구분과 함께 개인의 이익보다 조합의 이익을 우선하는 선공후사(先公後私)의 원칙을 엄격히 지키고, 사생활에서도 조합원의 모범이 되어야 합니다.

일곱째, 신중하고 품위 있는 언행으로 직원들의 존경을 받고 조합원의 모범이 되어야 합니다. 임원은 조합의 경영을 책임질 뿐 아니라 대외적으로 조합을 대표하기 때문입니다.

201 가족이 사업 이용을 임원 명의로 하였을 경우의 효력은?

Q 임원의 자격과 결격 사유가 법률과 정관으로 정해져 있습니다. 그중에서 '사업 이용실적' 중 경제사업 이용에 있어서 임원의 동생이 임원 명의로 경제사업을 이용하여 그 실적으로 임원 자격을 유지하고 있을 경우 임원의 자격에 하자가 생기는 것이 아닌지요?

A 농협 임원의 결격 사유는 법률에 정한 바에 따르고 있습니다. (법 제49조 제1항)

결격 사유에 저촉되는 사람은 임원이 될 수 없고, 임원이 되었다고 하더라도 결격 사유가 발생하거나 발견되었을 경우에 자연퇴직 됩니다. (법 제49조 제2항)

농협법과 지역농협 정관에는 총 12개의 임원 결격 사유가 명시되어 있는데, 농협법의 11번째, 정관의 12번째에 '선거일 공고일 현재 소속 농협의 정관에서 정하는 일정 규모 이상의 사업이용 실적이 없는 사람'

이 결격 사유로 규정되어 있습니다.

'선거일 공고일 현재 소속 농협의 정관에서 정하는 일정 규모 이상의 사업이용 실적이 없는 사람'(법 제49조, 정관 제56조)은 임원의 결격 사유에 해당합니다. 이 결격 사유를 둔 이유는 조합사업에 참여하지 않는 조합원은 임원이 될 수 없게 하여 임원의 신뢰도를 확보하고 조합의 의사결정이 조합원의 실익을 위하는 방향으로 이루어지도록 유도하기 위한 것이며, 사업 이용실적의 기준은 조합별로 정관에 그 금액을 정하도록 하고 있습니다.

그런데 이 사업 이용실적을 계산, 집계함에 있어서 해당되는 사람의 이름으로 거래된 금액을 모두 다 포함해야 하는지, 혹은 그 이용금액이 해당 인사의 농사나 생활에 모두 쓰이는 것인지를 확인하여야 하는지의 문제가 제기된 것으로 보입니다. 즉 조합의 경제사업을 이용함에 있어 임원의 동생이 임원 명의로 구입한 것을 해당 임원의 실적으로 볼 수 있는가 하는 것인데, 이에 대하여 농협법과 정관에는 앞에 예시하고 설명한 내용만 명시되어 있고 조합 이용실적의 판단이나 판별에 관한 내용은 명시되어 있지 않습니다.

그러므로 조합사업 이용실적 해당액, 즉 임원의 동생이 임원 명의로 구입한 구매품이 실제로 임원의 농사에 쓰이는 것인지, 또 임원 명의로 출하한 판매품이 해당 임원이 직접 생산한 것인지는 문제 삼지 않습니다. 이는 '임원의 결격 사유는 법률로만 규제가 가능'한데, 법률에 그러한 규제조항이 없으므로 규제나 문제 삼을 수 없고, 법률을 확대해석하거나 유추해석 하는 일은 위법한 행위로서 효력이 없기 때문입니다.

또한 실제로 농업경영 현장에서는 영농자재의 구입과 운반, 조달을 경영자가 직접 하는 경우도 있지만, 경영자가 아닌 가족이나 근로자가 경영자를 대신하여 할 수 있으며, 판매품의 출하 역시 마찬가지이기 때문이며 이에 대한 규제나 실명 확인은 법률적으로 근거가 없고 현실적으로 의미가 없는 행위입니다. 즉 임원의 가족이나 동생, 혹은 제3자가 임원 명의로 조합사업을 이용한 경우 그 사업 이용금액이 해당 임원의 사업 이용실적으로 계상(計上)되는 것이고, 그러한 계산은 정당한 것으로서 법률상 문제가 없습니다.

202 임원 해임 사유는 구체적으로 어떤 것입니까?

Q 임원의 해임 절차는 이제 누구나 잘 알게 되었습니다. 그런데 특별한 문제가 없고 물의를 일으킨 일도 없는 임원을 해임하려니 여러 가지 생각이 납니다. 해임 사유를 명확히 하지 않으면 후일 재판을 통해 부활하게 될 것 같습니다.

A 농협법에는 임원의 해임 절차에 대한 부분이 상세히 규정되어 있지만(법 제54조), '해임 사유'에 대하여는 명시된 사항이 없습니다. 오직 해임 대상 임원에 대하여 해임 의결을 함에 있어서 해임 요구이유를 서면으로 해임 의결일 7일 전까지 통지하도록 하고, 해임을 의결하는 총회에서 의견을 진술할 기회를 주도록 하는 것뿐입니다.

이는 농협과 임원은 위임계약관계이며, 위임계약은 위임자가 언제든지 해지가 가능한(민법 제689조) 것이기 때문입니다. 그리고 위임계약의 해지로 인하여 수임인인 해직 임원이 손해를 입었다는 이유로 소송을 할 수 없고, 단지 적당한 시기에 해임되었더라면 많은 이익을 얻을 수 있었다는 것을 이유로 손해배상청구소송을 할 수 있습니다. (민법 제689조) 그러나 이러한 조건의 소송에서는 해직된 임원이 승소하는 것은 불가능에 가까운 일입니다.

※ 위임계약

당사자 일방(위임인)이 상대방(수임인)에 대하여 사무의 처리를 위탁하고 상대방이 이를 승낙함으로써 성립하는 계약을 말한다. (민법 제680조) 노무공급계약(勞務供給契約)의 일종이지만, 일정한 사무의 처리라고 하는 통일된 노무를 목적으로 하는 점에 특색이 있다. 따라서 수임인(受任人)은 일정한 범위에서 자유재량의 여지가 있고, 위임인과의 사이에 일종의 신임관계가 성립한다. 사무는 법률행위인 것과 그렇지 않은 것이 있다. 법률행위를 위임하는 경우에는 대리권의 수여를 수반하는 경우가 많다.

위임은 무상을 원칙으로 한다. 그러나 특히 유상의 약속을 하여도 상관없다. (민법 제686조) 이뿐만 아니라 오늘날에 있어서는 특히 명시의 약속을 하지 아니하더라도 관습이나 묵시의 의사표시에 의하여 유상의 위임이라고 인정해야 할 경우가 적지 않다. 예컨대 변호사에게 사건을 위임하는 것 등은 특히 그러하다. 위임이 무상이면 편무계약이고, 유상이면 쌍무계약이다. 두 가지 모두 낙성계약이다. 수임인은 선량한 관리자의 주의로 위임사무를 처리해야 할 의무가 있다. (민법 제681조) 또 수임인은 이 기본적인 의무 때문에 다음과 같은 부수의무를 부담한다. ① 위임인의 청구에 의하여 위임사무처리의 상황 및 위임이 종료한 때의 전말을 보고하는 의무(민법 제683조) ② 위임사무의 처리로 인하여 받은 금전 기타의 물건 및 수취한 과실을 인도하는 의무(민법 제684조 1항) ③ 위임인을 위하여 자기의 명의로 (대리에 의하지 않고) 취득한 권리를 이전하는 의무(민법 제684조 2항)가 그 예이다. 이때 대리권을 수반하는 때에는 위임인의 명의로 법률행위를 하고 권리는 당연히 위임인에게 직접 귀속하므로 이전의 필요가 없다. ④ 위임인에게 인도할 금전 또는 위임인의 이익을 위하여 사용할 금전을 자기를 위하여 소비한 경우의 이자지급 및 손해배상의무(민법 제685조) 등이 이에 해당한다.

위임인은 일반적으로 보수지급의무를 부담하지 않지만, 그 밖에 있어서는 위임으로 수임인에게 어떤 손해도 입히지 않도록 해줄 의무가 있다. 즉 다음과 같은 의무를 부담한다. ① 비용선급의무(민법 제687조) ② 수임인이 위임사무의 처리에 관하여 필요비를 지출한 경우의 비용 및 이자의 상환의무(민법 제688조 1항) ③ 수임인이 위임사무의 처리에 필요한 채무를 부담한 경우의 채무변제의무와 담보제공의무(민법 제688조 2항) ④ 수임인이 위임사무의 처리를 위하여 과실 없이 손해를 받은 경우의 무과실배상의무(민법 제688조 3항) 등이 이에 해당한다.

특히 보수지급의무를 부담하는 경우에는 후급을 원칙으로 하고(민법 제686조 2항 본문), 기간으로 보수를 정한 때에는 그 기간의 경과 후에 지급할 수 있다. (민법 제686조 2항 단서) 또 수임인의 책임 없는 사유로 인하여 위임이 종료된 때에는 이미 처리한 사무의 비율에 따른 보수를 지급할 수 있다. (민법 제686조 3항) 위임의 종료 원인으로 다음의 4가지가 있다. ① 위임계약은 각 당사자가 언제든지 해지할 수 있고(민법 제689조 1항) ② 당사자 일방의 사망(민법 제690조) ③ 당사자 일방의 파산(민법 제690조) ④ 수임인의 성년후견개시의 심판(민법 제690조)이 이에 해당한다.

203 임원해임요구권은?

Q '임원해임요구권'은 무엇이고 그 발동 요건은 어떤 것입니까?

A 조합의 임원은 조합원으로부터 조합의 경영 권한을 위임받았으므로 조합의 발전과 조합원의 이익을 위해 성실하고 부지런하게 일하여 조합원의 기대를 만족시켜야 하는 의무가 있습니다. 그런데 조합 임원이 임원에게 부여된 임무를 소홀히 하거나 임무를 위반한 경우에 조합원은 그 임원에 대하여 해임을 요구할 수 있습니다. (법 제54조)

조합원이 해임을 요구할 수 있는 임원은 조합장, 이사, 감사입니다. '임원해임요구권'은 문제가 있는 해당 임원에게 사임을 요구하는 것이 아니라, 임원을 해임할 권한이 있는 기관인 총회 또는 대의원회, 이사회에 해임 의결을 할 것을 요구하는 것이고, 그 결정은 권한이 있는 총회에서 의결하게 됩니다.

해임할 권한이 여럿인 이유는 각각의 임원별로 선출된 경위가 다를 경우 그 선출된 의결기관에서 해임을 의결할 수 있기 때문입니다. 총회에서 선출한 임원은 조합원 1/5 이상 동의로 해임을 요구하고, 총회에서는 조합원 과반수 출석에 출석자 2/3 이상의 찬성으로 의결합니다.

조합원이 직접 선출한 조합장의 경우는 조합원 1/5 이상의 동의로 해임 결의를 요구하고, 총회를 갈음하여 조합원 투표로 해임을 결정할 수 있습니다.

또 직선 조합장은 대의원회에서 의결한 후 조합원 투표로 해임을 결정할 수 있습니다. 이때 대의원회 의결은 특별결의라야 하고 조합원 투표 시 정족수는 과반수 투표와 투표자 과반수의 찬성으로 의결합니다. 대의원회에서 선출한 임원은 대의원 1/3 이상이 해임 요구를 하면 대의원 과반수 출석과 출석 대의원 2/3 이상의 찬성으로 의결합니다.

이사회에서 선출한 조합장의 경우에는 이사회가 특별결의로 해임을 요구하고 총회에서 특별결의로 해임을 의결합니다. 이 요구는 조합장이나 이사 개인을 대상으로 할 수도 있지만, 전원을 일시에 대상으로 할 수도 있습니다.

그리고 조합원은 임원의 해임 의결을 청구하는 것이지 해임을 바로 청구하는 것은 아닙니다. 해임이 의결되면 해당 임원은 퇴직하지만, 부결되면 임원의 지위가 유지됩니다. 해임의 효력 발생에 대한 별도의 명문 규정은 없으나 해당 임원에게 고지되면 즉시 효력이 발생한다고 보며, 상대방의 승낙이나 동의는 필요하지 않습니다.

204 임원의 직무정지, 직무대행, 가처분신청권이란?

Q 임원의 직무정지, 직무대행자 선임, 가처분신청 등의 조치를 해야 하는데 그 법적인 요건과 절차를 알 수 없습니다. 요건은 무엇이며 어떻게 하는 것입니까?

A '임원선임결의무효 확인소송'이나 '임원선출결의취소 청구소송' 혹은 '임원해임의 소(訴)'가 제기된 경우에 그 재판이 끝나서 판결이 확정되려면 오랜 시간이 걸리며 그때까지 그 임원에게 계속 조합의 경영이나 직무를 맡기는 것이 적당하지 않다고 생각하게 됩니다.

그럴 경우 법원은 당사자의 '임원직무정지 가처분신청'으로 임원의 직무집행을 정지할 수 있고, 또 직무대행을 선임할 수 있으며, 조합원은 이러한 조치를 신청할 수 있습니다. (법 제55조, 상법 제407조)

이러한 가처분을 신청할 수 있는 사람은 본안소송의 원고입니다.

'임원선임결의무효 확인소송'의 경우에는(상법 제380조) 원고의 자격에 제한이 없으므로 조합원은 누구든지 원고가 될 수 있는 단독조합원권입니다. 또한 총회의 '임원선출결의취소 청구소송'인 경우에는 조합원과 이사, 감사가 원고가 될 수 있으며 역시 단독조합원권입니다. (상법 제376조) 그러나 '이사에 대한 해임청구의 소'(상법 제385조)인 경우에는 원고가 될 수 있는 사람은 일정한 숫자를 확보해야 하는 소수조합원권입니다.

'가처분'을 신청할 수 있는 시기는 소가 제기된 후에 하는 것이 원칙이지만, 급박한 사정이 있는 경우에는 소송제기 전에도 가능합니다.

(상법 제407조) 급박한 사정이란 해당 임원이 집무를 계속 집행하는 경우에 조합에 재산상의 손실 발생이 우려되는 경우를 말합니다.

그리고 이러한 요건이 아니더라도 민사소송법에 의하여 '임시의 지위를 정하는 가처분'으로 임원의 직무집행 정지와 직무대행자 선임을 신청할 수 있습니다. (민사집행법 제384조)

가처분에 의해 직무대행자로 선임된 사람은 가처분명령에 별도로 명시되는 권한이 있거나 법원의 허가를 받은 경우가 아니면 일상 업무에 속하는 행위만을 할 수 있습니다. (법 제55조)

구체적으로 정기총회의 소집은 할 수 있으나 임시총회의 소집은 할 수 없습니다. 그렇지만 직무대행자가 일상 업무 이외의 행위를 한 경우에도 조합은 선의의 제3자에게 책임을 져야 합니다. (법 제55조)

가처분에 의한 직무대행자의 권한은 법원의 취소나 종료 판결이 있을 때까지 존속합니다.

205 임원유지청구권이란?

Q '임원유지청구권'이라는 용어의 뜻을 알 수가 없고, 명확하게 설명하는 사람도 없습니다.

A 유지(留止)라는 용어를 국어사전에서 찾을 수 없고, 일상생활에서도 쓰지 않으며, 오직 회사법에서만 사용하는 용어인 관계로 그 설명이 어려운 까닭에 먼저 회사법 관련 사항을 소개합니다.

'임원유지청구권'이란 회사의 이사나 회사가 법령 또는 정관에 위반한 행위를 하여 손해나 불이익이 생길 염려가 있는 때에 주주가 사전에 그러한 행위를 유지(留止, 중지)할 것을 청구하는 권리입니다. 영미법의 금지명령(injunction) 제도를 모방하여, 현행 상법이 그것을 실체법상의 권리로 인정하고 있습니다. 이에는 회사를 위하여 인정되는 것과 주주를 위하여 인정되는 것의 두 가지가 있으며 그 내용은 다음과 같습니다.

> ① '회사를 위하여 인정되는 것'은 이사가 법령 또는 정관에 위반하는 행위를 함으로써 회사에 회복할 수 없는 손해가 생길 우려가 있는 경우에, 감사 또는 발행주식총수의 100분의 1 이상에 해당하는 주식을 가진 주주가 그 이사에 대하여 사전에 그 행위의 유지를 청구할 수 있는 권리이다. (상법 제402조)
>
> ② '주주를 위하여 인정되는 것'은 회사가 법령·정관에 위반하거나 또는 현저하게 불공평한 방법에 의하여 주식을 발행함으로써 주주가 불이익을 받을 염려가 있는 경우, 그 주주가 회사에 대하여 그 발행의 유지를 청구할 수 있는 권리이다. (상법 제424조)
> 유지청구권은 실제상 소(訴)로써 행하여지나, 반드시 소로써 하여야 하는 것은 아니다. 그리고 이 청구권을 부정하게 행사한 때에는 형벌의 제재가 있다. (상법 제631조 1항 3호)

　농협법에서의 유지청구권은 업무집행권을 갖는 임원이 법령이나 정관에 위배하는 행위를 함으로 인하여 소속 농협에 회복할 수 없는 손해가 생길 염려가 있을 경우에 조합원이 소속 농협을 위하여 당해 임원에게 그 행위를 중지할 것을 청구할 수 있는 권리입니다. (법 제55조)

　이런 권리를 조합원에게 부여하는 이유는 만약 조합 집행부가 심각한 위법으로 조합에 손해를 입히는 것을 알았을 때 조합원 개인으로서는 그것을 막을 방법이 없고, 후일 그 손해를 해당 임원 개인에게 변상시킨다고 하더라도 손해를 완전히 배상받을 수 없으며, 당초에 그러한 불법을 저지르지 않도록 하는 것이 더 낫기 때문입니다.

유지청구의 대상은 업무집행권이 있으면서 법령과 정관에 위반되는 행위를 하는 임원입니다. 유지청구는 조합원 100인, 또는 조합원의 1/100 이상의 동의를 얻은 조합원이나 조합 감사가 청구할 수 있습니다. 조합에 회복할 수 없는 손해가 예상되는 경우란 손해의 발생이 확실히 예견되는 경우는 물론이고 회복이 매우 곤란한 경우도 포함되는 것입니다. 예를 들어 지금 업무를 집행하는 임원의 재력으로는 업무로 인한 조합 손실을 회복할 변상 능력이 없는 경우도 포함된다고 보는 것입니다.

206 대표소송제기권이란?

Q '대표소송제기권'이란 누가, 무엇을 위하여, 어떤 소송을 제기하는 것입니까?

A 농협법의 '대표소송제기권'은 조합원이 소속 농협을 위해 임원의 농협에 대한 책임을 추궁하는 소송을 제기할 수 있는 권리입니다. 임원에 대한 유지청구권이 위법행위의 예방이나 진행, 손해 확대를 막기 위한 예방적 성격의 조치인데, 대표소송제기권은 임원의 행위에 대해 사후적으로 책임을 추궁하기 위한 제도인 것입니다.

대표소송을 제기할 수 있는 사람은 조합원 100인, 또는 조합원 1/100 이상의 동의를 얻은 조합원입니다. 이때 조합원 1/100을 대의원의 동의를 받으면서 대의원 정원의 1/100로 하면 안 되고 반드시 전체 조합원 총수의 1/100로 하여야 합니다.

이 소송은 조합원 대표가 하는 것이 아니라, 조합원 대표는 요건을 갖추어 조합에 임원의 책임을 추궁할 소의 제기를 요청하도록 되어 있으며, 조합에서는 감사가 소송을 제기하여야 합니다.

이때 감사는 소를 제기할 것인지 판단하거나 결정할 수 없으며 요구가 있으면 반드시 소를 제기하여야 합니다. 만약 감사가 조합원의 청구를 받은 날로부터 30일 이내에 소를 제기하지 않으면 조합원 대표가 법원에 소를 직접 제기할 수 있습니다.

※ 상법상의 대표소송

'대표소송'이란, 회사가 이사의 책임을 추궁하는 소(訴)를 제기하지 아니할 경우에 개개의 주주가 회사에 갈음하여 제기하는 소를 말한다. 전래소송(傳來訴訟)·파생소송(派生訴訟)·대위소송(代位訴訟)이라고도 하는데, 대표소송을 제기할 수 있는 것은 발행주식의 총수의 100분의 1 이상에 해당하는 주식을 가진 주주이다. 소 제기의 요건으로는 일반적인 경우 ① 회사가 이사에 대한 책임추궁의 소를 제기하지 않을 것 ② 회사에 대하여 서면으로 이사의 책임을 추궁할 것을 청구할 것 ③ 회사가 위의 청구를 받은 날로부터 30일 이내에 소를 제기하지 않을 것 등이다. 다만, 긴급한 경우, 즉 30일의 기간을 기다림으로써 회사에 회복할 수 없는 손해가 생길 염려가 있는 경우에는 그 기간을 기다리지 않고 곧 소를 제기할 수 있다. (상법 제403조 4항)

판결의 결과, 원고가 승소한 경우에는 그 주주는 회사에 대하여 소송 비용 이외의 소송으로 인한 실비액(實費額)의 범위 내에서 상당한 금액의 지급을 청구할 수 있으며, 패소한 때에는 악의(惡意)인 경우 외에는 비록 과실이 있다 하더라도 회사에 대하여 손해배상의 책임을 지지 않도록 규정하고 있다. (제405조) 대표소송제도는 발기인(發起人)·감사(監事)·청산인(淸算人)에게도 인정되며, 유한(有限)회사에서도 인정된다. (제565조)

207 임원 선거를 무효화할 수 있는 방법은?

Q 임원 선거에 심각한 문제가 있습니다. 이 임원 선거를 무효로 하고 싶은데, 어떤 방법이 있습니까?

A 선거 과정에서 발생한 문제의 구체적인 내용과 성격에 따라 선거무효나 당선무효 등의 결과를 가져올 것인지 여부를 판단할 수 있습니다.

첫 번째로, 선거에 심각한 문제가 있었다면 그 선거를 관리한 '선거관리위원회'에 이의를 신청하는 방법이 있습니다.

두 번째는 '농림축산식품부장관'에게 그 내용을 상세히, 증거를 첨부하여 보고하고 일정한 숫자의 조합원 동의를 받아서 총회결의취소나 임원개선명령 등 적절한 조치를 요청하는 방법이 있습니다.

세 번째, '법원'에 임원선거무효확인 청구소송을 제기하는 방법이 있습니다.

네 번째는 임원 선거의 심각한 문제가 선거 범죄라면 '수사기관'에 고발하여 형사소추를 통해 선거법이나 농협법의 무효 규정에 따라 임원 선거를 무효화하는 방법이 있습니다.

208 임원의 종임 사유와 종임 시기는?

Q 임원의 종임 사유와 종임 시기는 어떻게 됩니까?

A 임원의 종임(終任)이란 임원의 직무를 마치는 것이며, 그 사유는 1. 임기 만료 2. 사임 3. 해임 4. 법원의 판결 5. 임원개선명령이나 조치 요구에 의한 임원 개선(改選) 6. 임원의 결격 사유나 자격 요건 저촉 7. 사망 8. 조합 해산·청산 등입니다.

'임기가 만료되는 경우' 임기만료일은 임기기산일 해당일의 전일입니다. 즉 4월 15일이 임기기산일이었으면 임기만료일은 4월 14일이 되고, 만약 2월 29일이 임기만료일인데 그해 2월이 28일까지뿐일 때, 임기는 2월 28일에 만료됩니다. 임기만료일이 공휴일이면 공휴일 다음 근무일에 만료가 되는 것이 아니라 공휴일에 임기가 만료됩니다.

'사임(辭任)'의 경우 임원은 특별한 사유가 없는 한 조합에 사임 의사를 통지함으로써 사임할 수 있으며, 조합의 승낙에 관계없이 사임이 이루어집니다. 사임은 구두나 서면이나 가리지 않고 확실한 본인의 의사표시이면 충분하지만 실무적으로는 서면의 사직서를 받아 그 증거로 삼고 있습니다.

사임은 사임의 명확한 의사 표시가 조합에 도달한 때 사임의 효력이 발생합니다. 그리고 농협이 경영적으로 매우 불리한 시기에 임원이 불가피한 사유가 없음에도 사임을 하여 조합이 손해를 입었을 때에는 사임한 임원이 손해를 배상하여야 합니다.

'해임(解任)'은 조합원이 총회나 대의원회 등에서 임원의 해임을 의결하면 해임이 되는데, 총회, 대의원회, 이사회 등 임원을 선출했던 기관에서 해임을 의결하도록 하고 있으며, 해임 의결 사실이 당사자에게 통지된 때 해임의 효력이 발생합니다. '법원의 판결'에 의하여 해임이 확정된 경우 그 판결이 해당 임원에게 송달되면 그때 해임됩니다.

'결격 사유와 자격 요건에 저촉되어 퇴직(退職)'하는 경우는 법률에 정한 임원의 결격 사유가 발견되거나 발생한 때 해당 임원은 당연퇴직됩니다. 이 밖의 종임 사유는 사망, 제명, 임원 개선(改選), 조합 해산과 청산 등이 있습니다.

209 임원의 사임과 해임의 차이는?

Q 임원이 사임하는 경우와 해임되는 경우 차이가 많다고 하는데 어떻게 다릅니까?

A '사임'과 '해임'은 다 같이 임원의 직에서 물러나는 것이지만, 그 원인에서 차이가 있습니다. '사임'은 임원의 임기가 아직 남아 있는 경우, 또 건강이나 판단력에 별문제가 없음에도 스스로 물러나는 경우 등 임원이 자기의 결정에 의해 임기 도중에 스스로 물러나는 것을 가리킵니다. '해임'은 임원이 물러날 뜻을 밝히지 않았음에도 당사자의 의사에 반하여 강제로 임원의 직위를 박탈하고 임원직에서 물러나게 하는 것입니다.

이렇게 그 원인이 다르므로 사임의 경우에는 '종임 시 선처의무'가 부여되어 후임자가 취임할 때까지 임원의 권리와 의무를 계속하도록 하지만, 해임된 경우에는 그러한 의무를 지우지 않고 해임 결정 즉시 임원의 직에서 벗어나게 합니다.

210 임원사임서의 효력은?

Q 임원 한 분이 임원간담회 직후 임원사임서를 직원인 기획팀장에게 제출하고 사임의사를 공개적으로 표시한 사실이 있습니다. 그런데 몇 시간 후 그 임원은 "다음에 정식으로 조합장에게 사임서를 제출하겠다"고 하며 기획팀장으로부터 사임서를 반환받아 갔고, 그 이후 사임에 대하여 의사표현을 하지 않고 있습니다.

이에 일부 대의원과 임원들은 '사임의 의사표시만으로 사임이 확정된 것이므로 임원 보궐선거 절차에 들어가야 한다'고 주장하고, 다른 일부 대의원은 '법률적인 판단을 확실하게 받아서 처리하여야 한다'고 하는데, 올바른 판단은 무엇입니까?

A 농협 임원이 임원의 직에서 퇴임(退任)하는 것을 종임(終任)이라고 하며, 종임의 사유는 보통 8가지가 있습니다. 1. 임기 만료 2. 사임(辭任) 3. 해임(解任) 4. 법원의 판결 5. 임원개선명령, 조치 요구에 따른 개선(改選) 6. 임원의 결격 사유나 자격 요건 저촉 7. 사망 8. 조합의 해산, 청산 종료 등입니다.

이러한 여러 가지 종임의 형태 중에서 '사임'의 경우에는 임원이 스스로 임원의 직무에서 벗어나겠다는 '사임의 의사표시'를 한 경우이고, 나머지 다른 경우는 모두 '자신의 의사와 무관하게 임원의 직에서 벗어나는 것'입니다. 임원이 사임을 하면 종임됩니다. 임원은 소속 농협과 위임계약관계에 있으므로 별도의 특별한 약정이 없는 한 언제나 '사임의 의사를 통지'함으로써 사임하게 됩니다. (민법 제689조 제1항)

임원의 위임계약관계는 임원에 취임함으로써 성립하는 것이고(상법 제382조 제2항), 사임은 해당 임원이 사임의 의사표시를 함으로써 성립하는 것입니다. (민법 제689조)

사임의 의사표시는 '상대방(조합)이 있는 의사표시'의 단독행위로서 조합의 승낙 없이 그 의사표시는 효력이 발생합니다. 따라서 사임은 농협의 사표수리 절차나 내부 결재, 보고 등의 절차와 관계없이 확정되며, 임원에게 업무를 위임하였던 법인(농협)은 임원의 사임의사를 거절할 수 없습니다. 그러므로 임원의 사임 선언, 또는 사임의 의사표시로서 조합과의 위임계약은 바로 해지되는 것이며, 위임계약의 해지는 곧 해당 임원의 종임이 됩니다.

사임의 의사표시, 즉 위임계약의 해지 의사표시는 특별한 절차나 형식이 있는 것이 아니고 구두(口頭)나 서면(書面)이나 이메일, 문자메시지 등 모든 표현 방법과 통신수단이 다 유효합니다. (2010. 6. 10 서울행정법원 행정12부 판결, 재판장 장상균) 즉 사임의 의사표시는 '사직서'나 '사임서' '사임원'이라는 제목이 붙은 서면으로만 하는 것이 아니라 제3자가 사임의 의사를 이해, 확인할 수 있는 방식이면 어떤 형태이든지 모두 유효하다고 하는 것입니다.

농협에는 임원의 일방적인 사임의사 표시, 즉 위임계약 해지를 제한하는 법률이 없으며, 관련한 약정이나 특약도 없으므로 임원의 사임은 구두, 전화, 서면, 이메일 등 통신수단을 통하여 사임의사가 농협에 도달하면 그 의사표시가 조합에 도달한 순간 사임이 확정되는 것입니다. 이는 사임의 의사표시가 법률적으로 '상대방 있는 단독행위'이므로 그 의사표시가 '상대방에 도달함과 동시에 효력이 발생'하는 것이기 때문입니다. (대법원 판례 대법원 2009. 5. 14 2008도11040호 판결)

사임의 의사표시가 '조합에 도달하는 것'은 담당 직원 또는 담당 직원에게 전달할 의무가 있는 직원이나 임원에게 구두로 사임의 의사를 표시하거나 사임서를 제출하면 즉시 효력이 발생하는 것이므로, 그 후에 사임서를 반환받아 가거나 사임의 의사를 철회한다고 하더라도 사임의사의 철회나 취소는 인정되지 않습니다. (민법 제543조 제2항)

즉 사임의 의사가 조합에 전달되었다면, 혹은 조합의 직원이 그 뜻을 이해하거나 접수하였다면 사임의 효력이 발생한 것이고 사임의 효력이 발생한 이후에는 사임의사를 철회할 수 없는 것이며, 철회를 주장하더라도 그 철회주장은 효력이 없습니다. (대법원 1991. 5. 10 90다10247호 판결)

사임서가 조합 내부의 결재 절차나 보고 절차, 공람 절차를 밟지 않았다고 하더라도 사임의사의 도달(직원의 접수)로서 이미 효력이 발생한 것이므로 조합의 내부 결재 절차나 승낙이 있어야 하는 것은 아닙니다. (대법원 1992. 7. 24 92다749호 판결 민사법인의 판례)

따라서 사임서의 반환이나 철회, 사표반려 등은 모두 위법하고 변칙적인 업무처리이고, 사임의 효력에는 변함이 없으며 사임서 제출 시 사임이 완성된 것입니다.

또 사임의 의사표시는 번복(飜覆)할 수 없으며(민법 제543조 제2항), 사임서나 사직서를 반환받아 갔다든가, 사임의 의사를 철회하였다는 주장은 법률적으로 성립할 수 없습니다. 사임의 의사를 표명하여 사임된 임원이 사임 사실을 부정(否定)하는 경우가 있지만, 한 번 사임서를 조합에 제출했던 임원은 이미 종임된 것이므로 퇴임한 임원의 주장이라고 간주하고 그에 맞추어 대응하면 됩니다.

Q 이사회에서 의견이 첨예하게 대립하자 감정까지 격앙되어 결국 조합장이 사회권을 포기하고 조합장을 사퇴하겠다며 퇴장했습니다. 이에 이사들이 조합장의 사임과 유고로 간주하고 직무대행을 지명하였는데, 이러한 경우 어떻게 수습합니까?

A 원칙적으로는 조합장의 사임은 그 의사표시만으로 성립합니다.

그런데 이사회 회의 진행 과정상의 갈등 때문에 조합장 사퇴를 거론했다면 이는 사퇴의 진정한 의사표시라 할 수 없고, 조합장 직무수행의 어려움과 갈등에 대한 분노감정을 극단적으로 표현한 것으로 보아야 할 것입니다.

즉 조합장이 진정으로 조합장직을 사임하기로 하였다면 즉시 사임서를 이사회에 제출하고, 사임에 부수되는 여러 가지 조치를 하며, 사임 표명이 진정한 의사표시임을 설명하였을 것입니다. 그렇지만 진정한 사임의 의사가 아닌 분노나 탄식의 표출이었다면, 표현상의 형식과 내용은 비슷하여 사임의 의사표시와 혼동할 만했다고 하더라도 진정한 사임의사 표명으로 보거나 사임의사로 볼 수 없으므로 사임의 의사표시로 접수하여서는 안 될 것입니다.

이는 우리나라의 언어습관이 극단적인 표현을 너무나 쉽게 하는 점 때문에 일어나는 현상이기도 합니다. 예컨대 조금만 힘들고 춥거나 더워도 곧 '죽겠다'는 말을 누구나 쉽게 하고 사소한 말다툼에서도 '죽인다'든가 '죽는다'는 말이 마구 튀어나오며, 심지어 대통령까지 '대통령

못 해 먹겠다'고 하여 대통령직 사퇴 선언이나 하야 선언이라도 하는 줄 알고 무척 놀랐던 추억이 있을 정도입니다.

그렇더라도 조합장이 사임 발언을 한 것은 매우 경솔하고 가벼운 처신으로서 문제가 많다고 하겠지만, 그러한 발언의 배경과 과정을 잘 알면서 그것을 그대로 접수하여 조합장 사임과 조합장직 유고로 간주하여 직무대행을 선임하려 한 이사들의 행동도 역시 문제가 크다고 하겠습니다. 따라서 이러한 상황은 '이사회의 정회'로 간주하여 일단 정회 처리하고 한두 시간 후에 다시 '속행'하여 새로운 분위기에서 주어진 안건을 심의하도록 하면 될 것입니다.

당일 회의 속행이 불가능하면 '산회'로 처리하고 다음에 다시 개회토록 하여 지난번의 회의 파탄에 대해 당사자 모두가 반성하고 다시 회의를 진행하는 것이 올바른 자세라 할 것입니다. 회의 도중 의견이 상충되고 대립이 일어나는 일은 이해할 수 있는 일이지만, 임원 간의 감정 대립을 해소하지 못하여 극한 대립을 하거나 대화와 토론으로 문제를 해결하지 못한다면 누구의 책임인가를 따지기 전에 관련 임원 전원이 임원 자격이 없는 것이며, 이후 모든 임원은 품위와 절제, 신중한 언행을 명심하여 농협과 조합원에게 불안과 걱정을 끼치는 일이 없도록 각별히 주의하여야 할 것입니다.

212 임원의 일괄사표 시 법률문제

Q 임원의 사임은 각자 자신의 판단과 행위로써 이루어집니다. 그런데 가

꼼 임원의 다수가 집단사임을 하거나 일괄사표를 제출하는 경우가 있습니다. 이런 경우에 사임서의 효력에는 어떤 문제가 있습니까?

A 조합의 임원은 사임(辭任)에 의하여 종임(終任)됩니다.

임원은 소속 조합과 '위임계약관계'에 있으므로(법 제55조) 별도의 특약이 있지 않은 한, 언제든 사임의 의사를 통지하여 사임합니다. '사임의 의사표시'는 '상대방이 있는 단독행위'이므로 상대방의 동의나 승낙이 필요하지 않고 의사표시만으로 효력이 있는 것이므로 조합의 사임서 수리나 사임승낙 절차가 필요하지 않고, 조합은 사임의 의사표시를 거절하지 못합니다.

임원의 사임은 '임원이 조합에 대하여 위임계약관계의 해지를 통보하는 것'이며, 그 통지로서 '조합과 임원의 위임계약관계는 해지되는 것'이므로 위임계약관계의 해지로 인하여 종료되는 것이고, 자동적으로 임원은 종임(終任)됩니다.

그런데 임원의 사임이 개인적인 사정이나 판단에 따라서 개별적으로 이루어진 경우에는 별다른 문제가 없겠지만, 어떤 사태를 당하여 특정한 시기나 특수한 상황에서 '일괄사표'나 '집단사표'를 제출하고, 그 사표가 수리된 경우 '일괄사표의 효력'에 대하여 다툼이 생기는 경우도 있습니다.

이는 일괄하여 사표를 내거나 사임의사를 표명하는 경우, 강박이나 강요에 의한 것이거나 제출자가 실제로 사표를 제출할 의사가 없었는데 본인의 의사와 어긋나게 사표를 제출하였거나 사임의 뜻이 없음에도 외형상 사임 표명을 한 '비진의 의사표시(非眞意 意思表示)'인 경우를 가리키는 것입니다. '비진의 의사표시'의 경우라면 획일적으로 단정할 수 없고, 당시의 제반 상황을 참작하여 판단하여야 할 것입니다.

먼저 강압에 의한 의사표시, 즉 사임서를 낼 의향이 전혀 없었는데, 누군가 위협을 하거나 강권을 사용하거나 강제력을 발휘하여 어쩔 수 없이 사임서를 제출했다면 그 사임서는 무효가 될 것입니다. 그러한 경우, 사임서를 제출한 임원은 그 즉시 '강압에 의한 의사표시'임을 이유로 사임서의 무효를 주장하였어야 합니다. 주장을 할 만한 시간적인 여유가 있었고, 후속 절차의 진행 과정에서도 주장을 할 수 있었는데도 주장하지 않았다면 강압이 있었다고 볼 수 없을 것이므로 무효를 주장할 수 없습니다.

그러나 강압에 의한 의사표시가 아닌 일괄사표에 대하여 법원의 판례는 "일괄사표 제출은 사표수리에 의한 의원면직 처리를 진심으로 바라지는 않았다 하더라도, 그 직위에 다른 사람이 선임될 가능성이 높지만 경우에 따라서는 제출자의 사직원이 반려되어 그 직을 계속 유지하게 되거나 다른 직위로 선임될 가능성이 있기에 일단 사임의 의사표시를 하고 인사의 결과를 기다리는 것이 최선이라고 판단하여 스스로 사임의 의사표시를 한 것이라고 봄이 상당하여 진의에 의한 사표제출이라고 본다"고 하였습니다. (대법원 2002. 11. 8 2002다9295호)

즉 '진의 아닌 의사표시'에서 '진의'란 사임이라는 특정한 내용의 의사표시를 하고자 하는 '표의자(表意者, 사임의사를 표명한 이사)'의 생각을 말하는 것이지, 표의자가 진정으로 마음속에서 바라는 사항을 뜻하는 것이 아니라는 것입니다. 그러므로 표의자가 의사표시의 내용을 진정으로 마음속에서는 바라지 않았다고 하더라도 당시의 상황에서는 그것이 최선이었다고 판단하였든가 혹은 그렇게 행동할 수밖에 없었다고 하더라도, 일단 의사표시를 하였을 경우에는 이를 '진의 아닌 의사표시'라고 할 수 없다는 것입니다.

또 다른 판례가 있는데, "일괄사표를 제출하였다가 선별 수리하는 형식으로 의원면직되었다고 하더라도 일괄사표를 제출한 경우에 그 사직원의 제출 당시 임용권자에 의해 수리되거나 또는 반려되는 것 어느 하나의 방법으로 처리될 것임을 예측이 가능한 상태에서 사표가 제출된 것이고, 그 사직원에 따른 의원면직은 그 의사에 반하지 아니하고 비록 사직원 제출자의 내심의사가 사직할 뜻이 아니었다 하더라도 그 의사가 외부에 객관적으로 표시된 이상 그 의사는 표시된 대로 효력이 발생하는 것이다. 따라서 일괄사표를 근거로 하여 사표제출자를 의원면직 처리한 업무 결과는 정당한 것이다. 민법 제107조는 성질상 사인의 공법행위에 적용되지 않으므로 사직원 제출을 받아들여 의원면직한 것을 당연무효라고 할 수 없다"고 판시하였습니다. (대법원 1992. 8. 14 92누909호)

따라서 일괄사표의 제출 당시에 전체 분위기에 떠밀려 불가피하게 제출하였든, 사임의 목적이 아니라 다른 정치적인 의미로 사임의사를 표명하였든 일단 사임의 의사가 조합에 전달되었다면 그 의사표시가 진의가 아님을 즉시 스스로 증명하지 않는 한 사임은 유효한 것입니다.

213 임원의 결격 사유와 당연퇴직은?

Q 선출되어 집무 중인 임원에게 '임원의 결격 사유'가 발생하면 해임되는 것입니까?

Ⓐ조합원에 의해 선출되어 집무 중인 임원이 법률에 정한 결격 사유에 해당하게 되면 그 임원은 결격 사유가 발생한 시점에서 당연퇴직합니다. '당연퇴직'의 효력 발생은 당연퇴직 사유가 발생한 시점이므로 임원의 결격 사유가 발생한 시점입니다. 결격 사유로 인한 당연퇴직은 해임 의결 등의 절차가 필요하지 않으며, 결격 사유가 발생하면 그 순간에 퇴직의 효과가 즉시 발생하는 것입니다.

출자보유한도와 기간, 연체채무에 관한 임원의 결격 사유는 '현재의 시점'에서 판단합니다. 다른 자격 요건들은 선거공고일을 기준으로 하지만, 출자좌수와 연체는 선거기준일, 선거일, 취임일에 모두 요건을 만족하였더라도 집무 중인 지금, 바로 현재 그 요건에 저촉되면 즉시 퇴직이 되는 것입니다. 그런데 당연퇴직한 임원이 퇴직 전에 한 행위는 효력을 잃지 않습니다.

임원의 결격 사유는 다음과 같습니다. (법 제49조)

1. 대한민국 국민이 아닌 사람
2. 미성년자·금치산자 또는 한정치산자
3. 파산선고를 받고 복권되지 아니한 사람
4. 법원의 판결이나 다른 법률에 따라 자격이 상실되거나 정지된 사람
5. 금고 이상의 실형을 선고받고 그 집행이 끝나거나(집행이 끝난 것으로 보는 경우를 포함한다) 집행이 면제된 날부터 3년이 지나지 아니한 사람
6. 제164조 제1항이나 「신용협동조합법」 제84조에 규정된 개선(改選) 또는 징계면직의 처분을 받은 날부터 5년이 지나지 아니한 사람
7. 형의 집행유예 선고를 받고 그 유예기간 중에 있는 사람
8. 제172조 또는 「공공단체등 위탁선거에 관한 법률」 제58조(매수 및 이해유도죄)·제59조(기부행위의 금지·제한 등 위반죄)·제61조(허위사실공표죄)부터 제66조(각종 제한 규정 위반죄)까지에 규정된 죄를 범하여 벌금 100만 원 이상의 형을 선고받고 4년이 지나지 아니한 사람

9. 임원 선거에서 당선되었으나 제173조 제1항 제1호 또는 「공공단체등 위탁선거에 관한 법률」 제70조(위탁선거범죄로 인한 당선무효) 제1호에 따라 당선이 무효로 된 사람으로서 그 무효가 확정된 날부터 5년이 지나지 아니한 사람

10. 선거일 공고일 현재 해당 지역농협의 정관으로 정하는 출자좌수(出資座數) 이상의 납입 출자분을 2년 이상 계속 보유하고 있지 아니한 사람

11. 선거일 공고일 현재 해당 지역농협, 중앙회 또는 특정한 금융기관에 대하여 정관으로 정하는 금액과 기간을 초과하여 채무상환을 연체하고 있는 사람

214 임원이 재직 중 결격 사유에 저촉되면?

Q 임원의 자격 요건이 까다로운데, 선거철에만 자격 요건을 갖추려 하고 선거철이 지나면 곧 잊어버립니다. 그런데 재임 중에도 결격 사유에 해당되면 곤란하다고 하는데 그 정확한 내용이 무엇입니까?

A 임원의 결격 사유로서 법률에 명시된 사항은 모두 12가지가 있습니다. 결격 사유는 법률로써 정한 사항이므로 반드시 지켜야 하고, 위반하였을 경우 법률에 정한 내용에 따라 당연퇴직 되는 경우가 있고, 해임 결의가 되는 경우도 있습니다. 특히 출자좌수, 대출금 연체, 사업이용실적 등은 법률저촉 시 당연퇴직 됩니다.

농협법에는 조합의 경우 임원의 결격 사유 규정에 있어서 '결격 사유에 저촉되지 않아야 하는 기간'에 대하여 그 시점(始點)에 대한 명문화된 규정이 없습니다. 법에는 출자보유 관계, 연체채무 관계, 사업이용실적 관계 등에 대하여 '선거공고일 현재'라고 규정되어 있습니다.

그런데 조합 정관에서는 '선거공고일 현재'라고 하지 않고 '현재(現在)'라고 규정하고 있습니다. 현재란, 조사하는 시점, 바로 지금이라는 뜻인데, 이는 선거 과정에서는 결격 사유에 저촉되지 않았다고 하더라도 임원으로 재직하는 기간 안에도 항상 똑같은 기준을 유지하게 하려는 의도와 목적 때문입니다.

즉 농협의 임원은 높은 윤리성과 도덕성을 지녀야 하고, 농협운동과 조합의 사업에 적극적으로 참여할 뿐 아니라, 다른 조합원의 모범이 되어 솔선수범할 것을 요구하고 또 법률로써 강제하는 것입니다. 따라서 임원은 선거공고일 현재를 기준으로 할 때 당연히 결격 사유에 저촉되지 않아야 함은 물론, 임원의 임기개시일부터 임기만료일까지 결격 사유에 저촉되지 않아야 합니다.

사업이용실적 유지의무는 조합에서 '조합원인 임원'에게만 적용되고 '조합원이 아닌 임원(사외이사, 상임이사, 상임감사)'에게는 적용되지 않습니다. 이 결격 사유는 조합사업에 참여하지 않거나 소극적인 조합원은 조합의 임원이 될 수 없게 하여 임원의 신뢰도와 지도력을 확보하고 조합 경영진에게 권위를 부여하며 조합의 의사결정이나 경영방침 결정이 조합원의 실익을 위한 방향으로 이루어지도록 유도하기 위한 것입니다. 이 결격 사유에 저촉되는 사실이 임원 재직 중에 '발생'하거나 '발견'되면 법률의 규정 내용에 따라 당연히 퇴직되며 다른 단서나 예외가 없고 구제나 치유에 대한 규정도 없습니다.

당연퇴직은 법률상의 '특별규정'에 의한 것이므로 그것이 확인된 순간 별도의 조치나 절차가 없이 퇴직의 효과가 즉시 발생하며, 해당자는 그 순간에 임원의 자격과 신분, 지위를 모두 상실하고 임원의 직무에서 벗어나는 것입니다. 실무적으로는 자격상실 사유가 발생하였을 경우, 그 내용을 재차 검증 및 확인하고, 해당자에게 통지하는 정도의 절차는 갖추어 주는 것이 바람직할 것입니다. 당연퇴직에 대한 통지의 형식이나 시기, 방법에 대하여는 어디에도 정한 바가 없지만, 조합 임원의 퇴직을 아무런 절차나 방법이 없이 처리할 수는 없는 일이므로 간략한 통지문을 작성, 교부하여 그 원인과 사실을 명확히 하는 것이 좋을 것입니다.

그렇지만 이러한 통지문은 해당자에게 신분 상실과 직무의 종료를 알려 주는 단순한 통지로서 친절한 안내에 지나지 않으며, 그 통지 시기나 통지의 접수 여부는 아무런 의미가 없고, 통지를 하지 않거나 통지의 수령 거절이 있더라도 법률적 의미나 가치가 있는 것이 아니며 임원 신분이 연장되는 것도 아닙니다. 또, 당연퇴직한 임원의 등기를 말소하여야 하는데, 실무적으로는 말소등기가 실제 당연퇴직 시점과 차이가 나겠지만, 당연퇴직의 효과나 본질과는 아무런 관련이 없습니다.

215 이사가 주소지를 이동했을 경우 이사의 자격은?

Q 이사가 자신이 선출된 주소지에서 다른 선거구로 주소를 옮겼다면 이사 자격이 소멸되는 것입니까?

A 농협의 이사는 농협법과 정관에 따라 선출하게 됩니다.

조합원인 이사를 선출할 때는 조합원 수, 조합 구역, 지세, 교통 문제 등의 조건을 감안해 지역별·성별 또는 품목별로 정수를 배분할 수 있습니다. 이는 조합의 경영에 조합원의 의사를 더욱 원활하게 반영하도록 하기 위한 것이며, 사외이사나 상임이사의 경우에는 해당하지 않습니다. 또 이사의 수를 배분할 때에는 이사 정수의 1/5 이상을 여성 조합원과 품목을 대표하는 조합원에게 배분하도록 노력해야 합니다. (정관 제101조)

이렇게 배분하더라도 이들 이사는 특정한 지역이나 품목이 아니라 전체 조합원을 대표하는 임원입니다. 또한 이들의 선출도 대의원회에서 이루어지는 것이므로 지역별·품목별·성별 배분에 의해 선출된 이사가 선출된 지역에서 다른 곳으로 이사하거나 품목을 변경한다고 하더라도 결격 사유가 되는 것이 아닙니다. 즉, 이사가 자신이 선출된 주소지에서 다른 선거구로 주소를 옮겼다고 하더라도 이사의 자격은 소멸되지 않습니다.

216 임원의 결격 사유 관리에 소홀한 직원의 문책은?

Q ○○농협의 감사입니다. 우리 농협에서는 최근 임원 한 분이 임원 결격 사유 중 6개월 연체 조항에 걸려서 해임되었습니다. 그런데 이에 대해 임원들이 모두 분개하며 농협 집행부와 직원들을 크게 성토하고 있습니다. 임원 선거 때는 결격 사유를 잘 따져서 심사하더니 임원 취임 후에는 그러한 내용을 단 한 번도 설명하지도 않았고, 위험하다거나 소홀히 하지 말라는 주의를 준 적도 없으며, 결격 사유의 구체적인 내용이나 기준을 설명 또는 안내한 일도 없었습니다.

그리고 임원 한 사람이 그에 저촉되자마자 마치 기다렸다는 듯이 당연해직이라고 통보해 온 것입니다. 이런 불상사에 대해, 또 농협 측의 불성실한 업무자세, 마치 함정단속 같은 업무 수행에 문제를 제기하고 응징하고자 합니다. 농협 측과 직원들은 어떤 잘못이 있고, 어떤 처벌이 가능합니까?

A 모든 기업에서 말하는 기업의 지배구조는 바로 이사회를 가리키는 것입니다.

농협의 경우에도 지배구조를 말하고자 한다면 이사회와 임원들을 가리키는 말로 이해합니다. 이렇듯 농협의 임원은 농협의 총회에서 위임된 기본적인 경영방침을 토대로 하여 실제적인 경영전략과 업무추진의 세부사항을 결정하는 중요한 인물입니다. 따라서 농협 임원의 자격 요건을 일반 조합원이나 다른 기업의 경우보다 한 차원 높게 설정하여 두고 있으며, 농협법 제49조는 이러한 임원 결격 사유를 명확히 하고 있습니다.

결격 사유에 저촉되는 사람은 임원이 될 수 없고, 임원이 되었다고 하더라도 결격 사유에 저촉된 것이 발견되거나, 발생하였을 때 자연퇴직(당연퇴직) 됩니다. 당연퇴직은 그 사유가 발생한 시점 현재이며, 사유가 발생하면 이를 치유하거나 보완할 방법이 없습니다. 다만, 퇴직 전에 관여한 행위는 효력을 상실하지는 않는 것으로 하는데(법 제49조) 이는 농협과 거래한 상대방의 이익을 보호하여야 하고 농협사업과 업무의 계속성, 연속성 때문입니다.

그리고 임원 결격 사유는 법률에 명시된 사항이므로 누가 일부러 관리하거나 알려주거나 따로 교육·관리하지도 않는데, 법률에 명시된 사항은 그 법률의 지배를 받는 모든 사람이 스스로 알아서 지켜야 하는 규범이고 다른 사람의 지도나 계도가 필요한 것이 아니기 때문입니다.

예컨대 '형법에 절도, 강도, 사기 등의 범죄가 있으므로 임원님들은 그러한 범죄를 저지르지도 말고 연루되지 않아야 합니다'라고 매번 이사회 때마다 교육할 수 없는 일이고, 그럴 필요도 없으며, 만약 교육한다면 이사들이 크게 반발할 것입니다.

갑작스러운 해직 소식에 임원님들이 놀랐겠지만, 이런 일은 당사자 임원이 알아서 관리해야 하는 일로서 농협이나 직원들의 업무가 아니므로 법률적인 면에서나 업무적인 면에서 그러한 의무나 책임이나 방법이 전혀 없습니다. 따라서 어떤 형태로든 농협과 직원들에게 서운함이나 분노, 질책, 주의, 꾸중을 하여서는 안 되는 것입니다. 만약 그러한 행동을 하는 경우에는 해당 임원은 초등학생 수준의 인물임을 스스로 강조하는 결과가 되는 것입니다.

217 감사가 불참한 이사회와 대의원회의 효력은?

Q 감사께서 조합장과 심하게 다툰 다음부터 이사회와 대의원회 참석을 거부한다고 선언하였습니다. 감사가 참석하지 않을 경우 이사회와 대의원회의 성립이나 효력관계가 궁금합니다.

A 이사회 구성원은 '조합장과 이사'이지만, 이사회 소집통지 대상은 '이사회 구성원과 감사'입니다. (지역농협 정관 제48조) 법률에 감사의 의견진

술권이 명시되어 있고, 이사회 회의 진행 과정과 심의 내용, 의결 결과에 대한 감사로서의 평가와 판단의무가 있으므로 이사회소집통지서는 반드시 보내주어야 합니다.

이사회소집통지서를 수령한 감사가 이사회에 참석할 것인지 참석하지 않을 것인지의 판단이나 결정은 감사의 몫입니다. 그러나 이사회소집통지서를 수령한 감사가 이사회에 참석하지 않았다고 하여 이사회의 효력에 문제가 생기는 것은 아니며, 감사는 이사회 구성원이 아니므로 감사가 회의에 참석하지 않는다고 하더라도 회의는 유효한 것입니다.

그런데 감사의 이사회 불참 선언이 있었다는 이유로 감사에게 이사회 소집통지를 하지 않고 이사회를 진행하였을 경우에는 이사회의 효력에 문제가 생길 수 있으므로 불참을 선언한 감사에게도 이사회소집통지서를 잊지 말고 보내 주어야 합니다.

218 임원의 경업 한계는?

Q 임원의 경업금지 의무가 있다는데, 그 구체적인 내용과 한계가 궁금합니다.

A 임원은 조합의 경영권을 행사하는 사람이므로 개인의 이익과 조합의 이익이 서로 상충하거나 마찰을 빚는 일이 있으면 곤란합니다. 이러한 경우 원칙은 선공후사(先公後私)의 원칙을 지켜서 조합의 일과 조합원의 이익을 먼저 생각하고 자신의 이익은 뒤로 미루는 것이 공직자

의 참된 자세라 하겠지만, 현실적으로는 실현되기 어렵고, 설령 이런 원칙을 철저히 지킨다고 하더라도 조합원들의 의혹과 문제제기로부터 자유로울 수 없습니다.

그래서 농협법은 소속 농협의 사업과 실질적으로 경쟁관계에 있는 사업을 경영하거나 이에 종사하는 사람은 임원이나 직원, 대의원이 될 수 없도록 하였습니다. (법 제52조) 과거에는 이사회의 승인이 있으면 경업자도 임원, 직원, 대의원이 가능했으나 아예 이사회 승인을 폐지하여 농협과 경쟁관계에 있는 사업을 경영하거나 종사하는 사람은 일체 임원, 직원, 대의원이 될 수 없도록 하였습니다.

조합과 경쟁관계에 있는 사업의 범위는 법률로 정해져 있으며 그 내용은 다음과 같습니다. (법 제52조, 농협법시행령 제5조의 2)

신용사업 관련 분야는 금융위원회에서 검사 대상으로 하는 금융기관, 수협, 산림조합, 신협, 새마을금고, 우체국, 보험업, 대부업 등입니다. 경제사업 관련 분야는 비료업, 농약판매업, 농축산기자재판매업, 석유판매업, 사료제조판매업, 종자업, 양곡매매가공업, 축산물가공판매업, 인삼제조업(인삼조합에 한함), 장례식장업, 그 밖에 이사회가 실질적인 경쟁관계라고 인정하는 사업 등입니다.

그리고 경업은 그 장소가 조합 구역의 밖이거나 사업 대상이 소속 조합원이 아니어도 경업이 성립하며, 자기 명의가 아닌 가족이나 친지 또는 제3자의 명의 또는 제3자의 재산과 책임으로 하는 것이라고 하더라도 그 사업의 결과 손익이 다소라도 자신에게 귀속된다면 경업에 해당합니다. 본인은 경업인 사업에 관여하지 않고 그 자녀나 가족이 전담하여 경영한다고 할 경우에도 경업자로 분류되고, 부인 명의로 슈퍼마켓이나 양곡상을 하여 그 경영 결과를 공유한다면 역시 경업자로 보아야 합니다. 경업금지 의무를 위반하는 임원은 해임 결의 사유가 되고, 손해배상청구 대상이 됩니다. 경업자가 경업을 청산하고 임원이나 대의원 후보가 되고자 한다면 후보 등록일 전일까지 경업관계를 확실하게 해소하여야 합니다.

※ 이익충돌(利益衝突, conflict of interest)
공직자의 사적 이익과 공익을 수호해야 할 공직자의 책무가 서로 부딪치는 상황을 말한다.
'이익충돌 금지의 원칙'은 공직자가 공익과 충돌되는 사적 이익을 추구해서는 아니 된다는 원칙을 말한다.
예를 들어 지식경제부장관이나 국회의 소관 상임위원회 위원이 특정 정보통신 회사의 주식을 다량 보유하고 있을 때, 특정 회사에 유리한 정책을 채택하고자 하는 사적 이익과 공익이 서로 부닥칠 수 있는 상황을 상정할 수 있다.
이러한 이익충돌 상황을 방지하기 위해 우리나라의 공직자윤리법은 2005년 법 개정을 통해 "국가 또는 지방자치단체는 공직자가 수행하는 직무가 공직자의 재산상 이해와 관련되어 공정한 직무 수행이 어려운 상황이 야기되지 아니하도록 이해충돌의 방지에 노력하여야 한다"는 원칙(제2조의 2)을 규정하고, 그에 따라 '주식백지신탁' 제도(제14조의 4)를 도입했다. 이해충돌하에서의 직무 수행은 명백하게 형법을 위반하는 것은 아닐지라도, 정책 결정을 할 때 소위 '정직한 부패(honest graft)'를 야기할 수 있기 때문이다.

---

219 경업자를 판단하는 기준은?

Q 농협법에 경업자는 임원이나 대의원이 될 수 없다고 하는데, 선거 때마다 경업자의 판단이 어렵고, 평상시에도 경업문제를 두고 논쟁이 많습니다. 경업자인지 아닌지를 판단하는 기준은 무엇입니까?

A 농협법은 '소속 농협의 사업과 실질적으로 경쟁관계에 있는 사업을 경영하거나 이에 종사하는 사람'은 임원이나 대의원이 될 수 없도록 규정하고 있습니다. 반대로 표현하면 임원에게는 '농협과 경쟁관계에 있는 사업을 경영하거나 종사하여서는 안 된다'는 의무를 규정한 것입니다.

경업으로 판단하는 기준은 '조합사업과 실질적으로 경쟁관계에 있는 사업'을 가리키며, '조합사업과 실질적으로 경쟁관계에 있는 사업'의 범위는 대통령령으로 정하도록 하고 있는데(법 제52조 제5항) 농협법시행령은 총 18개 항목의 경업관계사업을 열거하고 있습니다.

'조합사업과 실질적으로 경쟁관계에 있는 사업'이란 소속 농협의 사업과 계속적 반복적으로 경합관계가 생겨서 소속 농협과 이익이 충돌됨으로써 소속 농협에 불이익을 초래하거나 초래할 우려가 있는 사업을 가리키는 것입니다. 이때 불이익은 농협의 직접적인 사업 손실, 또는 사업 수익이나 사업 실적에 영향을 주는 것은 물론 사업의 확대나 증대를 저해하거나 지장을 초래하는 것까지도 포함합니다.

또한 경업은 그 사업 장소가 소속 농협의 구역 안에 있거나 구역 밖에 있거나 관계없이 모두 경업으로 봅니다. 가장 흔한 경업의 사례가 슈퍼마켓, 구멍가게, 마트, 편의점 등인데, 모두가 일상적인 생필품과 식료품, 농산물 등을 판매하는 업소이고, 농협 하나로마트는 역시 슈퍼마켓 형태의 판매점으로서 농업인 조합원과 고객, 지역주민 전체를 대상으로 하여 생필품과 식료품, 농산물 등을 판매하고 있습니다. 따라서 슈퍼마켓, 구멍가게, 마트, 편의점 등은 그 명칭과 구역, 형태를 어떤 방식으로 바꾸거나 위장하더라도 실제로 판매하는 상품이 농협 하나로마트와 중복되면 경업이 분명한 것입니다.

또 취급하는 품목 전부가 다 중복되는 것이 아니고 일부만 중복된다고 하더라도 경업에 해당하며, 사업자 명의가 자기이거나 제3자(가족, 친지 등)이거나 관계없이 그 사업 결과의 손익이 조금이라도 자기, 또는 가족에게 귀속되는 경우를 모두 경업의 범위에 포함하며(대법원 판례 2005. 4. 7 2003마473호), 자기 또는 제3자란 개인, 단체, 법인을 모두 포함합니다. 그러므로 외형적으로는 본인이 경영하지 않는 것처럼 보인다고 하더라도 이면에서 실질적으로 경영하거나, 경영에 간여하거나, 이해관계가 본인에게 영향을 주는 경우는 모두 포함되며, 본인이 영향력을 행사할 수 있는 동거가족이 경영하는 것도 포함됩니다.

경업의무 위반이 발생하거나 밝혀지면 임원은 해임 사유가 되고, 또 조합에 손해를 배상하여야 합니다.

220 이사회에서 경업 여부를 판정할 수 있다는데…

Q 농협의 사업과 실질적으로 경쟁관계에 있는 사업을 경업에 해당한다고 하지만, 일선의 농협에서는 획일적으로 규정하여 판가름하기가 쉽지 않습니다. 또 이사회에서 경업 여부를 판정할 수 있다고 하여 애매모호한 면이 있습니다.

A 경업자의 기준은 「농업협동조합법시행령」의 별표2에 상세히 열거되어 있으므로 그에 따라야 합니다. 열거된 내용 중 신용사업 분야는 총 7개, 경제사업 분야는 총 9개가 있고, 장제사업이 1건인데, 이 17개

항목은 근거 법률과 사업이 명시되어 있으므로 그에 저촉되면 예외 없이 경업이 되므로 이사회에서 판단할 이유가 없습니다.

그런데 18번째에 '그 밖에 이사회가 조합, 조합공동사업법인 및 중앙회가 수행하는 사업과 실질적인 경쟁관계에 있다고 인정한 자가 수행하는 사업'의 해석에 여러 가지 견해가 있을 수 있습니다. 이사회가 판단하여 '경업관계라고 결정하면 경업으로 간주된다'고 볼 수도 있고, 반대로 '이사회에서 경업이 아니라고 판정한다면 경업이 아닌 것으로 볼 수도 있다'는 주장이 있을 수 있는 것입니다.

그러나 이 조항은 이사회에 그러한 판정 권한을 위임한 것이 아닙니다. 18호의 조항을 둔 이유는 농협법에 이 세상의 모든 사업을 일일이 다 열거할 수 없고, 또 급속하게 변화하는 경제활동의 현장에서 날마다 일어나고 변화하는 상황을 일일이 법률에 반영할 수 없으므로 조합의 이사회에서 이 법의 정신과 농협사업 보호라는 관점에서 적절하게 판단함으로써 농협사업과 조합원의 이익을 보호하는 중요한 기회와 절차를 놓치지 말라는 의미입니다.

즉 조합 이사회에서 자의적으로 판단하라는 것이 아니라, '법률의 취지와 의도를 기준으로 현실관계를 파악하여 결정하라'는 뜻입니다. 그리고 대법원판례는 이러한 슈퍼마켓이나 편의점에 대하여 '본인 명의는 물론, 가족 명의의 경영에 대하여도 경업이 확실하다'는 판결을 한 바 있습니다. 따라서 법률의 별표2에 열거된 사항 1~17번 항목에 해당되는 사람은 묻지도 따지지도 말고 경업자로 분류하고, 그에 명백히 속하지 않은 사람일 경우에는 이사회에서 엄격히 심사 및 심의하여 판단하면 됩니다.

그런데 이때 자의적으로 판단하거나 온정적, 또는 편파적으로 판단하여 실제로는 경업인데 경업이 아니라고 결정함으로써 후일 조합사업에 손해나 지장을 초래하게 될 경우에는 경업이 아니라고 판단한 이사들이 변상책임을 져야 하고, 반대로 경업이 아님에도 경업으로 판단하여 피해를 입힌 경우 역시 배상할 책임이 있습니다.

농업협동조합법시행령 [별표 2] 〈개정 2017. 12. 26〉

실질적인 경쟁관계에 있는 사업의 범위 (제5조의4 제1항 관련)

1. 「금융위원회의 설치 등에 관한 법률」에 따른 검사 대상기관이 수행하는 사업
2. 「수산업협동조합법」에 따른 지구별 수산업협동조합, 업종별 수산업협동조합 및 수산물가공수산업협동조합이 수행하는 사업
3. 「산림조합법」에 다른 지역산림조합, 품목별 업종별 산림조합 및 산림조합중앙회가 수행하는 사업
4. 「새마을금고법」에 따른 금고 및 새마을금고연합회가 수행하는 사업
5. 「우체국 예금 보험에 관한 법률」에 따른 체신관서가 수행하는 사업
6. 「보험업법」에 따른 보험대리점, 보험설계사 및 보험중개사가 수행하는 사업
7. 「대부업의 등록 및 금융이용자보호에 관한 법률」에 따른 대부업, 대부중개업 및 그 협회가 수행하는 사업
8. 「비료관리법」에 따른 비료업
9. 「농약관리법」에 따른 농약판매업
10. 「조세특례제한법」에 따라 부가가치세 영세율이 적용되는 농업용 축산용 기자재를 농업인에게 직접 공급하는 자가 수행하는 사업
11. 「석유 및 석유대체연료 사업법」에 따른 석유판매업
12. 「사료관리법」에 따른 사료의 제조업 및 판매업
13. 「종자산업법」에 따른 종자업
14. 「양곡관리법」에 따른 양곡매매업 및 양곡가공업
15. 「축산물위생관리법」에 따라 영업의 허가를 받은 자 또는 신고한 자가 수행하는 사업
16. 「인삼사업법」에 따른 인삼류제조업
17. 「장사 등에 관한 법률」에 따른 장례식장 영업
18. 그 밖에 이사회가 조합, 조합공동사업법인 및 중앙회가 수행하는 사업과 실질적인 경쟁관계에 있다고 인정한 자가 수행하는 사업

Q 된장, 고추장 제조업을 하는 조합원이 경업자라는 이유로 임원과 대의원 후보등록에서 거절되었습니다. 우리 조합은 된장, 고추장 제조사업을 하지 않는데도 경업이 되는 것입니까?

A 경업으로 판단하는 기준은 '조합사업과 실질적으로 경쟁관계에 있는 사업'을 가리킵니다. '조합사업과 실질적으로 경쟁관계에 있는 사업'이란 소속 농협의 사업과 계속 반복적으로 경합관계가 생겨서 소속 농협과 이익이 충돌되어 소속 농협에 불이익을 초래하거나 초래할 우려가 있는 사업을 가리키는 것입니다. 이때 불이익은 농협의 직접적인 사업 손실, 또는 사업 수익이나 사업 실적에 영향을 주는 것은 물론, 장차 농협의 사업 확대나 증대를 저해하거나 지장을 초래하는 것도 포함합니다.

또한 경업은 그 사업 장소가 '소속 농협의 구역 안에 있거나 구역 밖에 있거나 관계없이 모두 경업'으로 보며, 세대나 생계를 같이하는 가족의 명의로 수행하거나 타인의 사업수행 결과가 일부라도 당사자나 가족의 경제생활에 영향을 미치는 경우에도 당연히 경업으로 봅니다.

그리고 '조합사업과 실질적으로 경쟁관계에 있는 사업'의 범위는 대통령령으로 정하도록 하고 있으며(법 제52조 제5항), 대통령령인 농협법시행령은 총 18개 항목의 경업관계사업을 열거하고 있습니다. 즉, 경업관계란 '조합사업과 실질적으로 경쟁관계에 있는 사업으로서 농업협동조합법시행령에 명시된 사업'입니다.

된장, 고추장의 생산과 판매업은 콩과 밀가루, 전분 등 미곡과 맥류 등을 원료로 한 분쇄물, 가루, 전분류 등을 원료로 하여 고추장, 된장, 청국장 등 장류(醬類)를 주 생산품으로 하는 업체입니다. 이 업종은 바로 양곡관리법과 양곡관리법 시행령에서 정한 양곡가공업으로서 농업협동조합법과 농업협동조합법시행령에 명시된 농협과 경업관계인 업종이 확실합니다.

즉, 이 업체는 바로 농업협동조합법시행령 부표2의 내용에 적확(的確)하게 부합하므로 다른 변명이나 소명이 필요치 않은 '경업이 확실한 사업'입니다. 관련 법률의 각 조항에서 된장, 간장, 고추장의 제조업은 양곡관리법에 정한 양곡가공업에 정확하게 부합하여 경업이 확실하며, 다른 반론이나 참작의 여지가 전혀 없습니다.

농협법시행령 부표2의 일부 내용
14. 「양곡관리법」에 따른 양곡매매업 및 양곡가공업

양곡관리법의 해당 내용
제2조(정의) 이 법에서 사용하는 용어의 뜻은 다음 각 호와 같다.
1. '양곡'이란 미곡(米穀)·맥류(麥類), 그 밖에 대통령령으로 정하는 곡류(穀類)·서류(薯類)와 이를 원료로 한 분쇄물(粉碎物)·가루·전분류(澱粉類), 그 밖에 이에 준하는 것으로서 대통령령으로 정하는 것을 말한다.
5. '양곡가공업자'란 양곡을 원료로 하여 가공하는 것을 업으로 하는 자로서 제19조 제1항에 따라 신고한 자를 말한다.

제19조(양곡가공업의 신고)
① 대통령령으로 정하는 양곡가공업을 하려는 자는 농림축산식품부령으로 정하는 시설을 갖추어 특별자치시장·특별자치도지사·시장·군수 또는 구청장(자치구의 구청장을 말한다. 이하 같다)에게 신고하여야 한다. 신고한 사항 중 대통령령으로 정하는 사항을 변경하려는 경우에도 또한 같다.

양곡관리법시행령의 해당 내용

제2조(곡류 등) ① 「양곡관리법」(이하 '법'이라 한다) 제2조 제1호에서 '대통령령으로 정하는 곡류(穀類)·서류(薯類)'란 다음 각 호의 것을 말한다.

1. 두류(豆類)·조·좁쌀·수수·수수쌀·옥수수·메밀·귀리·율무·율무쌀·기장·기장쌀

제21조(양곡가공업의 신고) ① 법 제19조 제1항 전단에서 '대통령령으로 정하는 양곡가공업'이란 다음 각 호와 같다.

2. 제조업(콩과 옥수수를 원료로 하는 가공업 중 농림축산식품부장관이 보건복지부장관과 협의하여 농림축산식품부령으로 정하는 규모 이상의 제조업을 말한다)

③ 법 제19조 제2항에서 '대통령령으로 정하는 양곡가공업'이란 다음 각 호와 같다. 다만, 제1항 제2호에 해당하는 제조업은 제외한다.

1. 「주세법」에 따른 제조면허를 받은 자 : 주류제조업

2. 「식품위생법」에 따른 영업허가를 받은 자 : 조미식품제조업(된장, 간장 및 고추장을 제조하는 업만 해당한다)

222 경업자를 규제하는 이유는?

Q 경업자일 경우에 임원이나 대의원이 될 수 없게 한 규정 때문에 무척 말이 많고, 반목이나 다툼이 생기기도 합니다. 그리고 요즈음은 조합원 상당수가 전업농가가 아니라 부업을 하고 있거나 가족이 다른 사업을 하는 관계로 경업 조항에 저촉되는 경우가 많습니다. 경업자를 이토록 엄격히 규제하는 이유는 무엇입니까?

A 경업금지(競業禁止)란 경쟁업종을 경영하거나 경쟁업종에 종사하는 것을 금지한다는 뜻입니다. 이 제도는 기업의 고급관리직이나 기술

직, 회사의 영업비밀을 알고 있는 직원이 경쟁업체에 취업하거나 동일 업종의 회사를 창업하는 것을 금지하는 조항으로서 기존 회사의 영업권을 보호하는 취지입니다.

농협이 경업자를 임직원, 대의원에서 배제하는 이유는 다음과 같습니다. 임원은 조합의 중요한 경영방침을 결정하는 경영진의 구성원이고, 그 영향력이 매우 큰 위치인데, 이러한 사람이 소속 농협의 경영에 전념할 수 있도록 하고, 소속 농협의 이익을 사업상의 경쟁자로부터 보호하기 위한 것입니다. 임원은 소속 농협의 영업상의 모든 비밀을 충분히 알 수 있을 뿐 아니라 중요한 경영방침을 결정하는 중요한 인물이므로 그 지위나 영향력을 이용하여 자기의 개인적 이익을 추구하거나, 또는 제3자의 이익을 보호해 줌으로써 소속 농협의 이익을 침해할 수 있는 위험을 예방하려는 것입니다.

따라서 임원은 농협의 사업과 경업을 금지하여 그들로 하여금 선량한 관리자로서의 주의의무를 다하고 성실하게 조합의 이익을 위한 의사결정과 집무에 전념할 수 있도록 하려는 것입니다.

현실적으로 볼 때 조합과 경업관계인 사업을 경영하는 사람에게 농협 임원으로서 업무와 의무에 충실할 것을 기대하기 어렵고, 그 임원이 직권을 이용하거나 알고 있는 농협 관련 지식을 이용하여 소속 농협의 이익을 희생하면서 자기의 이익을 추구할 수 있고, 자기나 제3자의 이익을 위하여 의도적으로 조합의 사업을 방해하거나 소홀하게 하는 등의 행위를 자행할 수 있기 때문에 그러한 사태를 미리 예방하기 위한 것입니다.

또 다른 측면은 경업관계인 인사가 임원이 되어 농협의 중요한 의사결정을 하게 될 경우, 대단히 양심적이고 청렴결백하게 판단하여 조합의 이익을 위해 최선을 다할 경우 그 결과는 곧 자기 자신의 이익을 해치게 되는 모순적인 상황에 직면하게 됩니다.

이러한 상황은 어느 편에 이익이 되든, 혹은 조화를 이루든 모두 다 합리적이거나 정상적이지 않고 부자연스러우며 모순과 비리, 혹은 부조리한 상황이 되는 것이므로 논리적으로 성립하거나 용납될 수 없는 것입니다. 그리고 대의원의 경우에도 경영에 직접 참여하지는 않지만, 다수의 조합원을 대신하여 조합의 중요한 의사결정을 하는 최고의결기관 구성원이므로 임원의 경우와 마찬가지로 경업에 따른 문제와 모순을 제거하려는 것입니다.

223 임원, 대의원의 자격 요건을 둔 이유는?

Q 농협은 평등한 조직이고 민주적이며 특히 조합원을 차별하지 않습니다. 그런데 임원이나 대의원의 자격 요건을 두어 조합원을 차별하고 있습니다. 그것이 위법이 아닌지, 왜 그렇게 하는지 궁금합니다.

A 농협의 임원과 대의원은 농협의 재산과 사업에 대한 중요한 결정과 집행을 하는 사람입니다. 농협의 기본 재산은 경제적·사회적으로 열악한 위치에 있는 농업인들이 그 열악함을 극복하기 위해 능력 범위의 한계선에서 출자한 것으로서 어떤 이유로도 손해를 입거나 허투루 사용하거나 위험한 분야에 투기적인 운용을 하여서는 안 되는 대단히 소중한 것입니다.

또 농협의 사업은 시장경제구조의 치열한 경쟁 속에서 가장 원칙적이고 양심적으로 투명하게 사업을 영위하면서 다른 업체와 시장경쟁에서 이겨야 하는 부담이 있습니다. 따라서 농협의 임원과 대의원은 경제와 경영에 대한 소양과 지식이 중요하면서 동시에 농협인으로서 사명감이나 소명의식이 있으며 자기희생과 헌신으로 조합원의 기대와 신임에 부응하여야 합니다.

그리고 최근에는 농협의 자산이나 사업 규모, 거래량이 크게 늘어나 한두 건의 거래에 거액의 자산이 동원되는 경우가 많습니다. 따라서 이러한 중요하고 또 막대한 재산을 책임지는 임원과 대의원은 기본적으로 양심과 품성, 지식과 능력을 검증받은 사람이어야 하고 가능한 한 결함이 적은 사람이어야 합니다. 그래서 농협 임원, 대의원은 결격 사유와 자격 요건을 법률에 명시하여 그 기준을 엄격히 하고 있습니다. (법 제49조)

기본적으로 농협의 임원, 대의원은 국가공무원법에서 정하는 공무원의 요건과 유사한 기준의 요건을 갖추어야 하고, 여기에 대출금이나 채무의 연체가 크지 않은 성실한 사람, 또 농협사업을 적극 이용하는 충실한 조합원을 그 기본 자격으로 하고 있습니다.

이 기준을 위해 농협법에 임원의 결격 사유(법 제49조)와 피선거권제한 사유(법 제52조)를 명시하여 엄격히 제한하고 있습니다. 그리고 이러한 자격 제한은 국민의 기본권인 피선거권 제한이므로 반드시 법률로써 제한하여야 하기에 정관이나 규약이 아닌 농협법에 그 내용을 명문화한 것입니다.

Q 태양광발전소사업을 하는 조합원이 임원 후보로 등록하려고 하자 농협에서는 이사회에서 농협사업과 경업관계라고 의결하여 후보 등록을 거절하였습니다. 그런데 태양광발전사업은 농협과 개인, 누가 하든 서로 경쟁관계가 되는 것이 아니라고 생각합니다. 또 농협법에도 태양광발전은 경업 대상사업으로 명시되어 있지 않습니다. 이러한 이사회의 횡포에 대해 시정조치나 의결취소를 할 방법이 무엇입니까?

A 경업이란 조합의 사업과 실질적으로 경쟁관계인 사업을 가리킵니다. 사업에서 경쟁관계란 한쪽의 사업이 번창하면 다른 쪽의 사업이 그만큼 위축되는 경우를 가리키는 것입니다. 예를 들면, 슈퍼마켓이나 편의점 마트 등은 농협 하나로마트와 경쟁관계이고, 농약상 비료상은 농협 영농자재사업과 경쟁관계이며 은행, 보험, 증권, 신협, 마을금고, 우체국 등은 농협의 금융사업과 경쟁관계입니다.

그런데 태양광발전소는 개별 사업자가 태양광발전으로 생산한 전기를 전기 공급회사인 한국전력에 판매하는 사업으로서 사업자 간에 경쟁관계가 발생하지 않습니다. 따라서 태양광발전소사업은 사업자 간 경쟁관계가 성립하지 않으므로 농협과 경업이라고 할 수 없을 것입니다. 단, 농협이 태양광발전에 필요한 자재를 판매하는데, 다른 사람이 태양광발전 자재를 판매한다면 경업이 될 것입니다.

그런데 이러한 내용에도 불구하고 농협 이사회에서 태양광발전사업이 농협사업과 경쟁관계라고 의결하였다면 그 의결에 대해 이의를 제기하여 바로잡을 수 있습니다. 농림축산식품부장관에게 이사회 의결 사항의 취소를 청구하여 이사회결의취소 처분을 받을 수 있는데(법 제163조), 이는 의결일이나 선거일부터 1개월 이내에 조합원 300인 또는 100분의 5 이상의 동의를 받아 청구하여야 합니다. (법 제33조)

또 개인적으로 법원에 이사회결의취소확인 청구소송이나 이사회결의무효확인 청구소송을 제기하여 법원의 판단으로 이사회 의결을 무효화할 수 있습니다.

225 상임이사 선거를 경선으로 하자는 의견이 다수입니다.

Q 상임이사 선거가 1인 후보에 대한 가부 결정 방식인 관계로 후보자 간의 비교와 검색이 불가능하고 분위기도 선거 분위기가 아닙니다. 상임이사 선거도 임원 선거인 만큼 단독 후보에 대한 승인 방식이 아니라 경선 방식이라야 할 것입니다.

A 상임이사의 선임도 임원 선임이므로 선거를 통해 이루어지게 됩니다. 그런데 다른 임원 선거의 경우와 달리 상임이사 선거는 후보자 1명에 대하여 찬성과 반대를 묻는 방식이므로 경쟁자가 없고 비교 대상도 없어서 선거 분위기가 일어나지 않을 것입니다.

그렇지만 상임이사는 조합원의 대표를 선출하는 선거가 아니라 농협의 사업을 책임지고 수행하여 그 결과를 조합원에게 되돌려 줄 유능한 경영자를 영입하여 확정하는 절차입니다. 비유컨대, 대통령이 국무총리와 각 부처 장관을 선정하여 국회에 선보이고 청문 절차에서 가부나 찬반의견을 묻는 것과 비슷한 것입니다.

따라서 상임이사의 선임에 있어서는 조합원에 대한 인기나 대중적 지지가 중요한 것이 아니라 후보자의 경험과 능력, 비전과 전략이 가장 중요한 것이며, 이러한 문제에 대하여 인사추천위원회에서 다수의 지망자를 대상으로 심사와 평가를 하여 선정하는 것입니다.

그리고 선정된 1인의 후보자는 여러 후보자 중에서 가장 우수하거나 가장 적임자라고 결정된 사람이므로 그에 대한 찬반투표로서 선임을 결정하는 것입니다. 또 상임이사 선거에서는 선거운동을 일절 하지 못하도록 하는 것도 이러한 맥락과 통하는 것입니다.

그리고 만약 상임이사를 다수의 후보 중에서 선임토록 한다면 업무 능력이나 사업 추진전략을 평가할 수 있는 것이 아니라 개인의 인기, 선거전략, 홍보와 선전에 휘둘려서 일 잘하는 사람이 아니라 대중 연설가나 선거의 달인을 선출하게 될 것입니다.

226 임원의 일비지급규정 제정은?

Q 우리 조합에서는 임원들의 교육출장이나 행사 등 출장 시 일비를 지급하도록 하자는 제안이 있고 임원 대부분이 찬성하여 이를 규정으로 제정, 지급하려고 합니다. 그런데 임원의 보수나 실비변상은 규약으로 정해져 있는데, 이를 규정으로 제정할 수 있는지 의문입니다. 중앙회 해당 부서에

질의를 하여도 명확한 답변이 없어 자문을 구합니다.

A 조합 임원의 보수 및 실비변상에 관한 사항은 총회에서 정하도록 하고 있으며(법 제35조 제1항), 상임임원의 보수와 비상임임원의 여비 기타 실비변상에 대하여는 규약으로 정하도록 명시하고 있습니다. (조합 정관 제59조 제2항)

임원의 보수는 경영책임이 수반되는 업무집행(직무수행)의 대가로 지급하는 것을 말하며, 그 형식과 명칭에 관계없이 실질적으로 업무집행에 대한 대가의 의미를 가지는 것이면 모두 포함되는 것이므로 상임이든 비상임이든 관계없이 임원에 대한 모든 급여나 실비지급은 규약으로 정해야 합니다.

그런데 조합의 임원은 명예직이고(법 제45조 제5항, 정관 제59조 제1항), 명예직이란 '봉급을 받지 않고 사회에서 인정하는 이름으로만 있는 직책 또는 그 직책에 있는 사람, 그 지위를 누리면서 다른 직업을 가질 수 있는 직책'이라고 명시되어 있습니다. 또 정관 제59조 제2항은 '상임임원의 보수 및 상임임원을 제외한 임원의 여비 기타 실비변상에 대하여는 규약으로 정한다'라고 규정하고 있습니다.

따라서 임원의 교육출장 시 해당 임원에 대한 출장비 지급은 교육시행기관(통상 중앙회)에서 정한 여비지급 기준에 맞추어 지급하면 되고, 이러한 기준이 없다면 과거의 유사한 사례와 근거문서를 참고하여 지급하면 될 것입니다. 그러나 출장여비에 대하여 일비의 지급이 명문화되지 않은 경우에는 일비를 지급할 수 없습니다. 임원에 대한 여비 등 모든 형태의 급부는 반드시 규약으로 제정할 것이 법제화되어 있으므로 이사회에서 여비 규정을 개정하여 임원의 여비지급 근거, 또는 일비

지급 근거를 제정하더라도 규약이 아니므로 무효입니다.

그리고 이사회에서 임원의 여비 규정을 제정, 개정할 경우 법률과 정관 위반이므로 '상위법 우선의 원칙'에 위배되어 '임원에 대한 여비지급규정'은 원천적으로 이사회에서 의결할 수 없고, 의결하더라도 무효이며 직원은 임원 여비지급규정에 의한 여비지급 청구가 있더라도 이를 지급할 수 없습니다.

나아가, 임원들이 농협법과 정관의 명문 조항과 취지를 위반하여 보수나 여비 등에 대한 규정을 제정하거나 임의의 해석으로 수당 등을 수령하고자 한다면 조합원과 대의원들의 불만과 저항이 발생할 것은 당연한 일이며, 그 저항은 임원 해임에 그치지 않고 조합원 제명이나 형사고발, 손해배상청구에까지 이를 수 있는 위험한 일입니다. 형사고발시 그 사유는 횡령죄, 강요죄가 될 것입니다.

227 이사회에서 조합장의 유관단체 기부금을 통제하기로 의결하면?

Q 이사회에서 조합장이 유관기관과 단체 등에 기부하는 기부금, 협찬금, 지원금 등의 명세를 보고 기관·단체별로 금액을 조정하여 집행하도록 의결하였습니다. 이런 의결이 합당한 것입니까?

A 조합의 경영책임은 조합장에게 있지만, 조합장 한 사람에게 경영과 관련한 모든 권한을 집중시켜 줄 경우 몇 가지 문제점이 있습니다.

조합장이 경험과 학식이 풍부하고 유능하다고 하더라도 방대한 농협 사업의 세밀한 부분까지 모두 다 잘 알기는 어렵고, 또 시시각각 변화하는 외부의 경제 상황을 정확히 파악하고 변화를 예측하여 최선의 대응을 하는 것은 사실상 불가능합니다. 또 시일이 촉박하여 급하게 결정을 하다 보면 경솔한 결정을 할 수 있고, 결정 과정에서 착오나 혼동으로 그릇된 결정을 할 수도 있습니다.

이렇듯 경영권한이 1인에게 집중되어 나타나는 문제와 위험에 대해 이사회를 둠으로써 이사회가 조합장의 1인 체제에 따른 경험 부족, 경솔한 결정, 착오나 혼동의 위험 제거 등의 역할을 수행할 수 있습니다. 나아가 여러 사람의 경험과 지혜를 모두 모음으로써 집단지성을 발휘하여 한두 사람이 판단하고 결정하는 경우에 비하여 훨씬 안정되고 검증된 결정을 할 수 있게 됩니다.

그런데 이사회라고 하여, 또 이사회가 조합장 단독 경영의 위험을 줄여주는 역할을 한다고 하여 조합장의 고유한 경영권한까지 침해하거나 조합장의 상위기관 역할을 할 수 있다는 뜻은 아닙니다. 이사회는 이사회 의결사항이 법률에 명시되어 있고 역할과 책무 역시 법률에 명시되어 있으므로 그 범위를 넘어서 경영에 개입하는 일은 월권이 됩니다.

특히 유관기관과 단체에 대한 종합적인 관리와 지원은 조합장의 고유한 경영권에 속하는 일이므로 이사회가 간여할 수 없고 간섭해도 안 되는 부문입니다. 조합장은 주어진 경영권을 행사하여 농협을 경영하고 그 최후 결과를 조합원에게 보고하여 심판을 받는 것입니다.

따라서 이사회가 유관기관과 단체에 대한 조합장의 기부금, 협찬금, 지원금 등에 대하여 형평성이나 전략적 지원, 또는 집중 지원 등의 요구를 하거나 의결을 하는 일은 부당한 일이 됩니다. 그러한 일은 조합장의 경영전략의 하나이고 또 경영권 행사의 구체적인 형태이므로 누구도 간섭이나 간여하지 말고 조합장에게 일임하여야 하는 것입니다. 만약 조합장의 비용 집행에 대하여 이사회가 어떤 결의를 한다고 하더라도 그 결의는 무효입니다.

228 대의원이 이사회를 참관할 수 없다고?

Q 우리 조합은 오래전부터 대의원회의 결의로 대의원들이 이사회를 참관하여 왔습니다. 그런데 최근 대의원의 이사회 참관이 부당하다며 참관 불허를 통보하는 바람에 큰 마찰이 생겼습니다. 대의원이 이사회를 참관할 수 없는지, 그렇다면 그 근거는 무엇인지 궁금합니다.

A 조합원총회와 대의원회는 농협의 중요한 경영방침을 결정하는 의결기관입니다. 그리고 이사회는 총회에서 결정한 경영방침에 따라 실천 방안과 경영전략, 목표 달성 계획을 수립하고 실행하며 세부적인 내용을 검토하고 결정하는 기관입니다.

따라서 이사회에는 농협의 경영기밀이나 영업전략이 모두 회의에 부쳐지고 상세히 분석·수정·보완되어 최종 실행 방안이 탄생하는 곳이기도 합니다. 그렇기 때문에 농협뿐 아니라 모든 기업·기관·단체는 어떤 경우에도 외부인사는 물론 내부의 대주주나 투자자에게도 이사회를 공개하지 않습니다. 실제로 삼성전자 주식 1000만 주를 가진 대주주라고 하더라도 이사가 아니면 이사회에 출석이나 참관·방청을 일절 할 수 없습니다. 원래 이사회에는 참관이나 방청, 견학하는 제도가 없습니다.

농협은 농협의 출입문을 벗어난 곳에 있는 거의 모든 기관, 단체, 기업, 영업장이 농협의 사업과 경쟁관계에 있습니다. 은행, 보험, 증권, 대부업은 물론 영농자재상, 슈퍼마켓, 마트, 편의점, 주유소, 식품점, 청과 도소매상, 양곡상, 농산물 가공업자 등이 모두 농협과 경쟁관계이며 농협의 사업과 관련한 정보를 애타게 찾고 있습니다.

따라서 이러한 경쟁업체로부터 농협의 사업과 이익을 지키기 위해 이사회에 이사회 구성원과 꼭 필요한 인사 이외에는 참여나 참관을 허용하지 않습니다. 또 이사회를 참관할 수 있는 법률적 근거가 전혀 없습니다. 즉 참관을 허용할 수 있는 법률적 근거가 없는 것이 참관 불허의 근거입니다.

농협법의 구성은 열거주의 포지티브 방식을 택하고 있어서 농협의 조직과 사업, 의사결정과 기관, 운영에 이르기까지 모든 사항을 법률에 상세히 열거하고 있으며, 열거되지 않은 사항은 할 수 없도록 하고 있습니다. 그런데 이사회에 조합원이나 대의원의 참관제도를 전혀 언급하지 않고 있는 관계로 누구도 이사회를 참관할 수 없는 것입니다.

그리고 회의 구성원이 아닌 사람이 회의에 참관하게 되면 회의 진행과 발언 내용이 감시당하는 결과가 되어 부자연스럽고 특히 참관인을 의식한 인기 발언, 과격 발언과 선명성 경쟁, 발언권 쟁탈 등의 부작용이 일어나며 또 회의의 목적사항인 안건과 관련한 경영기밀과 영업비밀이 유출되는 결과가 됩니다.

또한 이사회 참관 허용은 3권분립 원칙이 훼손되는 점, 이사회의 독립성이 침해되는 점에서 농협법의 정신과 취지를 위반하는 일이고, 임원의 자격 요건에 경업자를 배제한 점 등 경영 안전장치를 모두 무력화하는 결과가 됩니다. 따라서 이사회에 대의원이나 조합원, 고객이 참관할 수 없으며, 참관 허용은 곧 농협법 정신과 수많은 법률조항의 위반이 됩니다.

229 사업계획 분과위원회에서 이사의 역할은?

Q 사업계획 수립 시 대의원들이 각 분과위원회에 편성되어 심의와 조정 작업을 하게 됩니다. 그런데 그 분과위원회마다 꼭 이사가 들어 있는데, 대의원회 업무에 이사가 참여하거나 간여하는 것은 옳지 않다고 봅니다.

A 농협은 대의원을 각 사업분과위원회에 배속하여 사업계획 수립이나 평가 시에 대의원들의 의견을 적극 반영토록 하고 있습니다. 이는 마치 국회가 모든 국회의원을 상임위원회에 배정하여 평상시 법안심사나 시책개발, 정책개발을 할 수 있게 하고 법인의 충실한 심사가 이루어지도록 합니다.

농협의 경우도 국회와 유사한 체제로 각 사업분과위원회를 구성하여 두고 있으며 각 분과위원회는 남녀와 지역별로 가능한 한 겹치지 않게, 또 대의원 개인별로 특기나 적성을 감안하여 편성을 하게 됩니다. 그리고 이사도 각 분과위원회에 배정하여 활동하도록 하고 있습니다.

분과위원회에서 이사의 역할은 회의 시 의장 역할, 규정이나 규약에 대한 사항의 설명, 사업 추진에 대한 해설자, 대의원의 의견과 여론의 수집 및 조정자 역할을 하게 됩니다. 분과위원회에서 각종 불만이나 비판이 쏟아지는 경우에는 이사가 나서서 해당 문제의 원인과 역사, 문제의 핵심, 해결 방안, 농협의 노력과 주위 여건 등을 해설해 주는 해설사가 되어야 합니다.

또 대의원의 불만사항이나 미흡한 사항, 희망사항 등을 그 배경과 해결 방안 등으로 기록하여 조합장에게 인계하도록 합니다. 즉 이사는 대의원회 구성원이 아니지만, 사업계획 수립이나 농협사업 추진에 있어서 국회상임위원회 역할을 하는 대의원회 분과위원회에 참석한 국무위원과 같은 것으로 이해하면 될 것입니다.

230 이사가 총회안건이나 이사회안건을 발의하려면?

Q 이사가 이사회나 총회에 안건을 제안하고자 하는데 그 절차를 알 수 없습니다.

A 신임 이사들이 누구나 한 번은 꼭 묻는 사항입니다.

이사가 이사회에 부의할 안건이나 총회에 부의하고 싶은 안건이 있을 경우에 개인적으로 그것을 발의하는 절차는 없습니다. 따라서 이사는 제안하고자 하는 안건의 제목, 내용, 효과, 제안 동기 등을 문서 형식으로 잘 정리하여 조합장이나 상임이사에게 설명하고 그들의 동의를 얻어 안건으로 상정하게 할 수 있습니다.

조합장의 동의를 얻지 않고 바로 제안하고자 할 때는 이사회에 부의할 안건은 이사 1/3 이상의 동의를 얻어 이사회 개최 통지 이전에 조합장에게 제출하여 차기 이사회의 개최통지서에 안건으로 등재하도록 하여야 합니다. 그러나 총회에 대한 안건제안 제도는 없고 일반 조합원의 안건제안 절차와 방법에 따라야 합니다.

231 임원의 발언권과 발언 한계는?

Q 임원은 조합의 경영과 사업에 대해 제한 없이 발언할 수 있을 것입니다. 그런데 임원이라도 발언권의 한계가 있다고 하는데, 그 내용이 무엇입니까?

A 임원은 농협의 경영에 대한 권한과 책임을 모두 가진 사람이므로 조합의 경영이나 사업 전반에 걸쳐 의견이나 제안을 자유롭게 표현할 수 있습니다. 그러나 임원이라고 하여 발언권이 무한정 보장되는 것이 아니라 큰 제한이 있습니다.

첫째, 임원은 해당 업무 소관 이외의 사항에 대한 발언이 용납되지 않습니다. 예컨대 감사가 경영권에 대한 발언을 한다든가, 이사가 감사의 업무 영역에 해당하는 발언을 하는 경우 용납되지 않는 것입니다.

둘째, 농협 경영에 피해를 주는 발언, 농협의 신용을 실추시키거나 임직원의 사기를 저하시키는 발언은 당연히 용납되지 않습니다. 임원은 농협 경영을 성공적으로 수행하여 그 결과를 조합원에게 제공하여

제5부 이사, 이사회

야 하는데, 그러한 목표나 행위에 배치되는 발언은 당연히 용납될 수 없는 것입니다.

셋째, 조합원이나 고객의 개인정보, 사업정보, 사적인 정보는 반드시 당사자의 사전 동의를 얻은 후에 사용하여야 합니다. 이는 임직원 개인에 관한 사항도 마찬가지입니다.

그리고 이 설명에 언급되지 않았거나 열거되지 않은 사항이라고 하더라도 농협의 성장·발전에 도움이 되지 않는 사항, 조합원과 고객의 사업에 도움이 되지 않는 사항, 임직원의 사기진작에 역행하는 사항은 모두 발언하여서는 안 되는 것입니다.

이러한 발언 기준의 판단은 법률이나 규정에 명문화된 사항이 아니라 법률에 정한 임원의 책임과 의무를 잘 이해하고 그 기준에 견주어 보면 잘 알 수 있는 일로서 이러한 기준에 벗어나게 되면 큰 책임이 따르게 됩니다.

232 회의 발언 횟수와 발언 시간이 중요한가?

Q 대의원 한 사람이 이사회의사록을 복사교부 받아서 이사 개인별 발언 횟수, 발언 내용을 분석 평가하고 도표로 정리하여 대의원과 조합원에게 알려주고 있습니다. 이 때문에 이사들의 발언 횟수와 발언 시간이 엄청나게 길어지고 또 무조건 반대의사를 표명하는 경우도 많습니다. 이런 행위에 문제가 없습니까?

이사회는 총회가 결정한 경영방침과 사업계획, 수지예산을 토대로 그것을 실현하기 위한 영업방침, 경영전략을 의결하는 기관입니다. 그리고 이사들은 모두 자신의 지식과 경험을 동원하여 이사회에 부의된 안건에 대하여 최선의 결과가 되도록 노력하여야 합니다.

그런데 이사회에서 발언을 많이, 길게, 자주 하는 것이 반드시 바람직한 일이 아니고, 꼭 필요한 것도 아니며 조합의 경영성과를 높이는 것과 관련 있는 것도 아닙니다. 이사회에서 발언은 안건의 미흡한 점, 궁금한 점에 대한 질문과 안건에 대한 경험과 지식, 바람직한 방향에 대한 발표에 그치는 것입니다.

그러므로 안건의 내용이 충실하고 훌륭하면 굳이 제안된 안건보다 더 수준 낮은 발언을 하여 회의를 방해하거나 임원의 얕은 실력과 낮은 품격을 증명하고 강조할 필요가 없습니다. 안건의 내용이 훌륭하면 안건에 동의하고 제청하여 통과시킴으로써 회의의 능률과 업무의 효율을 높이도록 하여야 하는 것입니다. 반대로 제안된 안건보다 불합리한 주장, 부족한 내용을 발언하여 농협의 사업을 그르치게 하는 경우나 의미 없는 발언과 토론으로 안건의 통과를 지연시키는 경우 해당 임원은 업무방해의 책임을 면할 수 없게 되는 것입니다.

또 이사회의사록을 열람하거나 교부받은 사람은 그것을 다른 사람에게 전파하거나 건전한 용도 이외에 사용할 수 없으며, 재편집하여 유인물이나 문자메시지로 배포할 경우 처벌 사유가 되고 조합원 제명 사유가 됩니다. 따라서 이사회의사록을 교부받아 악용하는 사람에 대하여는 농협에서 부당한 행위에 대해 엄중히 경고하고 이후 의사록 교부를 중단, 금지하며 반복될 경우 조합원 제명 추진, 형사 고발, 손해배상청구 등의 조치를 하여야 합니다.

233 회의에 임하는 임원, 대의원의 자세는 어떠해야 하는가?

Q 이사회, 대의원회에서 노골적인 회의 방해, 안건 의결 방해가 발생하고 있습니다. 회의에 임하는 이사, 대의원의 자세에 대해 명확한 기준과 설명이 필요합니다.

A 이사나 대의원의 가장 중요한 역할과 업무는 회의에 참석하여 회의를 능률적으로 진행하고 회의가 최상의 결과를 생산하도록 최선의 노력을 하는 것입니다. 즉 임원과 대의원은 선량한 관리자의 주의를 다하여 성실하게 직무를 수행하여야 하는 의무가 있는데, 이를 성실의 의무 또는 충실의 의무라고 합니다. 이 성실의 의무는 법령과 이에 의한 명령 및 정관의 규정과 의결기관의 의결사항을 준수하여 충실히 직무를 수행하여야 하는 의무입니다.

성실 의무의 또 다른 측면은 임원, 대의원이 농협의 중요한 의사결정을 하거나 그 과정인 회의에 참여함에 있어서 소속 농협의 이익을 최대한으로 도모하고 불이익은 가능한 한 방지하여야 하는 것을 가리키며, 만약 농협의 이익과 자신의 이익이 상충하거나 저촉될 경우에는 항상 농협의 이익을 우선으로 하여야 하며, 자신의 우월한 지위를 이용하여 농협의 이익을 희생시키고 자기의 이익을 추구하여서는 아니된다는 것입니다. (대법원 판례 2008. 2. 28 2005다77091호)

그러므로 임원, 대의원은 정당한 이유 없이 회의에 참석하지 않거나, 조합의 업무에 관심을 갖지 않아서 중대한 위법이나 문제를 파악하지 못하여 적시에 적절한 대응을 하지 못하는 경우가 있으면 곤란하고 그것 역시 성실의무 위반이 되는 것입니다.

또 회의에 임하여서는 무분별한 발언이나 잦은 이석(離席), 퇴장, 고의적인 방해행위 등을 하여서는 안 되며, 이러한 행위가 반복될 경우 해임 사유가 됩니다. 즉 임원, 대의원은 자기 자신이 농협의 미래를 결정한다는 긍지와 자부심을 갖고 농협의 성장과 발전, 번영, 문제해결의 열쇠를 갖고 있다는 인식 아래 집행부에 대해 충분한 협조와 충실한 조언을 한다는 분명한 인식과 그것을 실천하는 자세를 가져야 합니다.

흔히 농민운동이나 시민운동을 하면서 농협 대의원이나 임원이 된 사람들이 하게 되는 큰 실수가 이사회와 대의원회를 정치투쟁의 무대로 생각하여 정치적 발언, 선명성 경쟁, 집행부 비판 등에 집중하는 경향이 있습니다. 그러나 농협의 대의원회와 이사회는 정치판이 아니고 농협은 여당과 야당의 구별이나 조직이 있는 것이 아닙니다.

농협의 임원과 대의원은 개개인이 어떠한 단체나 조직, 지역, 학연, 씨족 등 모든 인연과 연고로부터 분리되어 독립적이고 양심적으로 오직 조합의 발전과 전체 조합원의 이익이라는 관점에서 주어진 안건이나 농협 경영 과제를 심의, 평가하고 판단, 결정하여야 합니다.

이러한 사항을 이해치 못하고 엉뚱한 발언이나 행동으로 회의 진행에 지장을 주거나 정치적인 행위를 하는 임원은 해임, 조합원 제명을 하여야 하고, 심하면 형사처벌과 손해배상청구까지 하여야 합니다.

234 임원에 대한 쇠고기 선물은 횡령인가?

Q 우리 조합은 임원의 생일에 미역국용 쇠고기 약간과 청주 1병 정도의 선물을 하여 왔습니다. 그런데 최근 신임 감사가 이것을 횡령이라고 주장하고 고발까지 하여 어수선합니다. 이런 일이 횡령에 해당합니까?

A 어떤 농협에서 임원의 생일에 쇠고기 1근과 청주 1병을 보내주는 관행이 있었는데, 이 일을 감사가 횡령이라고 지적하고 또 수사기관에 고발하여 문제가 되었던 일이 있습니다. 이러한 문제는 수사기관에서 문제로 인식하게 되면 큰 처벌로 이어질 수 있지만, 해당 농협에서 적극적으로 설명하고 잘 대응하면 문제 되지 않는 일입니다.

임원의 생일에 농협에서 쇠고기와 청주를 보내 준 것은 오랜 전통과 역사에 기반한 생일축하의 인사로서 용납될 수 있는 가벼운 수준의 선물입니다.

또 임원은 누구나 농협 하나로마트의 상품판매에 깊은 관심을 가져야 하는데 이는 하나로마트 상품의 견본을 제공받는 수준이라고 할 것입니다. 비유컨대 대형마트 시식코너의 음식을 제공하는 것과 같거나 판매 담당자가 계속 반입되는 식료품을 직접 조리, 시식, 감별하는 일과도 같은 것입니다.

이러한 이유로 수사기관에 고발된 사건은 무혐의 처리되었는데, 앞으로 비슷한 사건이 있을 때 모두 다 일률적으로 무혐의 처리되는 것이 아니므로 그때마다 전문가에게 자문하고 또 최선을 다하여 설명하고 설득하며 잘 방어하여야 합니다.

직원체육행사에 상근임원이 같은 옷을 지급받았는데…

Q 직원체육행사를 지원하면서 조합에서 체육복이나 행사복을 구입해주는데, 조합장과 상임임원에게도 같은 옷을 지급했더니 감사가 그것은 부당한 일이고 횡령에 해당한다고 합니다.

A 직원체육행사나 단합대회가 열리면 농협은 어떤 형식으로든 지원을 해주게 되고, 또 그 지원은 노사화합과 직원 사기진작에 큰 역할을 하게 됩니다. 그런데 지원 과정에서 상임임원들이 직원에게 지원되는 피복을 함께 지급받거나 피복비를 수령하여 문제가 되는 경우가 가끔 있으며, 심하면 고발되기도 합니다. 그렇지만 이러한 사태는 자칫 방심하면 큰 문제가 될 수도 있지만, 피복의 성격과 지원 사유, 행사의 취지를 잘 설명하면 문제가 되지 않고 넘어갈 수 있습니다.

직원체육행사란 대부분 1년간 수고한 직원들에게 그 노고를 위로하고 헌신 봉사한 데 대한 감사와 치하를 하며 또 앞으로도 계속하여 주어진 임무와 역할에 충실하고 또 목표를 달성하여 조합원의 기대와 사랑에 보답하도록 하자는 결의를 확인하고 다지는 계기입니다. 그러나 이러한 내용이 연설이나 회의 형식으로 줄줄이 표현하는 행사가 될 경우 무미건조한 결의대회가 되어 군사문화의 잔재라는 비판을 받기 쉽고 직원들도 지루하고 따분하다고 하여 참석을 기피하게 됩니다.

그러므로 체육행사 형식으로 하여 가능한 한 많은 직원이 직접 참여하게 하고 또 서로 대화와 스킨십의 기회를 마련하여 상호 이해와 우의를 돈독하게 하려는 뜻이 있습니다. 그래서 통상 모든 직원이 똑같은 체육복이나 등산복, 행사복을 맞추어 입게 되는데, 상근임원의 경우에도 사실상 직원과 함께 호흡하고 부대끼는 사람으로서 직원들이 거리감이나 괴리감을 갖지 않도록 가능하면 똑같은 복장과 장비를 갖추게 됩니다.

그 과정에서 행사용 피복을 상근임원에게도 지급해주어 행사를 원만히 치르게 하는데, 아예 비상임임원에게도 같은 피복을 지급하거나 피복비를 지급하는 경우도 있습니다. 이러한 일은 그 취지와 배경, 목적을 살펴볼 때 부당한 일이거나 위법한 일이 아니라 오히려 아름답고 단란한 모습이므로 문제가 되지 않습니다. 실제로 이러한 일을 고발한 경우도 있었지만 수사기관에서 무혐의 처리하였습니다.

236 임직원의 공무원 겸직은?

Q 농협 임직원이 공무원을 겸직할 수 있습니까?

A 농협직원은 공무원을 겸직할 수 없습니다. 그러나 임원이 공무원을 겸직할 수 있는지에 대하여 농협법에 명문 규정이 없습니다.

그런데 국가공무원법과 지방공무원법에 공무원은 공무 이외에 영리를 목적으로 하는 업무에 종사하지 못하며, 소속 기관의 장의 허가 없이 다른 직무를 겸할 수 없도록 하고 있습니다. 이 경우 농협 상임임원이나 상근임원은 공무원을 겸직하지 못하는 것은 당연하지만, 비상임

임원에 대하여는 별도의 확인이 필요하다고 하겠습니다.

공무원의 경우에도 이장이나 향토예비군중대장, 비상임선거관리위원 등의 경우에는 비상근이라면 농협 임원을 겸직할 수 있다는 주장이 있기 때문입니다. 그리고 사외이사의 경우에는 교육공무원과 선거직 공무원을 제외하고 있으므로(정관 제108조) 교육공무원, 선거직 공무원, 국공립대학의 교수 등도 사외이사가 될 수 있습니다.

국가공무원법 제64조(영리 업무 및 겸직 금지)
① 공무원은 공무 외에 영리를 목적으로 하는 업무에 종사하지 못하며 소속 기관장의 허가 없이 다른 직무를 겸할 수 없다.
② 제1항에 따른 영리를 목적으로 하는 업무의 한계는 대통령령 등으로 정한다.
〈개정 2015. 5. 18〉 [시행일 2015. 11. 19]
〈전문개정 2008. 3. 28〉

지방공무원법 제56조(영리 업무 및 겸직 금지)
① 공무원은 공무 외에 영리를 목적으로 하는 업무에 종사하지 못하며, 소속 기관의 장의 허가 없이 다른 직무를 겸할 수 없다.
② 제1항에 따른 영리를 목적으로 하는 업무의 한계는 대통령령으로 정한다.
〈전문개정 2008. 12. 31〉

237 농협 임원이 지방의회의원 겸직을?

Q 최근 지방선거에서 농협이사, 감사가 지방의회의원이나 지방자치단체장으로 당선된 경우가 여럿 있습니다. 곧 지방의회가 구성되어 의원과 단체장 임기가 시작됩니다. 이때 농협 임원을 겸직할 수 있는지 논란이 생기고 있습니다.

A 농협의 임직원은 농협을 이용하여 공직선거에서 특정 정당을 지지하거나 특정인이 당선 또는 당선되지 못하도록 하는 행위를 할 수 없습니다. (법 제7조) 그러나 농협과 관련 없이 순수하게 개인 자격으로 공직선거에서 특정 정당이나 특정인을 지지하거나 당선 또는 낙선운동을 할 수 있고, 정당에 가입하여 정치활동도 할 수 있다고 해석됩니다.

그리고 법률상으로는 농협 임직원이 개인 자격으로 정당에 가입할 수 있고(정당법 제22조), 정당이나 국회의원의 후원회 회원이 될 수도 있으며, 일정한 수준 이내에서 후원금을 낼 수도 있습니다. (정치자금법 제8조, 제10조, 제11조)

그렇지만 농협의 상근임직원은 개인 자격으로도 공직선거에서 선거운동을 할 수 없으며(공직선거법 제60조), 비상근임원은 개인 자격으로 공직선거에서 선거운동을 할 수 있습니다.

또 조합과 중앙회의 임직원은 지방의회의원이나 국회의원직을 겸직할 수 없고(지방자치법 제35조 제1항 6호), 지방자치단체의 장을 겸직할 수도 없습니다. (동법 제96조 제1항) 따라서 지방선거에서 당선된 임원은 공직의 임기가 시작되기 전에 조합 임원직을 사임하여야 합니다.

지방자치법
제35조(겸직 등 금지) ① 지방의회의원은 다음 각 호의 어느 하나에 해당하는 직을 겸할 수 없다. 〈개정 2009. 4. 1〉
6. 농업협동조합, 수산업협동조합, 산림조합, 엽연초생산협동조합, 신용협동조합, 새마을금고(이들 조합·금고의 중앙회와 연합회를 포함한다)의 임직원과 이들 조합·금고의 중앙회장이나 연합회장
제96조(겸임 등의 제한) ① 지방자치단체의 장은 다음 각 호의 어느 하나에 해당하는 직을 겸임할 수 없다. 〈개정 2009. 4. 1〉
5. 농업협동조합, 수산업협동조합, 산림조합, 엽연초생산협동조합, 신용협동조합 및 새마을금고(이들 조합·금고의 중앙회와 연합회를 포함한다)의 임직원

Q 조합장이 직원 인사를 시행함에 있어서 상임이사 소관업무 분야는 상임이사의 제청을 얻어 인사를 하도록 되어 있는데, 제청 방법이나 형식에 대한 언급이 없습니다. 또, 상임이사가 문서로 직원 인사에 대한 의견을 조합장에게 제출했을 때 조합장이 이를 전적으로 수용해야만 제청을 받아들인 것이 되는지, 아니면 일부만 반영하거나 전혀 반영하지 않았어도 일단 제청을 하였으므로 제청 절차는 충족이 되는 것인지 궁금합니다.

A '제청(提請)'이란, 어떤 안건을 해결해 줄 것을 윗사람이나 공식 기구에 정식으로 요청하는 일, 즉 '아랫사람이 윗사람에게 누구를 어떤 자리에 임명해 달라고 공식적으로 요청하는 것'입니다.

국가나 기관에서 주요 보직에 대한 임명이나 보직이동 등 인사를 시행할 때, 임명권자에게만 맡기게 되면 인사전횡이나 편중인사, 편파인사, 정실인사가 이루어지거나 조직의 특성과 인물의 장단점이 충분히 고려되지 않은 불균형하거나 부적합한 인사가 이루어져 인사발령으로 인한 새로운 문제가 생길 수 있습니다.

이러한 인사권자의 독단과 착오에 의한 문제를 예방하고 검증된 인재를 적재적소에 배치하기 위한 것이 '인사제청제도'이며, 농협의 경우에도 같은 취지에서 상임이사의 인사제청을 제도화한 것입니다.

인사제청은 법률에 명시된 것이므로 반드시 거쳐야 하는 절차이지만, 제청을 하는 구체적인 방법과 절차에 대하여는 법률에 정함이 없습니다. 인사제청의 절차나 방법에 특별히 정함이 없을 경우 구두나 문서, 전자우편, 문자메시지 등 다양한 방법으로 제청을 행사할 수 있을 것이지만, 인사제청은 법정 요건이고 생략할 수 없는 절차이며, 또 중대한 경영행위이므로 문서로써 증빙하는 것이 합당할 것입니다.

구두제청은 후일 제청자가 제청한 내용을 왜곡하거나 변동시킬 위험이 있고, 임명권자 역시 구두제청의 내용을 변경, 왜곡할 수 있으며, 사후에 진실을 규명할 수 없게 되므로 심각한 혼란과 문제로 이어질 수 있기 때문입니다. 따라서 구두나 전화 등의 수단으로 제청을 하였거나 제청을 변경하였다면 후일 그 내용을 문서로 작성하여 인사발령 문서철에 추가하여 두도록 하여야 후일의 의혹이나 시비, 문제 등을 방지할 수 있을 것입니다.

그리고 상임이사 소관 분야 직원에 대한 인사는 상임이사의 제청이 있어야 하도록 법률에 명시되어 있으므로 만약 상임이사의 제청이 없이 상임이사 소관 직원의 인사발령을 하였다면 그 인사발령은 법률에 저촉된 행위가 되므로 위법한 인사발령이 되어 원칙적으로 무효입니다.

인사발령이 무효일 경우, 그 인사발령에 의해 수행된 직원의 업무나 사업 추진이 모두 무효가 될 수 있음은 물론 해당 직원에게 지급된 급여나 수당, 직원이 집행한 예산과 비용 등도 무효가 될 수 있는 위험이 있습니다. 이때 농협의 고객과 거래처와의 각종 사업과 업무 등 대외적으로는 유효한 행위가 된다고 하겠으나, 내부적으로는 무효에 해당하여 심각한 모순과 책임상의 혼란, 업무상의 혼돈이 발생하게 됩니다.

이는 평상시에는 큰 문제가 되지 않을 수 있으나, 중대한 사고가 발생하거나 업무 차질이 있을 경우 책임 소재나 징계, 변상 등의 경우에는 심각한 문제가 됩니다. 따라서 지금까지 상임이사의 제청이 없이 이루어진 인사가 있을 경우 그 사례에 대해 뒤늦게라도 상임이사의 제청서를 보충해 두는 것이 합당하고 이후에는 반드시 상임이사의 제청을 거쳐 인사발령을 하도록 하여야 할 것입니다.

임명권자는 반드시 제청된 사람을 임명하여야 하는 것이 아니라 제청을 반려, 또는 각하하고 새롭게 제청하게 할 수 있으므로 인사권자는 인사발령에 앞서 제청권자와 충분히 협의하여 제청을 받도록 하고, 제청 내용이 의도와 다를 경우 다시 제청하게 하여 제청 내용과 인사발령이 일치되게 하는 것이 올바른 업무처리입니다.

239 농협 임직원의 지방자치단체장과 의회의원 겸직은?

Q 농협 임직원이 지방자치단체장이나 지방의회의원 등 선거직 공무원에 취임할 수 있습니까?

A 농협 임원이 지방자치단체장이나 지방의회의원을 겸직할 수 있는지에 대하여 농협법에 명문 규정이 없습니다. 그러나 공직선거법에 농협의 상임임원은 지방자치단체장이나 지방의회의원을 겸임할 수 없도록 하고 있으므로 겸임이 불가능합니다.

다만, 비상임임원은 겸직이 가능한 것으로 해석되는데, 이는 공직선거법에 농협의 상근 임원이 공직선거에 입후보하려면 선거일 90일 전까지 사임하여야 한다고 명시되어 있으나 비상임임원에 대한 명문 조항이 없기 때문입니다.

240 이사가 25명?

Q 어떤 조합이 이사를 25명까지 늘려 운영한 적이 있다고 합니다. 이사
를 25명으로 늘리면 어떤 장점이 있고 어떤 문제점이 있는지, 왜 그런 결
정을 했는지, 지금은 왜 25명이 아닌지 궁금합니다.

A 농협법은 이사의 숫자에 대하여 지역농협에 임원으로서 조합장 1명
을 포함한 7명 이상 25명 이하의 이사와 2명의 감사를 두되, 그 정수는
정관으로 정한다(법 제46조)고 명시되어 있습니다. 그것을 근거로 해당 농
협은 이사를 25명까지 두었던 것으로 보입니다. 이때 이사를 25명으
로 둔 것은 법률을 잘못 읽은 것으로서 조합장을 포함하여 25명이므로
이사는 24명까지 둘 수 있을 것입니다.

이사를 법정 최고 숫자까지 늘리게 되면 조합원의 의사가 더 광범위

하고 세밀하게 농협 경영에 반영될 수 있다는 장점이 있을 것입니다. 그러나 이사의 숫자가 많으면 이사회의 진행이 어렵게 되고 논쟁과 토론으로 지새우는 폐단이 발생하며 이사들 간에 파벌이나 소집단이 생겨나게 되어 건전한 토론보다는 주도권 싸움과 당쟁의 양상으로 흐르기 쉽습니다.

또 수많은 이사들이 정시에 모여서 회의를 해야 하는데, 의사정족수와 의결정족수를 파악하는 것도 어려운 절차가 되는 것일 정도로 번잡하고 혼란하게 되어 이사회를 둔 목적과 장점은 모두 사라지고 매회 이사회마다 대의원회를 개최하는 것과 같은 양상이 빚어지게 될 것입니다. 또한 이사의 숫자에 비례하여 회의 수당 등 각종 비용도 추가로 발생하게 되므로 전형적인 고비용 저효율의 양상이 나타나게 되었을 것입니다.

지금 해당 농협은 이사의 정수를 다른 조합의 경우와 같이 10여 명으로 줄였다고 하는바, 이러한 문제점들이 나타남에 따라 스스로 축소하는 조정을 한 것입니다. 그리고 이사 25명은 농협에 대한 왜곡된 시각을 가진 특정한 인사가 주장하고 다니는 것으로서 실력도 검증되지 않은 인기 영합 강사에게 현혹된 결과의 당연한 귀결입니다.

241 상임이사 선거에서 부결되었는데 같은 사람을 다시 추천할 수 있는지?

Q 인사추천위원회에서 상임이사 후보를 추천하여 대의원총회에 상정하였으나 부결되었습니다. 부결된 후보자를 다시 대의원총회에 상정하여

재의결 절차를 밟을 수 있는지 혹은 새로운 절차에 의거해 상임이사 후보자를 재선정하여 대의원총회에 상정해야 하는지 궁금합니다.

A 농협법과 정관은 상임이사 선거에 대하여 조합원이 아닌 사람으로서 소정의 자격 요건을 갖춘 사람을 인사추천회의의 추천을 거쳐 총회에서 선출하도록 규정되어 있습니다. 그런데 모든 농협이 총회를 갈음하는 대의원회를 두고 있으므로 실제 선출은 대의원회에서 이루어지게 됩니다.

상임이사 선출안이 대의원회에 부의되어 가결되면 원안대로 선출이 되는 것이지만, 부결이 되면 선출되지 못하게 되므로 재선거를 치러야 합니다. 이때 조합은 재선거를 통해 상임이사를 다시 선출하여야 하는데, 농협법과 정관에는 재선거에 추천할 후보에 대하여 그 자격 요건이나 조건 등에 대한 명문 규정이 없습니다.

따라서 재선거를 하는 조합의 경우 1. 조합별로 새로운 상임이사 후보를 지명하여 추천하는 경우도 있고 2. 지난번 선거에 부결된 후보를 다시 추천하는 경우도 있으며, 재선거의 결과는 새로운 후보가 당선되거나 다시 부결되기도 하고, 기존의 후보를 재추천하여 당선된 경우가 있는 등 일정하지 않습니다.

인사추천회의를 통해 검증과 평가를 받은 후보라면 상임이사 자격은 충분하고 능력과 열정 또한 기준을 넘어서는 인사일 것이지만, 선거에서 선출되지 못하였다면 현실에서는 다수의 대의원들로부터 인정받지 못하였거나 공감을 얻지 못한 결과라 할 것입니다.

따라서 대의원들의 의견을 존중하여 새로운 인사를 상임이사 후보로 추천하여 대의원들의 평가를 받는 방안을 생각할 수 있지만, 인사추천회의의 검증과 평가 과정을 잘 살펴보고 다른 후보자들과의 비교·검토 결과 1차 추천한 인사가 최적의 후보자라고 판단된다면 조합의 발전을 위하여 재추천을 함으로써 대의원들의 의견을 다시 물을 수도 있을 것입니다.

그렇지만 대의원들의 표출된 의견을 존중하여야 하고 형식적인 완결성도 중요하므로, 낙선한 후보자를 현재 상태로 재선거에 부의할 경우에는 인사추천위원회를 다시 소집하여 후보자에 대한 재검증과 재평가를 거치도록 함으로써 재선거에 동일한 인사를 재추천하는 상황에 대한 설명과 명분을 얻도록 하는 동시에 대의원에 대하여 '절차적 예우'라는 형식을 갖추는 것이 바람직할 것입니다.

242 상임이사 선거에서 낙선운동을 한 경우 처벌은?

Q 우리 농협은 상임이사 선거와 관련하여 특정 인사가 대의원들에게 상임이사 후보로 추천된 후보자를 부결토록 선동하여 1차 선거에서 상임이사 선출안이 부결되었습니다.

상임이사 재선거(2차 선거)는 인사추천위원회 등록 후보자에서 다시 1차 때와 같은 내용으로 추천된 후보자를 부결시키고자 운동을 한다는데 이런 행위가 정당합니까?

A 상임이사는 농협업무에 대한 전문지식과 경험이 풍부하며 대통령령(농협법시행령)이 정하는 요건에 적합한 사람으로서 인사추천회의

제5부 이사, 이사회

의 추천으로 대의원회에서 선출하는데(법 제45조) 농협법시행령 제5조와 지역농협 정관 제112조에 그 구체적인 자격 요건을 명문화하고 있습니다.

상임이사의 선거는 조합선거관리위원회가 담당하며, 허용되는 선거운동 방법이 없으므로(법 제50조) 선거공보의 배부도 없으며, 선거운동은 모두 법으로 금지됩니다. 상임이사의 선거운동 방법이 없다고 하는 것은 후보자 본인의 선거운동은 물론이고 가족이나 친지, 제3자의 선거운동도 금지되는 것을 의미합니다. 또, 선거운동이라 함은 당선을 위한 운동과 함께 당선되지 않도록 하는 운동, 소위 낙선운동(落選運動)도 선거운동에 포함되는 것입니다. (정관 제77조)

그런데 이러한 법률의 명문 규정에 낙선운동이 규정되어 있지 않다고 하여 낙선운동을 합법이거나 처벌근거가 없는 것으로 오해하는 경우가 있습니다. 선거운동이란 누군가를 당선되거나 되게 하거나 되지 못하게 하기 위한 행위를 가리키는 것이므로(정관 제77조) 낙선운동은 적확(的確)하게 선거운동에 해당하게 됩니다.

그리고 낙선운동의 방법은 1. 후보자의 부적합 2. 조합 후보자 추천의 부당성 3. 다른 후보자의 추천 등의 내용 중 한 가지 혹은 2~3가지를 강조하고 설명하여 대의원들을 설득하는 과정입니다. 그러므로 낙선운동은 그것이 아무리 은밀하고 소극적이고 조용하게 이루어진다고 하더라도 법률로 정한 사항 중에서 2가지 이상의 법규에 저촉되는 행위가 됩니다.

즉 낙선운동은 그 행위 과정에서 필연적으로 「농협법 제50조의 금지되는 선거운동 방법」 중에서 ○허위사실 공포와 비방 금지 ○선거사무 방해행위 금지 ○상임이사 선거에서 선거운동 금지 조항에 저촉되지 않을 수 없게 되는 것입니다. 따라서 낙선운동은 어떤 목적과 방법이든 모두 다 반드시 법률에 저촉되는 위법한 행위로서 농협법 제172조에 저촉되므로 처벌을 피할 수 없게 됩니다.

첫째, 허위사실 공포와 비방 금지(법 제50조 제3항) 위반으로 농협법에 따라 500만 원 이상 3000만 원 이하의 벌금형에 처하게 됩니다. (법 제172조 제3항)

둘째, 선거사무 방해행위 금지(법 제50조 제10항) 위반으로 1년 이하의 징역 또는 1000만 원 이하의 벌금에 처합니다. (법 제172조 제2항 3호)

셋째, 상임이사 선거에서 선거운동을 하는 경우 농협법 제50조 제6항 2호에 저촉되어 1년 이하의 징역 또는 1000만 원 이하의 벌금에 처하게 됩니다. (법 제172조 제2항 2호)

따라서 누구든 '상임이사 선거에서 후보자에 대한 낙선운동'을 하였다면 '최하 벌금 500만 원, 최고 벌금 3000만 원이나 징역 1년의 형벌'을 피할 수 없게 됩니다.

특히 해당 농협은 상임이사 선거를 2회나 실시하였는데, 그 2차례의 선거에서 모두 낙선운동을 하였다면 낙선운동 행위자는 '상습범(常習犯)'이 되어 '법정형량의 50%까지 가중'되는 가중처벌(加重處罰)이 되고, 별도로 농협의 업무에 대한 '업무방해죄(業務妨害罪)'가 성립되어 '5년 이하의 징역, 또는 1500만 원 이하의 벌금'에 처하는데, 2차례가 되면 상습범 가중으로 법정형량의 50%가 가중되어 처벌됩니다.

이와 별도로 민사상의 '손해배상책임'이 발생하여 2차례의 총회 개최비용과 조합의 사업 추진 차질에 대한 손해배상을 하여야 하는데, 사업 추진 차질 부분에 대한 손해배상금의 산정은 전문 감정기관에서 감정하면 그것을 토대로 법원에 청구소송을 제기하여 확정하게 됩니다.

또 낙선운동을 계획한 자, 뒤에서 교사한 자, 전화나 대화로 전달하고 실행한 자, 대의원을 선동하거나 기망한 자, 혹은 대의원을 위협한 자, 내용을 전파한 자 등은 모두 다 '낙선운동자'에 포함되며 교사범(教唆犯) 또는 실행범(實行犯)이 되므로 관련자 모두가 구분 없이 동일한 처벌을 받게 됩니다.

사외이사 선거나 다른 임원 선거의 경우에도 마찬가지입니다.

243 임원의 징계 시 당사자의 표결 참여는?

Q 임원의 징계는 이사회에서 처리하도록 되어 있습니다. 그런데 징계 대상자가 이사회 구성원일 경우에 이사회 의결에 참여할 수 있습니까?

A 이사회는 이사회 구성원인 조합장과 이사로 구성되며 구성원은 당연히 모든 회의에 참여할 수 있습니다. 그러나 이사회에서 이사 중 1명의 징계문제를 처리하려고 할 때 징계 대상자는 그 이사회에 참여할 수 없습니다.

징계의 경우뿐 아니라 특정 임원에 대한 대출금이나 외상약정금을 승인할 경우에도 해당 임원은 그 회의에 참석할 수 없으므로 해당 안건의 심의와 표결이 진행되는 동안에는 자리를 비워주어 다른 이사들이 자유롭게 토론 및 표결을 할 수 있도록 하여야 합니다. 이 내용은 농협법에 조합과 조합원 간에 이해가 상반되는 사항을 의결할 때 당해 조합원은 의결권을 행사할 수 없다(법 제39조)고 명문화되어 있습니다.

이렇게 조합과 조합원 간에 이해가 상반되는 경우를 특별이해관계인이라고 하며, 의결권을 제한하는 이유는 의결의 공정성을 확보하기 위한 것으로 해당 안건의 표결이 끝나면 다른 안건의 심의와 표결에는 참여할 수 있습니다.

244 미사용예산을 조합원에게 분배하도록 의결하면?

Q 이사회에서 교육지원사업비 중 미집행한 예산을 다른 용도로 전환하여 조합원에게 전부 환원하라고 이사님들이 요구하고 있습니다.

A 사업계획과 수지예산의 경미한 변경은 이사회 의결로 가능합니다. (법 제43조)

따라서 정관에 정한 1. 총지출예산의 추가편성에 관한 사항 2. 업무용부동산 취득과 관련된 총액 1억 원 이상의 예산 추가편성 또는 1억 원 이상의 업무용부동산 취득예산의 용도조정 3. 다른 법인에 대한 출자와 관련된 총액 1억 원 이상의 예산 추가편성 또는 1억 원 이상의 다른 법인에 대한 출자예산의 용도조정에 관한 사항의 경우는 총회 의결을 받아야 하는 사항이지만(법 제35조, 정관 제37조), 그 이외의 '경미한 용도변경'은 이사회 의결로 가능할 것입니다. 사업계획과 수지예산의 경미한 변경이나 용도변경이 이사회 의결로 가능하지만, 변경의 규모나 용도의 조정이 무한정 자유롭게 보장된 것은 아닙니다.

'경미한 사항'이라는 표현의 의미는 '전체 사업계획의 의도와 목표

범위 내에서 당초의 취지를 훼손하거나 배치(背馳)되지 않는 수준의 변경'을 의미하는 것입니다. 즉 사업을 추진하거나 예산을 집행하는 과정에서 처음 계획한 목적과 용도의 범위 이내에서 세부적인 부분의 변경이나 조정이 가능하다는 뜻으로 보아야 하는 것입니다.

예컨대 교육사업에 사용하도록 책정된 예산을 집행하는 과정에서 교재대금의 일부를 강사료로 전용하는 것은 허용될 수 있는 것이지만, 교재대금을 조합원에 대한 사은품이나 업무추진비로 전용하는 것은 경미한 사항의 변경이 아니라 중대한 용도변경에 해당하는 것이므로 곤란한 일이라 하겠습니다.

그리고 용도를 당초의 계획에서 현저히 이탈한 경우는 '용도유용(用途流用)'이 되어 징계나 처벌의 대상이 되는 것이고, 조합원이나 고객에 대한 선물이나 물품으로 제공하는 일은 배임이나 횡령의 혐의로 역시 문제가 될 수 있는 일이므로 주의하여야 할 것입니다.

그래서 예산의 용도변경은 가능한 한 당초 편성한 목적과 취지를 구현하도록 하여 대상자 확대나 변경, 미실시한 교육의 실행 등의 방법으로 소화하도록 하는 것이 바람직할 것입니다. 또한 그 과정에서 특정한 조합원이나 특정 지역, 계층에 편중되지 않도록 하여야 하는데, 농협은 전체 조합원을 위한 차별 없는 최대봉사가 명문화되어 있기 때문입니다.

그렇지만 연도 말 1주일 동안에 예산 조정을 실시하고 결재를 받아서 전체 조합원을 상대로 새로운 사업이나 업무를 추진하는 일은 현실적으로 불가능한 일이라 할 것입니다. 따라서 연내에 집행 가능한 부분은 집행을 할 수 있겠으나 집행이 불가능한 부분은 사업 부문별로 연내 집행이 가능한 방법을 모색하고 실제 활용은 내년도에 하는 방안, 예컨대 여행상품권이나 교육장 예약과 사전결제 등의 방법으로 집행하는 방안을 모색하여 볼 수 있을 것이지만, 예산을 현금으로 분배하는 일은 있을 수 없습니다.

245 단체협약 내용을 대의원회에 공개하라고 하는데

Q 금번 우리 농협 단체협상을 진행 중인데 일부 임원들께서 기존 단체협상 내용을 조합원 및 대의원에게 모두 배부하라는 요구가 있습니다. 단체협약의 조항에 '협동조합은 노동조합의 동의 없이 단체협약서, 보충협약서, 노사합의서, 노사협의회 회의록, 각종 협약 요구안 등을 담당 부서와 담당자, 자문노무사를 제외한 협동조합 내외의 제3자에게 제공하여서는 아니된다'라고 명시되어 있습니다. 임원들의 지시나 요구에 따라 단체협약의 명문화된 조항을 위반하여 그 내용을 배부해야 하는지, 배부할 경우 어떤 문제가 있는지 자문을 구합니다.

A '단체협약'은 '노동조합과 사용자 사이에서 근로조건 그 밖의 근로자의 경제적·사회적 지위에 관하여 합의된 문서'를 말하는 것입니다. 노동조합과 사용자가 단체교섭에서 합의된 사항을 문서로 작성하여 확인·보존함으로써 노사 간 새로운 질서를 확립하려는 데 그 기능이 있습니다.

단체협약은 사용자 측에서 보면 그 효력 기간에는 합의된 사항에 관해서는 쟁의행위를 하지 않는다는 점에서 휴전협정의 기능이 있고, 노동 부문의 안정과 노사협력을 통해 기업의 성장 발전을 이룩하며 장기 경영전략의 수립과 추진을 가능케 합니다.

산업별 단체협약의 경우 각 기업의 근로조건이 통일됨으로써 기업 간 공정경쟁의 계기가 되는 것입니다. 근로자 측에서 보면 조직의 힘으로 확보된 근로조건을 그 효력 기간에 보장받을 수 있다는 점에서 노동조건과 노동환경의 안정을 얻어 다른 잡념이나 걱정이 없이 직무에 집중할 수 있는 안전판과 같은 기능을 하게 됩니다.

그리고 국가적인 측면에서는 단체협약이 사용자와 노동자 간의 자치법규로 기능하여 노동시장과 경제의 안정을 기대할 수 있게 하며, 성문법의 미비점을 보완하고 노동시장과 환경의 변화를 기민하게 반영하여 입법을 선도하는 기능을 가지게 됩니다.

즉 단체협약은 사용자인 농협과 노동자인 직원들이 상호 대화와 협상을 통해 노동조건에 대하여 일정한 사항을 합의하고 약정한 것입니다. 그리고 단체협약은 헌법과 노동조합법에 근거를 둔 것으로 노사 양측 당사자는 그 내용을 반드시 지켜야 하는 것으로서, 위반할 경우 형사처벌이 뒤따르는 규범적 효력이 있습니다.

또한 단체협약은 민법상의 계약의 형태에서 발생하는 채권, 채무적 효력을 동시에 가지는 양면성이 있습니다. 따라서 사용자가 단체협약을 준수하지 아니하면 실정법 위반(노조법 제92조 2호)으로 형사처벌을 받게 되고, 민사상 손해배상 채무를 피할 수 없게 됩니다.

단체협상 내용, 즉 단체협약은 사용자와 노동자가 약정한 사항으로서 법률과 똑같은 효력이 있으므로 사용자나 노동자 어느 일방이 협약에 명시된 조건이나 의무사항을 위반할 경우, 예컨대 공표금지조항이 있음에도 그 조항을 위반하거나 무시하고 공표하였을 경우 그 행위를 자행하였거나 교사(敎唆), 강요한 사람은 실정법 위반으로 처벌받게 됩니다.

공표가 금지되어 있는 단체협약을 누설, 공표, 발표, 배부하거나 공표를 강요하는 일은 모두 다 위법한 행위로서 처벌 대상이 되는데, 구체적으로는 1. 업무방해죄 2. 강요죄 3. 농협법 위반이 됩니다.

형사처벌 이외에 임원의 의무를 위반하여 조합의 경영에 문제와 물의를 일으키는 임원에 대하여는 감독기관인 농림축산식품부장관이 임원직무정지명령, 임원개선명령, 변상명령을 할 수 있습니다. (법 제164조)

246 임원의 종임 시 선처의무는?

Q 농협법에 '종임 시 선처의무'라는 명문 규정이 있어서 임원의 사임 시 후임자가 취임할 때까지 임원의 권리와 의무를 계속하도록 되어 있습니다. 이사 A는 임기를 남겨 놓고 조합장 선거에 출마하기 위해 사임을 하였는데, 조합장 선거 기간 중에 임시이사회를 할 때 전 이사 A가 이 조항을 들어 이사회에 참석하였습니다. 조합장 선거 입후보를 위해 사임한 이사가 위의 '종임 시 선처의무'를 이유로 이사의 직무를 수행할 수 있는지, 임원은 이사만 해당되는지, 감사와 조합장 모두인지 궁금합니다.

A 임원의 종임 시 선처의무는 농협법에 직접 명시되어 있는 내용이 아니고, 농협법 제55조(「민법」 「상법」의 준용)에 다른 법률을 준용토록 하였고, 그중 상법 제386조(결원의 경우)를 준용함에 따라 발생하는 내

용입니다. 그리고 상법 제386조의 원문은 '법률 또는 정관에 정한 이사의 원수(員數, 인원수)를 결(缺, 부족하게 된)한 경우에는 임기의 만료 또는 사임으로 인하여 퇴임한 이사는 새로 선임된 이사가 취임할 때까지 이사의 권리의무가 있다'고 되어 있습니다.

이에 따라 사임한 임원은 '그 사람이 출석하지 않을 경우 이사회가 의사정족수를 채우지 못하여 회의가 열리지 못하는 경우에' 후임자가 취임할 때까지 종임 시 선처의무를 부담하게 되는 것입니다.

그러나 퇴임한 임원이 모두 다 종임 시 선처의무를 갖는 것은 아닌데, 해임된 임원은 그 대상이 되지 않고, 또 사임 후 직무대행이 있는 임원(조합장, 상임이사)도 사실상 해당되지 않으며, 의사정족수와 관련이 없는 임원(감사)도 마찬가지입니다.

결국 종임 시 선처의무가 주어지는 임원은 이사회 구성원인 비상임이사, 사외이사뿐이며, 종임 시 선처의무가 필요한 이유는 법률이나 정관에 정한 법인의 일정한 경영행위의 요건을 충족하지 못하여 법인이나 구성원이 손해를 입게 되는 것을 방지하기 위한 것입니다.

예컨대 이사회에서 일정한 안건을 의결하여야 하는데, 임원의 사임으로 의사정족수가 미달하게 되어 꼭 필요한 경영행위를 하지 못하게 되는 경우가 발생할 수 있습니다. 이때에는 이미 사임한 경우라 하더라도 후임자가 결정되어 취임할 때까지 계속 임원의 직무를 수행하여 법인의 업무 공백이나 경영 차질이 없도록 하라는 뜻입니다.

그렇지만 임원 1인이 사임하였다고 하더라도 나머지 임원들로 의사정족수를 충족하여 원만한 의사진행이 가능하고 업무의 공백이나 경영 차질의 우려가 없다면 사임한 임원에게 종임 시 선처의무를 요구할 필요가 없습니다. 이는 종임 시 선처의무는 사임한 임원이 법인을 위하여 취하여야 할 마땅한 도리이고 의무인 것이며, 권리가 아니기 때문입니다. (법 제55조, 상법 제386조)

또한 종임 시 선처의무는 해당자가 행사나 주장을 할 수 있는 권리가 아니고, 농협이 필요할 경우에 요구할 수 있는 해당자의 의무일 뿐이므로 종임 시 선처의무의 이행은 전적으로 농협의 의사에 달려 있습니다. 해당 농협의 경우 전임 이사가 이사회에 참석한 것은 위법한 일이므로 조합원에게 사과하여야 합니다.

또 해당 이사의 발언과 표결 참여는 모두 무효이고, 회의 수당도 지급할 수 없으며, 만약 지급하였다면 횡령죄가 성립합니다. 수당을 환입한다고 하더라도 이미 일어난 횡령의 범죄는 사라지지 않으며 환입한 것은 횡령죄를 처벌하는 과정에서 정상참작이 될 수 있을 뿐입니다. 그러나 일단 범죄와 위법이 발생하였으므로 해당 농협이나 임원, 대의원은 횡령죄와 업무방해죄로 고발하고 수당에 대한 반환청구소송을 하여야 합니다.

247 임원의 당연퇴직 효력 발생은?

Q 임원이 결격 사유에 저촉되면 당연퇴직 한다고 알려져 있습니다. 그런데 당연퇴직은 사임서나 해임 결의 등 절차가 없는데, 언제 어떤 조치가 있을 때부터 효력이 발생하게 됩니까?

A 농협의 임원이 농협법에서 정한 임원의 결격 사유에 저촉되거나 사

유가 확인되면 그 사실이 발생하였거나 발견된 때 그 임원은 당연퇴직합니다. (법 제49조)

'당연퇴직의 효력 발생 시기'는 당연퇴직 사유가 발생한 시점이라고 정관에 명시되어 있으므로(정관 제56조) 결격 사유가 발생한 시점이 곧 당연퇴직 시점입니다.

결격 사유의 발생이나 충족으로 당연퇴직하는 경우에는 해임 의결이나 확인 절차가 필요하지 않고, 사임서나 사임 선언, 퇴직 통지도 필요하지 않으며 결격 사유의 발생만으로 곧 자연퇴직 하는 것입니다. 당연퇴직은 이를 치유할 방법이 없으며, 재심이나 구제 절차가 전혀 없고 이사회나 총회의 심의나 의결 대상도 아닙니다.

그렇다면 결격 사유에 저촉되었거나 사유가 발생한 사실을 알지 못하였을 경우에는 어떻게 처리하여야 하는가의 문제가 남습니다. 실제로 결격 사유 저촉관계는 직원이 일일이 조회하고 확인하지 않으면 알기 어렵고, 분주하고 복잡한 일상에서 대상 임원이 직접 관리하고 확인하여 자격 기준을 유지하는 것도 쉬운 일이 아닙니다.

그 때문에 일부 조합에서는 잠시 동안 결격 사유에 저촉된 임원에 대해 신속하게 결격 사유 부분을 수습하고 결격 사유 저촉사실을 은폐하기도 하는데, 이는 대단히 위험하고 우매한 일입니다.

결격 사유에 저촉되는 것은 신고나 현장조사를 통해 밝혀지는 것이 아니라 조합의 전산 시스템과 공문서에 의해 확인되는 것인데, 명백히 저촉되었던 사실을 은폐한다고 하여 진실이 가려지는 것이 아닙니다. 분명한 당연퇴직 사유는 훗날 모두 밝혀지게 되는데, 이를 은폐하였다면 그에 대한 처벌을 피할 수 없게 되며, 농협법 위반, 업무방해 등의 죄목이 되고 피의자는 해당 임원과 조합장, 상임이사 등이 됩니다.

248 노사합의를 이사회에서 부결하면?

Q 우리 조합에서는 노사합의가 이루어진 사항을 규정에 반영하기 위해 이사회에 상정하였으나 부결된 일이 있습니다. 사측위원으로 참여한 이사 3인이 합의 과정에서 이사회와 협의하거나 합의 후 이사회에 보고하지 않았고 집행부에서도 보고한 사실이 없었기에, 이사회 심의 과정에서야 노사합의 사항을 알게 된 이사들이 이에 반발하여 최종 부결된 사항입니다. 이러한 이사회 결의가 농협법에 합당한지 궁금합니다.

A 노사합의는 사용자인 기업의 경영진과 노동자 대표인 노동조합, 혹은 근로자 대표와 노동조건에 대하여 합의한 사항을 가리킵니다.

노사합의는 사용자 측에서는 사용자를 대표한 위원이 참여하고 노동자 측에서는 노동자를 대표한 노동조합, 혹은 노동조합을 갈음할 근로자 대표가 참여하며, 양 당사자 간 합의는 곧 사용자와 노동자 전체가 합의한 것으로 간주됩니다. 따라서 노사합의서는 사용자인 조합장과 이사회, 근로자인 노동조합 조합원 전원과 비조합원인 근로자 전체에 대하여 효력이 있습니다. 또 노사합의서는 강행법규에 어긋나거나 저촉되는 경우, 사회질서에 반하는 경우에만 그 효력을 갖지 못할 뿐, 노사 양측을 기속하는 것입니다.

그리고 이사회는 조합의 중요한 경영방침에 대한 사항을 의결하는 기관인데, 경영방침에 관한 사항이라고 하여 모든 것을 다 결정하거나 변경할 수 있는 것이 아니고, 조합 내부의 사항에 대해서만 결정이나 변경이 가능하며, 대외적인 사항은 반드시 상대방의 동의를 얻어서 변경이 가능한 것입니다.

그런데 노사합의서는 이사회로부터 권한과 책임을 위임받은 노사교섭위원들이 그 권한 범위 내에서 노동조합과 합의하여 결정한 일이므로 이사회가 그 사항을 부정하거나 변경할 수 없습니다. 만약 노사교섭위원의 결정을 이사회가 번복하거나 무시한다면 이사회 스스로 이사회의 권한과 권능을 무시하는 결과가 되는 것입니다. 즉 이사회는 이사회로부터 권한을 위임받아 행사한 노사교섭위원들의 행위를 부인하거나 번복할 수 없고, 노사합의서를 인정하고 그 내용을 실천하여야 합니다. 그리고 노사합의를 당사자 일방이 무시하거나 이행하지 않을 경우 이행하지 않은 당사자는 모두 법률에 따라 처벌을 받게 되고, 단체협약이나 노사합의에 정해진 내용을 사측이 노조와의 합의 없이 일방적으로 변경하는 것은 단체협약 위반에 해당합니다.

「노동조합 및 노동관계조정법」 제92조 제2호에서는 단체협약의 내용 중 위반할 경우 형사처벌(1000만 원 이하의 벌금)할 수 있는 사항들을 정해 놓았습니다. 따라서 노사 합의사항이 이사회에서 어떤 기술적인 문제로 부결되었다면 이는 법률 위반이고 이에 따르는 책임이 중대하므로 가능한 한 조속히 가장 신속한 방법으로 재의결하여 합의사항을 이행하여야 합니다.

249 사외이사란?

Q 사외이사의 요건이나 선임 방법은?

A 사외이사제도(社外理事制度)는 회사의 경영을 직접 담당하는 이사 이외에 외부의 전문가들을 이사회 구성원으로 선임하는 제도입니다. 기업의 대주주와 관련이 없는 사람들을 이사회에 참가시킴으로써 대주주의 전횡을 방지하려는 데 목적이 있습니다.

사외이사는 회사의 업무를 집행하는 경영진과도 직접적인 관계가 없기 때문에 객관적인 입장에서 회사의 경영 상태를 감독하고 조언하기에 용이하다는 장점이 있습니다. 미국과 영국에서는 예전부터 사외이사제도를 채택하고 있으며, 일본도 이와 유사한 기능을 갖고 있는 외부감사제를 도입하였습니다.

한국에서도 정부투자기관에서는 이전부터 사외이사제도를 실시하고 있으며, 1998년부터 상장회사는 사외이사를 의무적으로 두도록 하였습니다. 이런 규정에 따라 상장회사에서는 다른 기업체 임직원 출신이나 교수·공무원 등을 사외이사로 임명하고 있습니다.

사외이사제도의 도입은 주식회사의 3대 기관인 주주총회·감사·이사회 가운데 2개 기관에 대한 임원 선임과 기능을 크게 바꾸는 결과를 가져오게 됩니다. 특히, 정책당국은 이제까지 기업의 주요 사항에 대한 내부 의사를 결정하는 기관이었던 이사회가 새로운 형태의 외부감시기구로 완전히 독립하게 될 것을 기대하고 있습니다.

그러나 미국 기업의 경우에서 볼 수 있듯이 한국에 있어서도 사외이사들이 회사의 경영에 대하여 감시활동을 제대로 할 수 있을지 그 실효성을 기대하기는 어렵다는 지적이 있기도 합니다. 농협에 있어서 사외이사는 기업의 경우와 많은 차이가 있습니다. 농협은 일반 기업의 경우 문제가 되는 대주주의 전횡이나 경영 투명성, 지배구조의 문제, 의사결정의 편중 등이 문제 되는 것이 아니기 때문입니다.

농협에서는 사외이사를 학경이사(學經理事) 또는 원외이사라고도 하며 학식과 경험이 풍부한 외부 인사를 사외이사로 영입, 활용하고 있는데, 법률가, 교수, 공무원, 기업경영인, 농업 전문가 등을 주로 활용하여 조합 경영 과정에서 전문성을 활용하고 있습니다.

사외이사는 조합원이 아니고 출자도 하지 않으므로 조합의 사업이익에 초연하며, 조합 경영을 객관적으로 냉정하게 파악하고 개인의 전문지식을 동원하여 조합 경영에 대한 조언을 하게 됩니다. 그리고 사외이사도 임원이므로 조합원총회에서 선출하는 절차를 거쳐야 하고 임기는 2년이며, 연임에 대한 제한은 없습니다.

250 보궐선거 시 임원의 임기는?

Q 임원의 유고로 보궐선거를 실시할 경우, 새로 선출된 임원의 임기는 어떻게 됩니까?

A 조합에서 보궐선거를 해야 하는 경우는 일상적인 것이 아니고 매우 희귀합니다. 임직원 중에도 평생 보궐선거를 경험하지 못하는 경우가 많아서 보궐선거의 절차나 선출된 임원의 임기에 대해 잘 알지 못하는데, 이 또한 자연스러운 일입니다.

보궐선거는 임원이 임기 중에 사퇴하거나 사망하는 등 유고가 있을 때 실시하는 선거입니다. 그래서 보궐선거를 실시할 경우에 새로 선출된 임원의 임기는 원칙적으로 '전임자의 잔여임기'이지만(정관 제55조), 경우에 따라 예외가 있습니다.

- 조합장의 경우에는 임기를 새로 기산합니다.
- 조합의 상임이사나 상임감사는 새로 기산합니다.
- 이사나 감사 전원의 결원으로 인해 실시하는 보궐선거로 당선된 임원은 임원진 개편으로 보아 새로이 기산합니다.
- 이사와 비상임 감사는 전임자의 잔여임기입니다.

농협법은 이렇게 규정하고 있지만, 조합장의 경우는 달라졌습니다.

조합장 선거는「공공단체등 위탁선거에 관한 법률」이 제정, 시행됨에 따라 농협법에 정한 임기 계산을 하지 않고 위탁선거법에 따른 임기 계산을 하여야 합니다. 즉 위탁선거법은 2015년부터 4년마다 3월에 전국의 모든 조합장을 일제히 선출하도록 하고 있으므로 조합장의 보궐선거 시 신임 조합장의 임기는 위탁선거법이 정한 다음번 전국 조합장 일제 선거일까지입니다.

이는 위탁선거법이 농협법에 대해 특별법이므로 '특별법 우선의 원칙'에 따라 우선 적용되어야 하기 때문입니다. 그러나 이사, 감사의 선거는 위탁선거법을 적용하지 않으므로 농협법에 따라 판단하여야 합니다.

251 임원 임기의 기산일자는?

Q 임원 임기가 임원마다 제각각인데, 임기의 기산일은 언제입니까?

A 임원의 임기기산일(任期起算日)은 임기개시일(任期開始日)이라고도 하는데, 임기 계산을 하는 데 있어서 첫 번째 날을 가리킵니다.

그리고 임기기산일은 임원 선거의 이유와 형태에 따라 달라집니다. 먼저 전임자의 임기가 만료되기 때문에 만료일 전에 선거를 실시하는 경우, 당선자는 전임자의 임기만료일 다음 날부터 임기가 시작됩니다. (정관 제55조)

임기 만료를 앞두고 선거를 하는 과정에서 전임자가 사망, 또는 사임 등으로 궐위된 때에는 당선공고일이 임기개시일이 됩니다. 이미 실시한 선거가 무효로 결정되어 재선거를 하는 경우나 보궐선거를 하는 경우에는 당선공고일이 임기개시일이 됩니다.

선거가 완료되고 당선자가 확정되면 선거관리위원장은 즉시 당선공고와 당선통지를 하여야 합니다. (정관 제89조) 이때 '당선자가 확정된 경우'라는 것이 어떤 경우인지에 대해 법률이나 정관에 명문 규정은 없으나, '의장이나 선거관리위원장이 당선인을 선포한 때'라고 보는 것이 가장 합리적이고, 또 모든 선거에서 그렇게 하고 있습니다.

조합이 신설되거나, 분할, 합병 등으로 법률상 신설의 형식을 밟게 되는 조합의 경우에는 조합의 설립등기가 조합의 설립 요건이므로 설립등기가 완료된 날 임원이 취임하는 것이고 임기 또한 그날부터 시작된다고 하겠습니다.

단, 합병이나 분할 시에는 기존의 임원이나 사업 등에 대한 경과조치가 정관에 명시되므로 그에 따르면 됩니다.

Q 임원의 임기가 끝났는데도 임기가 연장되거나 직무가 연장되는 경우도 있습니까?

A 조합의 임원은 조합 업무의 실질적인 수행을 맡고 있으므로 한순간도 비워둘 수 없는 자리입니다. 그런데 중요한 시점에서 임원의 임기가 만료되고 후임자가 아직 결정되지 않은 경우, 또는 사임한 경우 등은 경영의 공백을 없게 하기 위해 임원의 임기를 한시적으로 연장하여 중요한 시점에서 경영상 공백이 없도록 합니다.

또 임원의 임기만료 연도 결산기의 마지막 달(12월)부터 그 결산기에 관한 정기총회 전, 즉 12월부터 그 이듬해 정기총회까지 사이에 임기가 만료되는 경우에는 정기총회 때까지 임기가 연장됩니다. (법 제48조)

이는 당해 연도의 결산을 기존의 임원들이 하도록 하는 동시에 신구 임원의 교체를 원활하게 하며 임원 결원 보충을 위한 임시총회를 열지 않아도 되도록 하기 위한 것입니다. 그렇지만 임기가 연장되는 시한은 정기총회가 속하는 연도의 6월을 초과할 수 없습니다. (정관 제46조)

그런데 어떤 사유로 '조합의 정기총회를 법정기간 내에 열지 못하는 경우에도 임기가 연장되는가?' 하는 의문에 대해 정기총회를 열 때까지 연장된다고 보아야 할 것입니다.

그러나 정관은 임기 연장을 6월 이내로 한정하고 있으므로 최대 6월 말일까지가 임기 연장 시한이 될 것이고, 그때까지도 정기총회를 열지 못하는 경우에 대하여는 법률에 아무런 규정이 없습니다. 만약 그러한 경우가 생긴다면 4월까지 정기총회를 열지 못했을 때 기존 임원의 임기 종료를 6월 말일로 보고 5월 중에 임원 선거를 먼저 실시하여 후임자를 정해두는 것이 가장 합리적이고 원만한 업무처리가 될 것입니다.

이런 문제를 방치하다가 자칫하면 임원이 없는 상태, 혹은 이사회의 정족수 부족으로 경영 공백이 발생할 위험이 있기에 잘 살펴서 이러한 경영상의 공백 상태를 예방하여야 합니다. 한편, 임원의 임기 만료나 사망, 사임으로 임원의 숫자가 너무 많이 줄어들어 정족수 미달 사태가 될 경우에는 사임으로 퇴임하는 임원은 후임자가 취임할 때까지 권리와 의무를 모두 행사하여야 합니다.

이는 임원의 의무 중 하나로서 사임을 하였더라도 그 의무에서 벗어날 수 없습니다. 이런 조항을 두는 이유는 조합의 경영 위기나 어려운 사태 앞에서 임원이 마음대로 또 연쇄적, 집단적으로 사임함으로써 조합의 위기가 더 심해지는 현상을 막으려는 것입니다.

그리고 임기가 연장된 임원은 임기 연장이 조합의 경영 공백을 막아 조합이 정상적인 활동을 할 수 있도록 보충적이고 한시적으로 인정되는 것이므로 임원의 경영행위나 권한을 꼭 필요하고 불가결한 범위 이내로 행사하여야 할 것이고, 다른 임기 때처럼 무한정, 자의적으로 행사할 수 없는 점을 명심해야 할 것입니다.

그리고 어떤 이유로 임원의 임기 종료와 함께 조합의 경영 위기가 겹쳐서 어려운 시기에 임원이 없게 되거나, 결원이 너무 많지만 임원 선출도 어려운 탓에 조합에 손해가 발생할 위험이 생기면 조합원이나 채권자 등 이해관계인이나 검사가 법원에 임시 임원 선임을 청구할 수 있습니다. (법 제55조, 민법 제63조)

253 임원 출장 시 출장비의 기준은?

Q 이사와 감사가 교육이나 연수 출장을 갈 경우 여비를 지급할 때 조합마다 정해진 기준보다 더 많이 지급하는 경우가 많습니다. 그러다 보니 매번 출장 때마다 여비를 두고 신경전을 벌이는 일이 생깁니다.

A 임원들이 교육이나 연수 출장을 갈 경우 지급하는 여비는 그 지급 기준을 중앙회나 연수를 주관하는 쪽에서 정해주게 됩니다.

그렇지만 정해진 여비가 충분하지 않은 것이 현실이고, 또 현지에서 연수 중에 다른 조합이나 외부인과의 접촉, 교류를 할 경우가 있습니다. 이로써 많은 정보를 얻고 인적네트워크를 구성하는 기회가 되며, 관련 자료를 입수하게 되는데 이때 기본적인 비용이 필요하게 되는 것은 당연한 일입니다. 그래서 조합은 중앙회가 시달하는 기준보다 약간 더 많은 여비를 지급하거나 별도의 활동비를 주는 경우가 있는데, 해당 임원이 이 내용을 정확하게 모르는 상태에서 여비를 받아 목적한 대로 잘 사용한 것은 별다른 문제가 되지 않을 것입니다.

그런데 교육을 마치고 나서 다른 조합의 경우에 비해 여비가 적었음을 이유로 추가 지급을 요구하거나, 앞으로 교육 연수 시 기준보다 더 많은 금액의 지급을 요구하는 일은 매우 위험한 일입니다. 임원이 집행부에 대해 위규를 적극적으로 요구하는 일이고, 대의원이나 조합원이 볼 때 횡령의 의혹을 가질 수 있기 때문입니다.

또한 정해진 기준금액 이외의 다른 추가 비용을 받는 일도 후일 대단히 곤란한데, 조합예산이나 비용의 횡령이 되거나 조합이나 임직원에 대한 금품갈취가 되기 때문입니다. 따라서 교육 연수나 출장 시 지급되는 여비에 대하여는 넉넉하지 않더라도 임원으로서 희생정신을 발휘하여 참고 견딘다고 생각하는 것이 후일의 큰일을 위해 매우 중요합니다.

254 임원의 의무 위반 시 어떤 문제가 생기는가?

Q 임원이 의무를 위반하거나 게을리할 때 어떤 문제와 결과가 따르게 됩니까?

A '의무의 이행'이란 의무자가 의무의 내용을 실현하는 행위를 말합니다.

임원은 '신의의 원칙에 따라 성실하게 의무를 이행'하여야 합니다. 겉으로만 성실하게 의무를 이행한 것으로 보일 뿐 신의성실의 원칙에 반하는 행위는 의무 이행의 효과가 인정되지 않고, 의무불이행이 되며 위법한 행위가 되는 것입니다.

그런데 의무의 이행행위가 신의성실의 원칙에 잘 맞는지, 반하는지의 판단은 의무의 내용과 성질에 따라 달라지므로 구체적인 사항을 두고 개별적으로 판단하여야 할 것입니다. 임원이 의무를 위반할 경우에는,

첫째, 행정처분 및 해임결의 대상이 됩니다. 임원이 의무를 위반하면 임원 개선(改選), 직무정지 등 행정처분 대상이 되고, 조합원 1/5 이상의 청구에 의해 총회에서 해임의결 대상이 됩니다.

둘째, 손해배상의 책임이 발생합니다. 임원이 법령이나 정관을 위반하거나 임무를 게을리하여 소속 조합에 손해를 끼친 경우에 손해를 배상하여야 합니다. 또 임원이 고의나 중과실로 제3자에게 손해를 끼친 경우 역시 그 손해를 배상하여야 합니다.

셋째, 형벌의 대상이 됩니다. 임원이 의무 위반으로 소속 조합에 손해를 끼친 경우 농협법에 따라 형벌의 대상이 되고(법 제170조), 특정한 내용의 충실 의무를 위반한 경우에는 손실의 발생 여부에도 불구하고 형벌의 대상이 될 수 있습니다. (법 제171조)

그런데 임원은 이러한 법률적 제재를 의식해서가 아니라, 조합원으로부터 선출된 조합원의 대표이며 경영책임자라는 점을 명심하여야 합니다. 언제나 조합사업의 성장, 조합의 발전, 조합원의 이익을 위해 노심초사하고, 개인적 이익을 버리고 공익을 위하여 헌신하며 협동조합의 대의를 위해 희생한다는 자세를 가져야 합니다.

255 위법적인 대표행위의 효력과 대표권 남용은?

Q 대표권의 행사에서 위법행위, 그리고 대표권의 남용이 무엇이며 그 효력은 어떠한지요?

A '조합장의 대표권 범위'는 조합의 권리능력의 범위와 일치하며, 조합장은 조합의 명의로 할 수 있는 재판상, 또는 재판 외의 모든 행위를 할 수 있습니다. 그 때문에 조합 내부의 필요한 절차를 밟지 않고 조합

장 임의로 한 행위나 정관의 목적을 벗어난 행위라 하더라도 대외적으로는 유효한 것이 됩니다.

예컨대 조합장이 이사회나 총회의 의결을 받지 않고 조합을 대표하여 조합 명의로 어떤 계약을 하였을 경우 조합 내부적으로는 무효가 될 수 있지만, 외부의 계약 당사자에게는 효력이 있어서 조합은 그 계약을 지켜야 된다는 것입니다. 그리고 법령에 의한 것이 아니라 조합 자체로 이사회나 대의원회의 결의, 혹은 정관으로 조합장의 대표권을 제한하였을 경우 역시 제3자에게는 대항할 수 없습니다.

이렇게 대표권자의 월권행위에 대해서 위법한 행위까지도 효력을 인정하는 이유는 조합과 거래하는 제3자는 조합 내부의 결정이나 의결을 알 수 없는 것이고, 조합 내부의 의결사항이 외부인을 기속(羈束)할 수 없으며, 외부인이 조합의 제한을 알 수 없었던 경우에는 그 이익을 침해할 수 없는 것이기 때문입니다.

또 외관주의와 거래 안정의 필요성이라는 사회적 약속 때문에 대표권의 남용에 대하여도 일단 그 효력을 인정하지 않을 수 없는 것입니다. 그래서 언제나 이사, 감사와 대의원들이 조합 집행부의 동향과 사업 추진에 대해 관심을 가져야 하며, 수상한 동정이 있을 경우에는 감시·감독을 게을리하지 않아야 하는 것입니다.

※ 외관주의(外觀主義, Rechtsscheintheorie)
진실에 반하는 외관이 존재하는 경우에 그 외관을 만든 사람은, 이를 믿은 사람에게 책임 사유가 없는 한 그에 대한 책임을 져야 한다는 주의를 말합니다. 거래의 상대방이 외관을 믿고 거래하였을 때에는 그를 보호하여야 거래의 안정을 확보할 수 있으므로, 비록 외관이 진실과 어긋나는 경우라도 외관에 우월성을 인정하려는 것입니다.
민법에서는 외관주의의 법리에 해당하는 것으로 '공신(公信)의 원칙'이 있습니다.

상법에 있어서는 지배인의 대리권에 관한 제한의 대항력(제11조 3항), 상업등기부실에 대한 책임(제39조), 영업양도에 있어서 채무인수를 광고한 양수인의 책임(제44조), 주식인수의 무효주장 또는 취소의 제한(제320조 1항), 선장의 대리권의 제한에 대한 대항력(제775조), 어음행위의 무권대리인의 책임(어음법 제8조), 어음의 선의취득자의 보호(제16조 2항), 어음에 대한 인적 항변의 제한(제17조) 등의 규정을 두고 있습니다.

256 임원의 불법행위에 대한 책임은?

Q 임원이 불법행위를 하였을 경우 조합에 대하여나 조합원 혹은 상대방에 대해 책임이 있다는데, 어떤 것이 있습니까?

A '임원의 불법행위 책임'이란 조합의 대표권자가 직무에 관한 불법행위로 타인에게 손해를 입혔을 경우 조합이 그 손해를 배상하는 것을 가리킵니다. (법 제55조) 이러한 책임이 성립하려면 '조합 대표기관의 행위'라야 하고 대표기관이 '직무에 관한 행위'로써 '타인에게 손해를 입혀야 하는' 조건이 있습니다.

여기에서 대표기관은 1차로 조합장, 또는 감사가 조합장을 대신하여 감사가 대표권을 행사하였을 경우에는 대표권을 행사한 감사가 되겠지만, 반드시 대외적인 대표자에게 국한되는 것이 아니고 반드시 등기된 임원에 국한하는 것도 아닙니다. '법인 대표자'는 그 직함이나 명칭, 지위 등에 관계없이 당해 법인을 실질적으로 운영하면서 법인을 사실상 대표하여 법인의 사무를 집행하는 사람을 가리킨다고 하고 있습니다.

'직무에 관한 행위의 판단'은 조합의 사업목적 내 행위라고 볼 수 있으면 되는 것이고, '사업 범위'는 농협법과 정관에 명시되어 있는 사업에 해당하면 된다고 생각됩니다. 즉 '직무에 관한 행위'라고 하는 것은 외형상 객관적으로 대표기관의 직무행위라고 볼 수 있는 경우라면 그 내용에 있어서 대표기관의 개인적 이익을 위한 결과였거나 법률에 위반된 것이라고 하더라도 직무에 관한 행위에 해당이 되는 것입니다.

이러한 경우에 조합은 피해자에게 손해를 배상하여야 하고 그 손해를 대표기관에 구상하게 됩니다. 예컨대 조합장이 나쁜 마음을 갖고 농협 거래선을 상대로 농협사업을 가장하여 농산물 포장재를 대량으로 주문해서 다른 곳에 팔아 그 대금을 횡령하였을 경우, 농산물 포장재 사업자는 농협을 상대로 포장재 대금을 청구할 수 있고, 농협은 그에 대하여 변제할 책임이 있다는 뜻입니다.

257 이사 개인의 변상책임은?

Q 이사가 직무수행을 하던 중 그 직무에서 문제가 생길 경우 변상책임을 진다고 하는데 그 기준과 범위가 궁금합니다.

A 조합의 임원이 정상적이고 순리적으로 성실하게 임무를 수행한다면 변상책임을 부담하는 일은 없을 것입니다.

그런데 조합의 임원이 직무를 수행하는 과정에서 법령이나 정관을 위반하거나 주어진 임무를 게을리하여 조합에 손해를 끼쳤을 때, 그 책임이 있는 임원이 개별적으로나 혹은 다른 책임 있는 임원과 연대하여 손해를 배상하여야 하는 책임을 말합니다. 이러한 책임 중에는 이사회의 의결 시 부당한 내용이나 앞으로 조합에 손해가 예상되는 것을 알면서도 찬성하였거나 명백히 반대하지 않은 이사는 후일 그 부분에 대한 변상책임을 져야 합니다. 그래서 이사회의 안건 중 명백히 부당하다고 판단되거나 후일 책임문제가 예견되는 사항에 대하여는 세밀하게 심의하고 심사숙고하며 상호 간 깊이 있는 논의를 통해 합리적인 결과를 도출하도록 해야 합니다..

그럼에도 역부족으로 안건이 불합리한 방향으로 결정될 경우에는 그 안건에 대해 반대 의견을 분명히 하고 또 이사회의사록에도 반대 의견을 표명한 사실을 확실히 기록하도록 조치하는 것이 필요할 것입니다.

어떤 사안에 대해 후일 조합의 책임이 밝혀져 배상을 하여 관련 임원이 변상을 해야 하는 사태가 생길 경우, 이사회 심의와 의결에서 명백히 반대 의사를 표명하지 않고, 또 찬성 의사도 표현하지 않은 이사는 찬성의 의사를 표현한 것으로 간주되어 변상책임을 피할 수 없게 됩니다. (법 제53조)

258 임원의 신분상·형사상 책임은?

Q 임원이 직무수행을 하다가 문제가 생겨 신분상 책임을 질 수도 있다는데, 그 이유와 책임 범위가 어떻게 됩니까? 또 형사책임을 지는 경우도 있습니까?

A '임원의 신분상 책임'이란, 이사나 감사가 그 직무수행과 관련하여 비위를 저지르거나 불성실, 무능 등으로 임원의 직무를 계속하는 것이 부적당하다고 판단될 경우 해임되는 것을 가리킵니다.

임원은 일정한 숫자의 조합원의 해임 요구, 총회의 해임 의결, 중앙회 조합감사위원회의 개선 요구(법 제163조), 장관의 임원개선명령 등으로 해임될 수 있습니다. (법 제54조) 또 중앙회장의 징계 요구에 따라 업무 정지나 직무 정지 등을 당할 수도 있으며(법 제146조), 장관의 직무정지명령(법 제164조), 총회의 결의에 따라 징계나 변상을 당할 수 있습니다. (정관 제37조)

이러한 신분상 책임의 이유는 불법행위가 가장 큰 원인이고, 책임의 범위는 최고 해임입니다. 이와 별도로 임원의 결격 사유에 저촉되면 바로 해임되므로 주의하여야 합니다. 농협의 임원이 '형사책임'을 지게 되는 경우는 많지 않지만, 형사처벌이 되는 경우가 있으므로 그 대상이 되지 않도록 각별히 주의해야 합니다. 임원에 대한 형사책임은 1차로 「농협법」 제170조, 제171조에 농협법을 위반한 경우의 형사처벌 내용과 기준이 모두 열거되어 있습니다.

이 밖에도 뇌물죄는 「특정범죄가중처벌법(특가법)」으로, 상습사기, 상습공갈, 업무상횡령, 배임, 수재, 사금융 알선, 저축 관련 부당행위 등의 범죄는 「특정경제범죄가중처벌법(특경가법)」으로 처벌하며, 「금융실명거래 및 비밀보장에 관한 법률」, 「신용정보의 이용 및 보호에 관한 법률」 등 법률을 위반했을 경우에도 형사상의 책임을 지게 됩니다.

이러한 법률은 임원의 직무와 밀접하게 연관되어 있으며, 평소에 별로 접해보지 않은 사항이므로 임원들은 틈날 때마다 학습하고 연구하며, 항상 몸가짐을 바로함으로써 법률을 위반하거나 법률에 저촉되는 경우에 처하지 않도록 주의하여야 합니다.

임원 피선거권 제한사유에 저촉된 임원의 신분은?

Q 임원으로 당선된 후 피선거권 제한사유에 저촉된 사실이 밝혀진 경우, 자연해임이 되는지 아니면 해임 절차를 거쳐야 하는지 의견이 분분합니다.

A 임원 결격사유에 저촉되는 경우, 해당 임원은 그 순간에 당연해직되므로 별도의 해직 절차나 요건, 구제 절차가 전혀 없지만(법 제49조), 임원의 피선거권 제한사유에 저촉된 경우는 이와 다릅니다. (법 제52조)

임원 피선거권 제한사유는 1. 경업자인 경우(법 제52조) 2. 다른 임원 선거에 입후보하기 위해 사직한 임원의 궐위로 인한 보궐선거(법 제45조) 3. 선거법 위반으로 치러지는 재선거에서 본인이나 가족이 선거법 위반으로 처벌된 후보자(법 제173조) 4. 조합장과 상근 임원의 경우 공직선거법 위반에 의한 자격 제한(공직선거법 제266조) 5. 특정경제범죄가중처벌 등에 관한 법률에 의한 취업제한 대상자(동법 제14조) 등입니다.

그러므로 조합에서 임원 선거를 할 때에는 임원 결격사유는 물론이고 임원 피선거권 제한사유에 해당하는지를 잘 살펴서, 그 사유에 해당할 경우에는 후보자 등록을 거절 또는 금지하여야 합니다. 임원 결격사유에 해당하는 경우 그 사유가 밝혀지는 순간 당연해직되지만, 임원의 피선거권 제한사유에 저촉되는 경우에는 이와 달리 당연해직되지 않고 해임절차를 거쳐야 하기 때문입니다. (법 제52조, 정관 제69조)

농협의 임원은 조합원의 기본권인 피선거권에 의해 당선되고, 피선거권은 국민의 기본적 권리인 공무담임권의 하나이며(헌법 제25조), 국민의 기본권 제한은 반드시 법률에 의해서만 할 수 있는데(헌법 제37조), 농협법에는 피선거권 제한사유 저촉에 의한 당연해직이 명시되어 있지 않습니다. 따라서 피선거권 제한사유에 저촉되거나 저촉된 사실이 밝혀지더라도 임원에서 당연해직되지 않습니다.

다만, 피선거권 제한사유 중에서 공직선거법 위반으로 처벌된 경우는 공직선거법에 '당연퇴직된다'는 명문 조항이 있으므로 이에 의거해 당연해임됩니다. (공직선거법 제266조, 제53조)

만약 조합에서 피선거권 제한사유를 이유로 해당 임원을 당연퇴직 조치한다면 그 조치가 위법이자 위헌에 해당하므로 당연히 무효이고, 후일 위법 행위에 대한 처벌과 해당 임원에 대한 손해배상이 따르게 됩니다.

260 임원의 자기거래제한이란?

Q 임원의 자기거래제한이라는 것이 왜 있는지, 정말 필요한 것인지 궁금합니다.

A 쉽게 말해 농협 임원이 자신이 소속된 농협과 지나치게 많은 금액을 거래하는 것을 금지한다는 뜻입니다. 즉, 임원 중에서 조합장과 이사는 이사회의 승인을 받지 않고는 자기 또는 제3자의 계산으로 조합의 정관이 정하는 규모 이상의 거래를 할 수 없으며, 이를 '자기거래제한 준수의무'라고 합니다.

이러한 규제를 하는 이유는 조합의 사업비밀이나 경영기밀을 다루는 임원이 자신의 이러한 지위를 이용해 소속 농협을 희생시키고 자신의 이익을 도모하려는 경우를 예방하기 위해서입니다.

그런데 모든 거래에 다 해당되는 것이 아니고, 자금의 대출이나 외상 거래 등 소속 조합의 자금 부담이 큰 경우에 한해서 제한하며, 신용사업의 경우에는 3억 원 초과 거래, 신용사업 이외의 거래는 건당 1000만 원 또는 총잔액 5000만 원 초과 거래를 대상으로 합니다. 거래 총잔액을 규제하는 이유는 개별 건당 금액을 낮추어 분산함으로써 이사회 승인 절차를 회피하는 것을 막기 위해서입니다. 이사회 승인 대상 거래는 소속 농협에 자금 부담이 있거나 불이익이 발생할 수 있는 거래에 한정하며, 거래의 성질상 이해충돌이나 불이익이 없는 거래는 이사회 승인 대상이 아닙니다. 그러므로 예금·적금·보험·담보대출과 같이 조합에 자금 부담이나 불이익의 위험이 없는 거래는 대상에서 제외됩니다.

이 거래의 승인은 이사회의 보통결의, 즉 이사회 과반수 출석에 출석자 과반수의 찬성으로 의결되며, 당사자는 특별이해관계인이 되므로 의결에 참여할 수 없습니다. 그러나 감사는 임원이지만 집행기관이 아니므로 이 의무를 지지 않습니다.

261 직원을 징계하고 임원이 배상책임을 지는 경우도 있나요?

Q 사고에 연루된 직원을 징계하였는데 그 징계 내용에 따라 관련 임원이 변상하는 경우도 있다는 말이 있습니다. 어떤 경우가 있습니까?

Ⓐ 임원으로서 합리적인 판단과 공정한 자세를 유지한다면 직원 징계 문제로 임원이 변상할 일은 거의 없을 것입니다. 그런데 최근 조합에서는 직원에 대한 징계와 변상을 아주 강력하게 시행하는 경향이 있는데, 이때 법률과 원칙의 범위를 벗어나 징계와 변상 판정을 하게 되면 후일 관련된 임원이 변상책임을 지는 경우도 있습니다.

예컨대 자금 대출의 경우 대출 당시 절차와 기준에 아무런 문제가 없었는데 지역경제의 쇠퇴나 담보물가액의 하락으로 조합에 손실이 발생하는 일이 종종 있습니다. 이때 대출 취급자와 결재자의 업무상 잘못이 없다면 처벌이나 변상 판정을 할 수 없고, 어떤 잘못이 드러났더라도 그 잘못이 조합 손해의 직접적인 원인이 아니라면 역시 처벌해서는 안 되는 것이 원칙입니다.

그런데 임원들이 어려운 조합 경영 형편을 들어 담당자의 책임을 강조하면서 억지로 중징계와 거액의 변상 판정을 하는 경우가 있습니다. 직원은 일단 약자로서 지금은 그 결정을 받아들일 수밖에 없지만, 후일 퇴직할 때 억울한 부분에 대하여 조합을 상대로 하는 소송을 통해 조합으로부터 배상받을 수 있고, 그 배상금은 조합의 불법행위로 인한 손실이므로 당시 관련된 임원이 조합에 변상해야 합니다.

그리고 변상금액은 직원의 변상 판정 금액, 무리한 징계로 잃어버린 급여와 호봉 승급, 직급승진 지연 등의 손해액 전액과 그에 더하여 그와 관련되는 이자, 정신적 피해에 대한 위자료 등이 되므로 거액이 됩니다.

그러므로 아무리 조합의 경영수지가 어렵고 피해가 크더라도 직원에 대한 징계와 변상 판정을 하는 데 있어서는 반드시 '합리적인 판단'과 '적정한 변상'으로 후일 조합이 손해를 입게 하는 일은 없어야 할 것입니다.

Q 농협의 이사가 이사직을 사임하여 신임 이사를 선출하였는데, 그 내용을 등기 신청하였더니 등기소에서 임기 도중 사임한 임원으로부터 인감증명서와 기타 확인 절차를 요구합니다. 이에 사임한 임원에게 해임 등기에 필요한 서류 제출 등 협조를 요구한바, 사임한 임원은 사임등기에 대한 협력을 거부하고 사임처리를 할 경우 소송 등 법적 대응을 하겠다고 하는데 마땅한 해결책이 있습니까?

A 이사가 사임서를 제출하였으면, 그 순간에 사임이 확정된 것이고 사임의사의 철회나 번복은 불가능하므로 사임은 이미 확정된 사실입니다.

사임한 임원은 당연히 조합의 법인등기부에서 삭제하여야 하는데, 임기 도중에 사임한 경우 등기소에 따라서 사임의 진정성과 절차의 정당성을 확인하기 위하여 별도의 확인 절차나 서류징구를 하는 경우가 있으므로 사임한 임원은 법원의 업무인 등기업무와 절차에 성실히 응하고 협력하여야 합니다. (법 제55조)

등기업무에 협조를 거부하여 조합의 업무에 지장을 초래하게 된다면 해당 인사는 조합에 그 손해를 배상하여야 합니다. 예컨대 신임 임원의 취임등기나 변경등기를 하지 못하여 조합 이사회가 변칙적으로 운영되거나, 등기거부 임원에 대한 해임 결의를 하는 데 인력과 예산을 소요하였다든가 할 경우 그 손해에 대한 배상책임이 따르게 되고, '조합원 제명 사유'에 해당합니다.

그리고 조합의 등기부에 임원의 정수가 등재되어 있지 않다면 사임한 임원의 등기부 삭제는 일단 보류하고 신임 임원의 추가등재를 먼저 이행한 뒤 사임한 임원의 등기부 삭제는 추후 여유를 갖고 처리하도록 하거나, 별도로 사임한 임원이 사임등기를 거부하고 있다는 내용을 등기부에 등재하여 이해관계자들에게 공시하는 방법도 있습니다.

해당 임원이 법적인 대응 또는 소송을 제기한다면, '임원사임무효확인청구소송'이거나 '임원해임무효확인청구소송' 또는 '임원등기말소무효확인소송' 등이 될 것입니다.

반대로 조합은 해당 인사를 상대로 '등기업무이행청구소송' '조합임원사임확인청구소송' 등을 할 수 있을 것입니다. 관련 법률인 농협법, 민법 등에서, 또 판례를 보더라도 사임한 임원이 소송을 할 경우, 사임한 인사가 승소할 전망은 전혀 없다고 하겠습니다.

임원의 직책을 본인이 자의로 사임한 것이고, 조합에서 강제로 해임한 것이 아니므로 어떠한 명목의 소송이든, 어떠한 논리의 항변이든 타당한 이유를 내세울 수 없을 것이기 때문입니다. 그러나 실무적으로는 이러한 내용과 함께 협조를 당부하는 내용증명 우편을 보내서 최고(催告)하고 그 이후에 법적 조치에 들어가도록 하는 것이 합리적일 것입니다.

263 임원 선출 자격을 정함은 조합원에 대한 차별이 아닙니까?

Q 농민단체의 지도자가 농협 임원과 대의원 선거에서 기준출자금 2년

이상 보유 조건과 조합사업 이용실적으로 출마 자격을 정하는 것이 협동조합원칙과 헌법의 평등원칙에 어긋난다며 강하게 성토하고 있고, 선거 거부, 농협 개혁까지도 선동하고 있는데 대응할 논리를 알려 주십시오.

A 농협은 자본의 결합체가 아닌 인적결합체로서 한 개인의 과도한 거액출자를 금지하고 또 출자금액에 관계없이 평등하게 1인 1표의 의결권을 원칙으로 하고 있습니다.

그러나 임원이나 대의원의 자격 요건으로 일정 수준의 출자좌수와 일정 기간의 보유, 일정 규모 이상의 조합사업 이용실적을 요구하고 있습니다. 이러한 기준이 전체 조합원에 대한 차별 없는 봉사를 원칙으로 하는 평등의 원칙과 배치되는 차별이라는 주장일 것입니다.

그런데 농협은 인적결합체이며 동시에 경제단체이고, 운동체이면서 또 경영체입니다. 아무리 고상한 목표와 획기적인 이론, 공고한 단결, 불타는 열정이 있더라도 자본주의사회에서 다른 자본이나 기업체와의 경쟁은 피할 수 없고 그 경쟁에서 기본적이며 가장 중요한 요소는 바로 자기자본인 출자금입니다. 적어도 임원이나 대의원을 하고자 하는 사람이라면 전체 구성원의 평균적인 출자나 평균적인 사업이용 이상의 참여를 보여주지 않으면 안 되는 것입니다.

그리하여 임원과 대의원들이 솔선수범하여 출자금을 늘려가고, 그것을 일반 조합원들이 본받고 뒤따라서 조합의 자기자본이 충실해질 때, 조합의 사업이 경쟁력을 갖게 되고 조합은 강력해진 사업역량과 안정된 경영구조를 바탕으로 하여 그 역할과 기능을 잘 발휘하여 조합원에게 충분한 봉사를 할 수 있게 되는 것입니다.

그리고 임원이나 대의원의 자격을 출자금의 규모나 조합 참여의식,

책임감에 관계없이 개방하고 평등화한다면 소액의 출자만으로 이름만을 걸어 둔 불성실하고 부실한 조합원이 유창한 언변과 능란한 선동을 무기로 다수의 부실 조합원들을 등에 업고 조합 경영진에 진입하거나 경영권을 장악하여 건전하지 못한 방향으로 조합을 이끌어 갈 위험이 발생하게 되는 것입니다. 또 이러한 내용이 위헌이라며 헌법재판소에 위헌법률심판이 청구되었는데, 헌법재판소에서 심의한 결과 '평등권 침해가 아니며 합헌이다'라는 결정이 있었습니다.

264 이사 선거. 선거구 체제입니까, 아닙니까?

Q 이사를 선출함에 있어 법률에는 선거구가 없는 것 같습니다. 그런데 한 구역에서 후보자가 1명인 경우에는 무투표당선으로 한다는 것은 분명히 선거구를 인정하는 것이므로 문제가 있으며, 이에 대해 소송을 하겠다는 주장까지 있습니다.

A 이사 선거에서 조합원 수, 조합 구역, 지세, 교통 등의 조건을 감안하여 지역별, 성별, 품목별로 이사를 배분할 수 있습니다.

그런데 이사의 수를 배분하더라도 그 구역의 이사는 해당 구역이나 품목만을 대표하는 것이 아니라 전체 조합원을 고루 대표하는 이사입니다. 그래서 당선된 이사가 거주 구역이나 영농품목을 바꾸더라도 결격 사유가 되어 당연퇴직하게 되는 것이 아니고 직책을 유지합니다.

그런데 한 구역에서 입후보자가 1명인 경우 총회의 투표 절차를 거치지 않고 무투표로 당선을 확정토록 한 것은 선거구의 개념과 똑같이 보이므로 논쟁의 소지가 있습니다.

그런데 농협법은 아직 이사 선거에서 선거구를 공식적으로 도입하지 않았지만, 구역별 단일후보를 당선자로 결정토록 한 역사적인 배경이 있습니다. 과거 어느 조합에서 조합 집행부에 극렬하게 저항, 대립하는 어떤 구역이 있었는데, 그 구역의 단일후보를 전체 대의원회에서 반복하여 낙선시켜서 사실상 이사를 내지 못하게 한 일이 있었습니다.

그러한 경우에는 한 구역이나 한 계층, 혹은 한 집단이 조합의 경영에서 합법적으로 완전히 배제되는 불합리가 발생한 것입니다. 또 그 문제는 협동조합의 원칙과 이념, 농협법의 정신을 정면으로 위반한 것이지만, 법률로써 그 행위가 용인되는 모순이 발생했던 것입니다.

그래서 아직은 선거구 체제를 도입하지는 않았지만, 과거 선거의 모순을 치유하고 농협법의 정신을 지키기 위해 선거 구역의 1인 후보 혹은 단일 후보를 당선자로 결정토록 한 것입니다. 그리고 선거구 체제의 도입에 대하여는 국회의원 선거나 지방선거의 경우 여러 가지 부작용과 역기능, 문제점이 있으므로 농협에 도입하는 문제는 충분한 시간을 갖고 연구 중입니다.

265 임원 선거 낙선운동의 문제

Q 우리 조합에서는 지난번 국회의원 총선거 영향으로 시민단체와 농업

인단체에서 특정 임원 후보에 대한 낙선운동을 펼칠 것이라고 합니다. 낙선운동은 규제받지 않습니까?

A 농협의 선거에서는 법률로써 허용되는 선거운동 이외의 모든 선거운동은 금지되어 있습니다. (법 제50조)

그런데 법률의 명문 규정에 낙선운동이 규정되어 있지 않다고 하여 낙선운동을 합법이거나 처벌근거가 없는 것으로 오해하는 경우가 있습니다. 선거운동이란 '누군가를 당선되거나 되게 하거나 되지 못하게 하기 위한 행위'를 가리키는 것이므로(정관 제77조) 낙선운동은 적확(的確)하게 선거운동에 해당하게 됩니다.

그리고 낙선운동의 방법은 반드시 1. 후보자의 부적합 2. 조합 후보자 추천의 부당성 3. 다른 후보자의 추천 등의 내용 중에 한 가지 혹은 2~3가지를 강조하고 설명하여 대의원들을 설득하는 과정입니다.

그러므로 낙선운동은 그것이 아무리 은밀하고 소극적이고 조용하게 이루어진다고 하더라도 법규에 저촉되는 위법행위가 됩니다. 즉 낙선운동은 그 행위 과정에서 필연적으로 「농협법 제50조의 금지되는 선거운동 방법」 중에서 ○허위사실 공포와 비방 금지 ○선거사무 방해행위 금지 ○상임이사 선거에서 선거운동 금지 조항에 저촉되지 않을 수 없게 되는 것입니다.

따라서 낙선운동은 어떤 목적과 방법이든 모두 다 반드시 법률에 저촉되는 위법한 행위이고 농협법 제172조는 위법한 선거운동의 사례에 대하여 사례별로 구체적인 형벌을 정해두고 있습니다. 누구든 '선거에서 후보자에 대한 낙선운동'을 하였다면 '최하 벌금 500만 원, 최고 벌금 3천만 원이나 징역 1년의 형벌'을 피할 수 없게 됩니다.

이와 함께 농협의 업무에 대한 '업무방해죄(業務妨害罪)'가 성립되어 '5년 이하의 징역, 또는 1500만 원 이하의 벌금'에 처하는데, 2차례가 되면 상습범 가중으로 법정 형량의 50%가 가중되어 처벌됩니다.

이와 별도로 해당 후보자와 농협에 대한 민사상의 '손해배상책임'이 발생하게 됩니다.

266 임원, 대의원의 면책특권은?

Q 국회의원은 발언에 대해 면책특권이 있다고 합니다. 농협의 경우에도 이사회나 총회에서 임원, 대의원이 발언을 할 때 그 발언 내용에 대해 면책특권이 있습니까?

A 면책특권이란, 국회의원이 국회에서 직무상 행한 발언과 표결에 관하여 국회 밖에서 책임을 지지 아니하는 특권으로서 우리나라에서는 유일하게 국회의원에게만 부여하고 있습니다. 이를 국회의원의 발언·표결의 자유라고도 하며, 헌법은 제45조에서 이를 보장하고 있습니다. 그렇지만 이 특권은 국회의원이 국회에서 직무상 행한 발언과 표결이어야 하고, 국회 밖에서 한 발언에 대해서는 적용되지 않습니다.

여기서 국회라 함은 국회 본회의와 상임위원회를 모두 포함하지만, 직무와 관계없는 것은 특권에서 제외됩니다. 또, 이 특권은 국회 밖에서 민·형사상의 책임을 추궁당하지 않는 것을 말합니다. 그러나 농협에서는 임원이나 대의원에 대하여 면책특권이 없는데, 농협뿐 아니라 모든 기관 단체, 기업의 경우에도 면책특권을 인정하는 사례가 없고 현실적으로 불가능합니다.

면책특권은 민주주의 역사가 발전해 오는 과정에서 얻어진 것으로서 우리나라도 선진국의 예에 따라 헌법에 의해 보장해주고 있지만 오직 국회의원에 한하여 임기 동안, 의정활동에 있어서만 보장되는 것이며 다른 모든 국민이나 모든 분야의 특권이나 신분이 헌법으로 부정되고 있으므로 성립할 수 없습니다.

따라서 임원, 대의원이 회의 과정에서 한 발언과 행동은 그 행위 동기나 목적이 어떠한 것이었든 모두 다 예외 없이 법률적인 책임을 피할 수 없습니다. 그리고 법률적인 책임에는 신분상 책임인 해임이나 조합원 제명, 법률에 따른 형사처벌, 민사상의 손해배상이 모두 포함됩니다.

267 조합운영평가자문회의란?

Q '조합운영평가자문회의'라는 조직의 구성과 역할이 궁금합니다. 혹시 불필요한 기구와 조직을 만들어 비용과 수당만 축내는 것은 아닌가요?

A 조합은 조합의 건전한 발전을 도모하기 위하여 조합원 및 외부전문가 15인 이내로 이사회 자문기구인 운영평가자문회의를 구성하여 운영할 수 있습니다. (법 제44조) 지금은 사회의 변화와 발전의 속도가 무척 빠르고 농협을 둘러싼 경영 환경과 경영 여건 역시 매우 빠르게 달라지고 있습니다.

그리고 농협의 임원은 대부분 조합원으로서 농업인이기 때문에 이러한 변화를 이해하고 그에 상응하는 적응의 경영 기법을 충분히 구사할 것을 기대하기도 어렵습니다.

 특히 농협의 사업 부문과 사업 물량이 엄청나게 늘어나 전문경영인 한두 사람의 능력만으로 모든 변수와 문제를 다 예측하고 대비하기 어렵습니다. 그래서 농협의 경영에 대하여 경험이나 식견이 있는 인사들로 하여금 조합의 운영 상태를 평가하여 조합의 건전한 발전을 도모하려는 것입니다.

 조합의 운영 상태를 평가하고 평가 내용을 공개함으로써 집행부의 일방적 경영이나 독단을 견제하고 조합 운영상의 문제점을 사전에 방지 및 초기에 시정함으로써 조합 경영의 건전성을 도모하고 조합원의 참여 기회를 확대하려는 것입니다. 종전에는 조합장자문기구였으나 법 개정으로 이사회자문기구로 변경되어 더 객관적이고 엄정한 평가를 할 수 있도록 하였습니다.

 운영평가자문회의의 구성은 조합원 및 외부전문가 3명을 포함하여 15명 이내로 하고, 세부사항은 조합 실정에 맞게 정관으로 정하였습니다. 외부전문가는 대학교수, 변호사, 공인회계사, 농업전문가 등으로서 농협 경영과 농업에 관한 학식과 경험이 풍부한 자 중에서 선정합니다.

 운영평가자문회의는 조합의 운영 상황을 평가하면 그 결과를 이사회에 보고하여야 하고 이사회는 이를 총회에 보고하여야 하며, 조합장은 이 평가 결과를 조합 경영에 적극 반영하여야 합니다. (법 제44조)

앞서가는 조합원·임직원의 필독서

농협법 ① 500

초판 1쇄 발행일   2019년 12월 9일
초판 2쇄 발행일   2022년 1월 25일

지 은 이   김상배
펴 낸 이   이성희
책임편집   하승봉
기획·제작   남우균 김진철 이혜인
인   쇄   삼부문화(주)
교   정   고은혜
펴 낸 곳   농민신문사
출판등록   제 25100-2017-000077호
주   소   서울특별시 서대문구 독립문로 59(냉천동)
홈페이지   www.nongmin.com
전   화   02) 3703-6136, 6097
팩   스   02) 3703-6213

ⓒ농민신문사 2022
ISBN 978-89-7947-172-4 / 978-89-7947-171-7(세트)